사회복지법제와 실천

신창식 지음

교육과학사

머리말

현대 법치주의 국가의 모든 행정 활동은 국가의 일정한 법질서하에서 수행되고 있고, 국가의 행정 기능은 사회복지 수요의 증가, 사회의 다양화·전문화와 정보화 사회의 진전 등으로 더욱 복잡해지고 양적·질적으로 팽창하고 있으며, 그에 따라 새로운 입법수요도 급격히 증가하고 있다. 이와 함께 국민의 사회복지에 대한 요구가 관심의 수준을 벗어나 권리로서 정착되어 가고 있으며, 정치·경제·사회·문화 영역에 다양한 영향을 미칠 뿐 아니라 법률과 제도에도 상당한 영향을 미치고 있다.

2022년 한국사회복지교육협의회에서 발간한 교과목지침서에서는 사회복지법제와 실천의 교과목 목표를 '사회복지 실천의 환경이 되는 사회복지법과 제도의 체계를 이해하고, 실천에 활용하기 위한 기초 지식과 방법들을 습득하게 한다'로 제시하고 있다. 이와 같이 한국사회복지교육협의회에서 제시한 교과목 목표를 달성하기 위하여 이 책에서는 사회복지제도에 관한 법리적 이해를 높이고, 사회복지분야의 기본법과 영역별 개별법을 체계적으로 이해할 수 있도록 하겠다. 아울러 세계화·지방화시대에 적용할 수 있는 사회보장협약 등과 조례 등을 이해하고, 사회복지현장에서 인권보장과 사회보장수급권 등 법적 권리보장에 대해 학습할 수 있도록 학습 내용을 구성하였다.

이 책은 총 2부 22장으로 구성되었다. 1부 총론은 사회복지법의 개관(제1장), 사회복지법의 역사(제2장), 사회복지의 권리성(제3장), 국제법과 사회복지(제4장), 사회복지 조례와 판례(제5장)로 구성하였다. 2부 각론은 개별법들로 사회보장기본법(제6장), 사회보장급여법(제7장), 사회복지사업법(제8장)을 포함해서 공공부조법, 사회보험법, 사회서비스법의 순서대로 챕터를 구성하였다. 공공부조법에는 국민기초생활 보장법(제9장), 의료급여법(제10장), 긴급복지지원법(제11장), 기초연금법(제12장), 장애인연금법(제13장)을, 사회보험법에는 국민연금법(제14장), 국민건강보험법(제15장), 산업재해보상보험법(제16장), 고용보험법(제17장), 노인장기요양보험법(제18장)을, 사회서비스법에는 노인복지법(제19장), 아동복지법(제20장), 장애인복지법(제21장)을, 나머지 기타 사회서비스법(제22장)에는 정신건강복지법, 영유아보육법, 한부모가족지원법, 다문화가족지원법, 가정폭력방지법, 성폭력방지법, 자원봉사기본법, 사회복지공동모금회법을 포함하였다.

원고를 마무리하면서 여러 가지 부족함과 아쉬움이 남아 있지만, 부족한 부분은 앞으로 보완하여 더욱 완성도가 높은 개정판을 내놓을 수 있도록 하겠다. 끝으로 출판을 위해 아낌없는 도움을 주신 교육과학사 관계자분들께 감사의 말씀을 드린다. 그리고 늘 곁에서 격려와 조언을 아끼지 않는 아내 양소남과 올해 고등학교 3학년이 되는 멋지고 자랑스런 아들 용훈에게도 고마움을 전한다.

2024년 1월

광교산자락에서

신 창 식

차례

제1부 총 론

제2부 각 론

제1부

총 론

- 제1장 사회복지법의 개관
- 제2장 사회복지법의 역사
- 제3장 사회복지의 권리성
- 제4장 국제법과 사회복지
- 제5장 사회복지 조례와 판례

제1장 사회복지법의 개관

제 1 절 법에 대한 일반적인 이해

1. 법의 정의 및 목적

1) 법의 정의

법[1])이란 일반적으로 인간의 사회공동생활에 있어서 행위준칙으로 국가권력에 의해 강행되는 사회규범이라고 한다. 즉, 법은 사회의 공동목적을 달성하기 위하여 인간이 해야 할 것과 하지 말아야 되는 것을 정해 놓은 당위의 법칙이다. 당위성을 갖는 규범인 법은 자연법칙과 구별되는데, 자연법칙이라 함은 "해는 동쪽에서 떠서 서쪽으로 진다."와 같이 사람의 의사와는 관계없이 이루어지는 사실적인 관계를 나타내는 법칙을 말한다.

당위성을 갖는 법은 정치적으로 조직된 사회의 규범으로 국가의 승인을 받아야 하며, 국가에 의해 강제되는 규범이다. 즉 법의 가장 큰 특징은 국가권력에

1) 법이란 용어 이외에도 법률, 법규, 법령 등이 있는데, 그 차이점은 다음과 같다.
- 법: 일반적으로 넓은 의미에서 법 일반을 말함. 즉 법률뿐만 아니라, 법규범 전체, 예컨대 대통령·국무총리·행정 각 부의 장이 발하는 명령을 포함하여 지방자치단체에서 제정되는 조례나 규칙 등과 판례·관습법·조리·사적 단체의 규칙 등을 총칭하는 것.
- 법률: 엄격한 의미에서 입법기관인 국회의 의결을 거쳐 대통령이 공포한 것만을 말함.
- 법규: 직접 국민의 권리·의무에 관한 사항을 규정한 법으로 주로 성문법을 의미함.
- 법령: 법률과 명령을 말함.
- 법전: 체계적으로 편재 조직된 성문법규의 전체를 말하는 것으로 헌법·민법·형법·상법·민사소송법·형사소송법 등의 6법전이 법률 중에서 가장 중요한 기본법이며, 이것들을 '6법'이라고 함.

의해 강제되는 규범이라는 점이다. 법이 국가권력에 의해 실현되는 강제력을 갖지 못한다면 법으로서의 존재가치를 발휘할 수 없게 된다. 이것이 법의 본질적 요소이자 다른 사회규범과 구별되는 결정적인 요소이다. 이렇듯 강제력을 수반하고 있는 법규범은 사회질서 유지 기능, 권리 수호 기능, 정의 실현 기능 등의 기능을 가지고 있다.

2) 법의 목적

법은 사회정의의 실현, 법적 안정성 유지, 법의 합목적성, 그리고 사회질서의 유지라는 목적을 가지고 있다.

(1) 사회정의의 실현

법의 궁극적인 목적은 사회정의(social justice) 실현에 있다. 사회정의란 모든 사람에게 기본권이 보장된 상태를 말하며 정의의 핵심사상은 평등이다. 이는 모든 사람에게 기본권이 보장되어 응당 자신이 받아야 할 대가를 받는 상태 또는 사회 내에 불평등이 존재하지 않는 평등한 상태 등으로 다양하게 정의되고 있다.

(2) 법적 안정성[2)]의 유지

법적 안정성이란 법에 따라 사람들이 안심하고 생활을 할 수 있는 상태, 즉 법에 의하여 보호되는 사회생활의 질서와 안정을 말한다. 사회전체의 질서를 형성하고 유지하는 것은 법의 기능이다. 법적 안정성은 사회질서의 안정성을 의미하지만 오히려 법 그 자체의 안정성을 요구한다. 사회질서를 유지하는 것이 법의

---

2) 법적 안정성을 위한 원칙
- 일사부재리의 원칙: 사건에 대한 사법부의 3심 재판이 끝나면 그 사건은 종료된다는 원칙
- 법률불소급의 원칙: 원칙적으로 법은 시행 후에 생긴 사건에 관해서만 적용되고 시행 이전에 생긴 사항에 관해서는 소급하여 적용되지 않는다는 원칙
- 타당성의 원칙: 합목적성의 원칙

가치이고 또한 이러한 가치가 있기 때문에 사회는 법을 필요로 한다. 그러나 법 그 자체가 자의적으로 통용된다면 사회질서는 유지될 수 없어 혼란에 빠지게 되므로 법의 실효성은 보장되지 못한다. 따라서 법의 실효성을 확보하기 위해서는 법적 안정성이 전제되어야 한다. 이러한 법적안정성을 유지하기 위해선 일사부재리의 원칙, 법률불소급의 원칙 그리고 타당성의 원칙이 지켜져야 할 것이다. 또한 법의 내용이 명확해야 하며, 법이 쉽게 변경되어서는 안 되고, 법이 실제로 실행 가능한 것이어야 한다.

(3) 법의 합목적성

합목적성이란 법이 그 가치관이나 목적에 구체적으로 합치되는 것을 말한다. 즉 법은 국가, 사회가 추구하려는 가치에 합치되어야 하며 어떠한 표준과 가치관에 의하여 구체적으로 제정·실시된다. 이렇듯 법이 그 이념에 충실한 것은 법 그 자체의 가치를 보존하는 것이므로 법의 합목적성은 정의와 함께 법의 이념인 것이다. 법의 합목적성은 정의와는 달리 절대적인 개념이 아니라 그 사회의 가치관에 따라 다르게 나타나는 상대적인 개념이다. 법의 목적은 사회적·정치적·사상적 배경에 의해 구체적 내용이 결정되는 것이므로 정의가 법의 내용을 일반화하는 데 반하여, 합목적성은 법이 요구하는 가치관에 따라 법의 목적을 현실화하는 데 있다. 한편 오늘날 법의 목적은 개인의 자유와 권리를 제일로 삼는 개인주의와 공공복리라는 단체적 가치를 추구하는 단체주의의 서로 대립·모순되는 가치관을 조절하는 데에 있다. 즉, 법의 합목적성을 통해 사익과 공익이라는 양극의 이익을 조화롭게 모색하는 것이 가능하다는 것이다.

(4) 사회질서의 유지

법은 사회공동체의 생활에 있어서 사회질서의 유지를 목적으로 한다. 사회질서란 사회적인 과정에 일관성이 있고, 사회의 각 부분들이 각자의 기능을 수행하기 위해서 조화와 균형을 이루는 상태를 말한다. 사회질서는 사회구성원들에 의해 자발적으로 이루어지기도 하지만, 법적 강제에 의해 인위적으로 조성되고 유지되는 경우가 일반적이다.

2. 법원

1) 개념

일반적으로 법원(法源)이란 법의 연원(source of law)을 짧게 줄여서 말한 것인데, 이는 좁은 의미의 법원으로 보통 법의 존재형식으로 법을 인식하는 수단 혹은 자료를 말한다. 이와 마찬가지로 사회복지법의 법원은 사회복지와 관련하여 법률에서 어떠한 형식으로 표현되는가 하는 것을 말하는 것으로써, 사회복지법의 원천과 존재양식을 의미한다. 즉, 사회복지에 관한 실정법의 인식 근거 내지 존재형식을 말하는 것인데 사회복지와 관련하여 그 급여의 내용, 서비스를 제공하기 위한 조직과 관리, 감독의 기준이 법률 등에 의하여 어떠한 형식으로 표현되고 있는가를 나타내는 것이다. 경우에 따라서는 사회복지 또는 사회복지관련 용어로 된 단일한 법률의 명칭으로 규정되어 있지 않더라도 법의 일부조항이 사회복지에 대하여 규정하고 있다면 사회복지법의 법원으로 보아야 하고, 법의 내용이 성문법으로 규정되어 있지 않더라도 성문의 사회복지법을 보충하는 기능을 수행할 수 있는 불문법이 있다면 그것 역시 사회복지법의 법원으로 인정하여야 할 것이다.

사회복지법의 법원은 그 존재형식에 따라 성문법과 불문법으로 나누어진다. 성문법에는 헌법, 법률, 명령, 자치법규(조례, 규칙), 국제조약과 국제법규 등이 있고, 불문법에는 관습법, 판례법, 조리 등이 있다.

2) 성문법으로서의 법원

성문법(written law)이란 문장으로 표현되어 문서의 형식을 갖추고 일정한 형식과 절차에 따라서 권한이 있는 기관이 제정・공포한 법을 말하며, 제정법 또는 실정법이라고도 한다. 성문법을 취하는 국가를 성문법주의 국가라고 하는데, 오늘날 대부분의 국가는 원칙적으로 성문법을 법원으로 하고, 예외적으로 불문법을 병용하고 있다. 성문법주의는 법의 통일·정비로 법적 질서를 안정시키는 장점이 있는 반면에, 법의 경화로 유동적인 사회실정에 적용하기 어렵다는 단점도 가지고 있다. 한편 성문법은 문서의 형식으로 표현되기 때문에 그 내용이 명백하고, 예측가능성과 법적 안정성을 보장해 준다는 점에서 장점이 있다. 그러나 법의 내용을 법전에 고정시키므로 형식적 또는 고정적이 되기 쉬워, 사회변천에 속히 적응하지 못하는 단점이 있다.

성문법으로서의 법원에는 헌법, 법률, 명령, 자치법규, 국제조약과 국제법규 등이 있으며, 성문법의 효력은 상위법이 하위법에 우선한다. 성문법원의 단계적 효력은 헌법－법률(조약)－명령(시행령, 시행규칙)－자치법규(조례, 규칙)－행정규칙(훈령, 예규, 지침, 고시, 기준 등)순으로 되어 있다.

(1) 헌법

헌법이란 국가의 기본 조직과 통치 작용의 원칙을 정한 국가의 최고 기본법이다. 헌법은 국가와 국민간의 권리·의무에 관한 기본법으로 국민의 기본권 보장과 국가의 통치 권력과의 관계를 주요 내용으로 하고 있으며, 법률과 명령은 물론 국가기관의 행위보다 상위에 있는 국가의 최상위법으로서 가장 강력한 효력을 갖는 것이므로 하위의 법률이나 명령 등은 헌법에 위반되어서는 안 된다. 헌법은 국가의 최상위법으로서 우리나라 헌법은 1948년 7월 12일에 제정되어 동년 7월 17일에 공포되었다.

사회복지에 대한 국가의 책임이자 의무를 규정한 생존권적 기본권과 관련된 조항을 1919년 독일의 바이마르(Weimar)헌법에서 최초로 규정하였다. 우리나라의 경우 제헌헌법부터 생존권에 관한 규정을 두고 있는데, 이는 더욱더 중요한 사회복지법의 법원이자 기본근거가 되고 있으며, 복지국가의 실현을 위한 사회복지법의 근거가 되고 있다.

우리나라 헌법 제10조의 행복추구권 규정과 제31조에서부터 제36조까지의 규정은 '사회권' 또는 '생존권' 규정이 사회복지법의 기본방향이자 기본 근거임을 말해준다. 헌법규정은 사회복지 관련 하위법규의 존립근거이면서 동시에 재판의 규범으로서도 의미를 지니고 있다. 생존권에 규정한 헌법규정[3)]을 보면, 헌법 전문, 제10조 인간의 존엄성과 행복추구권, 제31조 교육을 받을 권리, 제32조 근로의 권리, 제33조 노동기본3권, 제34조 인간다운 생활을 할 권리, 제35조 환경권, 제36조 혼인과 가정생활의 보호, 모성의 보호 및 보건권이 있다. 헌법 제34조는 좁은 의미의 생존권 규정이며, 헌법 제34조를 제외한 헌법 제31조부터 제36조까지는 넓은 의미의 생존권 규정으로서 인간의 기본적인 인권과 생활보장에 관한 국가행정의 근거가 되는 동시에 재판규범으로서도 중요시되며, 사회복지관련 하위법규의 존립근거가 된다.

(2) 법률

법률이란 입법기관인 국회의 의결을 거쳐 제정하고 대통령이 공포하는 성문법으로 헌법을 제외하면 가장 큰 법형식을 가진다. 이렇듯 법률은 헌법의 하위에 있으므로, 헌법 바로 아래의 효력을 가지고 있으며 헌법에 위배되는 법률은 무효가 된다.

법률을 제정할 수 있는 입법권은 국회가 가지고 있으며 법률의 제정은 법률안

---

3) 국민생활의 균등한 향상을 기한다는 헌법 전문의 이념에 따라 헌법 제10조에서 "모든 국민은 인간으로서의 존엄과 가치를 가지며, 행복을 추구할 권리를 가지고 국가는 개인이 가지는 불가침의 기본적 인권을 확인하고 이를 보장할 의무를 진다."고 함으로써 생존권 또는 복지권의 기본인 권성을 규정하고 이를 바탕으로 하여 헌법 제34조는 사회보장(권)이라는 표제 하에 "모든 국민은 인간다운 생활을 할 권리를 가진다."고 규정하고 있다. 이 사회보장권을 주된 생존권적 기본권(생존권)이라고 한다. 이 사회보장권(인간다운 생활을 할 권리)은 앞에서 본 바와 같이 사회적·경제적 보호를 필요로 하는 자를 위한 사회정책을 의미하는 좁은 의미의 사회복지를 포함한다는 점에서 넓은 의미의 사회복지로 정의한다. 이 밖에 헌법이 규정하고 있는 생존권적 기본권으로는 제31조의 교육받을 권리, 제32조의 근로의 권리, 제33조의 근로자의 근로3권(단결권, 단체교섭권, 단체행동권), 제35조의 환경권 및 주택개발권, 제36조의 혼인과 가정생활, 모성의 보호 및 보건 등에 관한 권리가 있는데 이들도 사회복지와 관련되는 규정이다. 따라서 이들을 가장 넓은 의미의 사회복지라고 할 수 있다.

의 제출, 의결 및 공포의 단계를 거치게 된다. 법률안의 제출은 국회의원과 정부가 할 수 있으며, 국회에서 법률안이 의결되면 정부에 이송되어 15일 이내에 대통령이 공포한다. 법률안에 이의가 있을 때에는 대통령은 위의 기간 내에 이의서를 붙여 국회로 환부하고 그 재의를 요구할 수 있으며, 법률은 특별한 규정이 없는 한 공포한 날로부터 20일을 경과함으로써 효력을 발생한다.

사회복지법의 법원으로서의 법률은 실질적으로 사회복지의 구체적인 내용을 규정하고 있는 대부분의 실정법이 여기에 해당하며, 이러한 개별 사회복지법률 등에 의해서 국민의 생존권이 실현되고 있다. 현대 법치주의 국가에서의 국민의 권리・의무에 관한 중요한 사항은 반드시 법률로써 규정할 것을 요구하므로 사회복지에 있어서 사회복지법은 가장 중요한 법원이 될 것이다.

사회복지를 내용으로 규정하고 있는 사회복지에 관한 법률에는 앞에서 살펴본 사회복지법의 분류체계에서 설명한 바와 같이 「사회보장기본법」, 「국민건강보험법」, 「국민연금법」 등의 사회보험법, 「국민기초생활 보장법」 등의 공공부조법, 「사회복지사업법」 등의 사회서비스법, 「최저임금법」 등의 사회복지 관련법에 속하는 법률들이 있다.

(3) 명령

명령(order)은 입법기관인 국회의 의결을 거치지 않고 대통령령 이하의 행정기관에 의해 제정되는 성문법에 해당하는 법규범이다. 입법권은 국회에 있는 것이 원칙이지만, 국회는 근본적인 중요한 사항만 법률의 형식으로 정하고, 실제로 법률을 집행하는 데 필요한 세부적인 사항을 각 행정기관으로 하여금 정하도록 하고 있는데, 그것이 명령이다. 명령은 법률의 하위이므로 헌법 또는 법률을 개폐하지 못하나 대통령의 긴급명령은 예외적으로 법률적 효력을 가진다(헌법 제76조 참조). 그러나 대통령의 긴급명령도 국회의 승인을 얻도록 함으로써 최종적으로 국회의 관여를 필요로 한다.

명령에는 제정주체에 따라 대통령령, 총리령, 부령 등이 있고, 명령의 목적에 따라서 집행명령과 위임명령으로 나누어진다. 대통령은 법률에서 구체적으로 범위를 정하여 위임받은 사항에 관해서는 위임명령을 발하고, 법률을 집행하기 위하여 필요한 사항에 관해서는 집행명령을 대통령령으로 발할 수 있는데 이를 일반적으로 시행령이라 한다(헌법 제75조). 국무총리, 행정 각 부의 장은 소관사항에 관하여 법률이나 대통령령의 위임 또는 직권으로 총리령 또는 부령을 발할 수 있는데 이를 보통 시행규칙이라 한다(헌법 제95조).

사회복지법의 법원으로서 명령은 보통 개별 법률의 시행령(대통령령) 및 시행규칙(보건복지부령 또는 여성가족부령)이라는 존재양식으로 표현되며, 여기서는 개별 법률의 실행을 위한 좀 더 구체적인 사항이 규정된다.

예컨대 「사회복지사업법 시행령」, 「장애인복지법 시행령」, 「국민연금법 시행령」, 「국민연금법 시행규칙」(이것은 형식은 규칙이라고 되어 있으나 이는 「국민연금법」과 「국민연금법 시행령」-대통령령-에서 위임된 사항과 그 시행에 관하여 필요한 사항을 규정하고 있는 보건복지부장관이 제정한 명령-부령-이다) 등이 그것이다. 이와 같이 명령은 개별 법률에서 위임된 사항과 그 시행을 위한 시행령 또는 개별 법률과 대통령령에서 위임된 사항과 그 시행을 위한 시행규칙의 형식을 취한다. 이 명령은 법률 다음의 효력을 가지는 국가법이다.

한편 규칙이란 행정기관의 내부질서와 공법상 특별권리관계를 규율하기 위하여 제정되는 행정규정을 말하며, 국회규칙, 대법원규칙, 중앙선거관리위원회규칙, 감사원규칙 등이 있다. 시행규칙의 하위법규로 행정규칙이 있다. 행정규칙은 행정기관에서 법률에 근거한 행정적 실천을 구체적으로 하기 위해 제정한 법규로서 훈령, 예규, 지침, 고시, 기준 등의 명칭으로 사용되고 있다. 행정규칙이 재판규범으로서의 법원성이 있느냐의 여부에는 논란이 있다. 그러나 오늘날 사회복지실천현장에서 대부분의 구체적인 사회복지사업들이 이 행정규칙에 의하여 운영되고 있으므로 매우 중요하다. 주요한 행정규칙으로는 「사회복지관 설치운영규정」 등이 있다.

(4) 자치법규

자치법규는 지방자치단체가 법령의 범위 내에서 제정한 자치에 관한 규정으로, 지방자치단체는 법령의 범위 안에서 자치에 관한 규칙을 제공할 수 있다. 법률에 의하여 인정된 자치권의 범위 내에서 자기의 사무에 관하여, 또 주민의 권리의무에 관하여 제정한 자치에 관한 규칙을 말한다. 지방자치단체는 헌법이 보장한 자치입법권에 의해 주민의 복리에 관한 사무를 처리하고 재산을 관리하며, 법령의 범위 내에서 자치에 관한 규정을 조례와 규칙을 제정할 수 있다(헌법 제117조). 조례는 지방자치단체가 법령의 범위 내에서 그 사무에 관하여 지방의회의 의결을 거쳐 제정하는 것이며, 규칙은 지방자치단체 장이 법령 또는 조례가 위임한 범위 내에서 그 권한에 속하는 사무에 관하여 제정한 자치법규를 말한다.

자치법규는 원칙적으로 그 지방자치단체의 지방 내에서만 효력을 갖는다. 조례와 규칙의 관계는 법률과 명령과의 관계와 같이 상하관계에 있으므로 조례에 위반하는 규칙은 제정할 수 없다. 지방자치단체가 제정하는 조례와 규칙이 사회복지에 관한 내용을 규정한 것이라면 이러한 자치법규는 마땅히 사회복지법의 법원으로 인정된다.

(5) 국제조약과 국제법규

국제조약이란 국제관계에 속하는 사항에 관하여 문서로 행해진 국가 사이의 합의로서 국제법의 일종으로 국제적 권리의무의 발생을 목적으로 국제법상의 주체인 국가 간 맺은 문서에 의한 합의이다. 조약(treaty)이라는 이름을 지니는 것뿐만 아니라 협정, 협약, 의정서, 헌장 등으로 불리는 것도 포함된다. 조약의 체결은 국가대표기관에 의하여 체결되고, 국회의 동의와 대통령의 비준·공포로 성립된다. 이와 같이 조약은 문서로 하는 국가 간의 명시적 합의로 헌법에 의하여 일정한 절차를 밟아서 체결·공포된 조약과 일반적으로 승인된 국제법규는 국내법과 같은 동일한 효력을 가진다(헌법 제6조 제1항). 최근에 활발히 이루어지고 있는 사회보장협정[4]이나 국제노동기구의 사회보장에 관한 조약들은 비준국 간에 구속력을 가진다. 일반적으로 승인된 국제법규란 국제관습과 우리나라가 체결당사자가 아닌 조약으로서 국제사회에 의하여 그 규범성이 일반적으로 승인된 것을 말한다.

2) 불문법으로서의 법원

불문법(unwritten law)은 문장으로 표현된 제정법이 아니고 실제상 관행으로 존재하는 법원을 뜻하며 성문법 이외의 법을 말한다. 즉, 성문법과 같이 입법기관에 의하여 문서로 제정·공포되지 아니한 비제정법을 말한다. 사회가 복잡하게 변화해 가는 오늘날에는 질서의 명확화라는 요청에서 성문법이 중요하지만, 성문법으로서 모든 생활관계를 전부 규율하기에는 적당하지 못한 분야도 있으므로 법이 문자로 고정되지 아니하여 변천하는 사회현실에 적응하기 쉽다는 장점을 가진 불문법의 역할이 필요하다고 본다. 이는 사회생활의 유동성에서 오는 필연적인 결과이기는 하나 국가의 법을 통일·정비하기 어렵고, 법질서의 안정성을 확보하기 곤란하며 법의 존재가 명확하지 못하다는 단점이 있다. 불문법에는 관습법, 판례법, 조리 등이 있다.

(1) 관습법

관습법(customary law)이란 입법기관이 제정한 법이 아니고, 사회에서 어떠한 사항에 대하여 상당히 오랜 기간 동안 동일한 행위가 반복되어 생긴 관행이 법적 확신 내지는 법적 인식을 얻어 다수인에게 법처럼 지켜지는 것을 말한다. 즉, 관습법은 사회생활 속에서 관습이 반복하여 행하여짐으로써 일반인의 법적 확신을 얻은 불문형식의 법을 말한다.

이러한 관습법은 사회에 있어서 가장 직접적이고 근원적인 법의 발현방식으로

---

4) 우리나라는 현재 일본을 포함한 42개 국가(표 4-2 참조)와 사회보장협정을 체결하여 사회보험료 이중 부담 방지와 양국 연금기간 합산 규정을 포함한 협정 사항들이 이행되고 있다(외교부, 2023년 2월 현재).

사회생활 가운데 단순한 사회적 사실로서 존재하며 법적 확신의 단계에까지 이르지 못한 '사실인 관습'과 다르다. 아무리 성문법을 완비하였더라도 관습법의 생성을 막지 못한다. 이는 사회생활의 유동성에서 오는 필연적인 결과이다. 관습법은 관습이 관습법이 되기 위해서는 다음의 요건을 갖추어야 한다. 첫째, 같은 행위가 다수인에 의하여 반복, 계속되는 사실적인 관습(관행)이 존재하여야 한다. 둘째, 관습이 법률로서의 확신을 얻어야 한다. 셋째, 관습이 사회질서에 위반되지 않고 선량한 풍속인 공서양속에 반하지 않아야 한다. 넷째, 관습이 법령의 규정에 의하여 인정되는 것이거나 또는 원칙적으로 법령에 규정이 없는 사항에 관한 것이라야 한다. 이러한 관습법은 일반적으로 성문법의 규정이 없거나 충분하지 못한 경우에 성문법을 보충하는 보충적 효력을 갖는다.

사회복지법에서도 성문법규가 없는 경우 관습법의 내용이 사회복지법을 보충하는 것이라면 마땅히 사회복지법의 법원으로 인정되어야 한다. 우리나라의 경우 사회복지법의 역사가 짧아 사회복지의 관행을 사회복지법의 법원으로 인정한 사례는 거의 없지만, 사회복지법의 미비점이 많아 보충적으로 관습법을 활용해야 할 것이며, 또한 사회복지에 대한 소송이 계속 증가될 것으로 예상되기 때문에 사회복지에 대한 관습법이 사회복지법의 법원으로 중요시될 것이다(조원탁 외, 2007).

(2) 판례법

판례법(case law)이란 법원의 판례를 통해서 형성되는 불문의 규범을 뜻한다. 구체적인 법률문제에 대한 법원의 판결이 그 후 동종 또는 유사한 사건에 계속 반복하여 적용됨으로써 성문화되지 않았지만 일반적인 법규범으로 인정될 수 있는 정도의 추상적 이론 내지 법칙을 말한다.

불문법주의의 영미법계에서 판례는 재판의 단순한 판결이 아니라 그 자체가 곧 판례법으로서 법원이 된다. 따라서 법원이 사건을 재판하는 경우에 이미 나와 있는 판례에 의해 필연적인 구속을 받게 되는데, 이를 선례구속의 원칙 또는 선례존중의 원칙이라 한다.

그러나 대륙법계에서는 성문법주의를 채용하기 때문에 판례는 영미법계에서와 달리 법원으로서의 법규범적 효력은 부정되고, 실정법 해석에 있어서 사실상 해석의 기준이 되는 효력을 갖는 데 그친다. 그러나 실제로는 하급심이 상급법원의 판례를 존중하는 것이 일반적이기 때문에 사실상의 구속력을 갖는다.

판례라 함은 재판에서 판결의 선결례(先決例)를 말하는데, 이것이 후일에 동일하거나 유사한 사건의 판결을 내림에 있어서 그 선례로서 구속성을 가지고 적용되어 판결되었을 때 이것을 판례법이라 한다. 즉, 재판의 선례인 판례가 그 후의 재판을 구속할 때 판례는 법원으로 되며, 이를 판례법이라고 한다. 판례법의 형성은 최고법원인 대법원의 판례가 하급심을 구속하므로 주로 대법원의 판례에 의하여 형성된다.

(3) 조리

조리(條理, nature of law)라 함은 사물의 합리성, 사물의 본질적 법칙, 사물의 이치를 의미하며 인간의 이성과 사물의 본성에 기하여 인정된 사회공동생활의 원리로 공서양속, 신의성실의 원칙, 정의, 자연법 등으로 표현되기도 한다. 즉, 조리란 일반 사회인이 보통 인정한다고 생각되는 객관적인 원리 또는 법칙이다. 우리 민법 제1조는 "민사에 관하여 법률 규정이 없으면 관습법에 의하고 관습법이 없으면 조리에 의한다."라고 규정함으로써 조리의 법원 성을 명문으로써 인정하고 있다. 조리를 인정하는 이유는 모든 법생활은 조리에 적합하도록 해야 하는 것으로, 실정법 및 계약의 내용을 해석·결정하는 데 표준이 될 뿐만 아니라 사회의 발달로 인하여 법(성문법이나 관습법)이 흠결되었을 때 조리에 따라 재판해야 할 기준이 된다.

이처럼 조리는 사회가 복잡하고 끊임없이 변화하고 있어 아무리 완벽한 성문법이 있고 관습법이 발달하였더라도 모든 법률 사건을 완전히 망라할 수는 없다. 그런데 법원은 구체적인 사건에 적용할 법규가 없다는 이유로 재판을 거부할 수 없다. 이 때문에 법원은 조리에 의한 재판을 행하여 법의 결함을 보충할 수 있다.

3. 법의 일반적인 체계

법은 크게 자연법과 실정법으로 분류되며, 실정법은 다시 국제법과 국내법으로, 국내법은 공법·사법·사회법으로 분류된다

1) 자연법과 실정법

(1) 자연법

자연법(自然法, natural law)이란 국가 이전에 선험적으로 존재하는 법으로 국가가 제정한 법이 아니라, 실정법의 형식유무에 불구하고 언제 어디서나 타당한 원리로 시간과 공간을 초월하는 영구불변의 초경험적이고 보편타당성을 지니고 있는 법규범을 말한다. 즉, 자연법은 인간이 제정한 법이 아니라 때와 장소를 초월한 자연현상에 의해 자연적으로 발생하며, 인위적인 영향을 전혀 받지 않는 초실정적인 법규범이다. 그러므로 자연법은 우주의 존재질서를 규율하는 보편타당한 원칙으로서, 정의의 이념을 그 내용으로 하고 있기 때문에 법의 근원이 된다. 하지만 자연법은 시대의 흐름에 따라 변천해 왔다. 예컨대 고대사회에서는 우주질서에서 연역된 것이 자연법이라 보았고, 중세의 자연법론은 신의 뜻에 따르는 것이었고, 근세에는 인간본성 내지 이성을 중심으로 하는 것이 자연법이고, 현대에 있어서의 자연법은 인간의 본성과 사물의 본성에 따라 시대, 민족, 국가, 사회를 초월하여 보편타당하게 적용되는 객관적 질서라고 보게 되었다. 이러한 자연법의 관념은 실정법의 지도 원리로서 기능을 하게 되었다.

(2) 실정법

실정법(positive law)이란 권한 있는 국가기관에 의하여 사회질서 유지의 목적으

로 정립되어 있는 법으로서, 특정한 시대와 특정한 사회에서 그 효력을 갖는 법규범이다. 실정법은 현실적 필요에 의하여 제정되는 경우가 많아 사회적 상황에 따라 생성·발전되어 왔다. 이와 같이 실정법은 인간에 의해 이 세상에 존재하는 인위적인 법으로서 국가적, 역사적, 시대적 상황에 따라 다른 모습으로 변천·발전하였다.

경험적이고 역사적인 사실에 의해 성립된 실정법은 현실적인 제도로서 시행되고 있는 제정법인 성문법으로 헌법, 법률, 명령, 규칙, 자치법규 등이 상하의 단계구조를 이루고 있지만, 예외적으로 관습법, 판례법, 조리 등과 같은 불문법도 실정법에 포함하고 있다. 또한 19세기 초 이래 법사상적 관점은 실정법으로 집중되고, 따라서 법실증주의는 자연법의 법적 효력에 대하여 부정적인 입장을 취하였다. 실정법은 크게 국내법과 국제법으로 나뉜다.

2) 국내법과 국제법

(1) 국내법

국내법(國內法, municipal law)이란 한 국가에 의하여 인정되어 한 국가에서만 적용되는 법으로, 그 국가의 주권이 미치는 범위 내에서만 일정한 절차에 의해 효력을 가지는 법이다. 이는 사인(私人)과 사인 간, 사인과 국가 또는 공공단체 간(국가와 국가 간, 국가와 공공단체 간, 공공단체와 공공단체 간)의 법률관계를 규율하는 법이다. 즉, 국내법은 국가와 국민 또는 국민과 국민 상호 간의 권리·의무관계를 규정하는 법이라고 하겠다. 한 국가의 국민과 외국인의 생활간계, 즉 섭외적 생활관계에 관하여 어느 국가의 법을 적용할 것인가를 결정하는 법은 국제사법(private international law)인데, 이는 국제법이 아니라 국내법에 속한다.

(2) 국제법

국제법(國際法, international law)은 국제사회에 통용되는 국가, 국제기구 및 사인

상호 간의 권리·의무에 관하여 규정한 법으로 국제단체에 의하여 인정되어 국가와 국가 사이에 행하여지는 법을 말한다. 국내법에 비하여 국제법은 그 위반에 대한 제재력이 약하고, 그의 입법에 대한 일정한 원칙이 확립되지 않고 있어 입법기관이나 입법절차가 불완전하다. 국제법에서는 관습법이 많은 역할을 하고 있으며, 국제조약과 국제관습법은 동일한 효력을 가진다.

3) 공법과 사법 및 사회법

(1) 공법(公法)

국가의 통치권의 발동에 관한 관계를 규정하는 즉 통치권의 존재, 통치권 발동의 형식, 국가기관의 조직과 권한 등에 관한 법이 공법이다.

(2) 사법(私法)

국가의 비통치관계를 규정하는 법은 사법이다.

(3) 사회법(社會法)

사회법(social law)이란 공법도 사법도 아닌 그 혼합된 법으로 공법과 사법의 중간영역에 속하는 것으로 개인의 자유와 국가의 관여가 혼합된 형태이다. 노동법이나 경제법, 사회보장법 등이 사회법의 영역에 포함된다.

종래에는 국가가 사법영역에 있어서 불간섭주의를 취하여 개인의 자유경쟁에 방임하였던 것이나, 근래에 와서는 당사자 간의 경제문제나 노동문제와 같은 사법관계에 있어서도 국가가 개입하여 권력으로써 관여하게 되었다. 이는 자본주의가 고도화됨에 따라 사회적 생산관계와 사적 소유와의 모순이 점차 노골화되었고, 그것이 법에 반영되어 종래와 같이 법률관계를 사법관계와 공법관계의 둘로 구분하여 파악하는 것이 곤란하게 되었기 때문이다. 이러한 현상을 학자들은 사법의 공법화, 공법과 사법의 혼합, 공법에 의한 사법의 지배 등으로 표현하고 있다.

따라서 자본주의의 지도 원리인 자유가 통제로, 개인본위가 사회공동본위로 전환되지 않을 수 없게 되었다. 즉, 근대 시민법의 3대 원리인 소유권 절대의 원칙으로, 과실책임의 원칙은 무과실책임주의 원칙으로 이행하게 되었고, 이에 따라 사법적 생활관계에 대하여도 국가적 통제를 가하는 '사회법'이 등장하게 되었다.

4) 일반법과 특별법

법이 적용되는 효력범위를 기준으로 하여 법을 일반법과 특별법으로 구분한다. 법의 적용순위에 있어서는 특별법은 일반법에 우선적으로 적용된다.

(1) 일반법

일반법(一般法)은 법의 효력범위가 사람, 장소 또는 사항에 일반적이며 전체적으로 효력범위를 갖고 적용되는 법을 말한다. 법의 효력이 사람을 기준으로 하는 경우에 전 국민에게 대하여 미치는 법(민법, 형법 등)을 말하며, 법의 효력이 미치는 장소를 기준으로 할 때는 한 나라의 전 영역에 거치는 법(헌법, 민법, 형법 등)이고, 법이 적용되는 사항의 범위에 있어서 어떤 사항 전반에 걸쳐서 효력이 미치는 법(예: 민법)이다.

(2) 특별법

특별법(特別法)은 법의 효력범위가 사람, 장소 또는 사항에 특수적, 부분적으로 미치는 법을 말한다. 특별법은 국민 중에서 어떤 특정된 직업과 신분을 가진 사람에 한해서만 적용되는 법(군형법, 국가공무원법, 소년법 등)을 말하며, 또한 국토 내의 한정된 일부 지역에만 적용되는 법(자치법규)이다. 또한 특별법은 특정한 사항에 대해서만 효력을 갖는 법(상법 등)이다.

제 2 절 사회복지법

1. 사회복지법의 개념 및 목적

1) 사회복지법의 개념

사회복지법에 대한 개념정의는 학자들에 따라 다소간 차이가 있다. 이는 사회복지법의 제정이 다른 법과 달리 최근에 이루어졌으며 국가, 시대, 이념에 따라서 사회복지법의 개념이 다양하게 나타나고 있기 때문이다. 이런 사정들은 사회복지법의 개념파악의 기준이 되는 개념요소들과 그 개념을 끊임없이 변화하게 하여 결국 사회복지법의 개념정립을 불확실하게 만들고 있다. 이와 같은 상황에서도 사회복지법이 계속 형성되고 있고 그 중요성이 한층 강조되고 있으며(박차상 외, 2007), 사회복지법에 대한 체계적인 연구와 실천이 요구되므로 사회복지법의 개념정의가 필요하다. 여기서는 일반적인 분류방법에 따라 사회복지법을 형식적 의미의 사회복지법과 실질적 의미의 사회복지법으로 분류하여 개념 정의하고자 한다.

(1) 형식적 의미(협의)의 사회복지법

형식적 의미의 사회복지법이란 사회복지법이라는 외적 형식을 가진 제반 법규를 말하는데, 보통 사회복지와 연관된 각국의 실정법인 사회복지법전 형태를 취하고 있다. 사회복지법은 단편적으로 생성되었고 자주 변화하고 있는 법으로 다른 법처럼 통일적인 법전 형태를 갖추지는 못했지만, 일본의 복지 8법과 같이 점차 고유한 법전의 형태로 되어 가고 있어 통일된 법전 형태를 갖추었을 때는 사회복지법의 범위와 고유성을 분명히 하는 방법이 될 수 있다. 반면 우리나라의 경우 독립적인 사회법전이 존재하지 않으므로 「사회보장기본법」상에 명시되어 있는 법을 의미한다. 예를 들면, 우리나라의 경우 「사회보장기본법」, 「국민연금법」, 「국민건강보험법」, 「사회복지사업법」, 「아동복지법」, 「장애인복지법」, 「노인복지법」, 「국민기초생활 보장법」, 「의료급여법」 등이 있고, 아울러 「사회복지사업법」 제2조에 규정하고 있는 27개 법[5]이 이에 해당한다.

(2) 실질적 의미(광의)의 사회복지법

실질적 의미의 사회복지법이란 법의 존재형식과 명칭에 관계없이 법규범의 내용, 목적, 기능들이 사회정의, 사회형평, 사회연대, 사회통합, 인간다운 생활, 행복권 등과 같이 사회복지 법규범에 내재하는 공통된 법원리 내지 가치에 부합되어 실질적으로 법의 내용이 사회복지에 관한 사항을 규정하고 있으면 실질적 의미의 사회복지법이라고 개념 정의하는 것을 말한다(박차상 외, 2007). 이렇듯 실질적 의미의 사회복지법은 사회복지정책 또는 사회정책의 실현과 관련된 법률을 의미한다. 이는 전 국민의 물질적 · 정신적 · 사회적 기본욕구를 해결함으로써 인간다운 생활을 영위케 하는 공 · 사의 모든 사회적 서비스와 관련된 법률을 의미한다.

또한 실질적 의미의 사회복지법은 모든 국민과 적법한 외국인의 욕구를 충족시키고, 생활상의 곤란과 문제를 개인적, 집단적, 지역사회적, 국가적, 국제적 수준에서 예방 · 보호 · 치료 · 회복시킴으로써 그들의 인간다운 생활을 보장하고 사회적 정의를 실현하기 위한 공적 · 사적 제도와 정책 등을 규율하기 위한 제반 법규를 의미하며, 각종의 사회적 사고 또는 위험[6]과 욕구가 충족되지 않은 개인,

---

5) ①「국민기초생활 보장법」, ②「아동복지법」, ③「노인복지법」, ④「장애인복지법」, ⑤「한부모가족지원법」, ⑥「영유아보육법」, ⑦「성매매방지 및 피해자보호 등에 관한 법률」, ⑧「정신건강증진 및 정신질환자 복지서비스 지원에 관한 법률」, ⑨「성폭력방지 및 피해자보호 등에 관한 법률」, ⑩「입양특례법」, ⑪「일제하 일본군위안부 피해자에 대한 생활안정 및 기념사업 등에관한 법률」, ⑫「사회복지공동모금회법」, ⑬「장애인 · 노인 · 임산부 등의 편의증진 보장에 관한 법률」, ⑭「가정폭력방지 및 피해자보호 등에 관한 법률」, ⑮「농어촌주민의 보건복지증진을 위한 특별법」, ⑯「식품기부 활성화에 관한 법률」, ⑰「의료급여법」, ⑱「기초연금법」, ⑲「긴급복지지원법」, ⑳「다문화가족지원법」, ㉑「장애인연금법」, ㉒「장애인활동 지원에 관한 법률」, ㉓「노숙인 등의 복지 및 자립지원에 관한 법률」, ㉔「보호관찰 등에 관한 법률」, ㉕「장애아동 복지지원법」, ㉖「발달장애인 권리보장 및 지원에 관한 법률」. ㉗「청소년복지지원법」

6) 자본주의 사회가 가져온 사회적 위험 혹은 사고, 즉 질병, 노령, 장애, 실업, 출산, 사망 등이 자체로 또는 부차적으로 소득, 의료, 교육, 주택 및 심리사회적 문제를 야기시키는 데 대한 제도적 장치를 발전시켰다(박차상, 2007).

가정, 집단에 대하여 보건의료, 교육, 여가, 소득, 노동, 주택, 안전, 주거, 환경 등의 사회적 서비스를 체계적으로 조직화하고 총체화하여 사회구성원 다수가 평안하고 만족스러운 상태를 유지하며 잘 지낼 수 있도록 규정하는 제반 법규를 의미한다(박차상 외, 2007). 이는 사회복지를 구체적으로 실천하는 제도·기구·기관 및 시설·권리·의무 등을 규정한 개별 법률로서 설명될 수도 있고, 전 국민의 물질적·정신적·사회적 기본욕구를 해결함으로써 인간다운 생활을 영위케 하는 공사의 제반 사회적 서비스와 관련된 법률로도 파악될 수 있다(장동일, 1999). 이런 사회복지 서비스의 추상적 정책이나 지침과 기준에 대한 구체적인 표현이 사회복지법이다. 따라서 사회복지법의 내용은 이들을 포함하는 사회보장과 제반 사회적 서비스가 포함된다.

이와 같이 사회복지법의 법원리나 기본가치에 부합하는 「임금채권보장법」, 「최저임금법」, 「보호관찰법」 등과 같은 법규들은 실질적 의미의 사회복지법 개념 속에 포함된다. 그러므로 사회복지법의 개념은 실질적 의미의 사회복지법 개념으로 파악하는 것이 바람직하다.

한편 현대적 의미에서의 사회복지법의 개념은 급속하게 변하는 국민들의 요구에 맞추어 빠르게 변화하는 법이라고 할 수 있다. 자본주의 구조적 모순이나 불평등을 완화하기 위하여 여러 가지 법적 장치를 마련해야 하는 법으로 설명될 수 있다(박차상 외, 2007).

2) 사회복지법의 목적

사회복지법의 목적은 인간다운 생활의 보장, 사회복지의 증진과 복지권의 보장, 소득재분배, 사회형평과 통합, 그리고 자립·자활로 정리된다. 이를 자세히 살펴보면 다음과 같다.

(1) 인간다운 생활의 보장

인간다운 생활의 보장이란 국가나 사회가 개입하여 개인이 직면하게 되는 사회적 위험으로부터 개인을 보호하여 건강하고 문화적인 생활을 영위하게 하는 것을 말한다. 국가나 사회가 직접 개입하여 해결해야 하는 이유는 사회적 위험이 개인적 원인에 의해 발생한 것이 아니라, 자본주의 사회의 형성과 발전에 기인하였다고 보는 사회성, 보편성의 원리에 근거하기 때문이다. 이러한 사회적 위험은 개인과 가족만의 능력으로서는 해결하기 어렵다는 것이다.

인간다운 생활의 보장에 대해서는 우리나라 헌법 제34조에서 명시하고 있으며, 「사회보장기본법」 제10조에서는 '국가와 지방자치단체는 모든 국민이 건강하고 문화적인 생활을 유지할 수 있도록 사회보장급여의 수준 향상을 위하여 노력하여야 한다'와 같은 좀 더 구체적·실천적 표현을 사용하고 있다. 따라서 국가와 사회는 모든 국민이 인간다운 생활을 영위할 수 있도록 공적인 보장을 해주어야 하는 것이다.

(2) 사회복지의 증진과 복지권의 보장

사회복지 관련법에는 궁극적으로 사회적 약자인 보호대상자의 사회복지증진이라는 목표가 명시되어 있다. 사회복지증진은 현금급여나 현물급여 또는 서비스 형태로 제공되지만, 현금이나 현물보다는 사회서비스가 좀 더 기본적이고 실질적인 형태이다. 즉, 사회서비스의 목적은 정상적인 일반생활의 수준에서 탈락된 상태의 사회서비스 대상자에게 '회복·보전'하도록 도와주는 것을 말하며 이는 개별적, 집단적으로 보호 또는 처치를 행하는 것이다.

(3) 소득재분배

사회복지법의 소득재분배 기능은 사회보험관련법과 공공부조관련법에서 잘 나타나고 있다. 장기적인 보장에 속하는 국민연금의 설계와 운용은 말할 것도 없고, 「국민건강보험법」에서도 소득재분배를 중요한 정책목표와 이념으로 표방하고 있다.

물론 공공부조관련법이나 사회서비스관련법의 경우도 마찬가지이다. 일반 조세를 통해 재원을 조달하여 사회적으로 곤란한 사람들에게 제공되는 이들 제도는 조세제도와 사회복지제도를 통해 소득재분배효과를 가져온다.

(4) 사회형평과 통합

사회복지법은 부의 불평등 완화, 사회적 위험의 분산, 사회적 약자의 보호 등을 위해 서로 협력하고 책임짐으로써 사회를 통합시키는 기능을 한다. 예컨대, 사회보험의 원리는 사회적 위험의 분산과 공동대처를 통한 사회적 통합의 원리에 입각해 있으며, 공공부조관련법과 사회서비스관련법 역시 국민들의 세금으로 일방적으로 지원하는 이론적·이념적 배경에 사회연대와 사회통합이 존재한다.

(5) 자립 · 자활

국가로부터 사회복지급여를 받아서 생활하는 의존적인 삶이 아니라, 스스로 자주적이고 독립적인 생활을 영위하도록 하는 것은 사회복지법의 또 다른 목적이다. 이러한 자립·자활의 원리는 사회적 자원의 효율적인 배분이라는 경제적·사회적 정의를 위해서도 바람직하다.

특히 사회복지법 중에서 공공부조관련법이나 사회서비스관련법 분야에서는 자립과 자활을 더욱 중시한다. 「사회보장기본법」 제7조에서는 "모든 국민은 자신의 능력을 최대한 발휘하여 자립·자활할 수 있도록 노력하고 국가의 사회보장정책에 협력하여야 한다."고 규정하여 자활·자립의 중요성을 강조하고 있다.

2. 일반 법체계하의 사회복지법

사회복지법은 일반 법체계하에서는 실정법에 속하며, 그 내용이 일정한 형식과 절차를 통해 공포된 성문법에 속하며 사회법의 지위를 가진다.

1) 국내법으로서의 사회복지법

일반적으로 국내법은 국가에 의하여 인정되고, 그 국가의 주권이 미치는 범위 내에서만 시행되는 국가와 국민 사이, 또는 국민상호간의 권리·의무관계를 정하는 법이다. 이에 사회복지법은 지역적인 적용범위를 기준으로 볼 때 국내에서만 적용되는 국내 사회복지법과 국가 간에 적용되는 국제 사회복지법으로 구분될 수 있다. 사회복지제도의 내용은 나라에 따라 서로 다르다. 사회복지법은 주로 국내법적인 성격을 띠며 헌법을 토대로 하여 법률, 명령, 규칙 등 하나의 법체계를 이루고 있다. 한편 사회보장협정, ILO와 같은 국제기구의 국제적 권고, 국제선언, 그리고 1964년 제정된 유럽사회보장법전의 내용 등은 국제적인 성격을 갖는다.

2) 성문법으로서의 사회복지법

사회복지법은 성문법에 속한다. 즉 제정법, 관습법, 판례법 등의 실정법 가운데, 사회복지법은 주로 제도상 입법권을 가지는 자에 의하여 만들어지고, 그 내용이 문서로 작성되어 일정한 형식과 절차를 밟아 공포된 제정법(성문법)에 속한다.

3) 사회법으로서의 사회복지법

사회복지법은 추구하는 이념의 측면에서 볼 경우 사회법에 속한다. 사회법은 사법의 원리인 소유권 절대의 원칙과 계약 자유의 원칙에 대해서 공법적인 제한을 할 수 있도록 한 법으로, 국민의 생존권 보장을 위한 국가의 책임을 강조한다. 이러한 맥락에서 사회적 약자인 노동자계층과 노동력이 상실된 사회적 취약계층(전통적으로 사회복지의 대상군으로 취급되어 온 아동, 노인, 장애인 등)의 인간다운 생활을 보장할 수 있도록 법적인 근거를 마련하고 있는 사회복지법은 사회법에 속한다고 하겠다.

3. 사회복지법의 분류체계

사회복지법은 하나의 법전으로 체계화되지는 않았지만, 「사회보장기본법」의 분류에 따라 크게 3가지 영역으로 구분되는 사회복지 관련 법률들로 이루어져 있다. 사회복지법은 크게 사회보험법, 공공부조법, 사회서비스법으로 구분된다.

1) 사회보장기본법

「사회보장기본법」은 사회복지 및 사회보장의 일반에 관한 기본적인 법률이다. 즉, 이 법은 사회보장에 관한 국민의 권리와 국가 및 지방자치단체의 책임을 정하고 사회보장정책의 수립·추진과 관련된 제도에 관한 기본적인 사항을 규정함으로써 국민의 복지증진에 이바지하는 것을 목적으로 하는 법이다(「사회보장기본법」 제1조). 이 법은 '사회보장'이라 함은 "출산, 양육, 실업, 노령, 장애, 질병, 빈곤 및 사망 등의 사회적 위험으로부터 모든 국민을 보호하고 국민 삶의 질을 향상시키는 데 필요한 소득·서비스를 보장하는 사회보험, 공공부조, 사회서비스를 말한다."고 규정하고 있다(동법 제3조). 따라서 「사회보장기본법」은 넓은 의미의 사회복지에 관한 기본법이다. 「사회보장기본법」은 전문(全文) 43조로 되어 있다.

2) 사회보험법

사회보험법은 사회보험제도의 운영과 실시에 관한 법이다. '사회보험'이라 함은 "국민에게 발생하는 사회적 위험을 보험의 방식으로 대처함으로써 국민의 건강과 소득을 보장하는 제도"를 말한다(사회보장기본법 제3조). 따라서 우리나라에서 사회보험은 사회보장제도의 하나로서 우리의 삶에 직면하는 사회적 위험을 민간보험(사보험)원리를 적용하여 국가가 시행하는 모든 강제보험을 말한다. 우리나라에서는 「국민연금법」, 「국민건강보험법」, 「산업재해보상보험법」, 「고용보험법」, 「노인장기요양보험법」 등이 사회보험법에 속한다. 법전에는 사회복지법으로 분류되어 있지 않으나, 「공무원연금법」, 「사립학교교직원연금법」, 「군인연금법」도 학문적으로 사회보험에 속한다고 볼 수 있다.

3) 공공부조법

공공부조법은 공공부조제도의 실시와 관련되는 사항을 규정하고 있는 법을 말한다. '공공부조'라 함은 "국가와 지방자치단체의 책임 하에 생활 유지 능력이 없거나 생활이 어려운 국민의 최저생활을 보장하고 자립을 지원하는 제도"를 말한다(「사회보장기본법」 제3조). 우리나라에서는 「국민기초생활 보장법」, 「의료급여법」, 「긴급복지지원법」, 「기초연금법」, 「장애인연금법」 등이 여기에 속한다.

4) 사회서비스법

사회서비스법은 사회서비스의 제공과 관련되는 법을 말한다. '사회서비스'라 함은 "국가·지방자치단체 및 민간부문의 도움이 필요로 하는 모든 국민에게 복지, 보건의료, 교육, 고용, 주거, 문화, 환경 등의 분야에서 인간다운 생활을 보장하고 상담, 재활, 돌봄, 정보의 제공, 관련 시설의 이용, 역량 개발, 사회참여 지원 등을 통하여 국민의 삶의 질이 향상되도록 지원하는 제도"를 말한다(「사회보장기본법」 제3조). 우리나라에서는 「노인복지법」, 「아동복지법」, 「장애인복지법」, 「한부모가족지원법」, 「영유아보육법」, 「정신건강증진 및 정신질환자 복지서비스 지원에 관한 법률」 등이 여기에 속한다.

제 3 절 사회복지의 주체

사회복지의 법률관계는 사회복지의 주체와 사회복지의 객체 간의 권리-의무 관계를 말한다. 사회복지의 법률관계도 크게 공법 관계와 사법관계로 나눌 수 있다. 공법과 사법을 구분함에 있어서 여러 학설이 있으나, 사회복지의 주체에 대한 법적 검토를 행함에 있어서는 법률관계의 주체를 기준으로 공법과 사법을 구분하는 주체설에 따라 논하는 것이 바람직하다.

한편 사회복지 분야에서 사회복지의 주체는 주로 복지다원주의(welfare pluralism)를 통해 설명한다. 즉, 사회복지의 주체는 단일하지 않고 국가, 지방자치단체, 공공기관, 법인, 종교단체, 개인 등 다양하게 구성되어 있다. 사회복지는 국민의 인간다운 생활을 보장한다는 취지에 따라 공공성이 매우 높은 영역이기 때문에, 그 운영은 공정하게 이루어져야 한다. 따라서 사회복지의 법률관계를 수행하는 주체에 관한 논의는 국민들의 인간다운 생활을 보장함에 있어 큰 의미가 있다. 이와 같이 사회복지법에서는 사회복지의 주체를 크게 공적 사회복지 주체와 민간 사회복지 주체로 구분할 수 있다.

1. 공적 사회복지 주체

사회복지의 공적인 법률관계는 주로 국가나 지방자치단체 또는 공공단체가 법률관계의 주체로서 사회복지와 관련하여 국민과 갖게 되는 권리-의무관계이다. 공적 사회복지 주체는 사회복지행정의 주체로서 역할을 수행한다. 이에 국가[7] 및 지방자치단체[8]는 국가발전의 수준에 부응하는 사회보장제도를 확립하고 매

7) 국가는 국민을 위하여 복지행정권을 행사하고 국민의 사회복지수급권의 상대방이 된다. 국가의 복지행정권은 대통령을 정점으로 하는 행정관청에 의하여 수행된다. 행정관청이란 국가의 의사를 결정하는 기관이다. 대통령, 국무총리, 각부 장관이 그것이다. 그리고 이 행정관청의 의사결정을 자문하는 기관인 자문기관이 있고 행정관청을 보조하는 보조기관(예컨대, 국장, 과장, 계장, 주임 등)이 있다. 또 행정관청의 의사결정을 구속하는 국가의결기관으로 국회가 있다.

8) 지방자치단체는 주민의 복리에 관한 사무를 처리하고 재산을 관리하며, 법령의 범위 안에서

년 이에 필요한 재원을 조달하여야 한다(「사회보장기본법」 제5조). 또한 국가와 지방자치단체는 가정이 건전하게 유지되고 그 기능이 향상되도록 노력하여야 하며, 국가와 지방자치단체는 사회보장제도를 시행함에 있어 가정과 지역공동체의 자발적 복지활동을 촉진하여야 한다(「사회보장기본법」 제6조).

1) 국가

국가란 일정한 영토와 국민·주권을 기초로 통치권력에 의하여 통치권을 행사하는 공식적인 통치조직을 말하며, 법률상 하나의 인격을 가지는 것으로 간주된다. 다시 말하면 국가는 법인으로서 벌률관계에서의 주체가 되는 것이다. 국가가 행정주체가 되는 경우, 그 권한은 대통령을 정점으로 하는 국가 행정조직을 통해 행사된다. 그리고 그 국가를 실제로 행정사무를 담당·수행하는 역할을 하는 것이 행정기관이며, 이 행정기관은 어떠한 권력을 행사하느냐에 따라 행정관청, 집행기관, 의결기관, 자문기관, 보조기관 등으로 분류된다.

2) 지방자치단체

지방자치단체는 국가 영토의 일부를 자기 구역으로 하여 그 구역 내의 모든 주민에 대하여 법률이 정하는 범위 내에서 지배권을 행사하는 단체이다. 지방자치단체는 그의 지배권이 지방자치단체에 고유한 것이 아니고, 국가로부터 부여된다는 점에서 국가와 구별되고, 일정한 구역에 대한 지배권을 가지는 지역단체인 점에서 다른 공법인과 구별된다.

지방자치단체는 자치행정의 주체로서 국가로부터 행정권의 일부를 부여받은

자치에 관한 규정을 제정할 수 있다(헌법 제117조). 지방자치단체는 국민기초생활보장제도와 같은 공공부조나 사회복지서비스를 직접 국민들의 삶의 현장에서 집행하는 데 중요한 역할을 한다. 지방자치단체는 자치행정의 주체이며 국가로부터 국가통치권(행정권)의 위임을 받은 사항과 고유의 자치권에 의하여 주민의 복리를 실현하는 공법인이다. 지방자치단체에는 특별시, 광역시, 시·군·구(자치구)가 있다. 지방자치단체가 제정하는 자치에 관한 규정에는 지방의회에서 제정·공포하는 조례(條例)와 지방자치단체의 장이 제정·공포하는 규칙(規則)이 있다.

공공단체이며 공법인(公法人)이다. 공적 사회복지 주체로서의 지방자치단체에는 보통지방자치단체(서울특별시・광역시・도, 시・군・구)와 특별지방자치단체(지방자치단체조합)가 있다.

지방자치가 발전되어 가면서 오늘날 공적 사회복지 주체로서 지방자치단체는 그 역할이 점차 증가하고 있다. 지방자치단체는 국민기초생활보장제도와 같은 공공부조나 사회복지서비스를 직접 국민들의 삶의 현장에서 집행한다.

최근 일부 지방 재정자립도가 높은 지역의 지방자치단체는 재정자립도가 낮은 지역의 지방자치단체보다 높은 수준의 복지혜택을 해당지역의 주민들에게 지방자치단체 자체 재원을 활용하여 제공하는 경우를 찾아볼 수 있다.

지방자치단체가 서비스의 주체가 되는 경우, 지역 특성이나 지역주민의 의견에 따라 서비스의 내용과 수준을 조정할 수 있으며, 다른 지방자치단체와의 경쟁으로 서비스가 개선될 수 있다는 장점이 있다. 하지만 지방자치단체 간의 재정격차로 인하여 서비스의 불평등이 심화될 수 있다.

3) 공법인

특정한 공공목적을 위하여 특별한 법적 근거에 따라서 설립된 법인을 공법인이라 한다. 공법인은 사법인과는 달리 보통 그 목적이 법률로서 정해져 있고, 목적 달성에 필요한 한도에서 행정권이 부여되고, 여러 특혜가 인정되며, 또한 국가의 특별한 지도감독을 받고 있다.

공법인은 광의로는 국가와 공공단체를 모두 포함하고, 협의로는 공공단체와 같은 의미로 사용되며, 최협의로는 지방자치단체를 제외한 공공단체(예: 국민연금공단, 국민건강보험공단, 근로복지공단 등)를 의미한다.

2. 민간 사회복지 주체

1) 법인의 의의 및 특징

(1) 의의

법인이란 자연인이 아니면서 법률상의 권리-의무의 주체가 되는 것이다. 또한 일정한 목적에 결합된 사람의 집단 또는 재산의 집합체에 대하여 법인격, 즉 법률상 권리-의무의 주체가 될 수 있는 능력이 부여된 것을 말한다. 법인격을 취득할 수 있는 단체로는 사단과 재단이 있다. 사단법인은 구성원과는 독립하여 자체가 그 주체가 되는 것이고, 재단법인은 재산을 일정한 목적을 위하여 출연하여 이를 바탕으로 일정한 조직을 갖추어 그 목적을 영위하는 경우 법인격을 가진 결합된 재산의 집단을 말한다.

(2) 특징

일정한 단체가 법률에 의해 인격을 승인받아 권리-의무 주체가 된다는 것에는 다음과 같은 세 가지 의미가 있다.

첫째, 법인은 권리-의무 주체가 될 수 있지만, 자연인처럼 스스로 행동할 수 없기 때문에 대표이사와 같은 기관을 설정하게 되고, 기관의 행위는 곧 법인의 행위로 간주하는 방식을 취한다.

둘째, 법인은 구성원의 가입・탈퇴가 있더라도 그에 영향을 받지 않고 그 동일성이 유지된다.

셋째, 법인의 재산은 구성원의 재산과 독립된 법인 자체의 재산이라는 점이다.

2) 법인의 종류

사회복지와 관련된 법인은 공법인과 사법인으로 구분되고, 사법인은 영리법인과 비영리법인(재단법인과 사단법인)으로 구분된다. 「사회복지사업법」상 사회복지법인으로 특정되어 있는 경우도 있다. 상당수의 법인이 민법상 재단법인과 사단법인으로 설립되었다가 사회복지법인으로 법인격을 변경하였다.

(1) 사법인

사법인(私法人)은 사법에 의하여 설립되고 규율되는 법인이다. 민법상의 비영리 사단법인과 영리재단법인 그리고 상법상의 영리법인이 대표적이며, 그 내부의 법률관계에 국가 또는 공공단체의 강제적 권력작용이 가해지지 않는 법인을 가리킨다(예: 굿네이버스, 한국사회복지사협회, 한국복지재단 등과 같은 「사회복지사업법」상의 사회복지법인).

영리법인은 사원의 경제적 이익을 도모함을 궁극적 목적으로 하여 설립된 법인으로 사단법인만이 영리법인이 될 수 있고, 재단법인은 영리법인이 될 수 없다. 비영리법인은 공익을 위한 사업이나 학술, 종교, 자선, 기예, 사교, 기타 영리가 아닌 사업을 목적으로 하는 법인을 말한다. 대부분의 사회복지법인은 비영리법인이지만, 유로노인복지시설 등의 경우 영리법인이 될 수 있다.

(2) 사단법인과 재단법인

민법은 비영리법인으로서 사단법인과 재단법인의 두 가지만을 인정한다. 두 법인은 설립행위, 정관변경, 기관의 종류, 해산사유 등에서 차이를 보이고 있다.

사단법인은 일정한 목적을 위하여 결합한 사람의 단체(사단, 社團)에 법인격이 부여된 것이며, 단체의사에 의하여 자율적으로 활동한다(예: 한국사회복지사협회).

한편 재단법인은 일정한 목적에 바쳐진 재산이라는 실체(재단, 財團)에 법인격이 부여된 것으로 설립자의 의사에 의하여 타율적으로 운영된다(예: 홀트아동복지, 한국복지재단, 한민족복지재단, 삼성복지재단 등).

3. 사회복지법인

사회복지법인에 관한 사항은 「사회복지사업법」에서 규정하고 있으며, 「사회복지사업법」에서 규정한 사항을 제외하고는 「민법」과 「공익법인의설립·운영에관한법률」을 준용한다. 사회복지법인과 관련 법령의 적용관계를 살펴보면 사회복지법인은 원칙적으로 「사회복지사업법」의 적용을 받음과 동시에 목적사업에 따라 관련 법률의 적용도 받게 된다. 예를 들면, 아동복지사업을 하는 사회복지법인의 경우 「사회복지사업법」, 「아동복지법」, 「영유아보육법」, 「입양특례법」, 「국민기초생활 보장법」 등의 적용을 받는다. 또한 노인복지사업을 하는 사회복지법인의 경우 「사회복지사업법」, 「노인복지법」, 「국민기초생활 보장법」 등의 적용을 받는다. 이러한 경우 특별법이 있으면 특별법 우선의 원칙에 따라 특별법이 일반법보다 우선 적용된다. 일반적으로 사회복지법인의 법적용의 순위는 사회복지사업 관련 특정 법률, 「사회복지사업법」, 「공익법인의 설립·운영에 관한 법률」, 「민법」 순이다.

1) 사회복지법인의 정의

사회복지법인[9)]이란 사회복지사업을 할 목적으로 설립된 법인을 말한다(사회복지사업법 제2조). 사회복지사업이란 「사회복지사업법」에서 규정한 27개 법률에 따

9) 법인설립에 관한 입법주의

- 자유설립주의: 자유설립주의란 법인의 설립에 관해 아무런 제한을 하지 않는 주의이다.
- 준칙주의: 준칙주의란 법인설립에 관한 요건을 미리 법률에 정해 놓고, 그 요건이 충족되는 때에는 당연히 법인이 성립한다(영리법인, 노동조합).
- 허가주의: 허가주의란 법인의 설립에 관하여 행정관청의 자유재량에 의한 허가를 필요로 하는 것으로, 민법은 비영리법인에 관하여 이 주의를 취한다(민법 제32조).
- 인가주의: 인가주의란 법률이 정한 요건을 갖추고 행정관청의 인가를 얻음으로써 법인으로 성립한다. 인가는 허가가 자유재량이 있는 반면에 자유재량이 없어 반드시 요건이 충족되면 인가를 해주어야 하는 차이점이 있다.
- 특허주의: 각개의 법인을 때마다 법률의 제정을 필요로 하는 것으로서, 각종의 국책은행·공사가 이에 속한다.
- 강제주의: 법인의 설립을 국가가 강제한 것으로서, 변호사회, 약사회 등이 이에 속한다.

른 보호·선도 또는 복지에 관한 사업과 직업지원, 무료 숙박, 지역사회복지, 의료복지, 재가복지(在家福祉), 사회복지관 운영, 정신질환자 및 한센병력자의 사회복귀에 관한 사업 등 각종 복지사업과 이와 관련된 자원봉사활동 및 복지시설의 운영 또는 지원을 목적으로 하는 사업을 말한다(「사회복지사업법」 제2조). 따라서 사회복지법인은 사회보험분야와 관련된 사업을 제외한 공공부조, 사회서비스와 관련된 사업을 위해 설립된 법인이라 하겠다.

사회복지법인제도는 민간사회복지사업의 공공성과 안정성을 높이기 위한 것으로 사회복지시설운영법인과 지원법인으로 구분된다. 시설운영법인은 시설의 설치 및 운용을 목적으로 하는 법인을 말하고, 사회복지시설은 생활시설과 이용시설로 구분한다. 한편 지원법인이란 시설의 설치 및 운용을 목적으로 하지 아니하고 사회복지사업을 지원하는 것을 목적으로 하는 법인을 말한다.

2) 임원

법인은 대표이사를 포함한 이사 7명 이상과 감사 2명 이상을 두어야 하고, 이사 정수의 3분의 1(소수점 이하 버림) 이상을 시·도 사회보장위원회 또는 지역사회보장협의체가 사회복지 또는 보건의료에 관한 학식과 경험이 풍부한 사람, 사회복지를 필요로 하는 사람의 이익 등을 대표하는 사람, 비영리단체에서 추천한 사람, 사회복지공동모금지회에서 추천한 사람 중 3배수로 추천한 사람 중에서 선임해야 한다. 이사회의 구성에 있어서 대통령령으로 정하는 특별한 관계에 있는 자가 이사 현원의 5분의 1을 초과할 수 없다. 이사의 임기는 3년으로 하고 감사의 임기는 2년으로 하며, 각각 연임할 수 있다. 외국인인 이사는 이사 현원의 2분의 1미만이어야 한다. 법인은 임원을 임면하는 경우에는 보건복지부령으로 정하는 바에 따라 지체 없이 시·도지사에게 보고하여야 한다. 감사는 이사와 특별한 관계에 있는 자가 아니어야 하며, 감사 중 1명은 법률 또는 회계에 관한 지식이 있는 사람 중에서 선임하여야 한다. 다만, 대통령령으로 정하는 일정한 규모 이상의 법인은 시·도지사의 추천을 받아 「주식회사의 외부감사에 관한 법률」 제3

조 1항에 따른 감사인에 속한 사람을 감사로 선임하여야 한다(「사회복지사업법」 제18조). 이사 또는 감사 중에 결원이 생겼을 때에는 2개월 이내에 보충하여야 하며(「사회복지사업법」 제20조), 시・도지사는 임원이 시・도지사의 명령을 정당한 이유 없이 이행하지 아니하였을 때, 회계부정이나 인권침해 등 현저한 불법행위 또는 그 밖의 부당행위 등이 발견되었을 때, 법인의 업무에 관하여 시・도지사에게 보고할 사항에 대하여 고의로 보고를 지연하거나 거짓으로 보고를 하였을 때, 직무집행 정지명령을 이행하지 아니한 사람, 그 밖에 이 법 또는 이 법에 따른 명령을 위반하였을 때에는 그 임원의 해임을 명할 수 있다(「사회복지사업법」 제22조). 한편, 이사는 법인이 설치한 사회복지시설의 장을 제외한 그 시설의 직원을 겸할 수 없으며, 감사는 법인의 이사, 법인이 설치한 사회복지시설의 장 또는 그 직원을 겸할 수 없다(「사회복지사업법」 제21조).

3) 사회복지법인의 설립절차

사회복지법인의 설립은 기본재산의 출연과 정관의 작성, 시・도지사의 허가 및 설립등기의 절차를 거쳐 이루어진다.

(1) 재산의 출연

사회복지법인은 사회복지사업의 운영에 필요한 재산을 소유하여야 한다(「사회복지사업법」 제23조). 따라서 사회복지법인을 설립하고자 하는 자는 법인설립의 필수적 요건일 뿐만 아니라 기본적인 목적사업의 수행에 필요한 기본재산을 출연하여야 한다. 이런 점에서 사회복지법인은 재단법인의 성질을 가진다고 할 수 있다.

사회복지법인의 재산은 기본재산과 보통재산으로 구분하며, 기본재산은 그 목록과 가액(價額)을 정관에 적어야 한다(「사회복지사업법」 제23조). 기본재산은 목적사업용 기본재산과 수익용 기본재산으로 구분된다(「사회복지사업법 시행규칙」 제12조). 다만, 사회복지법인이 사회복지시설의 설치・운영을 목적으로 하지 아니하고, 일정한 출연재산에 얻어지는 과실 등으로 다른 시설이나 보호대상자 등 「사회복지사업법」 제2조의 규정에서 정한 사회복지사업을 지원하는 것을 목적(이하에서 '지원법인'이라 함)으로 하는 경우에는 목적사업용 기본재산과 수익용 기본재산으로 구분하지 아니할 수 있다(「사회복지사업법 시행규칙」 제12조). 기본재산을 매도・증여・교환・임대・담보제공 또는 용도변경을 하려는 경우, 장기차입하고자 하는 금액을 포함한 장기차입금의 총액이 기본재산 총액에서 차입 당시의 부채를 공제한 금액의 100분의 5에 상당한 금액 이상을 1년 이상 장기 차입하고자 할 때에는 기본재산에 관한 임대계약의 갱신을 제외하고는 시・도지사의 허가를 받아야 한다(「사회복지사업법」 제23조 제3항, 「사회복지사업법 시행규칙」 제14조, 제15조).

(2) 재산의 규모

법인의 기본재산규모는 사회복지시설의 설치・운영을 목적으로 하는 시설운영법인과 지원법인으로 구분하여 적용하고 있고, 시설운영법인의 경우 목적사업용 기본재산을 갖추어야 한다(「사회복지사업법 시행규칙」 제13조). 지원법인의 기본재산규모는 법인 운영경비의 전액을 충당할 수 있는 규모의 기본재산을 갖추도록 하고 있다(「사회복지사업법 시행규칙」 제13조).

(3) 정관의 작성

법인을 설립하는 경우에는 법인의 근본규범이 되는 정관을 서면으로 작성하여야 한다. 정관의 기재사항에는 목적, 명칭, 주된 사업소의 소재지, 사업의 종류, 자산 및 회계에 관한 사항, 임원의 임면에 관한 사항, 회의에 관한 사항, 수익을 목적으로 하는 사업이 있는 경우 그에 관한 사업, 정관의 변경에 관한 사항, 존립시기와 해산 사유를 정한 경우에는 그 시기와 사유 및 남은 재산의 처리방법, 공고 및 공고방법에 관한 사항 등 필요적 기재사항(「사회복지사업법」 제17조)과 기타 임의적 기재사항이 있다. 필요적 기재사항은 그 하나라도 빠지면 정관으로서의 효력을 발생할 수 없다.

그러나 필요적 기재사항과 임의적 기재사항은 일단 정관에 규정되면 그 효력의 차이가 없으며, 그 변경절차도 동일하다. 법인이 정관을 변경하고자 할 때에는 보건복지부령이 정하는 경미한 사항을 제외하고는 보건복지부장관의 인가를 받아야 한다(「사회복지사업법」 제17조).

(4) 설립허가

사회복지법인을 설립하려는 자는 대통령령으로 정하는 바에 따라 시・도지사의 허가를 받아야 하는데(「사회복지사업법」 제16조), 사회복지법인의 설립허가를 받으려는 자는 법인설립허가신청서에 보건복지부령으로 정하는 서류를 첨부하여 사회복지법인의 주된 사무소의 소재지를 관할하는 시장・군수・구청장을 거쳐 시・도지사에게 제출하여야 한다(「사회복지사업법 시행령」 제8조). 사회복지법인 설립허가신청 시에는 설립허가신청서를 작성하고, 설립취지서 1부, 정관 1부, 재산출연증서 1부, 재산의 소유를 증명할 수 있는 서류 1부, 재산의 평가조서 1부, 재산의 수익조서 1부, 임원의 취임승낙서 및 이력서 각 1부, 임원 상호 간의 관계에 있어 동법 제18조의 규정에 저촉되지 아니함을 입증하는 각서 1부, 설립 해당 연도 및 다음 연도의 사업계획서 및 예산서 각 1부의 서류를 첨부하여야 한다(「사회복지사업법 시행규칙」 제7조). 그리고 시・도지사는 법인설립허가신청에 대하여 허가를 하는 때에는 법인설립허가증을 신청인에게 교부하여야 한다(「사회복지사업법 시행규칙」 제7조).

(5) 설립등기

사회복지법인이 주무관청의 설립허가를 받은 경우에도 주된 사무소 소재지의 관할 등기소에 설립등기를 해야 한다. 사회복지법인의 설립등기기간에 대하여는 사회복지사업법 및 시행령, 시행규칙에 아무런 규정이 없다. 사회복지법인은 비영리법인이므로 민법의 규정에 따라 법인 설립허가가 있는 때에는 3주 내에 주된 사무소 소재지에서 설립등기를 하여야(「민법」 제49조) 사회복지법인이 성립한다(설립등기는 법인의 성립요건).

(6) 설립허가 취소

시·도지사는 법인이 다음 중 어느 하나에 해당할 때에는 기간을 정하여 시정명령을 하거나 설립허가를 취소할 수 있다. 설립허가를 취소하여야 하는 경우는 거짓이나 그 밖의 부정한 방법으로 설립허가를 받았을 때 또는 법인 설립 후 기본재산을 출연하지 아니한 때로 한정한다(「사회복지사업법」 제26조).

- 거짓이나 그 밖의 부정한 방법으로 설립허가를 받았을 때
- 설립허가 조건을 위반하였을 때
- 목적 달성이 불가능하게 되었을 때
- 목적사업 외의 사업을 하였을 때
- 정당한 사유 없이 설립허가를 받은 날부터 6개월 이내에 목적사업을 시작하지 아니하거나 1년 이상 사업실적이 없을 때
- 법인이 운영하는 시설에서 반복적 또는 집단적 성폭력범죄 및 학대관련범죄가 발생한 때
- 법인이 운영하는 시설에서 중대하고 반본적인 회계부정이나 불법행위가 발생한 때
- 법인 설립 후 기본재산을 출연하지 아니한 때
- 임원정수를 위반한 때
- 임원 관련 규정을 위반하여 이사를 선임한 때
- 규정에 따라 임원의 해임명령을 이행하지 아니한 때
- 그 밖에 이 법 또는 이 법에 따른 명령이나 정관을 위반하였을 때

(7) 수익사업

법인은 목적사업의 경비에 충당하기 위하여 필요할 때에는 법인의 설립 목적 수행에 지장이 없는 범위에서 수익사업을 할 수 있으며, 수익사업에서 생긴 수익을 법인 또는 법인이 설치한 사회복지시설의 운영 외의 목적에 사용할 수 없다(「사회복지사업법」 제28조).

(8) 합병

법인은 시·도지사의 허가를 받아 이 법에 따른 다른 법인과 합병할 수 있다. 다만, 주된 사무소가 서로 다른 특별시·광역시·특별자치도에 소재한 법인 간의 합병의 경우에는 보건복지부장관의 허가를 받아야 한다. 법인이 합병하는 경우 합병 후 존속하는 법인이나 합병으로 설립된 법인은 합병으로 소멸된 법인의 지위를 승계한다(「사회복지사업법」 제30조).

(9) 동일명칭 사용 금지

사회복지법인이 아닌 자는 사회복지법인이라는 명칭을 사용하지 못한다(「사회복지사업법」 제31조).

(10) 다른 법률의 준용

법인에 관하여 「사회복지사업법」에서 규정한 사항을 제외하고는 「민법」과 「공익법인의 설립·운영에 관한 법률」을 준용한다(「사회복지사업법」 제32조).

제 4 절 사회복지법의 입법절차 및 효력

1. 사회복지법의 입법절차

입법이라고 하면 흔히 법률의 형식으로 제정하는 것을 생각하지만, 대통령령(시행령)을 비롯한 총리령과 부령(시행규칙) 같은 행정입법도 입법에 포함된다. 법률은 제정하는 법률과 개정하는 법률(전문개정, 부분개정), 폐지하는 법률로 분류할 수 있으며 법률의 입법절차는 서로 비슷하나 입안 형식이나 내용에서 약간의 차이를 지닌다.

행정부와 입법부의 분립이 정확한 미국과 달리 우리나라에서 법령을 제출할 수 있는 주체는 국회의원(10인 이상이 찬성)과 정부이다(헌법 제52조). 국회의원이 발의한 법안과 정부 각 부처가 소관 사무에 관하여 입법한 법안은 각각 입법절차(〈표 1-1〉 참조)를 거치게 되며 최종적으로 국회의 의결을 거쳐야 한다.

〈표 1-1〉 입법절차 및 내용

절 차	내 용
1. 법률안 제출 또는 발의	• 정부제출 법률안 • 의원 발의 법률안 • 위원회 제안 법률안
2. 위원회 회부	• 상임위원회 회부 • 특별위원회 회부
3. 위원회 심사	• 소관위원회 심사 • 법제사법위원회의 체계 심사
4. 본회의 심사	• 본회의 상정 • 위원장의 심사보고 • 토론 및 표결
5. 정부이송 및 공포	• 정부이송 • 대통령의 서명 공포
6. 법률의 효력발생	• 관보에 게재

1) 법률안 제출

헌법 제52조에서는 "국회의원과 정부는 법률안을 제출할 수 있다."라고 되어 있고, 국회법 제79조에서는 "위원은 10인 이상의 찬성으로 의안을 발의할 수 있다."라고 되어 있으며, 그리고 국회법 제51조에서는 "위원회는 그 소관에 속하는 사항에 관하여 법률안 기타 의안을 제출할 수 있다."라고 규정하고 있어 현행법상 법률안의 제안권자는 정부(대통령), 의원 10인 이상, 그리고 위원회로 구분할 수 있다.

(1) 정부제출 법률안

행정부의 각 부처가 소관사항에 대하여 입안하여 국무회의 심의를 거쳐 국무총리와 관계 국무위원이 부서하고 대통령이 서명한 후 국회에 제출한다.

(2) 의원발의 법률안

법률안을 기초 작성하여 의원 10인 이상의 찬성을 얻어 제출한다. 의원발의 법률안의 입안을 위해 국회사무처에 법제실을 두고 지원하고 있다.

(3) 위원회제안 법률안

위원회는 그 소관에 속하는 사항에 관하여 법률안을 제출할 수 있다. 이 경우 제출자는 위원장이 된다. 상임위원회는 회부된 안건에 대한 심사뿐 아니라, 그 소관사항에 관하여 법률안을 입안하여 제출할 수 있다. 본회의 의결로 특정사항에 대한 법률안의 입안을 위하여 특별위원회를 구성한 경우에는 그 범위 안에서 특별위원회도 법률안을 입안하여 제출할 수 있다. 각 상임위원회의 소관사항은 「국회법」 제37조에서 구체적으로 명시하고 있다.

한편 위원회가 법률안을 제안하고자 할 때에는 이를 입안하기 위한 소위원회를 구성하여 그 소위원회에서 마련한 초안을 전체회의에서의 질의・토론・축조

심사를 거쳐 의결하거나 위원의 동의로 제안된 초안을 전체회의에서 직접심사·의결하거나 또는 소위원회를 구성하여 심사보고하게 한 다음 위원회 전체회의에서 의결하게 된다.

2) 위원회 회부

(1) 상임위원회 회부

의장은 법률안이 발의 또는 제출된 때에는 이를 인쇄하여 의원에게 배부하고 본회의에 보고하여 소관위원회에 회부하여 그 심사가 끝난 후 본회의에 부의한다. 다만, 폐회 또는 휴회 중에는 본회의 보고를 생략하고 회부할 수 있다. 또한 의장은 법률안이 어느 상임위원회의 소관에 속하는지 명백하지 아니할 때에는 국회 운영위원회와 협의하여 상임위원회에 회부하되 협의가 이루어지지 아니할 때에는 의장이 소관 상임위원회를 결정한다.

(2) 특별위원회 회부

의장은 특히 필요하다고 인정하는 안건에 대하여는 본회의의 의결을 얻어 이를 특별위원회에 회부한다. 또한 의장은 특별위원회에 회부된 법률안과 관련이 있는 다른 법률안을 그 특별위원회에 회부할 수 있다.

(3) 관련위원회 회부

의장은 소관위원회에 법률안을 회부하는 경우에 그 법률안이 다른 위원회의 소관사항과 관련이 있다고 인정한 때에는 관련위원회에 이를 회부하여야 한다. 안건이 소관위원회에 회부된 후 다른 위원회로부터 회부요청이 있는 경우에도 마찬가지이다. 관련위원회에 법률안을 회부한 때에는 관련위원회에 그 의견을 제시할 기간을 명시하여야 하며, 관련 위원회가 그 기간 내에 의견의 제시가 없는 경우 소관위원회는 바로 심사보고를 할 수 있다.

(4) 심사기간 지정

의장은 법률안을 위원회에 회부하는 경우 심사기간을 정하여 회부할 수 있다. 이 경우 의장은 각 교섭단체 대표의원과 협의하여야 한다. 위원회가 이유 없이 심사기간 내에 심사를 마치지 아니한 때에는 의장은 중간보고를 들은 후 다른 위원회에 회부하거나 바로 본회의에 부의할 수 있다.

3) 위원회 심사

(1) 소관위원회 심사절차

① 위원회 상정

위원회에 법률안이 회부되면 위원장은 간사와 협의하여 의사일정을 정하고 법률안을 상정한다. 발의 또는 제출된 법률안이 위원회에 회부된 후 15일을 경과하지 아니한 때에는 특별한 사유로 위원회의 의결이 없는 한 이를 의사일정으로 상정할 수 없다(국회법 제59조).

② 제안자의 취지 설명

법률안이 위원회의 의사일정으로 상정되면 제안자는 위원회에 출석하여 그 법률안의 제안이유와 주요 내용 등 그 취지를 설명하여야 한다. 정부제출 법률안일 경우에는 국무위원 또는 정부위원이 설명하고, 의원발의 법률안인 경우에는 발의한 의원이 설명하되 발의자가 다수인 경우에는 그 중 1인이 제안 설명을 하며, 발의자가 설명을 할 수 없는 사정이 있을 때에는 발의에 찬성한 의원이 발의자를 대리하여 설명할 수도 있다.

③ 전문위원의 검토보고

의사일정에 상정된 모든 법률안에 대하여는 전문위원의 검토보고가 필수적이다. 전문위원의 검토보고는 당해 안건에 대하여 제안이유 및 문제점 그리고 법률안 심사 시 고려되어야 할 사항들을 지적함으로써 의원들의 안건심사에 능률성을 기하고 필요한 자료를 제공하기 위한 절차이다. 검토보고서는 특별한 사정이 없는 한 당해 안건의 상정일 48시간 전까지 소속의원들에게 배부하도록 하고 있으며(국회법 제58조), 위원회에서 구두로 보고하는 것이 일반적이다.

④ 대체토론

의안전체에 대한 문제점과 당부에 대한 일반적 토론을 말하며 제안자와의 질의·답변을 포함한다. 위원회가 안건을 소위원회에 회부하고자 하는 때에는 대체토론을 반드시 거치도록 하고 있다.

⑤ 소위원회 심사

위원회는 특정안건의 심사 또는 소관사항을 분담·심사하기 위하여 위원회의 의결로 소위원회를 설치할 수 있다(국회법 제57조). 소위원회는 의안 심사를 전문·지속적으로 하기 위하여 폐회 중에도 활동할 수 있으며, 심사과정에서 수정안·대안의 제시뿐만 아니라 위원회 안의 기초 등을 마련할 수 있기 때문에 사실상 실질적인 심사를 행하고 있다. 소위원회가 의안의 심사를 마쳤을 때에는 소위원장은 그 심사 결과를 위원회에 보고하되, 심사보고서에는 회의록 또는 심사요지를 첨부하도록 하고 있다.

⑥ 축조심사

의안을 한 조항 또는 몇 개의 조항을 묶어서 낭독하며 심사해나가는 것을 말하며, 안건의 내용과 심사의 정도에 따라 필요한 경우 위원회의 의결로 이를 생략할 수 있다(국회법 제58조 제4항).

⑦ 찬반토론

찬성 또는 반대토론은 단순히 소견을 개진하는 데 그치는 것이 아니고, 어떠한 이유로 찬성 또는 반대한다는 것을 표명하거나 수정의견을 명백히 제시하는 것을 전제로 한다.

⑧ 표결

위원회에서의 표결은 본회의의 표결에 관한 규정이 준용되고 있다(국회법 제109조 내지 제114조). 위원회에서의 표결 방법에 있어서도 거수 또는 기립표결 방법으로 하는 예가 많으며, 재적위원 과반수의 출석과 과반수의 찬성으로 의결하고(국회법 제54조), 번안동의의 경우(국회법 제91조) 외에는 특별의결 정족수는 채택하고 있지 않으며, 표결이 끝났을 때에는 위원장은 그 결과를 선포한다.

(2) 법제사법위원회의 체계 · 자구 심사

위원회가 의안 중 법률안 · 규칙안 등의 심사를 마치거나 입안한 때에는 법제사법위원회에 회부하여 체계와 자구의 심사를 거쳐야 한다(국회법 제86조).

(3) 연석회의와 공청회

① 연석회의

법률안이 2개 이상의 상임위원회의 소관사항과 관련이 있을 때에는 그 안건을 회부 받은 소관위원회는 심사를 위하여 관련위원회와 연석회의를 열고 의견을 교환할 수 있다. 그러나 표결은 할 수 없다. 연석회의를 열고자 하는 위원회는 위원장이 부의할 안건명과 이유를 서면으로 제시하여 다른 위원회의 위원장에게 요구하여야 하며 연석회의는 안건의 소관위원회의 회의로 한다. 세입예산안과 관련 있는 법안을 받은 위원회는 예산결산 특별위원장의 요청이 있을 때에는 연석회의를 열어야 한다(국회법 제63조).

② 공청회

위원회는 주요 안건 또는 전문지식을 요하는 법률안을 심사하기 위하여 공청회를 열고 이해관계자 또는 학식 · 경험이 있는 자 등으로부터 의견을 들을 수 있다. 위원회에서 공청회를 열 때에는 안건 · 일시 · 장소 · 진술인 · 경비 기타 참고사항을 기재한 문서를 작성하여 의장에게 보고하여야 한다. 진술인 선정과 증인

시간은 위원회에서 정하며 진술인의 발언은 그 의견을 듣고자 하는 안건의 범위를 넘어서는 아니 된다. 공청회는 그 주관하는 위원회의 회의로 한다(국회법 제64조).

4) 본회의 심의

(1) 본회의 상정

위원회는 안건심사를 마친 때에는 심사경과와 결과, 기타 필요한 사항을 서면으로 의장에게 제출하며 의장은 위원회로부터 심사보고서가 제출되면 본회의에서 의제가 되기 전에 이를 의원들에게 배부한 다음 안건을 본회의 의사일정으로 상정하게 된다.

(2) 위원장의 심사보고(또는 제안자의 취지 설명)

위원장은 소관위원회에서 심사를 마친 안건이 본회의의 의제가 된 때에는 위원회의 심사경과와 결과를 본회의에 보고한다. 위원회의 심사를 거치지 아니하고 본회의에서 바로 심의하는 안건에 대해서는 제안자가 그 취지를 설명한다.

(3) 질의 · 토론 및 표결

위원장의 심사보고나 제안자의 취지 설명이 있은 후에는 질의 · 토론을 거쳐 표결하게 된다. 그러나 위원회의 심사를 거친 안건에 대해서는 의결로 질의와 토론 또는 그 중의 하나를 생략할 수 있다.

(4) 기타 절차

① 법률안의 재회부

본회의는 위원장의 보고를 받은 후 필요하다고 인정할 때에는 그 의결로 다시 그 법률안을 같은 위원회 또는 다른 위원회에 재심사를 할 수 있도록 하고 있다

(국회법 제94조).

② 법률안의 수정동의(수정안)

본회의에서는 위원회에서 심사 보고한 수정안 외에 의원 30인 이상의 찬성자와 연서하여 안을 갖추고 이유를 붙여 미리 법률안에 대한 수정동의를 의장에게 제출할 수 있다(국회법 제95조).

③ 법률안의 철회 및 수정

의원은 그가 발의한 법률안을 철회할 수 있다. 그러나 본회의에서 의제가 된 후에는 본회의의 동의를 얻어야 철회가 가능하다. 정부가 본회의에서 의제가 된 정부제출법안을 수정 또는 철회할 때에는 본회의의 동의를 얻어야 한다.

④ 번안

본회의에서 번안하고자 하는 경우 당해 법률안을 발의한 의원이 그 법률안을 발의할 때의 찬성자 3분의 2 이상의 동의로 번안 동의를 발의하되, 재적의원 과반수의 출석과 출석의원 3분의 2 이상의 찬성으로 의결하여야 한다.

⑤ 법률안의 정리

본회의는 법률안의 의결이 있은 후 법률안의 내용 중 서로 저촉되는 조항·자구·숫자 기타의 정리를 필요로 할 때에는 이를 의장 또는 위원회에 위임할 수 있다(국회법 제97조).

5) 정부이송 및 공포

(1) 법률안의 정부이송

국회에서 의결된 법률안은 의장이 이를 정부에 이송한다(헌법 제53조, 국회법 제98조). 국회에서 통과된 법률안의 정부이송 시한에 대한 법적인 제한은 없으나 대체로 본회의에서 의결된 후 법안정리가 종료되면 바로 정부로 이송된다.

(2) 대통령의 서명 · 공포

① 법률안 공포

법률안이 정부에 이송되면 국무회의의 심의를 거쳐 대통령이 서명하고 국무총리 및 관계 국무위원이 부서한다. 법률공포는 관보에 게재함으로써 이루어지고 있으며, 법률공포일은 관보가 발행된 날로 한다.

② 대통령의 법률안 거부권

대통령은 국회에서 이송되어 온 법률안에 이의가 있을 때에는 이송된 후 15일 이내에 이의서를 붙여 국회에 환부하고 그 재의(再議)를 요구할 수 있다. 그러나 법률안의 일부에 대하여 또는 수정하여 재의를 요구할 수는 없다(헌법 제53조).

③ 국회의 재의

대통령으로부터 환부되어 재의 요구된 법률안은 위원회에 회부하지 아니하고 곧바로 본회의에 의사일정으로 상정된다. 재의법률안이 본회의에서 재적의원 과반수의 출석과 출석인원 3분의 2 이상의 찬성으로 전과 같이 의결되면 그 법률안은 법률로서 확정되며, 찬성을 얻지 못할 경우 재의 요구된 법률안은 폐기된다.

④ 국회의장의 법률안 공포

대통령이 법률안 이송 후 15일 이내에 공포나 재의 요구를 하지 아니하거나 대통령의 재의 요구에 대하여 국회가 전과 같이 의결하여 정부에 이송한 후 5일 이내에 대통령이 공포하지 아니할 때에는 국회의장이 이를 공포한다. 국회의장이 법률을 공포할 때에는 그 공포기간이 경과한 날로부터 5일 이내에 공포하되 대통령에게 통지하여야 하며, 공포방식은 서울특별시에서 발행되는 일간신문 2개 이상에 게재함으로써 이루어진다.

⑤ 법률의 확정

일반적으로 법률안은 정부에 이송된 후 15일 이내에 대통령이 공포(헌법 제53조

제1항)함으로써 법률로써 확정된다. 또한 재의 요구된 법률안이 재적의원 과반수의 출석과 출석의원 3분의 2 이상의 찬성으로 전과 같은 의결을 얻은 경우(헌법 제53조 제4항) 및 대통령이 15일 이내에 공포나 재의 요구를 하지 아니한 경우에도 법률로서 확정된다(헌법 제53조 제5항).

2. 사회복지법의 효력

일반적으로 법은 사회에서 실현되어야만 의미가 있다. 즉, 법이 정한 목적이 사회에서 실현되었을 때 법은 효력을 갖는다고 한다. 그러나 악법은 저항에 부딪히기 때문에 실현되는 법은 그 법 자체가 타당성을 가져야 한다. 이것을 법의 실질적 효력이라고 한다. 또한 실정법은 시간적·공간적·인적으로 제한된 범위 내에서만 효력을 갖는데, 이를 형식적 효력이라 한다.

사회복지법도 법이므로 그 효력은 일반적인 법의 효력과 다를 바 없으며, 법의 효력이란 법이 미치는 범위, 즉 법의 적용범위를 말하고 이것은 시간에 관한 효력, 사람에 관한 효력, 장소에 관한 효력으로 나누어 볼 수 있다.

1) 시간에 관한 효력

법은 공포 후 일정한 기간(20일)이나 특정일(시행일을 따로 규정하는 경우)에 효력이 발생되어 폐지될 때까지 유효하다. 법의 폐지에는 명시적 폐지와 묵시적 폐지의 두 가지가 있는데, 명시적 폐지란 법령에서 유효기간을 정해 놓은 경우나 신법에서 명시적 규정으로 구법의 일부 또는 전부를 폐지한다고 규정함으로써 구법이 폐지되는 경우를 말한다. 묵시적 폐지란 동일한 사항에 관하여 법이 모순·저촉될 때에는 그 저촉의 한도 내에서 신법이 구법을, 특별법이 일반법을 폐지하는 경우를 말한다.

법은 시행일 이전에 발생한 사항에 대해서는 적용되지 아니하고, 시행 후에 생긴 사항에 대해서만 적용됨을 원칙으로 한다(법률불소급의 원칙). 그러나 이 법률불소급의 원칙은 절대적인 것은 아니므로 입법으로써 소급효를 규정하면 예외가 인정된다. 법률불소급의 원칙에는 사후법 제정금지의 원칙과 기득권 존중의 원칙이 있다. 사후법 제정금지의 원칙이란 행위 시의 비범죄행위를 사후에 법률을 제정하여 범죄로 만들지 못한다는 원칙이며, 기득권 존중의 원칙이란 구법에 의하여 취득한 신법의 시행으로 소급하여 박탈하지 못한다는 원칙이다.

어떤 사항이 구법 시행부터 신법 시행 시까지 진행되고 있을 경우, 구법·신법 중 어떤 것을 적용할 것인가에 대하여 그 법령의 부칙 또는 시행령에 특별한 경과규정을 두는 경우가 있는데 그러한 것을 경과법이라고 한다.

(1) 법의 시행: 효력발생시기(공포와 시행)

법은 제정과 동시에 효력이 발생하는 것이 아니고, 시행하는 날로부터 효력을 발생하여 폐지되는 날까지 그 효력을 가지며, 이 기간을 법의 시행기간 또는 유효기간이라고 한다. 또한 법은 그 기간 내에 발생한 사항에 대해서만 적용되고, 그전 또는 그 후에 발생한 사항에는 적용되지 않는 것이 원칙이다.

법률로써 효력을 발생하기 위해서는 공포와 시행이라는 두 가지의 요건을 구비하여야 한다. 첫째로, 법률은 시행에 앞서 공포가 필요하므로 국회에서 의결된 법률은 정부로 이송되어 15일 이내에 대통령이 공포하여야 한다(헌법 제53조). 공포의 방법은 '법령 등 공포에 관한 법률'의 정하는 바에 따라 행하는 것이지만, 통례로는 관보에 게재하는 방법을 취하고 있다. 그러나 국회법 제91조의 규정에 의하여 국회의장이 법률을 공포하고자 할 때에는 서울특별시에서 발행하는 일간신문 2개 이상에 게재하여야 한다(「법령 등 공포에 관한 법률」 제11조). 둘째로, 법의 효력을 발생하게 하는 최종 요건은 '시행'이다. 즉 법은 공포한 날로부터 구속력을 가지는 것이 아니고, 시행에 의해서 비로소 그 효력을 발생한다. 그러므로 '공포'는 모든 국민에게 이러한 법률이 제정되었으니 앞으로 주지하라는 뜻이라 할 수 있고, '시행'은 드디어 그 법이 효력을 발생하였다는 신호라 볼 수 있다.

법률은 특별한 규정이 없는 한 공포한 날로부터 20일을 경과함으로써 그 효력을 발생하는 것이 원칙이다(헌법 제53조 제7항). 대통령·총리령·부령도 특별한 규정이 없는 한 역시 같다. 그러나 경우에 따라서는 '공포와 동시에 시행하는' 경우도 있고, '공포 후 일정한 기간을 경과함으로써 시행'하는 경우도 있다. 이러한 경우에는 그 법률 자체가 '이 법은 공포와 동시에 시행한다.' 또는 '이 법은 언제부터 시행한다.'고 명시한 규정에 의하게 된다.

(2) 법의 폐지

법의 폐지라 함은 법이 종래 가졌던 구속력을 소멸시키는 것을 말한다. 법의 폐지에는 명시적 폐지와 묵시적 폐지의 2가지가 있으며, 전자는 명문으로 규정함으로써 폐지하는 경우이고, 후자는 그렇지 않은 경우이다.

명시적 폐지에는 다음의 2가지가 있다. 첫째는 법이 미리 시행기간을 정하였을 때는 법의 시행기간 만료로 폐지되는 경우이다. 이런 법을 한시법이라고 한다. 둘째는 신법에서 명시적 규정으로 구법의 일부 또는 전부를 폐지한다고 정한 때는 구법은 당연히 폐지된다.

한편 묵시적 폐지에도 다음의 2가지를 생각할 수 있다. 첫째는 동일한 사항에 관하여 동일 순위의 신법과 구법이 저촉되는 경우에는 그 저촉되는 범위 안에서는 구법은 묵시적으로 당연히 폐지된 것으로 된다. 이를 신법우선의 원칙이라고 한다. 그러나 순위가 서로 다른 신·구 양법이 존재하는 경우에는 이 원칙이 적용되지 않는다. 예컨대 신법이라 하더라도 일반적인 신법은 특별법인 구법을 개폐하지 못한다. 둘째는 어떤 특정한 사항을 목적으로 법이 제정된 때는 그 목적이 소멸되면 그 법이 자연히 폐지되는 경우이다.

(3) 기득권 존중원칙

원칙적으로 법률이 소급효를 인정하지 아니하는 결과 구법에 의하여 생긴 기득권은 신법의 시행으로 말미암아 변경되거나 소멸되는 일이 없으며, 이것을 기득권 존중의 원칙 또는 불가침의 원칙이라고 한다.

그러나 이 원칙도 절대적인 것은 아니고 법해석상의 원칙이며, 입법정책상 필요한 경우에는 입법에 의하여 기득권을 변경・소멸시킬 수 있다. 그렇다고 일단 부여된 권리를 함부로 제외하거나 소멸시켜서는 사회생활의 법적 안정성을 해치고 국민생활을 불안하게 할 우려가 있으므로, 법해석상은 물론 입법정책상으로도 될 수 있는 대로 기득권을 존중하고 이를 침해하지 않도록 배려해야 할 것이다. 현행 민법이 소급효를 인정하면서, 동법 부칙 2조 단서에 "그러나 이미 구법에 의하여 생긴 효력에 영향을 미치지 아니한다."고 규정한 것은 이런 의미이다. 이 기득권 존중의 원칙도 법의 부칙에 규정하는 것이 보통이다.

(4) 경과법

법률불소급의 원칙[10)]상 구법시대에 발생한 사항에 대하여는 구법을 적용하는 것이 원칙이지만, 구법시대에 발생한 사항이 신법시대에까지 계속하여 진행되고 있는 경우에는 그것에 구법을 적용하여야 할 것이냐, 또는 신법을 적용하여야 할 것이냐 하는 것이 문제된다. 이런 경우의 해결을 위하여 규정된 것을 경과법(경과규정)이라고 한다. 경과법은 보통 부칙에 규정하는 일이 많으나 시행법에서 규정하는 수도 있다. 민법 부칙 14조는 구법이 적용된 예이고, 민법 부칙 5조, 10조, 15조, 16조, 24조, 상법시행법 4조는 신법이 적용된 예이다.

2) 사람에 관한 효력

법은 그 적용대상을 특정한 사람으로 제한하는 경우가 있는데, 이를 법의 인적 효력이라고 한다. 예컨대 「국가공무원법」은 국가공무원에게만, 「근로기준법」은 사용자 및 근로자에게만 적용되는 경우가 그렇다.

법의 인적 효력에 있어 일정한 예외가 있는데, 국내법상의 예외로 예컨대, 대

10) 법은 그 시행 후 폐지 전까지 효력을 가지는 것이므로, 법시행 이후 즉, 시행기간 중에 발생한 사항에 대해서만 적용되고, 그 시행 이전에 발생한 사항에 대해서는 법이 적용되지 않는다는 원칙이다.

통령은 내란 또는 외환의 죄를 범한 경우가 아니고는 재직 중 형사상의 소추를 받지 아니하며(헌법 제84조), 국회의원은 불체포의 특권이 있고(헌법 제44조), 또 국회에서 직무상 행한 발언과 표결에 관하여 외부에서 책임을 지지 아니한다(헌법 제45조). 이것은 대통령이나 국회의원이 임기 중에 안심하고 직무를 수행할 수 있도록 하기 위한 것이다.

국제법상의 예외로 치외법권, 즉 국제법상 현재 체류하는 나라의 과세권, 경찰권, 재판권 등으로부터 면제되는 특권을 누리는 자로는 외국원수, 대통령, 국왕, 외교사절(대사, 공사 기타) 및 그 가족과 수행원, 외국에 주재하는 군대, 외국 영해상의 군함의 승무원 등이 있다. 이때에는 속지주의가 배척되고 속인주의가 적용된다.

(1) 속지주의와 속인주의

법은 어떠한 범위의 사람에게 적용하여야 하는가 하는 문제가 사람에 관한 효력의 문제이다. 여기에 대해서는 속지주의와 속인주의가 인정되고 있다.

속지주의란 이른바 국가의 영토고권의 효력으로 자국 영토 내에 있는 사람이면 자국민이거나 외국인이거나를 불문하고 모든 사람에게 자국법을 적용하는 주의를 말하고, 속인주의란 국가의 대인고권의 효력으로 국내에 있건 국외에 있건간에 소재 여하를 불문하고 모든 자국민에게 자국법을 적용하는 주의를 말한다. 그러나 외국에 거주하는 자국민의 경우에는 자국법을 적용하려는 속인주의와 그 체류국의 법을 적용하려는 속지주의가 충돌·저촉하는 바, 이와 같은 때에는 국가의 대인고권은 국제법의 제한을 받아 영토고권이 대인고권에 우선한다는 것이 일반적으로 인정되어 속지주의를 원칙으로 하게 된다. 다만, 그 경우에도 참정권, 병역의무, 청원권 등은 본국법의 적용을 받고, 또 신분이나 능력에 관한 사항은 본국법의 적용을 받는 속인주의를 따르고 있다. 예컨대 국제사법 제11조에서 "사람의 권리능력은 그 본국법에 의한다."고 규정하는 것이 그것이다. 그러나 이러한 속지주의와 속인주의에 대해서는 여러 가지 예외가 인정되고 있다.

(2) 예외

① 치외법권

속지주의의 원칙상 외국에 체류하는 사람에 대해서는 당해 체류국의 법을 적용하는 것이 원칙이나, 일정한 자는 체류국의 법이 아니라 본국법의 적용을 받는 국제법상의 특권을 가지며 이것을 치외법권이라 한다. 치외법권을 가지는 자란 일국의 국가원수, 외교사절 및 그 가족, 수행원, 군선의 승무원 등을 말하며, 군인에 관하여는 파견국과 주둔국 간의 협정에서 그 지위가 정해지는 것이 보통이며 당연히 치외법권이 인정되는 것은 아니다. 치외법권은 체류국의 과세권, 재판권, 경찰권으로부터 면제를 내용으로 한다.

② 대통령과 국회의원의 특권

국내법상 대통령과 국회의원은 제한된 법의 적용을 받는 특권을 가진다. 헌법 제84조에서 "대통령은 내란 또는 외환의 죄를 범한 경우를 제외하고는 재직 중 형사상의 소추를 받지 아니한다."고 규정한 대통령의 형사상 특권과 헌법 제44조에서 "국회의원은 현행범인 경우를 제외한고는 회기 중 국회의 동의 없이 체포·구속되지 아니한다. 국회의원이 회기 전에 체포 또는 구금된 때에는 현행범인이 아닌 한 국회의 요구가 있으면 회기 중 석방된다."고 규정한 국회의원의 면책특권이 그것이다.

③ 특별법에 의한 제한

일정한 신분을 가진 사람에 관하여 특별법은 일정한 범위 내의 사람에게만 적용된다. 예를 들면, 「국가공무원법」은 국가공무원에게만 적용되는 법이고, 「선원법」은 선원에게만 적용되는 법이다.

3) 장소에 관한 효력

법의 장소적 효력에 관해서는 속지주의,[11] 속인주의,[12] 보호주의, 세계주의와 같은 원칙들이 적용된다. 속지주의란 범죄인의 국적 여하를 불문하고 자국영토 안에서 발생한 일체의 범죄에 대하여 우리나라 법을 적용할 수 있다는 원칙이고, 속인주의란 범죄지 여하를 불문하고 자국민의 범죄에 대하여 우리나라 법을 적용한다는 원칙이다. 한편 보호주의란 범죄지 및 범죄인의 여하를 불문하고, 자국 또는 자국민의 법익을 침해하는 범죄에 대하여 우리나라 법을 적용할 수 있다는 원칙이고, 세계주의란 범죄인 및 범죄지 여하를 불문하고 일체의 반인류적 범죄에 대하여 우리나라 법을 적용하여야 한다는 원칙이다. 우리나라 현행법은 속지주의를 기본원칙으로 속인주의 및 보호주의를 가미하고 있다.

(1) 원칙

장소에 관한 효력의 문제는 법이 어떠한 지역적 범위에서 적용되는가 하는 문제이다. 특정한 국가의 법은 영육·영해·영공을 포함하는 그 국가의 전 영토에 걸쳐서 적용된다. 이러한 영토 안에서는 내외국인을 불문하고 모든 사람에게 일률적으로 적용되는 것이 원칙이다.

(2) 예외

장소에 관한 효력의 원칙에는 약간의 예외가 인정된다. 즉, 치외법권을 갖는 자에게는 타국에 있는 경우에도 자국법이 적용되고, 반대로 타국에 있는 일반 자국민이라 하더라도 참정권, 청원권, 병역의무 등이나 능력, 친족·상속 등에 관하여는 자국법이 적용된다. 그리고 타국의 영토 내에 있는 군함·공함이나 타국의 영공 안에 있는 자국의 군용·공용항공기 안에서도 자국법이 적용된다.

---

11) 영역을 표준으로 하여 적용하는 주의를 속지주의(Territorialprinzip)라고 한다. 즉, 일국의 영역 내에 있어서는 자국인이거나 외국이거나를 불문하고, 다 같이 그 나라의 법에 의하여 규율된다고 하는 것으로 영토주의의 사상에 입각한 것이다.

12) 국민을 표준으로 하여 법을 적용하는 주의를 속인주의(Personalprinzip)라고 한다. 즉, 일국의 국민은 자국 내에 있거나 외국에 가 있거나를 불문하고, 다 같이 자기 나라의 법에 의하여 규율된다고 하므로, 국민주권의 사상에 입각한 것이다.

제2장

사회복지법의 역사

제 1 절 외국 사회복지법의 역사

사회복지법은 산업화와 자본주의의 발달과정을 거치면서 정치・경제・사회체제의 변동에 따른 사회 및 정치적 문제를 해결하기 위하여 탄생한 법이다(강희갑, 2006). 사회복지법의 역사적 형성과 특징은 우리나라보다 앞서서 산업화와 자본주의를 경험한 영국, 독일, 미국 등의 주요 복지선진국의 사회복지 발달 역사를 통해서 살펴 볼 수 있다.

1. 영국 사회복지법의 역사

영국의 사회복지법은 근대적 사회복지법과 현대적 사회복지법으로 구분할 수 있다.

1) 근대적 사회복지법

영국의 근대적 사회복지법에는 구빈법(엘리자베스 구빈법, 정주법, 작업장법, 길버트법, 스핀햄랜드법), 신구빈법 등이 있다.

(1) 엘리자베스 구빈법(The Poor Law, 1601)

엘리자베스 1세 영국 여왕이 1601년 소위 '구빈민법(舊貧民法, Old Poor Law)' 또는 '엘리자베스 구빈법(Elizabeth Poor Law)'을 제정하였다. 1598년 마련된 초안을 입법화한 것으로 최초로 구빈의 책임을 교회가 아닌 정부(지방정부)가 졌다는 점에서 큰 의의가 있으나, 실제 내용상으로는 빈민구제보다는 빈민을 통제하고 관리하기 위한 법이었다. 이 법은 국민전체를 대상으로 한 보편적 급여(보편주의)가 아니라, 대상자를 구분하여 처우하는 선별적 의미(선별주의)의 성격을 띠고 있었다. 그 이유는 엘리자베스 구빈법은 빈곤의 원인이 개인에게 있다는 입장으로, 먼저 가정에 책임을 지게하고 해결이 되지 않는 경우 국가가 공공부조를 행한다는 원칙(빈민구제의 국가책임 인식)에 입각하여 시행되었기 때문이다.

(2) 정주법(定住法, The Settlement Act, 1662)

찰스(Charles) 2세는 빈민의 소속교구를 분명히 하고, 빈민들의 도시유입을 막기 위해 1662년 교구에 정착해 거주할 수 있는 자격을 규정한 정주법(定住法, Settlement Act of Charles II)을 제정하였다. 빈민이나 걸인들은 보다 부유한 교구로 이동해 다녔기 때문에 부유한 교구민들의 세금부담을 가중시켰다. 따라서 교구는 자기 교구에 출생한 자에 대해서만 책임지고자 하였다. 즉, 거주 이전 자유를 제한하여 빈민의 이주를 막는 부랑인 단속법이었다.

(3) 작업장법(The Workhouse Test Act, 1669)

노동이 가능한 빈민을 고용해 국가의 부를 증대하고 동시에 빈민에게 노동을 강제하여 재정 지출을 감소시키려는 의도로 작업장법이 제정되었다. 1669년 영국의 브리스톨(Bristol)시에서는 공동작업장을 만들어 빈민에게 일을 시키고 노임을 지급하는 한편, 작업장 수용을 거부하는 빈민은 구제등록부에서 삭제하여 구제받을 자격을 박탈하였다. 1722년 개정된 노역장심사법은 게으른 빈민들에게 자유를 박탈하고 고통과 공포를 주어 구제의 남용을 방지하는 목적이었으나, 작업장에서 생산된 제품의 질 저하로 다른 제품과 경쟁할 수 없었고, 주민들의 세금만 증가되었을 뿐 아니라, 빈민들에 대한 처우는 비인간적인 이른바 지하 감옥화 현상을 띠게 되었다. 그러나 이것은 오늘날 직업보도의 성격을 띤 최초의 프로그램으로 보고 있다.

(4) 길버트법(Gilbert Act, 1782)

영국 리치필드(Richfield)의 하원 의원인 토마스 길버트(Thomas Gilbert)가 제안한 법으로, 작업장법의 폐해를 방지하기 위해서 노동력이 있는 빈민을 지하 감옥과 같은 작업장에 보내는 대신, 자기 가정이나 인근 직장에서 취업하도록 알선해 주는 거택보호, 원외구호(院外救護, outdoor relief)를 시행한 법이다. 이 법의 명칭은 원래 '빈자에 대한 구호 및 취업 개선법(An Act for the Better Relief and Employment of the Poor)'이었지만 길버트가 제안하였기 때문에 보통 길버트법으로 부르고 있다. 이 법은 일종의 작업장 개선운동이었으며, 교구연합을 통해 보다 효율적인 구빈행정을 시도하였다. 노동능력이 있는 근면한 빈곤자들이 자신의 집에서 공공부조를 받게 되는 원외구제(outdoor relief)제도를 창시하여 거택보호제도의 효시가 됨으로써 구빈민법과 차이를 보이고 있다.

(5) 스핀햄랜드법(Speenhamland Act, 1795)

1795년 5월 스핀햄랜드의 버크셔 카운티(Berkshire County)는 치안판사회의에서 최저생활비에 미달하는 임금에 대해서는 그 부족분을 보조해 주는 제도로 임금보충방안을 채택하였다. 행정장관은 임금보충방안인 급여수당척도(allowance scale)를 도입하기로 결정하였는데, 이 제도에 따르면 교구는 빵 가격과 가족 중 아동의 수에 따라 노동자들에게 그들의 임금을 생존수준까지 보충해주도록 하였다. 이것이 오늘날 가족수당이나 최저생활보장(우리나라의 국민기초생활보장)의 기반이 되었다. 최저생활기준은 매주 남자는 3갤런(gallon, 1 gallon: 약 4.55L)의 빵, 여자는 1.5갤런의 빵으로 정하고 이를 기준으로 구제 금액을 정하되 가족 수에 비례하여 금액을 산출했다. 하지만 고용주가 임금을 적게 지급해도 그 부족분은 국가에서 지급하므로 노동자를 위한 임금 보조금이 아닌 고용주를 위한 보조금이 되었고, 노동자는 열심히 일을 하지 않는 부작용도 나타났다.

(6) 신구빈법(The Poor Law Amendment, 1834)

신구빈법은 1834년 개정된 법으로 빈민구제보다는 지주와 자본가의 이해를 조정하기 위해 빈민구제를 되도록 억제하는 법이었다. 그런데 이 법은 구법과 마찬가지로 빈곤의 원인이 개인에게 책임이 있다고 보아 빈민에게 낙인(범죄자 취급하는 것)을 주는 등 비인도주의적 처우와 시혜적 성격을 띠었다. 이 법은 대략 다음과 같은 3가지 내용을 포함하고 있다.

첫째, 균일처우의 원칙(均一處遇의 原則, the principle of national uniformity)으로서 전국적으로 행정수준을 통일하고 구빈행정의 중앙집권화를 의미한다. 둘째, 열등처우의 원칙(劣等處遇의 原則, the principle of less eligibility)으로서 정상적인 노동을 권장하기 위하여 구제의 수준을 최하급 극빈 독립노동자의 생활수준보다 낮은 수준에서 정한다는 원칙이다. 셋째, 작업장 활용 원칙(作業場 活用 原則, the principle of workhouse system)은 작업장을 재설립해 강제로 수용하는 원칙(원내 수용)으로 하되, 수용에 부적합한 구빈대상 즉, 노약자, 질병자 등 예외적인 경우에만 원외구제를 허용하고 원칙적으로 원내구제를 실시했다. 원내구제를 위해 작업장을 활용하였다. 또한 빈곤 처우의 지나친 다양성과 자격조사에 따른 부패를 해소하기 위해 단순조사를 실시하였고, 이를 통해 구제적용의 다양성과 불확실성을 배제하였다. 개정구빈법은 빈곤구제의 책임은 국가에 있다고 인정하기는 하였지만, 근본적으로 빈곤의 원인이 개인의 도덕적 문제나 나태에 있다고 보았다. 따라서 사회의 구조적인 개혁의 시도나 제도적인 빈곤구제를 위한 법이라기보다는 사회통제적이고 잔여적인 빈곤구제법이었다.

2) 현대적 사회복지법

(1) 베버리지 보고서

19세기 영국의 빈민구호에 영향을 준 요인들은 사회개량운동, 자선조직협회, 사회조사 등을 들 수 있다. 사회개량운동(사회운동, social action)은 빈곤 등 제반 문제의 근본적 원인인 사회적 조건 및 사회정책에 직접 영향을 주기 위한 조직적 활동을 말한다. 실제의 예를 보면 노동자들의 선거권 확대 운동인 차티스트 운동, 노동조합운동 등을 들 수 있으며, 이같은 사회개량운동은 결국 노동자가 동정과 구빈의 대상이 아니라 정부에 대해 새로운 참여세력으로 대두하게 된 계기가 되었다. 자선조직협회는 1869년 창립된 최초의 민간 자선단체이며, 사회조사는 빈곤에 대한 조사를 비롯하여 다양한 조사가 진행되었다.

사회보험의 경우 1897년에 노동재해보험, 1908년에는 무기여 노령연금법(Old Age Pension Act)이 제정되었고, 1911년 영국 최초의 사회보험법인 국민보험법(National Insurance Act)이 제정되어 전국 단일 국가보험 형태로 정착하였다. 국민보험법은 사회보험이 처음 도입되었다는 측면에서 영국 복지국가의 기원으로 평가되기도 하지만, 여러 가지 제한적인 측면도 있다. 국민보험법은 제1부 국민건강보험법과 제2부 실업보험법으로 구성되어 있었고, 각각 로이드 조지(Lloyd George, David)와 처칠(Winston Churchill)이 큰 역할을 하였다. 보험료는 기여제로 노동자와 고용주, 국가가 부담하였고, 계속된 불황으로 재정 파탄에 직면하였다.

1921년 국민보험법을 개정하여 실업보험법(Unemployment Insurance Act)을 제정하였다. 이 법은 당시까지 급여기간 상한이었던 15주를 무시하고 5년간의 시한으로 급여기간을 연장하는 연장급여(extended benefit)를 시행하기도 했으나, 계속된 불황으로 재정 파탄에 직면하였다. 1929년 시작된 대공황으로 실업보험에 가입하지 않은 자의 구제가 문제가 되자, 영국 정부는 1934년 실업법을 새로이 제정하고 실업보험제도와 실업부조제도를 새로이 만들었다. 실질적으로 현대적 의미의 공공부조제도의 시작이었다.

(2) 베버리지 보고서 이후

1945년 가족수당법(Family Allowance Act)을 제정하였다. 15세 미만의 부양아동, 재학 중인 15~18세의 아동, 15세 이상의 비근로아동들이 있는 경우 가족수당과 아동소득공제를 제공하였다. 1946년 제정된 국민보험산업재해(National Insurance-

Industrial Injuries-Act)는 균일하게 기여하고 최저생활수준 이하의 연금을 균일하게 지급하도록 규정하였다. 1948년 제정된 국민보건서비스법(National Health Services Act)은 병원을 국영화하고 의료서비스를 무료로 제공하도록 규정하였다. 영국은 베버리지 보고서를 근거로 한 국민보건서비스법을 통해 대부분의 병원을 국유화하였고, 의료의 사회화를 이룩하였다.

구빈법이 실질적으로 완전히 폐지된 것은 1948년 국민부조법(National Assistance Act)에 의해서이다. 국민부조법의 제정으로 빈민법은 350년 만에 해체되고, 국가적 최소한(national minimum)이라는 이념에 기반을 둔 공공부조제도로 전환하게 되었다.

1979년 집권 이후 장기집권에 성공한 대처 정부는 영국병의 원인이 거대한 사회보장제도에 있다고 보았다. 경제성장을 제1의 국가정책으로 삼고 이를 위해 1986년 사회보장법(1986 Social Security Act)을 제정하였다. 자산조사를 전제로 한 사회보장급여 부문에도 상당한 개혁조치가 이루어졌다. 자산조사를 전제로 한 소득보장제도는 보충급여(소득보조), 가족공제(family credit), 주택급여 등으로 이루어져 있었다. 또한 대처 수상은 1992년 사회보장관리법(Social Security Administration Act)을 제정하여 과부급여, 급여지급, 산업재해급여, 장애근로수당 등에 관한 사회보장을 관리하였다.

1999년 사회보장기여법(Social Security Contribution Act)이 제정되어 국가보험기여금, 국민보험기금, 질병급여, 출산급여 등과 관련된 기능을 국무장관으로부터 국세청장이나 재무장관으로 이전시키도록 규정하였다. 아울러 1999년 복지개혁과 연금법(Welfare Reform and Pensions Act)이 제정되어 스테이크홀더 연금제도(Stakeholder pension scheme, 관리연금제도)를 도입하였다. 관리연금제도(Stakeholder Pension Scheme)는 기업 연금에 가입할 수 있는 충분한 재원을 사람이 기업 연금으로 전환이 어려운 피용자나 자영업자를 위해 확정 기여형(Defined Contribution)으로 운영되는 제도로써 개인 계정은 유지되지만, 마케팅이나 징수가 집단적으로 이루어져 기업 연금과 성격이 비슷하며 개인이 직업을 이동할 시 연금수급의 불리한 혜택을 받지 않는다는 점에서 개인연금의 성격을 지니고 있다.

2. 독일 사회복지법의 역사

독일은 후발 산업국가이지만, 산업화가 매우 빠른 속도로 이루어지면서 도시화, 노동계급의 형성, 사회주의 사상의 영향 등으로 전통적인 지배계급인 지주계급, 신흥 자본계급, 노동계급 사이에 치열한 계급 갈등이 전개되었다(윤찬영, 2004:37). 당시 독일의 집권자인 비스마르크는 지주계급 출신인데, 한편으로는 사회주의 운동을 전개하는 노동계급을 사회주의자 진압법(Sozialistengesetz, 1878)이라는 한시법을 통하여 억압하면서 다른 한편으로는 경쟁계급인 자본계급을 통제하고 노동계급을 끌어들이기 위하여 질병보험법(1883), 재해보험법(1884), 노령 및 폐질보험법(1889) 등의 사회보험입법을 하였다. 비스마르크(Bismarck) 시대에 세계 최초로 사회보험법이 제정되었으며, 1918년 바이마르공화국 수립 이후 체계화되기 시작하였다. 이후 1950년대 급속한 성장을 거듭해오던 독일 경제가 1960년대 중반 심각한 문제에 부딪히게 되자, 기민당과 기사당의 연립정권인 사민당은 1967년 경제안정 및 성장촉진법을 제정하고, 1969년 연금보험법을 개정하였다. 1990년 독일이 재통일됨으로써 서독의 기본법이 동독에도 효력을 미치게 되었다.

이렇듯 독일의 사회복지법은 크게 사회보험, 공공부조 그리고 수발보험이라는 3가지 법 영역 내에서 생성되고 발전하였다. 독일의 사회복지법의 발달과정은 비스마르크 사회입법을 중심으로 한 근대적 사회복지법과 그 이후의 현대적 사회복지법으로 구분하여 살펴볼 수 있다.

1) 근대적 사회복지법: 비스마르크 사회입법

주소지보호법(1870)에 따라 빈곤층에 대한 주소지 보호의 원칙이 정해지고, 주별로 구빈조합을 창설하였다. 비스마르크는 1878년 사회주의자탄압법을 제정하였다. 사회주의자탄압법 자체는 사회주의운동 가담자들을 엄하게 진압하기 위한 법으로, 사회복지와 관련된 내용을 포함하고 있지 않지만, 비스마르크의 사회보장법의 계기가 되기도 하였다. 근로자의 질병보험(1883)에 관한 법률은, 비스마르크의 사회보험입법 가운데 가장 먼저 제정된 사회보험으로, 질병에 걸린 노동자에 대한 무료치료와 질병수당을 지급하는 의료보험제도였다. 세계 최초의 사회보험으로 볼 수 있는 질병보험법은 광산, 공장, 철도, 수공업 등에 종사하는 모든 저소득 노동자를 강제 적용대상으로 하였다.

재해보험법(산재보험법) (1884)은 광산, 공장, 건설업 등에 종사하는 저소득 노동자를 의무적인 가입대상으로 하여, 업무상 노동자에게 발생하는 재해에 대해 사용자가 전적으로 책임질 것을 규정함으로써 업무상 재해에 대한 사용자 책임제도를 확립하였다. 그리고 폐질 및 노령보험법(1889)에서 연금 재원은 노동자와 사용자가 각각 절반씩 부담하는 기여금과 정부가 부담하는 약간의 보조금으로 충당하였다.

한편 질병보험법, 재해보험법, 노령 및 폐질보험법을 통합하여 제국보험법(1911)을 제정하였다. 적용대상자의 범위가 확대되고 새로운 제도들이 도입되었다. 질병보험의 경우 가입대상이 농촌피고용자, 가사보조원, 가내공업 종사자로까지 확대되었고, 폐질 및 노령보험의 경우 강제 가입이 아닌 임의가입 형태의 부가연금제도를 도입하였으며, 과부 및 고아를 위한 유족보험이 개발되었다.

그 후 1924년 제정된 공적보호법은 기존의 각종 빈민구제제도를 전반적으로 재조정하여 단순화시키고 통일시켰으며 부정적 이미지를 갖고 있던 종전의 빈민구호라는 용어 대신 공적보호라는 표현을 사용하였다. 이 공적보호에는 소액연금수령자, 산재피해자, 구호가 필요한 미성년자까지도 새로운 보호대상으로 추가하였다.

이후 사회보험의 구성에 관한 법률(1934)은 기존의 폐질보험, 직원보험 및 광업조합보험법을 연금보험법이라는 명칭으로 통합하였다. 이에 따라 제국보험도 질병보험, 재해보험 및 연금보험을 의미하게 되었다. 수공업자보험법(1938)으로 수공업자들이 연금보험에 가입하게 되었다. 이전에는 독일의 사회보험은 피고용자만을 가입대상으로 한 것이었는데, 이 법의 시행으로 경영자에게도 보험가입의 길이 열려 전 국민보험으로 향하게 되었다.

2) 현대적 사회복지법

1953년 사회법원법의 제정에 따라 사회보장문제를 전담하는 법원이 설립되었고, 1954년 아동수당법이 제정되어 아동수당제도가 시행되었다. 또한 1957년 연금법이 개정되어 연금액이 임금상승과 연계되었다. 연금지급수준을 임금인상과 연계시키는 슬라이드제를 채택함으로써 연금의 실질가치를 확보할 수 있게 하였으며, 연금의 재정도 비스마르크 이후 기본적인 재정방식이었던 적립방식을 폐지하고 부과방식을 채택하였다. 그리고 기존에 제국보험법 등에 산재되어 있던 각종 사회보장법률을 체계화시키기 위하여 사회법전을 편찬하도록 하고, 지속적으로 여러 관련된 법률을 사회법전에 포함시키고 있다. 사회법전은 공적인 사회적 급여에 관련된 모든 개별법을 포괄하고 있으며, 법조항 개정이 있을 경우 수시로 보완하고 있다.

아울러 1988년에는 의료보험의 본인부담금을 인상하기 위하여 질병보험구조개혁법이 제정되었고, 연금수급 개시연령을 단계적으로 인상하기 위하여 신연금개혁법을 제정하였으며, 1990년 통일 전에 체결된 통화·경제·사회통합의 창출에 관한 조약에서 동독은 서독에서 실시하고 있는 노동법의 기본 원칙, 사회보장의 원칙, 취업촉진법의 제규정, 사회보조체계 등은 그대로 도입하기로 확정하였다. 따라서 구서독 사회보장법규는 구동독 주민에게도 확대 적용하게 되었다.

한편 1994년에는 수발보험법이 제정되었으며, 수발보험의 가입대상자는 법정질병보험의 가입자 및 임의가입자였고, 수발보험에 별도로 가입하는 것이 아니고 질병보험 가입과 동시에 수발보험 가입자가 되었으며 사회부조의 수급자도 수발보험의 가입자가 되었다. 이와 더불어 1995년 1월 1일부터 보험료 납부를 시작으로 도입된 사회적 간병 및 보호보험은 '자신의 일상적인 삶의 유지가 자신의 신체적 능력만으로는 불가능한 사람들을 위한 간병 및 보호를 필요로 하는 상태'를 보호급여가 제공되어야 하는 '사회적 위험(social risks)'으로 간주하고, 이를 기존의 의료보험과는 다른 하나의 사회보험으로 대처하였다.

3. 미국 사회복지법의 역사

20세기 초까지만 하더라도 미국인에게는 자유주의·개인주의는 삶 그 자체였고 국가가 시민 개개인의 사회·경제생활에 개입한다는 것은 전혀 생각을 하지 못하였다. 이러한 자유방임적 자본주의는 그것이 발전함에 따라 시민 간에 부익부·빈익빈의 경제적 격차가 크게 생겼고 마침내 소수의 자본가에 의한 시장 및 경제 독점, 다량의 실업자 발생, 빈곤의 일반화 등으로 대공황이 발생하게 되었다. 이에 미국연방정부는 뉴딜(New Deal)정책을 펴게 되었고 그 일환으로서 1935년에 사회보장법(Social Security Act)을 제정하게 되었다. 이 법은 세계 최초로 '사회보장'이라는 용어를 사용하여 사회보장법이라는 새로운 법 영역을 만들었다. 이 사회보장법상의 사회보장은 미국 사회복지제도의 근간이 되었고, 미국 복지국가의 권리장전으로 불린다.

사회보장법은 자유주의자들로부터는 사회주의 입법이라는 비판을 받았으나, 본격적인 복지국가의 이념을 담은 사회복지입법으로 평가하기 어렵다는 비판도 있다(윤찬영, 2004: 39). 즉, 이 법이 수혜자는 권리의 주체로 인정받지 못했고 지방정부를 통해 재정을 조달하고 가치 있는 빈민만 연방정부에서 부조하도록 하는 점에서 영국의 빈민법적인 전통을 유지하고, 더욱이 뉴딜정책의 기본입장이 국가가 국민의 생존권을 직접 책임지겠다는 취지보다는 노동자들로 하여금 민간기업에 취업하도록 하여 스스로 생존을 유지할 수 있도록 하는 것이므로 본격적인 복지국가의 이념을 담은 사회복지입법으로 평가하기는 어렵다는 것이다.

그러나 이러한 비판에도 불구하고 1935년 제정된 사회보장법에 의하여 미국의 현대적 사회복지법이 확립되었다고 할 수 있다. 즉, 사회보장법에 의하여 노령과 실업을 적용대상으로 하여 연방이 책임을 지는 국가적 차원의 노령보험제도와 연방정부 및 각 주(州)정부가 공동으로 관리하는 실업보험이 실시되었고, 노인이나 시각장애인, 부모의 사망으로 양육 받을 수 없는 아동 등에 제공되는 부조가 각 주정부에 의하여 실시되어 연방정부도 이에 대한 보조금을 지출하는 등 공공부조제도가 실시된 것이다.

이와 같이 사회보장법에 의하여 노령보험 등의 사회보험법과 공공부조법을 중심으로 하는 사회복지법에 관한 법들이 성립되어 미국의 현대적인 사회복지법의 모태가 되었다.

제 2 절 한국 사회복지법의 역사

1. 사회복지입법 태동기(1960년대~1970년대)

1960년대부터 1970년대에 이르기까지 20년간은 박정희 정권의 강력한 근대화 정책으로 말미암아 국가 전반에 획기적인 변화를 가져온 시기이고, 오늘날의 근대화 내지 경제적 번영을 가져오게 된 기틀을 마련한 시기이다. 그러나 다른 한편으로는 급격한 도시화와 산업화로 인하여 지역 간의 빈부격차, 상대적 빈곤감, 분배의 불평등, 빈부의 격차로 인한 노동자의 희생 내지 심한 갈등 및 투쟁이 일어났던 시기이기도 하였다. 아울러 이 시기는 우리나라 사회복지법의 대량 입법기로서 군사정부와 제3공화국 정부는 중요한 정책방향을 발표할 때마다 복지정책을 반드시 포함했을 정도로 사회복지에 많은 관심을 보였다(장동일, 2001). 이 시기의 사회복지입법을 살펴보면 다음과 같다.

1) 1960년대

국민 대다수가 절대빈곤에 처해 있던 1960년대는 공공부조법을 중심으로 입법이 이루어졌다. 1961년에 제정된 「생활보호법」은 빈곤에 대한 국가적 대응이라는 측면에서 중요한 의미를 가지고 있었으나, 그 내용이 부분적이고 빈곤정책에 대한 국가의 선언적인 수준에서 그치고 말았다. 그리고 국가의 경제개발 5개년 계획에 따라 수출주도의 국가정책에 따라 필요한 경우에만 사회복지입법을 하였고, 사회보험 중에서도 실시가 비교적 용이한 계층의 보험만을 선택하여 입법하였다. 또한 이 시기에는 정치적 목적에 의해서 선거 시 득표를 위한 선심성 복지제도 도입으로 인해 사회복지사업의 목적 설정과 정책 실현성 여부의 검토 없이 사회복지입법들이 이루어진 특징이 있다(황인옥 외, 2008).

(1) 공무원연금법(1959)

공무원의 퇴직 또는 사망과 공무로 인한 부상·질병·폐질에 대하여 적절한 급여를 실시함으로써, 공무원 및 그 유족의 생활안정과 복지향상에 기여함을 그 목적으로 「공무원연금법」이 제정되었다.

(2) 생활보호법(1961)

생활을 유지할 능력이 없거나 생활이 어려운 자에게 필요한 보호를 행하여 이들의 최저생활을 보장하고 자활을 조성함으로써 사회복지의 향상에 기여하는 것을 목적으로 「생활보호법」이 제정되었다.

(3) 아동복리법(1961)

보육사업이 본격적으로 실시됨에 따라 '탁아소'를 법정 아동복지시설로 인정하고, 보육시설의 설치기준·종사자 배치기준·보육시간·보호내용 등을 구체적으로 규정하기 위하여 「아동복리법」을 제정하였다.

(4) 산업재해보상보험법(1963)

근로자의 업무상의 재해의 신속·공정한 보상, 재해근로자를 위하여 필요한 보험시설의 설치·운영, 재해예방 기타 근로자의 복지증진을 위한 사업을 행하는 것을 통하여 근로자의 보호에 이바지하는 것을 목적으로 1963년 11월 5일 「산업재해보상보험법」이 제정되었다.

(5) 사회보장에 관한 법률(1963)

우리나라의 개별 사회복지법은 「사회복지기본법」에 입각하여 제정된 것이 아니라 여러 가지 다른 요인들에 의해 제정되는 경우가 많아 사회복지법들이 생존권을 실현하기에는 미흡하였고 각 법률들 간의 연계성이 없었다. 따라서 개별 사회복지법률들의 조정 문제와 형평성 문제가 발생하였고, 사회보장사업의 균형유지와 발전을 위해서 개별 사회복지법률들의 통일성과 연계성이 필요하게 되었다. 이에 따라 1963년 3월 「사회보장에 관한 법률」이 제정되었다.

(6) 의료보험법(1963)

국민의 질병 · 부상 · 분만 또는 사망 등에 대하여 보험급여를 실시하기 위하여 1963년 12월 16일 「의료보험법」이 제정되었다.

그 밖에 1961년에는 「갱생보호법」과 「군사원호보상법」이 제정되었고, 1963년에는 「재해구호법」, 「국가유공자특별원호법」 그리고 「군인연금법」이 제정되었다.

2) 1970년대

1970년 이후 점차 경제가 고도로 성장하게 됨에 따라 도시화 · 산업화가 급속히 진행되었고, 가족구조도 핵가족화되었다. 그 결과 도시빈민문제, 노동자의 생존권문제, 계층 간의 소득불평등문제 등이 발생하였다. 이에 산업사회의 도래에 따른 국민의 당면 욕구를 충족시키고 건강을 증진시킴으로써 국가적 이익과 사회적 통합을 도모하기 위하여 정책결정자들이 사회복지입법에 많은 관심을 가지게 되었다(신섭중 외, 1999). 이리하여 1970년 중반에 들어와서 내용적으로 부실하였던 1960년대의 사회복지입법을 개선하여 그 내실을 다지고 현대적인 사회복지입법의 기틀을 마련하였다.

(1) 사회복지사업법(1970)

사회복지사업에 관한 기본적인 사항을 규정하여 사회복지를 필요로 하는 사람의 인간다운 생활을 할 권리를 보장하고 사회복지의 전문성을 높이며, 사회복지사업의 공정·투명·적정을 기하고, 지역사회복지의 체계를 구축함으로써 사회복지의 증진에 이바지함을 목적으로 1970년 1월 1일 「사회복지사업법」이 제정되었다.

(2) 국민복지연금법(1973)

제정 이후 경제적 불황과 사회현실의 여건부족을 이유로 그 시행을 10여 년 동안 보류하여 사실상 유명무실화되었지만, 형식상으로는 1988년에 시행된 국민연금의 기초가 되었다.

(3) 의료보호법(1977)

우리나라 의료보호의 효시는 1961년에 제정된 「생활보호법」을 근거로 저소득자, 무능력자 및 무의·무탁자 등과 같은 취약계층에 대해 무료진료 형태의 진료사업을 실시한 것으로 볼 수 있다. 그러나 그 수혜대상이 무능력자로 한정되었고, 진료제공기관도 보건소 및 국·공립의료기관 등 일부 진료기관에 국한되는 등 의료부조적 성격을 지니고 있었다.

(4) 공무원및사립학교교직원의료보험법(1977)

공무원, 사립학교 교직원 및 그 부양가족의 질병, 부상, 분만, 사망 등에 대하여 보험급여를 실시하였다.

2. 사회복지입법 발전기(1980년대)

1980년대는 제5공화국의 출범과 함께 '복지사회구현'이 사회목표로 설정되면서, 사회복지에 대한 논의가 가장 고조되었던 사회복지입법 발전기라고 할 수 있다. 이 시기는 5. 18 민주화운동 등으로 인한 정통성 시비로 학생운동이 잇달았고, 제5공화국 초기와 말기에는 노동자들의 근로조건개선과 기존노동조합의 민주화, 신규 노동조합의 획기적인 증대 등으로 정치적 변동이 심화되었다. 또한 사회적으로는 산업화와 도시화의 가속화, 산업의 발전과 생활의 현대화로 인한 산업재해와 환경오염 등은 물론이고 핵가족화 속에서 가족관계의 문제, 아동유기, 장애인문제, 청소년비행문제, 노인문제 등 새로운 사회복지에 대한 수요와 필요성이 나타나게 되었다(황인옥, 2008). 이에 제5공화국은 헌법의 생존권 규정을 강화하였고, 생존권의 실현을 위해 소득보장, 의료보장뿐만 아니라 사회복지서비스의 급여도 필요하다는 점을 강조함으로써 다양한 사회복지서비스 관련법들을 제정하였다(장동일, 2001).

1) 아동복지법(1981)

기존의 「아동복리법」을 전면 개정하여 아동이 건강하게 출생하여 행복하고 안전하게 자라나도록 그 복지를 보장함을 목적으로 1981년 4월 13일 「아동복지법」이 제정되었다.

2) 심신장애자복지법(1981)

1981년 UN이 '세계 장애인의 해'를 선포하자, 우리나라에서는 「심신장애자복지법」이 제정되었다. 1988년 서울장애인올림픽 개최를 계기로 장애인에 대한 사회적 관심이 높아짐에 따라 「심신장애자복지법」은 1989년 「장애인복지법」으로 전면 개정되었다. 「심신장애자복지법」에서는 '장애자'를 지체장애, 시각장애, 청각장애, 언어장애 또는 정신지체 등 정신적 결함으로 인하여 장기간에 걸쳐 일상생활 또는 사회생활에 상당한 제약을 받는 자로 정의하였다.

3) 노인복지법(1981)

노인의 질환을 사전에 예방 또는 조기발견하고 질환상태에 따른 적절한 치료・요양으로 심신의 건강을 유지하고, 노후의 생활안정을 위하여 필요한 조치를 강구함으로써 노인의 보건복지증진에 기여함을 목적으로 1981년 6월 5일 「노인복지법」이 제정되었다.

4) 국민연금법(1986)

국민연금제도를 실시하기 위하여 「국민복지연금법」(1973)의 법명을 변경하여 국민의 노령・폐질 또는 사망에 대하여 연금급여를 실시함으로써 국민의 생활 안정과 복지증진에 기여함을 목적으로 1986년 12월 31일 「국민연금법」을 제정하였다.

5) 최저임금법(1986)

최저임금은 근로자에 대하여 임금의 최저수준을 보장하여 근로자의 생활안정과 노동력의 질적 향상을 기함으로써 국민경제의 건전한 발전에 이바지하게 함을 목적으로 1986년 12월 31일 「최저임금법」이 제정되었다.

6) 보호관찰법(1988)

죄를 범한 자로서 재범방지를 위하여 체계적 사회 내 처우가 필요하다고 인정되는 자에 대하여 지도・원호를 함으로써 건전한 사회복귀를 촉진하고 개인 및 공공의 복지를 증진함과 아울러 사회를 보호함을 목적으로 1988년 12월 31일 제정하였다.

7) 모부자복지법(1989)

모부자가정이 건강하고 문화적인 생활을 영위할 수 있게 함으로써 모부자가정의 생활안정과 복지증진에 기여함을 목적으로 1989년 4월 10일 「모부자복지법」이 제정되었다.

8) 장애인복지법(1989)

1981년 제정된 「심신장애자복지법」을 개정하여 장애인의 인간다운 삶과 권리 보장을 위한 국가와 지방자치단체 등의 책임을 명백히 하며, 장애발생의 예방과 장애인의 의료, 교육, 직업재활, 생활환경개선 등에 관한 사업을 정함으로써 장애인복지대책의 종합적 추진을 도모하며, 장애인의 자립, 보호 및 수당의 지급 등에 관하여 필요한 사항을 정함으로써 장애인의 생활안정에 기여하는 등 장애인의 복지증진 및 사회활동 참여증진에 기여함을 목적으로 1989년 12월 30일 「장애인복지법」이 제정되었다.

그 밖에 1980년에는 「사회복지사업기금법」이 제정되었고, 1983년에는 「생활보호법」(1961년 제정)과 「사회복지사업법」(1970년 제정)이 전면 개정되었으며, 1984년에는 「진폐의예방과진폐근로자의보호등에관한법률」이 제정되었다.

3. 사회복지입법 정착기(1990년대 이후)

1990년 이후에는 종래의 사회복지입법을 개정하거나 확대하였고, 특히 2000년대 이후에는 새로운 사회복지 관련법을 제정하거나 현대적인 복지국가의 실현을 꾀하기 위하여 종래의 사회복지 관련법을 크게 개정하였다. 이러한 맥락에서 2000년대를 사회복지법의 정착기라고 할 수 있다.

1) 1990년대

이 시기는 정치적으로는 평화적 정권 교체와 민주화가 이루어졌으며, 경제적으로는 1997년 IMF구제금융을 받게 되는 위기를 겪게 되었다. 그간의 고도의 산업화 및 재벌경제의 폐단으로 결과와 정치적 변혁의 결과로 기업의 연쇄부도와 파산이 이어지고 이를 개선하기 위하여 기업과 금융의 과감한 구조조정이 있게 되었고, 이에 따라 실업이라는 사회문제가 대두되었다. 또한 실업으로 인한 실직 노숙자의 문제, 과도한 노동조합운동으로 인한 경제의 불안정과 생산력의 저하, 가정파탄, 자살, 생활범죄 등의 사회문제가 야기되었다. 이러한 문제들을 해결하기 위해서 다양하게 입법화되었던 사회복지법의 상호연계를 위해 사회보장에 관한 법을 확대 개편하여 「사회보장기본법」을 제정하였고, 여권신장의 통한 양성평등에 측면에서 여성들의 복지를 위한 입법이 이루어졌다. 아울러 통합의료보험법인 「국민건강보험법」과 공공부조법인 「국민기초생활보장법」이 제정되어 이 시기를 현대적인 사회복지제도의 구축이 이루어진 시기로 볼 수 있다.

(1) 영유아보육법(1991)

보호자가 근로 또는 질병 기타 사정으로 인하여 보호하기 어려운 영아 및 유아를 심신의 보호와 건전한 교육을 통하여 건강한 사회성원으로 육성함과 아울러 보호자의 경제적·사회적 활동을 원활하게 하여 가정복지증진에 기여하기 위함을 목적으로 1991년 1월 14일 「영유아보육법」이 제정되었다.

(2) 청소년기본법(1991)

청소년의 권리 및 책임과 가정·사회·국가 및 지방자치단체의 청소년에 대한 책임을 정하고, 청소년육성정책에 관한 기본적인 사항을 규정함을 목적으로 1991년 12월 31일 「청소년기본법」이 제정되었다.

(3) 고용보험법(1993)

고용보험의 시행을 통하여 실업예방, 고용의 촉진 및 근로자의 직업능력 개발·향상을 도모하고, 국가의 직업지도·직업소개 기능을 강화하며, 근로자가 실업한 경우에 생활에 필요한 급여를 실시함으로써, 근로자의 생활의 안정과 구직활동을 촉진하여 경제・사회발전에 이바지함을 목적으로 1993년 12월 27일 「고용보험법」이 제정되었다.

(4) 성폭력범죄의처벌및피해자보호등에관한법률(1994)

성폭력범죄를 예방하고 그 피해자를 보호하며, 성폭력범죄의 처벌 및 그 절차에 관한 특례를 규정함으로써 국민의 인권신장과 건강한 사회질서의 확립에 이바지함을 목적으로 1994년 1월 5일 「성폭력범죄의처벌및피해자보호등에관한법률」이 제정되었다.

(5) 사회보장기본법(1995)

1963년 제정된 「사회보장에관한법률」을 폐지하고 우리나라의 경제・사회의 발전수준과 국민의 복지욕구에 부합하는 사회보장제도를 확립하여 사회보장에 관한 국민의 권리와 국가 및 지방자치단체의 책임을 정하고 사회보장제도에 관한 기본적인 사항을 규정함으로써 국민의 복지증진에 기여함을 목적으로 1995년 12월 30일 「사회보장기본법」이 제정되었다.

(6) 보호관찰등에관한법률(1995)

죄를 범한 자로서 재범방지를 위하여 보호관찰, 사회봉사・수강 및 갱생보호 등 체계적인 사회 내 처우가 필요하다고 인정되는 자에 대하여 지도・원호를 함으로서 건전한 사회복귀를 촉진하고, 효율적인 범죄예방활동을 전개함으로써 개인 및 공공의 복지를 증진함과 아울러 사회를 보호함을 목적으로 1995년 1월 5일 「보호관찰등에관한법률」이 제정되었다.

(7) 정신보건법(1995)

정신질환의 예방과 정신질환자의 의료 및 사회복귀에 관하여 필요한 사항을 규정하여 국민의 정신건강 증진에 이바지하려는 목적으로 1995년 12월 31일 「정신보건법」이 제정되었다.

(8) 입양촉진및절차에관한특례법(1997)

요보호아동의 입양을 촉진하고 양자로 되는 자의 보호와 복지증진을 도모하기 위하여 필요한 사항을 규정함을 목적으로 1997년 12월 13일 「입양촉진및절차에관한특례법」이 제정되었다.

(9) 일제하일본군위안부피해자에대한생활안정지원및기념사업등에관한법률(1997)

일제에 의하여 강제 동원되어 위안부로서의 생활을 강요당한 피해자를 보호・지원하고, 일본군위안부 피해자의 명예회복과 진상 규명을 위한 기념사업을 수행함으로써 이들의 생활안정과 복지증진을 기하고 국민의 올바른 역사관 정립과 인권증진에 기여함을 목적으로 1997년 12월 13일 「일제하일본군위안부피해자에대한생활안정지원및기념사업등에관한법률」이 제정되었다.

(10) 가정폭력방지및피해자보호등에관한법률(1997)

가정폭력을 예방하고 가정폭력의 피해자를 보호함으로써 건전한 가정을 육성함을 목적으로 1997년 12월 31일 「가정폭력방지및피해자보호등에관한법률」이 제정되었다.

(11) 장애인・노인・임산부등의편의증진보장에관한법률(1999)

장애인・노인・임산부 등이 생활을 영위함에 있어 안전하고 편리하게 시설 및 설비를 이용하고 정보에 접근하도록 보장함으로써 이들의 사회활동참여와 복지증진에 이바지함을 목적으로 1999년 1월 21일「장애인 · 노인 · 임산부등의편의증진보장에관한법률」이 제정되었다.

(12) 사회복지공동모금회법(1999)

사회복지공동모금회의 공동모금을 통하여 사회복지에 대한 국민의 이해와 참여를 제고함과 아울러 조성된 재원을 효율적이고 공정하게 관리 · 운영함으로써 사회복지증진에 이바지함을 목적으로 1999년 3월 31일˙「사회복지공동모금회법」이 제정되었다.

(13) 국민기초생활 보장법(1999)

1961년 제정되었던「생활보호법」의 내용을 전부 개정하여 생활이 어려운 자에게 급여를 행하여 이들의 최저생활을 보장하고 자활을 조성하는 것을 목적으로 1999년 9월 7일「국민기초생활 보장법」이 제정되었다.

(14) 국민건강보험법(1999)

국민의 질병 · 부상에 대한 예방 · 진단 · 치료 · 재활과 출산 · 사망 및 건강증진에 대하여 보험급여를 실시함으로써 국민보건을 향상시키고, 사회보장을 증진함을 목적으로 다보험자 방식으로 운영되고 있던 기존의 의료보험 관리체계를 단일보험자로 통합운영하기 위하여 1999년 2월 8일「국민건강보험법」이 제정되었다.

2) 2000년 이후

이 시기는 1997년 발생한 외환위기를 슬기롭게 극복하였으나, 고용 없는 성장으로 인한 비정규직, 청년실업, 장애인고용 등 고용문제가 야기되었고, 사회의 양극화로 인한 새로운 사회적 위험에 많은 사람들이 노출되게 되었으며, 저출산·고령화의 심화로 인해서 사회보험 재정의 악화 등 여러 가지 사회문제들에 직면하게 되었다. 이러한 문제들을 해결하기 위해 새로운 법 제정이 이루어졌으며, 아울러 기존 사회복지제도의 정착을 위해서 관련법들에 대한 빈번한 개정 작업이 이루어졌다.

(1) 장애인고용촉진및직업재활법(2000)

장애인이 그 능력에 맞는 직업생활을 통하여 인간다운 생활을 할 수 있도록 장애인의 고용촉진 및 직업재활을 꾀하는 것을 목적으로 2000년 1월 12일 「장애인고용촉진및직업재활법」이 제정되었다.

(2) 의료급여법(2001)

「국민기초생활보장법」에서 규정하고 있는 급여들 중 의료급여에 관한 사항을 별도의 법률로 마련하여 생활이 어려운 자에게 의료급여를 실시함으로써 국민보건의 향상과 사회복지의 증진에 이바지함을 목적으로 2001년 5월 24일 「의료급여법」이 제정되었다.

(3) 농어촌주민의보건복지증진을위한특별법(2004)

농어촌주민의 보건복지증진을 위한 시책을 강화하고 이에 관한 국가 및 지방자치단체의 책임을 명확히 하며 농어촌에 보건의료 및 사회복지시설을 확충함으로써 농어촌주민의 인간다운 삶을 보장함을 목적으로 2004년 1월 19일 「농어촌주민의복지증진을위한특별법」이 제정되었다.

(4) 건강가정기본법(2004)

건강한 가정생활의 영위와 가족의 유지 및 발전을 위한 국민의 권리·의무와 국가 및 지방자치단체 등의 책임을 명백히 하고, 가정문제의 적절한 해결방안을 강구하며 가족구성원의 복지증진에 이바지할 수 있는 지원정책을 강화함으로써 건강가정 구현에 기여하는 것을 목적으로 2004년 2월 9일 「건강가정기본법」이 제정되었다.

(5) 긴급복지지원법(2005)

생계곤란 등의 위기상황에 처하여 도움이 필요한 자를 신속하게 지원함으로써 이들이 위기상황에서 벗어나 건강하고 인간다운 생활을 영위하게 함을 목적으로 2005년 12월 23일 「긴급복지지원법」이 제정되었다.

(6) 자원봉사활동기본법(2005)

자원봉사활동에 관한 기본적인 사항을 규정함으로써 자원봉사활동을 진흥하고 행복한 공동체 건설에 기여함을 목적으로 2005년 8월 4일 「자원봉사활동기본법」이 제정되었다.

(7) 식품기부활성화에관한법률(2006)

식품기부를 활성화하고 기부된 식품을 생활이 어려운 자에게 지원함으로써 사회복지의 증진 및 사회공동체문화의 확산에 이바지함을 목적으로 2006년 3월 24일 「식품기부활성화에관한법률」이 제정되었다.

(8) 노인장기요양보험법(2007)

고령이나 노인성 질병 등의 사유로 일상생활을 혼자서 수행하기 어려운 노인 등에게 제공하는 신체활동 또는 가사활동 지원 등의 장기요양급여에 관한 사항을 규정하여 노후의 건강증진 및 생활안정을 도모하고 그 가족의 부담을 덜어줌으로써 국민의 삶의 질을 향상하도록 함을 목적으로 2007년 4월 27일 「노인장기요양보험법」이 제정되었다.

(9) 한부모가족지원법(2007)

1989년 제정된 「모부자복지법」을 개정하여 한부모가족이 건강하고 문화적인 생활을 영위할 수 있게 함으로써 한부모가족의 생활안정과 복지증진에 기여함을 목적으로 2007년 10월 17일 「한부모가족지원법」이 제정되었다.

(10) 다문화가족지원법(2008)

다문화가족 구성원이 안정적인 가족생활을 영위하고 사회구성원으로서의 역할과 책임을 다할 수 있도록 함으로써 이들의 삶의 질 향상과 사회통합에 이바지함을 목적으로 2008년 3월 21일 「다문화가족지원법」이 제정되었다.

(11) 장애인연금법(2010)

장애로 인하여 생활이 어려운 중증장애인에게 장애인연금을 지급함으로써 중증장애인의 생활 안정 지원과 복지 증진 및 사회통합을 도모하는 데 이바지함을 목적으로 2010년 4월 12일 「노인장기요양보험법」이 제정되었다.

(12) 장애인활동 지원에 관한 법률(2011)

신체적·정신적 장애 등의 사유로 혼자서 일상생활과 사회생활을 하기 어려운 장애인에게 제공하는 활동지원급여 등에 관한 사항을 규정하여 장애인의 자립생활을 지원하고 그 가족의 부담을 줄임으로써 장애인의 삶의 질을 높이는 것을 목적으로 2011년 1월 4일 「장애인활동 지원에 관한 법률」이 제정되었다.

(13) 노숙인 등의 복지 및 자립지원에 관한 법률(2011)

노숙인(露宿人) 등의 인간다운 생활을 할 권리를 보호하고 재활 및 자립을 위한 기반을 조성하여 이들의 건전한 사회복귀와 복지증진에 이바지하는 것을 목적으로 2011년 6월 7일 「노숙인 등의 복지 및 자립지원에 관한 법률」이 제정되었다.

(14) 장애아동 복지지원법(2011)

국가와 지방자치단체가 장애아동의 특별한 복지적 욕구에 적합한 지원을 통합적으로 제공함으로써 장애아동이 안정된 가정생활 속에서 건강하게 성장하고 사회에 활발하게 참여할 수 있도록 하여, 장애아동 가족의 부담을 줄이는 데 이바지함을 목적으로 2011년 8월 4일 「장애아동 복지지원법」이 제정되었다.

(15) 입양특례법(2011)

아동입양의 절차가 아동의 복리를 중심으로 이루어질 수 있도록 국가의 관리・감독을 강화하고, 최선의 아동 보호는 출신가정과 출신국가 내에서 양육되어야 한다는 것을 기본 패러다임으로 국가 입양 정책을 수립할 필요성이 제기되었다. 이에 국내외 입양 모두 법원의 허가를 받도록 하며, 친생부모에게 양육에 관한 충분한 상담 및 양육정보를 제공하는 등 부모의 직접 양육을 지원하고, 아동이 출생일부터 1주일이 지나고 나서 입양동의가 이루어지도록 하는 한편, 양자가 된 사람에게 자신에 대한 입양정보 접근권을 부여하고, 국내입양의 우선 추진 의무화 등을 규정함으로써 아동의 권익과 복지를 증진하기 위하여 기존의 「입양촉진 및 절차에 관한 특례법」의 제명을 「입양특례법」으로 변경하였다.

(16) 기초연금법(2014)

노인에게 기초연금을 지급하여 안정적인 소득기반을 제공함으로써 노인의 생활안정을 지원하고 복지를 증진함을 목적으로 2014년 5월 20일 「기초연금법」이 제정되었다.

(17) 발달장애인 권리보장 및 지원에 관한 법률(2014)

발달장애인의 의사를 최대한 존중하여 그들의 생애주기에 따른 특성 및 복지 욕구에 적합한 지원과 권리옹호 등이 체계적이고 효과적으로 제공될 수 있도록 필요한 사항을 규정함으로써 발달장애인의 사회참여를 촉진하고, 권리를 보호하며, 인간다운 삶을 영위하는 데 이바지함을 목적으로 2014년 5월 20일 「발달장애인 권리보장 및 지원에 관한 법률」이 제정되었다.

(18) 사회보장급여 이용·제공 및 수급권자 발굴에 관한 법률(2014)

「사회보장기본법」에 따른 사회보장급여의 이용 및 제공에 관한 기준과 절차 등 기본적 사항을 규정하고 지원을 받지 못하는 지원대상자를 발굴하여 지원함으로써 사회보장급여를 필요로 하는 사람의 인간다운 생활을 할 권리를 최대한 보장하고, 사회보장급여가 공정하고 효과적으로 제공되도록 하며, 사회보장제도가 지역사회에서 통합적으로 시행될 수 있도록 그 기반을 구축하는 것을 목적으로 2014년 12월 30일 「사회보장급여 이용·제공 및 수급권자 발굴에 관한 법률」이 제정되었다.

(19) 정신건강증진 및 정신질환자 복지서비스 지원에 관한 법률(2016)

정신질환자의 범위를 중증정신질환자로 축소 정의하고, 전 국민 대상의 정신건강증진의 장을 신설하며, 비자의 입원·퇴원 제도를 개선하고, 정신질환자에 대한 복지서비스 제공을 추가하는 등 현행 법률상 미흡한 점을 개선·보완하고자 2016년 5월 29일 법률의 명칭을 「정신보건법」에서 「정신건강증진 및 정신질환자 복지서비스 지원에 관한 법률」로 변경하였다.

(20) 아동수당법(2018)

아동에게 아동수당을 지급하여 아동 양육에 따른 경제적 부담을 경감하고 건강한 성장 환경을 조성함으로써 아동의 기본적 권리와 복지를 증진함을 목적으로 2018년 3월 27일 「아동수당법」이 제정되었다.

제3장 사회복지의 권리성

제 1 절 사회복지의 권리[1]

사회복지의 권리성은 사회복지법의 이념이라 할 수 있는데 이는 사회복지법이 구현하고자 하는 궁극적인 목표를 말하며, 그 이념의 핵심은 생존권적 기본권(생활권적 기본권, 사회권적 기본권이라고도 한다)의 보장에 있다. 오늘날 대부분의 국가들에서 생존권적 기본권을 국민의 기본권으로 규정하고 있다. 생존권적 기본권은 국민이 국가에 대하여 삶을 영위하는 데 필요한 의식주와 그 밖의 필요한 용품과 같은 기본적인 조건의 보장을 위해 국가가 보다 적극적으로 개입해 줄 것을 요구할 수 있는 권리이다(김철수, 2004).

근대국가는 이른바 자유권적 기본권을 중심으로 하는 시민법질서에 의하여 운용되었다. 근대 시민법은 개인의 사적 소유권을 절대적으로 보장하는 소유권 절대의 원칙, 개인의 자유로운 의사에 의한 계약의 체결을 보장하는 계약 자유의 원칙(사적 자치의 원칙), 고의나 과실이 있는 행위에 대해서만 손해배상책임을 지

1) 권리란 법익을 준수하기 위해 법이 허용하는 힘을 말하며, 일정한 이익을 목적으로 하여, 특정인에게 부여된 법률상의 힘이라는 특성을 가진다. 권리와 구별되는 개념은 다음과 같다.
- 권한: 타인이 본인 또는 권리자를 위하여 일정한 법률효과를 발생시키는 행위를 할 수 있는 법률상의 자격을 말한다. (예: 장관, 법관, 국회의원 등의 권한, 법인 이사의 권한, 대리인의 권한)
- 권능: 권리의 내용을 이루는 개개의 법률상의 작용(힘)을 말한다. (예: 소유권은 권리와 내용을 이루는 사용권, 수익권, 처분권은 권능)
- 반사적 이익: 법률상의 권리는 아니고 법규를 실현하는 결과로 각 사람들이 반사적 효과로서 저절로 받게 되는 이익을 말한다. (예: 산림법을 제정・시행함으로써 산림자원이 증식되고 산림의 공익기능이 증진되어 부근의 주민이 청정한 공기와 깨끗한 물을 얻게 된다면, 이를 산림법 실현에 의한 반사적 이익(효과)이라 할 수 있다.

는 과실책임의 원칙을 바탕으로 하고 사적 시민의 생활에 대하여는 국가는 거의 간섭을 하지 않았다.

이러한 시민법 원리는 자본주의 경제를 발전시키는 원동력이 되었다. 그러나 자본주의가 고도로 발전함에 따라 소수에 의한 자본의 독점, 소수 자본가에 의한 시장과 생산의 독점, 이로 인한 빈부의 심한 격차, 노동자와 사용자(기업주, 자본가) 사이의 갈등 등 자본주의의 여러 가지 폐해와 모순이 생기게 되었다. 여기에서 국가는 이러한 자본주의의 발전과정에서 생겨난 부익부, 빈익빈의 폐해와 모순을 시정하기 위하여 개인의 자유로운 사적 생활에 개입하여 모든 국민이 평등하게 인간다운 생활을 할 수 있도록 보장하여야 한다(실질적 평등)는 인식을 가지게 되었다. 이와 같이 인간다운 생활을 할 수 있도록 요구할 수 있는 권리가 바로 생존권적 기본권이다.

따라서 이 생존권적 기본권은 사적 자치의 영역에 대한 국가의 권력적 개입을 배척하고, 최대한의 경제적 자유를 인정하려는 자본주의 분배체계의 모순으로 인하여 발생한 부의 격심한 편재와 그에 따른 경제적 약자의 생존을 위협하는 문제에 국가가 개입하여 국민 각자에게 그 최저한도의 문화생활을 보장하기 위한 것이다.

1. 생존권적 기본권

1) 생존권적 기본권의 의의

생존권적 기본권(生存權的 基本權)은 학자에 따라 생활권적 기본권 또는 사회권적 기본권이라고 불리며, 단순히 생존권, 생활권, 사회권 등으로 불리기도 한다. 생존권적 기본권은 인간다운 생활을 위하여 필요한 제 조건이 국가권력의 적극적인 관여에 의하여 보호될 것을 요청할 수 있는 권리를 말한다. 따라서 자유권적인 기본권은 국민이 자유를 확보하기 위하여 국가권력의 불간섭을 요구하는 소극적인 권리인 반면 생존권은 국가에 대한 적극적인 권리이다.

미국 독립과 프랑스 혁명 이후의 이른바 근대 시민적 입헌국가에 있어서는 자유와 평등의 구호 아래 자유권적 기본권이 기본권보장의 중심적 내용이 되었고 그것이 최고의 이상이었다. 이러한 자유주의는 민주주의와 자본주의 경제를 발전시키는 원동력이 되었으나, 한편 지나친 사적 자치와 자유방임적·경제적 자유에 의한 소위 자유자본주의는 그 자체의 경제적 모순을 나타내기 시작하였고, 특히 분배체계의 모순으로 인한 부의 편재와 모순을 나타내기 시작하였고, 특히 분배체계의 모순으로 인한 부의 편재와 빈곤의 확대, 경제적 지배의 횡행, 실업자의 범람 등을 초래함으로써 경제적 약자에게는 생활에 필요한 최저 조건도 충족되지 못하여 생존 그 자체에 위협을 받고 자유와 평등은 공허화되게 되었다. 여기에 국가가 적극적으로 모든 국민의 최저한도의 인간다운 생활을 보장해줌으로써 실질적인 자유와 평등을 확보하려고 하는 경제적·사회적 기본권의 보장이 요청되게 되었다. 이러한 요청에 따라 1919년 바이마르 헌법에서 생존권적 기본권이 규정된 이래 현대의 헌법들은 대부분 이를 보장하게 되었다.

우리 헌법도 이러한 국제적 조류에 입각하여 전문에서 실질적 평등이념을 추구하고, 제10조에서 인간의 존엄·행복추구권을 선언하고, 제34조 제1항에서 모든 국민의 인간다운 생활을 할 권리를 보장함으로써 생존권적 기본권 보장의 대원칙을 규정하고 있다. 이에 따라 헌법 제19조 제2항에는 "국가는 균형 있는 국민 경제의 성장 및 안정과 적정한 소득의 분배를 유지하고, 시장의 지배와 경제력의 남용을 방지하며, 경제주체 간의 조화를 통한 경제의 민주화를 위하여 경제에 관한 규제와 조정을 한다."고 규정하여 수정자본주의에 입각한 경제헌법으로서의 성질을 강조하고, 제31조에서 교육을 받을 권리, 제32조에서 근로의 권리, 제33조에서 근로자의 권리, 제35조에서 환경권, 제36조에서 혼인과 가족생활, 모성보호, 국민보건에 관한 권리 등 구체적인 생존권적 기본권을 보장하고 있다.

2) 우리나라 헌법의 규정

헌법상의 생존권적 기본권의 의의와 그 형성과정에 대하여는 이미 설명한 바와 같다. 여기서는 생존권적 기본권의 헌법상의 상위 규정인 근본규범과 생존권적 기본권의 법적 성격, 생존권적 기본권의 체계, 내용, 구제에 관하여 상세하게 설명하고자 한다.

(1) 헌법상의 근본규범

생존권적 기본권(사회권적 기본권, 생활권)은 생활에 필요한 제반 조건을 국가권력이 적극적으로 관여하여 확보하여 줄 것을 요청하는 권리이다. 이 생존권적 기본권은 헌법이 보장하는 기본권이고, 이는 인간의 존엄 및 행복추구권과 평등권을 근본규범으로 하고 있다.

① 인간의 존엄 및 행복추구권

헌법 제10조는 "모든 국민은 인간으로서 존엄과 가치를 가지며, 행복을 추구할 권리를 가진다. 국가는 개인이 가지는 불가침의 기본적 인권을 확인하고 이를 보장할 의무를 진다."고 규정하고 있다. 이 인간의 존엄과 가치조항은 주관적으로는 인간은 인간으로서의 존엄과 가치를 국가 공권력은 물론이고 개인도 존중해야 한다는 것을 확인하고 강조한 것이라 할 수 있다.

이 인간의 존엄과 가치는 헌법전문의 기본권 존중 규정과 함께 헌법상의 여러 기본권이 근거하는 근본규범이다. 행복추구권이란 넓은 의미로는 생명·자유·생존 등을 포괄적으로 내포하는 포괄적 기본권이지만 협의로는 풍족하고 안락한 삶을 추구할 수 있는 권리라고 할 수 있다. 헌법재판소는 "헌법 제10조의 행복추구권은 행복을 추구하기 위하여 필요한 급부를 국가에게 적극적으로 추구할 수 있는 내용으로 하는 것이 아니라, 국민이 행복을 추구할 수 있는 활동을 국가권력의 간섭 없이 자유롭게 할 수 있다는 포괄적 의미가 자유권의 성격을 가지는 것으로 본다."고 함으로써 행복추구권에 대하여만 포괄적 기본권을 인정한다(이는 행복추구권을 넓은 의미로 파악하고 있다. 헌재 1996. 7. 21. 선고, 93헌가14, 헌재판례집, 제7권 2집, 1면 이하). 이에 대하여 협의의 행복추구권은 인격의 형성·유지·표현의 전제가 되는 알 권리, 읽을 권리, 들을 권리, 인간다운 생활을 할 권리, 자기 자신에 관한 정보를 통제할 수 있는 권리 등을 포함하는 것으로 보고 있다. 그러나 인간의 존엄과 가치 및 행복추구권은 이를 묶어 포괄적으로 이해하여야 할 것이다.

② 평등권

헌법 제11조 제1항에는 "모든 국민은 법 앞에 평등하다. 누구든지 성별·종교 또는 사회적 신분에 의하여 정치적·경제적·사회적·문화적 생활의 모든 영역에 있어서 차별을 받지 아니한다."고 하여, 근대헌법의 기본원칙인 평등의 원칙과 개인을 위한 주관적 공권으로서 평등권을 규정하고 있다. 이 평등의 원칙이란 법적용의 대상이 되는 모든 인간을 원칙적으로 공평하게 다루어야 한다는 법원칙을 말하며, 그 중심내용은 기회균등과 자의의 금지이다(박차상 외, 2007). 이 평등권은 모든 헌법상의 개별 구체적인 기본권을 제약하는 근본규범성을 가진다. 다시 말해서 기본권 보장에 관한 헌법의 최고 원리이다. 헌법 제11조 제1항의 '법 앞의 평등'의 법적 성격에 대하여는 그 권리성을 부정하는 견해도 있으나, 주관적 공권(公權)으로서 기본권이라는 권리성을 가진다고 할 것이다. 평등의 의미에 대하여도 절대적 평등설(모든 인간은 모든 면에서 항상 균등하게 대우해야 한다는 견해)이 있으나, 모든 인간을 평등하게 대우하되 정당한 이유가 있고 합리적 근거에 대한 차별 내지 불평등은 허용된다는 상대적 평등설이 타당하다. 이상과 같이 평등권은 모든 개별기본권의 근본규범이므로 생존권적 기본권도 평등권에 위배되어서는 안 된다. 따라서 생존권적 기본권에서 파생되어 사회복지 관련 법률에서 보장하는 사회보장수급권도 평등권에 위배되어서는 아니되고, 개별 사회복지법이 차별적인 취급을 규정하거나 행정부가 차별적인 처분을 한 경우는 헌법 제11조 제1항 위반한 것으로 그 처분은 무효화된다(박차상 외, 2007).

그러나 사회복지법상 사회보장수급권에 의한 급여는 모든 국민에게 할 수 없고, 일정한 기준을 충족하는 특정한 국민에게만 행하여진다. 특히 사회보험과 관련해서는 일정한 직역만으로 별도의 법률이 제정되고, 그에 따라 급여 내용 등에 있어서 차등적으로 적용되는 경우[2)]가 있다.

3) 생존권적 기본권의 내용

(1) 인간다운 생활을 할 권리

헌법 제34조 제1항은 "모든 국민은 인간다운 생활을 할 권리를 가진다."라고 규정하고 있다. 그리고 동조 제2항에는 "국가는 사회보장·사회복지의 증진에 노력할 의무를 진다."라고 규정하고 있다. 이처럼 인간다운 생활을 할 권리는 생존권적 기본권의 이념적 기초로서 사회보장의 증진에 노력하고 노령·질병 기타 근로능력의 상실로 인하여 생활능력이 없는 국민에 대한 국가적 보호를 하여야 할 의무에 대해 구체적으로 규정하고 있다(동조 2, 3, 4, 5, 6항). 이러한 국가의 의무는 사회정책과 조세 및 재정정책을 통해서 분배의 사회화를 기하여 광범위한 사회보험제도와 공공시설의 구비를 통해서 이행될 수 있다. 이처럼 국가가 국민을 보다 인간다운 생활을 할 수 있도록 권리를 보장하려는 노력 속에서 다양한 제도적 장치를 마련하여 국민 개개인을 각종의 생활위협으로부터 보호하고, 이를 통해 인간의 존엄에 상응하는 생활을 보장할 수 있는 것이다.

(2) 교육을 받을 권리

헌법 제31조 제1항에는 "모든 국민은 능력에 따라 균등하게 교육을 받을 권리를 가진다."라고 하여 교육을 받을 권리를 규정하고, 제2항에는 "모든 국민은 그 보호하는 자녀에게 적어도 초등교육과 법률이 정하는 교육을 받게 할 의무를 진다." 제3항에는 "의무교육은 무상으로 한다." 제4항에는 "대학의 자주성·전문성·정치적 중립성 및 대학의 자율성은 법률이 정하는 바에 의하여 보장된다."

2) 사회복지법상이 차별대우에는 국민기초생활보장법상의 급여와 사회보험급여의 수준이 다를 수밖에 없다. 즉, 사회보험급여의 수준은 국민기초생활보장법의 급여보다 높은 수준의 급여가 될 수밖에 없는데, 이는 보험료 납부라는 원인관계가 있기 때문에 그런 것이다. 그 외에도 공적연금의 국적요건규정(국민건강보험법 제5조, 6조, 국민연금법 제6조), 연금의 병급조정규정(국민연금법 제93조, 제93조의 2), 부부수급제한규정(국민연금법 제63조), 연금대상자규정(국민연금법 제6조) 등은 헌법 제11조 제1항의 위반이 아니며, 이는 상대적 평등을 보호하는 제도인 것이다(박차상, 2007).

제5항에는 “국가는 평생교육을 진흥하여야 한다.” 제6항에는 “학교교육 및 평생교육을 포함한 교육제도와 그 운영, 교육재정 및 교원의 지위에 관한 기본적인 사항은 법률로 정한다.”라고 규정하여 교육을 받게 할 의무, 무상의무교육제, 교육의 자주성·전문성·정치적 중립성과 대학의 자율성 등을 규정하고 있다.

오늘날 취업의 기회와 적절한 사회활동을 위하여는 일정수준 이상의 교육을 받을 것이 필요하다. 경제가 인간다운 생활을 위한 물질적 기초를 의미하는 것과 같이, 교육은 이를 위한 문화적 기초를 의미하기 때문에 사회국가화 경향에 있어서 복지의 사회화는 교육의 사회화를 내포하고 있다. 그러므로 생존권의 문화적 내용으로서 능력에 따라 교육을 받을 권리가 부여되지 않으면 안 된다. 우리 헌법에서도 제31조에서 능력에 따라 균등하게 교육을 받을 권리와 초등교육과 법률이 정하는 의무교육의 무상을 규정하고 있다.

‘균등하게 교육을 받을 권리’는 단순히 교육에 있어서 특수계급만의 교육이나 특정 국민을 교육에서 배제하는 등의 차별대우의 금지만을 의미하는 것이 아니라, 일정한 자격과 학력이 있는 사람이 주로 경제적 이유나 지역적·시간적 이유로 현실적으로 교육을 받을 수 없을 때에 국가에 대하여 교육을 시켜 줄 것을 요구할 수 있고, 국가는 이에 대응하는 의무를 지는 것을 내용으로 한다. 다만, 생존권적 기본권을 프로그램 규정으로 보는 한 이에 관한 법률의 제정이 전제가 됨은 물론이다. ‘능력에 따라’ 균등하게 교육을 받는다는 것은 재능 기타 일신상의 학업능력을 말하고, 재력이나 가정환경 기타 비전속적 능력은 포함되지 아니한다. 또한 헌법은 교육의 본질에 위배되는 국가 또는 정치적 세력의 영향을 배제하기 위하여 교육의 자주성과 정치적 중립성을 보장하고 있다.

따라서 헌법이 교육을 받을 권리를 보장하는 것은 헌법이 지향하는 민주국가·문화국가·사회복지국가의 이념을 실현하고 모든 국민이 인간으로서의 존엄과 가치를 가지며, 인간다운 생활을 영위할 수 있도록 하기 위한 것이다(박차상 외, 2007).

(3) 근로의 권리

헌법 제32조 제1항에는 "모든 국민은 근로의 권리를 가진다. 국가는 사회적·경제적 방법으로 근로자의 고용의 증진과 적정임금의 보장에 노력하여야 하며, 법률이 정하는 바에 의하여 최저임금제를 시행하여야 한다."라고 하여 근로의 권리를 정하고 있다(박차상 외, 2007).

근로의 권리란 근로자 자신의 의사와 능력과 취미에 따라 근로의 종류·내용·장소 등을 선택하여 근로관계를 형성하고, 타인의 방해를 받음이 없이 근로관계를 계속 유지하며, 근로의 기회를 얻지 못한 경우에는 국가에 대하여 근로의 기회를 제공하여 줄 것을 요구할 수 있는 권리를 말한다(박차상 외, 2007).

근로권은 헌법에 있어서 생존권적 기본권으로서의 근로권을 그 사상의 기반으로 하며, 국가는 근로기회의 확보를 위해서 필요하고 강력한 조치를 취하여 완전고용을 도모한다는 헌법상의 책임을 지는 것을 말한다(박차상 외, 2007).

또한 헌법 제33조에는 "근로자는 근로조건의 향상을 위하여 자주적인 단결권·단체교섭권 및 단체행동권을 가진다."라고 하여 근로3권을 규정하고 있다. 근로3권(노동기본권)이란 자본주의 사회에서 생단수단을 소유하지 못한 경제적 약자인 근로자들이 인간다운 생활을 확보하기 위하여 근로조건의 향상을 위한 자유로운 조직체의 결성, 단체이름으로서의 교섭, 단체행동을 할 수 있는 권리를 말한다(박차상 외 2007).

(4) 환경권

헌법 제35조 제1항에는 "모든 국민은 건강하고 쾌적한 환경에서 생활할 권리를 가지며, 국가와 국민은 환경보전을 위하여 노력하여야 한다."라고 하여 환경권의 보장과 더불어 국가와 국민의 환경보전의무를 규정하고 있다. 제2항에서는 "환경권의 내용과 행사에 관하여는 법률로 정한다." 제3항에는 "국가는 주택개발정책 등을 통하여 모든 국민이 쾌적한 주거생활을 할 수 있도록 노력하여야 한다."라고 규정하여 쾌적한 주거생활권까지 보장하고 있다(박차상 외, 2007).

환경권이란 오염되거나 불결한 환경으로 말미암아 건강을 훼손당하거나 훼손당할 위험에 놓인 자가 오염되거나, 불결한 환경에 대하여 책임이 있는 공권력이나 제3자에 대하여 그 원인을 예방 또는 배제하여 주도록 요구할 수 있는 권리를 말한다(박차상 외, 2007).

(5) 혼인 · 보건에 관한 권리

헌법 제36조 제1항에는 "혼인과 가족생활은 개인의 존엄과 양성(兩性)의 평등을 기초로 하여 성립되고 유지되어야 하며, 국가는 이를 보장한다." 제2항에는 "국가는 모성의 보호를 위하여 노력하여야 한다." 제3항에는 "모든 국민은 보건에 관하여 국가의 보호를 받는다."라고 규정하여 혼인, 모성의 국가의 보호와 보건권을 규정하고 있다(박차상 외, 2007).

보건권이라 함은 국민이 자신과 가족의 건강을 유지하는 데 필요한 국가적 급부와 배려를 요구할 수 있는 권리를 말한다. 건강은 생존과 행복의 전제이며 인간다운 생활에 필수적인 요소이므로, 보건권은 생명권 · 행복추구권 · 인간다운 생활권 등과 상호관련을 가지고 있다. 보건권은 국가가 공권력의 행사를 통해 국민보건을 위한 필요한 정책을 적극적으로 수립하고 추진할 의무를 진다는 의미이다(박차상 외, 2007).

2. 생존권적 기본권의 법적 성격

사회보장을 받을 권리의 근거가 되고 있는 사회권적 기본권(생존권)의 법적 성격에 관한 학설은 크게 프로그램 규정설(또는 입법방침설)과 법적 권리설로 나누어진다. 법적 권리설은 다시 추상적 권리설과 구체적 권리설로 세분된다. 이에 따라 사회보장수급권은 크게 프로그램규정적 권리와 법적 권리로 나뉘고, 법적 권리는 다시 추상적 권리, 구체적 권리로 세분된다. 최근에는 불완전구체적권리설, 복합설 등의 새로운 견해도 등장하고 있다(권영성, 2007; 성낙인, 2007; 홍성방, 2007).

1) 프로그램규정설[3)]

프로그램 규정적 권리, 즉 입법방침설에 따르면, 생존권적 기본권이란 재판을 통해서 구제받을 수 있는 권리가 아닌, 국가가 국민에게 하나의 정책을 선언한 것에 지나지 않는다고 보는 학설이다. 즉 생존권적 기본권의 헌법규정은 구체적·현실적인 권리를 부여한 규정이 아니라, 그 생존권의 구체화·현실화를 위한 입법에 의해서만 효력을 발생한다고 보아 생존권적 기본권의 헌법규정은 강령(綱領)규정으로서 입법자에게 어떠한 생존권을 어떻게 규정하라고 하는 등 입법의 방침을 지시하는 프로그램규정이라고 보는 설이다.

모든 국민의 인간다운 생활을 위한 국가보호에 관한 헌법규정은 구체적이고 현실적인 권리를 부여하는 규정이 아니라, 그에 관한 법의 제정을 통해서만 효력이 발생하는 강령규정으로서, 입법자에게 입법의 방침을 지시하는 규정이라는 것이다.

헌법상의 사회권적 기본권은 입법권만을 구속하고, 행정권과 사법권을 구속하지 않는다고 본다. 따라서 그 실시는 국가의 자유재량이며, 일종의 반사적 이익에 속한다. 국민은 인간다운 생활에 필요한 급여를 체계적으로 청구할 수 없으며, 국가는 입법을 할 정치적, 도의적 책임을 지는 데 불과하다.

2) 법적 권리설

법적 권리설은, 사회복지의 권리에 관한 헌법규정은 법적인 권리로서 개개 국민은 사회복지의 혜택을 누릴 권리가 법으로 보장되어 있으며, 국가는 이를 이행할 의무가 있다는 학설이다.

헌법의 생존권적 기본권의 규정은 국가에 대해 법적으로 요구할 수 있는 법적

3) 프로그램규정설은 바이마르(Weimar) 헌법시대에 등장한 학설이다. 그 시대의 대표적인 법학자인 G. Anschutz는 경제생활의 질서가 "각인에 대하여 인간다운 생활을 보장하는 것을 목적으로 하는 정의의 원칙"에 적합할 것을 정한 일반조항인 동법 제151조 제1항은 입법권자에 대한 프로그램일 뿐 입법권자에 대한 구속은 아니라고 하였다. 그리고 본조로부터는 권리도 법률의 폐지의 효력도 추출할 수 없으며 효력이 생기지 않는다고 하였다.

권리를 개개 국민에게 부여하며, 따라서 그에 대응하는 법적 의무를 국가가 가지고 있다고 보는 설이다. 이 입장을 취하는 경우에도 헌법에 따라 직접 소구할 수 있는가, 입법이 없는 경우에 입법을 강제할 수 있는가에 따라 그 견해가 달라진다.

법적 권리설에서 사회권적 기본권은 입법권뿐만 아니라 행정권과 사법권을 모두 구속한다고 본다. 법적 권리는 추상적 권리와 구체적 권리로 나누어진다.

(1) 추상적 권리설

추상적 권리설은 국민은 국가에 대해 사회복지 혜택을 받을 추상적 권리를 가지며, 국가는 입법, 기타 국정상 필요한 조치를 강구할 추상적 의무를 진다고 보는 학설이다. 생존권적 기본권의 법적 권리성을 인정하되, 그 권리성은 추상적 정도에 그친다고 보는 견해이다. 그리하여 이 학설에 따르면 생존권적 기본권의 헌법규정에 따라 국민은 국가에 대하여 추상적 권리를 가지고, 국가는 '입법 기타 국정상 필요한 조치를 강구할' 추상적 의무를 진다고 보는 설이다. 소극적·자유권적 효과만을 인정하는 점에서는 프로그램적 규정설과 큰 차이가 없다.

(2) 구체적 권리설

구체적 권리설은 사회권적 기본권이란 헌법에 보장된 권리이며, 헌법상의 의무이기 때문에, 국민은 헌법의 정신을 기초로 하여 국가기관에 직접 사회권 보장을 청구할 수 있으며, 국가는 이에 대해 적극적으로 응해야 할 의무가 있다는 학설이다. 따라서 사회복지에 관한 입법이 없거나, 있더라도 그 내용이 불충분한 경우에는 법률의 제정이나 개정을 요구할 수 있는 것이다.

3) 불완전 구체적 권리설

기본적으로 추상적 권리설에 동조하면서 오늘날 생존권은 구체적 성격으로 부분적 권리를 가지고 있으며, 인간다운 생활을 할 권리는 정신적 자유에 못지않은 중요한 의미를 가진다는 점을 감안하여 앞으로 구체적 권리로 파악하는 적극적 인 이론구성이 바람직하다는 점을 강조한다(권영성, 2007; 김철수, 2006).

4) 복합설

복합설은 헌법 제34조 제1항의 '인간답게' 생활할 권리에서 인간답게 생활할 권리의 수준 즉 '인간다움'의 수준을 어떻게 설정하느냐에 따라 위의 프로그램규정설, 추상적 권리설, 구체적 권리설이 모두 가능하다고 하는 견해이다. 헌법에서의 보장수준, 국가의 적극적 급부의 구체적인 내용, 실현가능성 등에 따라 프로그램적 권리가 될 수도 있고, 추상적인 권리나 구체적 권리가 될 수도 있다는 견해이다(한병호, 1993).

제 2 절 사회보장수급권

사회보장은 헌법상 모든 인간다운 생활을 할 권리를 보장하기 위한 국가의 의무이다. 헌법 제34조 제1항은 생존권의 이념과 근거를 제시하고 헌법 제34조 제2항에서는 사회보장에 대한 국가의 의무를 부과하고 있다. 헌법 제34조에는 모든 국민은 인간다운 생활을 할 권리를 가짐으로 인간다운 생활을 할 권리를 구체적으로 실현하기 위한 규정을 두고 있다. 이러한 규정들에 기초한 사회보장수급권은 사회적 위험으로 말미암아 요보호상태에 있는 개인이 인간의 존엄성에 상응한 인간다운 생활을 영위하기 위하여 국가에 대해 일정한 내용의 적극적 급부를 요구할 수 있는 권리를 말한다. 이러한 의미에서 사회보장수급권은 국민이 국가에 대하여 헌법상 생존권적 기본권인 인간다운 생활을 할 권리를 실현하기 위해 가장 기본적인 최저한의 생활을 요구할 권리라 할 수 있다.

「사회보장기본법」은 "모든 국민은 사회보장 관계 법령이 정하는 바에 따라 사회보장급여를 받을 권리를 가진다."라고 함으로써(동법 제9조) 헌법상의 사회보장

수급권을 규정하고 있으며, 사회보장이란 "출산, 양육, 실업, 노령, 장애, 질병, 빈곤 및 사망 등의 사회적 위험으로부터 모든 국민을 보호하고 국민 삶의 질을 향상시키는 데 필요한 소득·서비스를 보장하는 사회보험, 공공부조, 사회서비스를 말한다."고 규정함으로써(동법 제3조) 이들을 사회보장수급권 보장의 중심내용으로 파악하고 있다.

사회보장수급권은 헌법의 개별 조항에서 직접 도출되는 것이 아니라 국가가 다양한 형태로 사회보장의 급부를 국민에게 제공하기 위하여 관계법령에 의하여 법률정책적으로 보장되기도 한다. 이러한 사회보장수급권이란 공법주체인 급부주체와 수급권자 사이에 존재하는 사회보장법관계에서 발생하는 사회급여를 청구할 수 있는 권리이며, 공법상의 쟁송을 통하여 실현할 수 있는 수급권자의 주관적 공권을 의미하게 된다(이헌석, 1998).

1. 사회보장수급권의 개념과 의의

사회보장수급권이란 사회보장급여를 받을 권리를 말하며, 사회보장급여를 받을 권리는 금전적 급여를 통한 최저한도의 생활보장과 자립을 목적으로 하는 생활보호, 비금전적 급여를 통한 재활, 생활의 안정과 복지의 증진을 목적으로 하는 사회보장에 대한 급여청구권을 말한다. 사회보장급여가 단순히 국가행정의 반사적 이익이거나 또는 구빈·자선의 관점에서 부여된 시혜적인 것이라고 한다면, 사회보장수급권은 과거의 법제도하에서 법적으로 실현할 수 있는 청구권으로 이해할 수 없었다. 그러나 자유권사상을 기초로 한 시민법체계가 한계에 부딪힘에 따라 국민의 생존권 확보를 위한 노동법, 사회보장법, 사회복지서비스법이 입법됨에 따라 법적 청구권으로 인정받게 되었다. 현대사회의 대부분 국가들은 사회보장수급권을 법적 권리로 인정하고 있고, 이를 보장하기 위한 입법조치들을 강구하고 있으며 적극적으로 이의 실현을 강구하고 있다. 국가사회구성원의 생존권을 구체적으로 보장하기 위해여 법적 권리로 인정된 사회보장수급권이란 공법 주체인 사회급여 권리운영 주체와 수급권자 간에 존재하는 사회법 관계에서 발생하는 사회보장급여의 지급을 청구할 수 있는 권리로서 공법상의 쟁송을 통하여 실현 가능한 수급권자의 개인적 공권이다. 사회보장수급권의 법적 성질은 공법상의 쟁송방법을 통하여 실현할 수 있는 법적 청구권이다(이상광, 1988: 491).

사회보장수급권이 법적권리로 인정받게 된 배경은 정치적, 사회적, 경제적 변화에 따른 것이다. 자유방임주의 사상에 토대한 근대시민사회의 이념이 현재는 집단주의 혹은 사회민주주의로, 경제체제는 독점자본주의나 수정자본주의체제로, 법체제는 공법 또는 사회법으로, 이에 따라 개인의 권리는 사회권, 혹은 생존권이 중시되는 상황으로 변모하였다. 동시에 국가 형태의 측면에서는 국가가 개인의 사생활에 적극적으로 개입하여 불평등을 해소하고 국민 모두의 복지를 증진시키려는 복지국가에로 전환하는 역사적 경향을 가져왔다. 결론적으로 사회복지법은 시민사회의 발전에 따른 결과로 생겨난 것이며, 국민의 생존 혹은 생활에 필요한 여러 가지 조건의 확보를 국가에 대하여 요구할 수 있는 권리인 생존권 혹은 복지권(사회권)을 핵심으로 삼고 있다고 볼 수 있다.

2. 사회보장수급권의 보호와 제한

1) 사회보장수급권의 보호

(1) 사회보장수급권의 특성과 보호의 필요성

사회복지법상의 사회보장수급권은 헌법상의 생존권적 기본권 내지 복지권의 하나인 사회보장수급권을 법률에 의하여 구체적으로 실현하기 위한 권리이지만, 그 내용은 현금 및 현물급여 이외에 비금전적·전문기술적 급여(직업지도, 재활지도, 교육훈련, 시설서비스) 등의 사회복지서비스의 급부도 포함되므로 그 내용 자체를 법률에서 구체적으로 규정하기가 쉬운 일이 아니다. 따라서 사회보장급여는 언제나 유동적이고 개별적이며, 계량화, 표준화가 쉽지 아니한 것을 그 급여의 대상으로 하기 때문에 사회보장수급권은 권리로서 취약성을 가지고 있다. 따라서 이러한 취약성을 가진 사회보장수급권을 법률의 규정에 의하여 만족스럽게 실행하려면 사회보장수급권에 대한 국가의 특별한 보호가 필요하다. 또 사회보장수급권은 사법(私法)상의 사적(私的) 권리인 채권(債權)과 달리 사회복지법이라는 사회법상의 권리, 즉 사회권으로서의 성질을 가지고 있다. 이 사회권은 사법(私法)상의 권리인 사권(私權)에 공법(公法)상의 권리인 공권(公權)적 요소가 침투되어 있는 권리이고, 따라서 사권과 공권의 요소를 다 함께 가지고 있는 중간 영역의 권리이다. 그러므로 사회권으로서의 사회보장수급권은 수급자들에게 사회보장급여를 제공하고 수급자가 이를 받는 성격과 아울러 국가가 공적(公的)으로 이를 보호해야 할 공권(公權)으로서의 성격을 가지고 있는 것이다(사회보장수급권의 권리로서의 이중성). 이런 점에서 사회보장수급권에 대한 국가의 보호가 필요한 것이다. 국가는 이 보호를 통해서 수급자인 개인의 권리 실현에 장애가 되는 요소를 제거하고 적극적으로 권리 실현을 할 수 있도록 도와주는 것이다.

이와 같이 각종의 사회복지법에는 사회보장수급권의 양도·담보제공·압류·상계를 금지하고, 조세 기타의 공과금 부과를 금지하며, 급여 변경의 금지 규정을 두는 등으로 사회보장수급권을 보호하고 있다.[4)]

(2) 사회보장수급권의 양도·담보제공·압류의 금지

민법상의 채권 등의 사법상의 재산권은 법률행위에 의하여 양도할 수 있으나, 공법상의 권리는 법률행위에 의하여 양도할 수 없다. 공법상의 권리·의무는 일신전속성(一身轉屬性)이 있기 때문에 양도할 수 없는 것이다. 따라서 사회보장수급권도 공권적 요소를 지닌 사회권이기 때문에 각종의 사회복지법에서 사회보장수급권의 처분(양도·담보제공)·압류를 금지하고 있다.

---

4) 「국민기초생활 보장법」 제35조(압류금지) 수급자에게 지급된 수급품과 이를 받을 권리는 압류할 수 없다. 제36조 (양도금지) 수급자는 급여를 받을 권리를 타인에게 양도할 수 없다. 「국민연금법」 제54조(수급권의 보호) 급여를 받을 권리는 이를 양도·압류하거나 담보에 제공할 수 없다. 「산업재해보상보험법」 제55조(수급권의 보호) ② 보험급여를 받을 권리는 양도 또는 압류할 수 없다. 「국민건강보험법」 제54조(수급권의 보호) 보험급여를 받을 권리는 양도 또는 압류할 수 없다.

그 이유는 사회보장수급권은 수급권자의 개인적·사회적 보호를 통하여 그 개인의 인간다운 생활을 보장하고자 하는 데 목적을 두고 있기 때문이다. 사회복지법의 기본법이라고 할 수 있는 「사회보장기본법」 제12조(사회보장수급권의 보호)의 "사회보장수급권은 관계법령이 정하는 바에 따라 다른 사람에게 양도하거나 담보로 제공할 수 없으며, 이를 압류할 수 없다."고 규정하여 수급권자의 수급권을 보호하고 있다. 이 밖에 「국민기초생활 보장법」 제35조(압류 금지), 제36조(양도 금지), 「국민연금법」 제58조(수급권 보호), 「산업재해보상보험법」 제88조(수급권의 보호), 「국민건강보험법」 제59조(수급권 보호) 등에 사회보장수급권의 보호를 규정하고 있다.

(3) 조세 기타 공과금의 감면 및 부과 금지

각종 사회보장급여에 대하여 각국의 사회복지입법례에서는 거의 공통적으로 조세나 기타의 공과금의 부과를 금지하고 있다. 이것은 사회보장급여를 통하여 최소한의 삶을 영위하게 하는 데 목적이 있으므로 조세나 기타 공과금을 부과하는 것은 바람직하지 않기 때문이다.

우리나라의 사회복지법도 이와 같은 금지규정을 두고 있다. 「국민연금법」 제60조(조세와 그 밖의 공과금 면제)에는 "이 법에 따른 급여로 지급된 금액에 대하여는 「조세특례제한법 기타 법률」 이나 그 밖의 법률 또는 지방자치단체가 조례로 정하는 바에 따라 조세, 그 밖에 국가 또는 지방자치단체의 공과금을 감면한다."고 규정하고 있고, 「산업재해보상보험법」 제91조(공과금의 면제)에는 "보험급여로서 지급된 금품에 대하여는 국가나 지방자치단체의 공과금을 부과하지 아니한다."고 규정되어 있다. 이는 생존권 보장을 위한 사회복지법이 사회보장수급권을 보호하려는 목적에서 취한 조항이다.

(4) 급여 변경의 금지

사회보장급여가 결정된 경우 그것은 일종의 기득권적 성격을 지니므로 정당한 사유 없이 수급자에게 불리하게 변경될 수 없다. 이러한 규정은 가능한 한 피보호자인 사회보장급여수급자를 보호하려는 취지에서 만들어진 내용이다.

우리나라의 「국민기초생활 보장법」 제34조(급여 변경의 금지)에는 "수급자에 대한 급여는 정당한 사유 없이 수급자에게 불리하게 변경할 수 없다."고 하여 급여 변경의 금지를 규정하고 있다. 이는 사회보장수급권자를 보호하기 위한 목적에서 규정하고 있는 조항이다.

2) 사회보장수급권의 제한

사회보장수급권은 스스로 사회생활을 유지할 수 없는 상태에 처한 사회적 약자들에게 인간다운 생활을 할 수 있도록 사회복지의 제도적 장치를 통하여 구체적으로 실현된다. 그러나 이러한 사회보장급여가 필요한 상태가 수급권자에게 책임을 돌릴 수 있는 행위로 인하여 발생하거나 그로 인하여 그 상태가 악화되거나 호전되는 것을 방해할 때 또는 수급권자가 사회보장급여에 필요한 여러 가지 협조의무에 응하지 않은 때에도 그 사회적 요보호상태만을 고려하여 그에게 사회보장급여를 지급해야 한다면 정의의 관념에 반한다. 따라서 이와 같은 경우에는 그 수급권을 제한할 필요가 있다. 다만, 사회보장수급권은 생존권 보장의 의미가 있으므로 그 제한은 예외적·최소한으로 그쳐야 한다.

예컨대 「사회보장기본법」 제13조(사회보장수급권의 제한 등)에는 "사회보장수급권은 제한되거나 정지될 수 없다. 다만, 관계법령이 따로 정하고 있는 경우에는 그러지 아니하다."라고 규정하고 있으며(제1항), "사회보장수급권이 제한되거나 정지되는 경우에는 제한 또는 정지하는 목적에 필요한 최소한의 범위에 그쳐야 한다."(제2항)고 규정하고 있다. 따라서 사회보장급여수급권은 원칙적으로 제한하거나 정지할 수 없으며, 그러한 경우에도 제한의 목적달성에 필요한 최소한도에 그쳐야 한다는 점을 명백히 하고 있다. 사회복지법상의 사회보장수급권이 사회복지 관계법령에 의하여 제한되는 경우는 다음과 같다.

(1) 이중급여 제한

사회보장급여의 수급권자가 다른 급여를 받게 되는 때에는 급여를 지급하지 않거나 지급이 정지된다. 예를 들면, 「국민건강보험법」 제53조 제1항 제4호에는 "업무 또는 공무로 생긴 질병·부상·재해로 다른 법령에 따른 보험급여나 보상(報償) 또는 보상(報償)을 받게 되는 경우에는 보험급여를 하지 아니한다."라고 규정하고 있다. 이는 수급권자가 동일한 수급사유로 중복수급 또는 이중보상을 받는다는 것은 사회적 형평의 원칙에도 위배되는 것이므로 중복된 급여는 사회복지이념과 목적에 위배되므로 금지하고 있다.

(2) 수급권의 악용

사회보장급여를 지급받기 위한 목적으로 고의로 사회보장급여 지급의 원인이 되는 사유를 발생시킨 경우, 사회보장급여 사유가 발생하지 않았음에도 불구하고 발생한 것과 같이하여 급여를 지급받거나, 낮은 정도의 급여사유가 발생하였음에도 높은 정도의 급여사유가 발생한 것처럼 하여 부당하게 급여를 받는 경우이다. 이러한 경우 그 수급권을 제한하고 있다.

예를 들면, 「국민건강보험법」 제53조 제1항 제1호에는 "고의 또는 중대한 과실로 인한 범죄행위에 그 원인이 있거나 고의로 사고를 일으킨 경우에는 보험급여를 하지 아니한다."고 규정하고 있고, 「국민연금법」 제82조(급여의 제한) 제1항에는 "가입자 또는 가입자였던 자가 고의로 질병·부상 또는 그 원인이 되는 사고를 일으켜 그로 인하여 장애를 입은 경우에는 그 장애를 지급 사유로 하는 장애연금을 지급하지 아니할 수 있다."고 규정하고 있다.

(3) 수급권의 남용

사회보장수급권자는 법령이 정하는 조건에 따른 의무를 이행하여야 하고, 권한 있는 기관의 정당한 지도·지시에 따를 의무가 있다. 그러므로 이러한 의무를 태만히 한 결과 사회복지수급 사유 및 조건을 연기시키거나 급여의 지급을 부당하게 장기화시키는 경우에는 수급권의 남용에 해당하므로, 그 수급권을 제한하고 있다.

예를 들면, 「국민연금법」 제82조(급여의 제한) 제2항에는 "가입자 또는 가입자이었던 자가 고의나 중대한 과실로 요양 지시에 따르지 아니하거나 정당한 사유 없이 요양 지시에 따르지 아니하여 장애·사망 또는 그 원인이 되는 사고를 발생하게 하거나 그 장애를 악화시키거나 회복을 방해한 때에는 대통령령이 정하는 바에 의하여 이를 원인으로 하는 급여의 전부 또는 일부를 지급하지 아니할 수 있다."고 규정하고 있고, 「국민건강보험법」 제53조(급여의 제한) 제1항 제2호에는 "고의 또는 중대한 과실로 공단이나 요양기관의 요양에 관한 지시에 따르지 아니한 경우에는 보험급여는 하지 아니한다."고 규정하고 있다.

(4) 부당이득의 징수

위법하게 사회보장급여를 받은 자는 그 급여를 반환할 의무가 발생한다. 즉 허위 기타 부정한 방법으로 급여를 받은 경우 그 부정수급자는 그 급여액, 즉 부당이득을 반환 또는 배상하여야 한다. 예를 들면, 「산업재해보상보험법」 제 84조 제1항(부당이득의 징수)에는 "거짓이나 그 밖의 부정한 방법으로 보험급여를 받은 경우에는 그 급여액의 2배에 해당하는 금액을 징수하여야 한다."라고 규정하고 있으며, 「국민건강보험법」 제57조 제1항(부당이득의 징수)에는 "속임수나 그 밖의 부당한 방법으로 보험급여를 받은 사람·준요양기관 및 보조기기 판매업자나 보험급여 비용을 받은 요양기관에 대하여 그 보험급여나 보험급여 비용에 상당하는 금액을 징수한다."라고 규정하고 있다.

3. 사회보장수급권의 소멸

1) 수급권자의 사망

사회보장급여를 받을 권리는 일신전속적인 것이므로 수급권자의 사망으로 소멸한다. 즉, 수급권자가 사망하게 되면 사회보장수급권은 소멸되는 것이다(「국민연금법」 제82조 제2항 제1호).

2) 소멸시효

사회보장급여를 받을 권리는 시효에 의해 소멸하며, 사회복지법에 시효에 관한 규정이 있는 경우에는 그 규정이 적용된다. 「국민건강보험법」의 보험급여를 받을 권리에 대한 소멸시효는 3년(제91조), 「산업재해보상보험법」상의 보험급여를 받을 권리에 대한 시효는 3년(제112조), 「고용보험법」상의 지원금·장려금·실업급여·육아휴직급여 또는 산전후 휴가급여를 지급받을 권리에 대한 시효는 3년(제107조)으로 각각 규정되어 있다.

3) 수급권 포기

사회보장수급권에 대한 포기가 가능한지에 대하여는 사회보장수급권과 같은 개인적 공권은 사회공공을 위해 필요한 것이므로 이를 포기하면 위와 같은 목적이 방해를 받기 때문에 포기할 수 없다는 견해가 있으나, 사회보장수급권은 수급자에 대하여 이익을 부여한다는 면이 있으므로 이러한 수익처분을 강제할 수 없으므로 포기할 수 있다고 본다. 즉, 사회복지시설에의 입소는 요입소자의 의사에 반하여 할 수 없으므로 퇴소도 자유롭게 할 수 있다고 본다. 수급권에 대한 포기는 「사회보장기본법」 제103조에서 “사회보장수급권은 정당한 권한이 있는 기관에 서면으로 통지하여 포기할 수 있고, 사회보장수급권의 포기는 취소할 수 있으며, 사회보장수급권을 포기하는 것이 다른 사람에게 피해를 주거나 사회보장에 관한 관계 법령에 위반되는 경우에는 사회보장수급권을 포기할 수 없다."라고 규정하고 있다.

4. 권리구제

사회보장급여란 인간으로서 생존 혹은 생활을 확보하기 위하여 사회복지법상 금전적 급여나 사회복지서비스를 받는 것을 말한다. 사회복지법에 근거한 사회보장급여수급권은 법적으로 보장된 권리이다. 사회보장급여수급권은 헌법을 통하여 국가에 부여되어 있는 사회복지 실시의무에 따라서 각종의 사회복지법에서 규정되고 있다. 따라서 개인의 사회복지에 대한 권리는 법적 권리인 것이다.

권리구제란 사회복지 관련 법률에 있어서 제반 사회보장급여수급권자가 수급자격, 보험제도의 경우에는 보험료, 급여 등과 관련하여 당해 처분에 대하여 이의가 있거나 불복하는 경우에 사회복지 관련법상에 규정되어 있는 각종의 시정절차나 혹은 법원에 그 처분의 시정을 구할 수 있는 절차를 말한다.

전자에 대하여는 우리나라의 각종 사회복지법에 이의신청 또는 심사·재심사 등의 절차로 규정되어 있고, 후자는 주로 행정소송을 통하여 구제할 수 있는 절차이다.

현행 사회복지법상에 규정된 권리구제에는 이의신청(「국민건강보험법」 제87조)이나 심사청구(「국민연금법」 제108조, 「산업재해보상보험법」 제103조, 「고용보험법」 제90조), 재심사청구(「국민연금법」 제110조, 「산업재해보상보험법」 제106조) 등과 같은 것이 있다. 이 경우 최초의 이의신청이나 최초의 심사는 이의신청으로서의 성질을 가지고 있고, 이에 불복하는 두 번째 이의신청이나 이의신청 다음의 심사·재심사에 의한 결정은 행정심판의 성질을 가지고 있다. 이러한 행정심판(「국민연금법」 제112조)에 불복이 있을 경우에는 행정소송(「국민건강보험법」 제90조)을 제기하여 구제받을 수 있다.

제4장 국제법과 사회복지

제 1 절 국제법과 사회복지법

1. 국제법의 일반적 개념

1) 국제법의 개념

국제법이 단순히 '국가 간의 관계를 규율하는 법'으로 이해되어 왔으나, 국제사회의 조직화와 더불어 국가 이외의 실체에게도 어느 정도 국제법상 직접적인 권리 · 의무의 귀속체로서의 주체성을 인정할 필요성이 대두되었다. 또한 세계정세의 변화에 따라 국가 이외의 국제법의 실체적 존재로서 각종 국제기구가 전면에 등장하게 되었고, 경우에 따라서는 국제법이 개인을 그 직접적인 규율대상으로 포괄하게 됨에 따라 국제법이 가지는 의의가 크다고 하겠다.

특히 2차 세계대전을 계기로 창설된 국제연합(UN)을 중심으로 한 집단적 안전보장체제가 정비 · 확충되었고, 전쟁의 불법화가 완성되었다. 이에 따라 UN헌장에 반하는 일체의 무력행사는 금지되었으며, 강제적 제재발동조치가 강화되었다. 또한 전통적으로 국내관할사항으로 취급되어 왔던 인권보호문제가 제2차 세계대전을 계기로 국제적 규율사항으로 취급되기 시작하여 인권보호를 위한 국제적 노력이 본격화되었다. 이를 위해 다양한 관련 조약규정을 통해 인권보호를 위한 이행확보조치가 강화되고 있다.

UN헌장은 '국제법의 점진적 발달과 법전화'를 하나의 목적으로 명시하고 있고, 국제법위원회(International Law Commission: ILC)를 중심으로 국제법의 법전화사업을 활발히 전개해 옴으로써 국제법의 발달과 법전화에 크게 기여하고 있다. 한편 과거 국제법의 형성에 참가하지 않았던 신생독립국·제3세계국가·개발도상국이 대거 출현함으로써 국제법 역시 이들의 요구를 반영한 새로운 국제법 규칙을 형성하기 시작하여 국제법의 기능영역이 확대되었다.

2) 국제법의 법원

국제법의 법원이라 함은 일반적으로 국제법의 존재형식이라는 의미에서 다루어지고 있다. 국제법의 법원으로는 다양한 형태가 있으나, 대표적으로 국제관습법과 조약이 있다.

(1) 국제관습법

국제관습법이란 국제사회에서 일반적으로 승인된 국제법 주체 간의 관행을 말한다. 이러한 국제관습을 기초로 국제관습법이 성립하기 위해서는 국제사회에서 행하여지는 보편적, 일반적, 특수적인 관행이 존재하고, 이러한 관습에 대하여 국제사회에서 법적 확신이 주어져 법으로서의 직관적인 인식을 획득할 것이 요구된다. 국제관습은 보편적·일반적·특수적인 것으로 분류되는데, 보편적 국제관습은 국제사회에서 모든 국가 간에 행하여지는 관습을 말한다. 국제관습은 조약보다 그 역사가 선행된 것으로, 통일된 입법기관이 결여된 국제사회의 현실에 비추어 사실상 법원의 중심적 역할을 하고 있다. 따라서 법으로서 수락된 일반관행의 증거로서 국제관습은 조약과 더불어 국제법의 대표적인 독립된 법형식의 하나이다.

(2) 조약

조약이란 원칙적으로 문서에 의한 국가 간의 명시적 합의를 말한다. 구두에 의한 합의도 조약의 개념에 포함시키는 견해도 있으나, 이는 조약이 아니라고 보는 것이 일반적이다. 조약의 내용은 당사국을 구속하며 당사국 간의 권리·의무관계를 설정하는 국제법의 대표적인 법원이다. 국제법의 법원으로서 조약은 모든 규범에 우선하는 제1차적 권위를 갖는 것으로서 당사국 간의 국제분쟁에 적용 가능한 모든 형태의 법원 중에서도 최우선의 지위에 선다.

그리고 조약은 원칙적으로 국제법 주체 상호 간의 문서에 의한 합의를 말하며, '조약'이라는 명칭 이외에 협약·협정·약정·헌장·의정서 등 다양한 명칭으로 사용되고 있으나, 그 명칭 여하를 불문하고 국제법 주체 간의 문서에 의한 국제적 합의는 모두 넓은 의미의 조약에 포함된다. 다만, 좁은 의미의 조약은 '조약'이라는 명칭을 가진 것만을 가리킨다. 그러나 광의의 조약이든 협의의 조약이든 당사국을 구속하는 효력에는 거의 차이가 없다.

2. 사회복지와 국제법

국제법에서 정하는 규정은 개별 국가의 사회복지정책의 입안 및 시행과정에 상당한 영향력을 발휘하고 있다. 우리나라 헌법 제6조 1항에 따르면, 헌법에 의하여 체결·공포된 조약과 일반적으로 승인된 국제법규는 국내법과 동일한 효력을 발휘한다. 이는 국제기구에 의한 조약과 규약 등은 각각의 기구에 가입한 경우 국내법과 동일한 법적 효력을 갖게 된다는 것을 의미한다. 만일 가입을 하지 않더라도 국제사회의 이러한 동향이 개별 국가의 사회복지에 상당한 영향력을 미친다는 점에서 국제기구에 의한 조약과 규약 등의 기능은 중요하다(조원탁 외, 2004; 현외성 외, 2005). 아울러 사회복지 국제화, 인간다운 생활보장의 보편화, 근로자의 국제적 이동, 국제적인 노동조합의 사회복지 운동, 그리고 국제적 사회복지 기준의 설정 등과 같은 이유들로 인해 사회복지관련 국제법의 중요성이 더욱 부각되게 되었다.

그리고 국제사회복지와 관련된 기관은 사회복지에 관해 국제적으로 연대하여 대처하기도 하고, 보편적인 사회보장기준을 제시함으로써 개별국가의 사회복지법 제정 및 개정에 많은 영향을 미치고 있다.

제2절 사회복지관련 국제 선언 및 원칙

사회복지관련 국제 선언에는 공적부조는 국가의 신성한 책무이고 그 범위와 적용범위는 법률로 정한다고 선언한 인권선언문(1793)이 있다. 1941년 미국의 루스벨트 대통령과 영국의 처칠 수상이 '대서양헌장'을 선언하고 '공포와 결핍으로부터의 자유'(freedom from fear and want)라는 슬로건을 제시하고, 서방국가들로 하여금 사회보장에 관한 권리를 국민의 기본권으로 인정하였다. 그 후 1944년 필라델피아선언은 국제노동기구(ILO) 필라델피아 총회에서 채택된 ILO의 목적에 관한 선언이다. 필라델피아선언은 사회보장원칙 및 전쟁에서 생기는 제 문제를 심의하여 결과적으로 소득보장에 관한 권고, 의료보호에 관한 권고, 군대 및 전시고용으로부터 풀려난 자에 대한 소득보장 및 의료에 관한 권고를 채택하였다.

1948년 제9차 미주국제회의(the Ninth International Conference of American States)는 '인간의 권리와 의무에 관한 미주선언(the American Declaration of the Rights and Duties of Man)'에서 생명권, 신체의 자유와 안전의 권리, 법 앞의 평등, 자의적인 구속으로부터의 자유, 적법절차, 국적 및 종교를 가질 권리, 종교의 자유, 표현의 자유, 집회 및 결사의 자유, 사생활보호권, 사유재산을 가질 권리, 건강 및 교육을 받을 권리, 문화적 혜택을 나누어 받을 권리, 일할 권리, 휴식과 여가를 가질 권리, 사회보장을 받을 권리와 사회에 대한 의무, 어린이와 부모에 대한 의무, 지도를 받을 의무, 법질서 존중의 의무, 이웃과 국가에 봉사할 의무, 납세의무, 일할 의무 등 인간이 지켜야 할 기본적인 의무와 권리를 선포하였다.

아울러 국제연합(UN)은 '세계인권선언'(1948. 12. 10, 5차 총회) 제22조에서 "모든 인간은 사회보장을 받을 권리를 가지며, …… 그 존엄성과 인격의 자유로운 발달에 불가결한 경제적 · 사회적 또는 문화적 제 권리를 실현하는 권리를 가진다."라고 천명하였다.

이와 같이 각종 세계적인 선언문들은 사회복지에 관해 언급한 것이 많다. 특히 2차대전 후의 국제적 선언에는 전쟁에 의한 피폐된 국가경제로부터 국민들의 생존권을 보편적으로 보장하기 위한 내용들이 자주 등장한다. 국제연합은 회원국들이 여론과 관심방향을 표현하고자 하는 수단으로 '선언(Declaration)'을 채택하는데, 이 선언은 '인간이 준수하여야 할 최고의 진실'을 나타내며, 매우 강력한 도덕적, 윤리적 및 정치적 비중을 가지는 문서이지만, 법적 구속력을 가지지 않는다(Cooper & Veron, 1996: 34). 보편적인 '세계인권선언(1948)'부터 시작하여, '정신지체인권리선언(1971)'과 '장애인권리선언(1975)' 등이 장애인의 인권과 존엄성에 관한 대표적 선언이다. 국제연합 이외에도 장애인의 고용보장과 관련하여 국제노동기구(ILO)는 1955년에 '장애인직업재활권고(제99호)', 1983년에 '직업재활과 장애인고용권고(제168호)'를 채택하였다.

그러나 이러한 선언은 제한적 효력을 가지고 있다는 데 그 한계가 있다. 선언은 조약의 형태로 채택된 것이 아니므로 참여당사국간에 법적 의무를 부여하지 않으며, 단지 각 국가가 인권문제에 관하여 추구해야 할 표준을 선언한 것에 불과하다. 따라서 그 실현은 각 국가의 내적·외적 조건과 정책 및 선의에 달려 있다.

1. UN헌장

1945년 UN헌장이 발효되면서 인권보호의 영역에서 있어서 큰 전기를 맞이하게 된다. 헌장 전문에서는 '기본적 인권과 인간의 존엄과 가치 및 남녀의 평등권'에 관한 신념이 재확인되었으며, 본문에서 UN의 목적의 하나로 UN헌장 제1조 제3항에서는 "인종, 성, 언어 또는 종교에 의한 차별 없이 모든 사람의 인권과 기본적 자유를 존중"하도록 장려함에 있어서 국제협력의 달성을 제시하고 있다.

또한 제55조는 "제국 간의 평화적이고 우호적 관계에 필요한 안정과 복지의 조건을 창조하기 위하여 인권 및 기본적 자유의 보편적 존중과 준수를 촉진"하여야 한다고 거듭 강조하고 있다.

그리고 제56조는 "모든 가맹국은 제55조에 규정된 목적을 달성하기 위하여 이 기구와 협력하여 공동적 또는 개별적 행동을 취할 것을 서약한다."고 규정하고 있다.

UN헌장이 국제인권법과 관련하여 가지는 의미는 인권을 국제화하는 데 기여하였으며, UN 회원국들이 인권과 기본적 자유의 신장을 위해 UN과 협력할 의무를 규정함으로써 UN은 이러한 권리들을 정의하고 성문화하는 권한을 부여받았으며, UN헌장은 UN이 회원국들의 인권보호 의무를 분명히 하고 필요한 기구들을 창설하게 되는 기초가 되었다는 것이다.

한편 인권 및 기본적 자유의 존중과 준수를 하나의 목적으로 삼고 있는 UN헌장은 인권분야에 있어서 4가지의 전기를 마련하였다.

첫째, 종교적 자유, 소수자 보호, 노동자 보호 등의 단순한 방어적 차원에서 인종, 성, 언어 또는 종교를 차별하지 않고 모든 사람에 대한 인권 및 기본적 자유의 존중의 차원으로의 인권문제를 승화시켰다.

둘째, 국내에서 유보되어있던 인권문제를 국제적 관심사로 전환시켜 UN과 기타 권한 있는 기관이 이를 국제법으로 합법적으로 다룰 수 있도록 하였다.

셋째, 헌장은 제62조 제2항에서 경제사회이사회(ECOSOC)가 인권 및 기본적 자유의 존중과 준수를 조장하기 위하여 권고할 수 있다고 규정하여, 인권영역에서 경제사회이사회가 UN활동을 증진시키는 길을 열어 두었다.

넷째, 인권증진의 목적을 달성하기 위하여 헌장 제68조는 경제사회이사회에 대하여 인권신장을 위한 위원회를 창설할 수 있는 권한을 부여하여 인권보호를 전담하는 제도적 장치인 인권위원회(Commission on Human Right)를 마련하였다.

2. 세계인권선언

세계인권선언은 1948년 12월 10일 UN 총회에서 반대 없이 채택되었다. 이 선언은 ECOSOC의 규정(헌장 제68조)에 의하여 설치된 인권위원회의 노력으로 성취된 것이다.

UN헌장의 인권보장 규정의 미흡한 점을 보완하기 위하여 인권위원회는 국제인권장전을 예상하였다. 그러나 각국의 의견이 심하게 대립되어 인권위원회는 우선 구속력이 약한 선언의 형식으로 작성하였다.

이 선언은 국제법적 구속력은 없지만, 인류가 달성하여야 하는 공동이념을 표현하고 있고, 인권 및 기본적 자유의 근원적 문서가 된다는 점에서 그 의의가 있다. 이 선언은 각국의 국내법에 영향을 미쳤고 이 선언 이후의 여러 국제조약에서 인권장전으로 언급되면서 더욱 가치를 가지게 되었다.

여러 인권관계 조약과 국내법제에서 세계인권선언을 원용하는 경우가 빈번해짐에 따라 이제 세계인권선언은 단순한 선언을 뛰어넘어 점차 국제관습법화되어 가고 있어 그 규범성이 제고되고 있다. 다른 총회의 결의와 같이 세계인권선언 자체로는 국제적 의무를 구성하지는 않는다. 그러나 세계인권선언이 인권에 관한 국제관습법의 증거로 인용되고 있고, 이제는 국제관습법의 일부분이 되었다.

3. 아동의 권리에 관한 국제 선언

1) 아동의 권리에 관한 제네바 선언

제네바 선언은 아동의 권리에 관한 세계 최초의 채택된 선언문으로 1923년 젭(Jebb) 여사에 의해 제정되어, 이듬해인 1924년 9월 26일 국제연맹 제5차 총회에서 채택되었다. 제네바 선언은 제1차 세계대전으로 인해 당시 아동들이 처한 기아, 질병, 고아, 부랑, 영양실조 등 비참한 상황 속에서 아동을 규제하고 보호하기 위한 선언으로, "모든 나라의 사람들은 인류가 아동에 대하여 최선의 것을 줄 의무를 지고 있다는 것을 인정하고, 인종·국적 또는 신조에 관한 어떤 이유에도 상관없이 모든 아동에게 다음의 사항을 보장할 것을 선언하며 또한 자신의 의무로서 수락한다."라고 그 기본적 이념을 밝혔다.

- 제1조: 아동의 신체적, 정신적인 면에서 정상적 발달에 필요한 모든 수단들이 아동에게 주어져야 한다.
- 제2조: 굶주린 아동에게는 음식이 제공되어야 하고, 병든 아동은 치료를 받아야 하고, 발달지체 아동은 회복을 위해 도움을 받아야 하며, 비행 아동은 갱생되도록 하여야 하며, 고아와 부랑아에게는 주거와 원조가 주어져야 한다.

- 제3조: 아동은 위험에 처했을 때 가장 먼저 구제되어야 한다.
- 제4조: 아동은 생계를 유지할 수 있는 위치에 있어야 하며, 또한 모든 형태의 착취로부터 보호되어야 한다.
- 제5조: 아동은 그 재능의 개발이 결국 인류에게 공헌하게 된다는 인식 하에 양육되어야 한다.

이 선언은 전문과 5개종의 본문으로 되어 있는데, 그 전문에서 "모든 나라의 남녀와 인류가 아동에 대하여 최선의 것을 주어야 할 의무를 진다는 것을 인정하고, 인종·국적 또는 신념에 관한 어떠한 사유에도 관계없이 모든 아동에게 다음과 같은 사항을 보장할 것을 선언하고 또한 자기의 의무로서 수락한다."고 그 기본이념을 분명히 하였고, 채택된 제네바 선언 5개항의 내용은 다음과 같다.

- 어린이는 신체적으로 정신적으로 정상적인 발달을 위해 요구되는 모든 수단을 강구해야 한다.
- 굶주린 어린이에게 먹을 것을, 병든 어린이에게 치료의 혜택을, 지능발달이 뒤늦은 어린이에게는 도움을, 불량한 어린이에게는 감화를, 고아와 부랑아에게는 주거를 마련하여 보호해 주어야 한다.
- 위기에 직면하였을 때, 최우선적으로 어린이를 구해야 한다.
- 어린이에게 장래 설계를 세울 수 있는 지위로 이끌며, 모든 종류의 착취에서 보호를 받을 수 있어야 한다.
- 어린이에게 자기의 능력을 인류동포에게 봉사하기 위한 것이라는 자각을 주며 교육을 해야 한다.

이상의 5개항에서 제1항은 아동의 생존권 보장, 제2항은 아동보호의 접근방법, 제3항은 아동보호의 최우선 원칙, 제4항은 자립과 착취에서의 보호, 제5항은 아동육성의 궁극적 목표를 제시하고 있다.

2) 아동의 권리선언

1959년 유엔에서 채택된 '아동의 권리선언'은 아동과 청소년의 권리신장에 획기적으로 기여한 국제문서이다. 아동의 권리선언은 유엔헌장과 세계인권선언(1948)의 원칙과 정신에 입각해서 작성되었다. 이 선언은 전문과 10개조의 본문으로 구성되고, 제네바 선언과 비교할 때 한층 상세하고 넓은 관점에서 그 내용을 확대, 개선한 것이다. 기본 정신은 성장 도상에 있는 아동, 즉 사회적 약자의 입장에 있는 사람에 대하여, 그 인권의 보장과 실현을 가능하게 하기 위하여 특별한 조치와 배려를 해야 할 필요성을 선언하는 데 있다. 이 선언은 이동을 단순히 구제나 보호의 대상으로서뿐 아니라 인권이나 자유의 주체로서 파악하려고 하는 자세를 보인 점은 주목할 만하다.

한편 제네바 선언이 아동을 보호와 구제의 차원에서 보았다면, 아동권리선언은 인권으로서 아동의 권리를 인정하였다. 또한 1948년 12월 10일 제정된 세계인권선언은 보편적인 인권을 규정하였으나, 아동권리선언은 아동만을 대상으로 하여 그 특수성을 반영한 것이 아니라 오히려 그 전제 내지 기초가 된 선언이었다. 이 선언은 전문에서 기본적 인권과 인간의 존엄 및 가치의 중요성, 무차별 평등과 자유권의 이념을 확인하고, 아동이 신체적, 정신적으로 미성숙하기 때문에 특별한 법적 보호를 포함하는 특별한 보호와 배려를 필요로 한다는 것을 전제하고, 인류가 아동에게 최선의 것을 줄 의무가 있음을 선언하였다. 이를 통해 아동이 행복한 삶을 영위하고 자신과 사회의 복지를 위하여 여러 가지 자유와 권리를 누릴 수 있도록 부모, 남녀, 민간단체, 지방자치단체, 정부에 대하여 아동의 권리 인식과 권리 준수를 위해 입법 등 기타 조치를 취할 것을 요청하였다.

이 선언은 아동을 단순한 보호와 구제의 대상에서 더 나아가 권리의 주체로 인식하였다. 또한 세계인권선언의 보편적 권리 이념을 토대로 하여 아동의 신체의 자유권, 복지권, 발달권, 교육권 등을 규정하였다.

3) UN아동권리협약

1989년 UN총회는 1924년 국제연맹의 '아동권리선언(제네바선언)' 이후 65년 만에, 그리고 1959년 UN '아동권리선언' 이후 30년 만에 드디어 '아동권리에 관한 국제협약(Convention on the Rights of the Child)'을 만장일치로 채택했다. 동 협약은 1990년 9월 2일을 기해 20개국 이상의 비준을 받게 됨에 따라 국제법의 효력을 갖게 되었으며, 한국 정부는 1990년 9월 25일 이 협약에 서명하고 1991년 11월 20일에 이를 비준함으로써 우리나라도 협약의 당사국이 되었다(이배근, 1998).

아동권리협약은 전문과 3부 54개조로 구성되어 있다. 또한 내용에 있어서는 경제, 사회, 문화 전반에 걸친 인권문제를 포함하고 있다. 제1부의 내용은 크게 4개의 일반원칙을 중심으로 구성되어 있다. 즉 무차별원칙(제2조), 아동의 최선의 이익 원칙(제3조), 생존 및 발달 원칙(제6조), 참여의 원칙(제12조) 등이 이에 해당된다. 특히, 협약 제3조 아동의 최선의 이익 원칙은 아동권리협약의 궁극적 목적이며 권리주장의 핵심이다. 아동은 취약하므로 그들의 권리를 충분히 누리기 위해서는 특별한 지지가 필요하다. 이러한 점에서 아동의 최선의 이익 원칙은 아동으로 하여금 성인과 동등한 권리를 갖게 하고 필요한 보호가 보장될 수 있도록 하는 것에 대한 답을 제공해 준다. 아동의 이익은 아동 자신의 판단에 따른 이익이어야 하며, 아동의 '이익추구'에 있어서 아동의 흥미와 동기가 존중되는 것이어야 한다. 즉, 아동이 이익 추구를 도모한다는 것은 아동이 하고 싶어 하는 것을 할 수 있도록 아동에게 어떠한 제한이나 제재가 없게 하는 자율을 보장해 주어야 함을 의미한다. 아동권리협약은 아동의 최선의 이익을 최우선적으로 보장할 것을 권고하고 있으며, 동시에 당사국에게 이를 구속력을 가지며 실행하도록 규정하고 있다. 실제로 협약 제2부는 아동권리협약을 어떻게 실행해야 하는지를 구체적으로 명시하고 있으며, 협약의 실행을 위해서 아동을 위해 일하거나 아동과 함께 일하는 모든 사람들과 정부 각 부처, 비정부기구와 국제단체 등의 동반자 정신을 촉진시키고 처벌적 태도보다는 대화, 협력, 건설적인 방향으로 행동이 필요함을 강조하고 있다. 또한 협약을 비준한 국가들에게 비준 후 2년 안에 보고서를 작성하여 아동권리위원회에 제출하고 매년 5년마다 활동보고서를 재작성하도록 함으로써 아동권리를 반드시 실현시키려는 강한 의지를 표명하고 있다.

한편 아동권리협약은 아랍어, 중국어, 영어, 프랑스어, 러시아어 및 스페인어 등 6개의 언어로 작성되었다. 협약은 전문, 실질적 규정인 제1부(제1조-제41조), 이행에 관한 제2부(제42조-45조), 그리고 부칙에 해당하는 제3부(제46조-54조)로 총 54개 조문으로 구성되어 있다. 전문은 UN헌장, 세계인권선언, 아동권리선언, 국제인권규약 등의 국제문서에서 표명된 인간의 존엄과 가치 및 평등권 등 인간의 기본적 인권을 재확인하면서, 아동은 그들 국가와 부모 혹은 국제사회로부터 특별한 보호와 원조를 받을 권리를 가진다고 선언하였다. 제1부는 아동의 권리와 체약국의 아동보호의무를 규정하고 있고, 제2부는 협약의 국제적 실시조치로서 국가보고제도와 아동권리위원회에 관하여 규정하고 있으며, 제3부는 서명, 가입, 비준서 기탁, 개정절차, 유보, 폐기, 원본 등에 관하여 규정하고 있다.

4. 장애인 권리선언

장애인 권리선언에서는 "장애인은 이 선언에 규정된 모든 권리를 향유한다. 이들 권리는 어떤 예외도 없고 인종, 피부색, 성, 언어, 종교, 정치 또는 기타의 의견, 국가 또는 사회적 신분, 빈부, 출생, 장애인 자신 또는 그 가족이 처한 상황에 따라 구별 또는 차별이 없이 모든 장애인에게 인정된다."는 원칙을 선언한 뒤에 인간의 존엄성에 관한 천부적 권리로서 가능한 한 정상적이고 충분히 만족스러운 생활수준을 누릴 최고의 권리, 장애의 원인, 특징, 정도에 관계없이 같은 연령의 시민과 동등한 권리, 일상적이고 만족스러운 생활을 영위할 수 있는 권리, 다른 시민들과 동등한 시민권 및 정치적 권리 등을 규정하였다. 또한 장애인은 가능한 한 자립할 수 있도록 계획된 조치를 누릴 자격이 있는데, 이를 위하여 보장구를 포함한 의료적·심리적·기능적 치료와 더불어 의료적·사회적 재활, 교육, 직업교육, 훈련과 재활, 상담, 취업알선 기타 장애인의 능력과 기술을 최대한 개발할 수 있고 사회통합 또는 재통합 과정을 촉진하는 서비스를 받을 권리, 경제적 · 사회적 보장 및 만족스러운 생활수준을 누릴 권리, 능력에 따라 고용을 보장받고, 유익하고 생산적이며 보수를 받는 직업에 종사하고, 노동조합에 참여할 권리 등이 보장되어야 한다고 규정하고 있다.

한편 장애인 권리선언은 장애인 권리를 선언하고 이것이 장애인들의 권리보호를 위한 공통된 기초와 준거틀로 사용되도록 국가적 · 국제적 노력을 요청하기 위해 1975년 12월 9일 UN총회에서 채택되었다. 권리선언의 내용들은 다음과 같다.

- '장애인(disabled person)'이라 함은 신체적 혹은 정신적 능력 면에서 선천적이나 후천적 결함으로 인하여 정상적인 개인적 혹은 사회적 생활을 스스로는 완전히 혹은 부분적으로 영위할 수 없는 사람을 의미한다.
- 장애인들은 이 선언에 제시된 모든 권리를 향유할 수 있어야 한다.
- 장애인은 인간으로서 존엄성이 존중받을 권리를 타고 난다.
- 장애인들은 다른 사람과 동등한 시민권과 정치권을 가진다.
- 장애인들은 자립하도록 하기 위해서 만들어진 시책을 활용할 자격을 가지고 있다.
- 장애인들은 필요한 모든 치료, 서비스, 교육, 훈련, 기술적 원조를 받을 권리를 가진다.
- 장애인들은 경제적 · 사회적 보장을 받을 권리가 있다.
- 장애인들은 국가계획에서 고려될 특별 요구를 가진다.
- 장애인들은 가족생활을 할 권리가 있다.
- 장애인들은 착취와 규제와 처우에서 보호되어야 한다.
- 장애인들은 적절한 법적 원조를 받을 수 있어야 한다.
- 장애인들과 그들의 가족들 및 지역사회에게 모든 적절한 수단을 통해 이 선언에 포함된 권리를 충분히 알릴 수 있어야 한다.

5. 정신지체인 권리선언(The Declaration of the Rights of Mentally Retarded Persons)

1971년 12월 20일 UN총회에서 채택된 정신지체인 권리선언은 정신지체를 가진 장애인이 다른 사회구성원과 더불어 일반적인 사회생활을 영위하고, 이들에게도 사회정의와 평등의 규범이 관철되어야 한다는 권리사상의 표현이며, 이러한 제반 권리의 보장을 각국이 정책으로 전개하여야 한다는 방향을 제시하였다. 이 선언은 총 7개조로 구성되어 있는데, 그 내용은 다음과 같다.

- 정신지체인은 국민으로서 일반시민과 동등한 기본적 권리를 가진다.
- 정신지체인은 그 상태가 아무리 심하다 할지라도 그의 능력과 가능성을 최대한도로 발전시킬 수 있도록 적절한 의학적 조치와 교육, 훈련, 재활 및 지도를 받을 권리를 가진다.
- 정신지체인은 안정된 경제생활을 보장받을 권리가 있다. 또한 생산적이며 뜻있는 직업에 종사할 권리를 가진다.
- 정신지체인은 가족들과 함께 살 권리가 있다. 또한 모든 사회생활에 참가하며 여가를 즐길 수 있는 조치가 마련되어야 한다. 정신지체인과 동거하는 가족들은 부조를 받아야 한다. 만일 시설에서의 양호가 필요한 자라면 그 시설은 최대한도로 가정적 분위기가 조성되어야 한다.
- 정신지체인은 자기의 개인적인 복지나 이익을 보호하기 위해 필요할 때는 자격 있는 후견인을 가질 권리가 있다.
- 정신지체인은 착취와 남용과 학대로부터 보호받을 권리가 있다. 만일 고소를 당한다면 그의 심신상의 책임능력을 충분히 인정하여 공정한 재판을 받게 해야 한다.
- 정신지체인이 중증으로 그 모든 권리를 유용하게 행사할 수 없을 경우 또는 그 권리의 일부나 전부가 제한되거나 배제되어야 할 필요가 생겼을 경우에 이에 적응하는 절차가 남용되지 않도록 법적으로 보장되어야 한다.

6. 노인을 위한 유엔원칙

유엔은 1991년 12월 노인을 위한 유엔원칙을 채택하여 정부가 고려해야 할 독립, 참여, 보호, 자아실현, 존엄의 5개 영역의 18개 원칙을 제시하였다.

1) 독립(Independence): 노인들은

- 소득의 보장과 가정 및 지역사회의 지원과 자조를 통해서 충분한 식량, 물, 주거, 의류, 건강의 케어를 받아야 한다.
- 일하는 기회 또는 다른 소득을 얻는 기회를 가져야 한다.
- 직장으로부터 은퇴 또는 퇴직하는 시기의 결정에 참여할 수 있어야 한다.
- 적절한 교육·훈련계획을 이용할 수 있도록 원조한다.
- 안전하고 또한 개인의 선택이나 변화하는 능력에 적합한 환경에서 생활해야 한다.
- 노인은 가능한 오랫동안 자택에서 살 수 있도록 해야 한다.

2) 참여(Participation): 노인들은

- 사회적 관계망을 유지해야 하고, 노인의 복지에 직접 관계하는 정책 입안 및 실시에 적극적으로 참여해야 한다. 또한 노인의 지식이나 기능을 젊은 세대와 공유하여야만 한다.
- 지역사회에 도움이 되는 기회를 찾아 넓혀 나갈 수 있어야 하고, 노인의 관심이나 능력에 알맞은 자원봉사로 의미 있는 일을 할 수 있어야 한다.
- 노인의 운동 혹은 단체를 만들 수 있다.

3) 보호(Care): 노인들은

- 문화적 가치에 관한 각 사회의 제도에 따라서 가족이나 지역사회의 케어와

보호로부터 이익을 얻지 않으면 안 된다.

- 신체적 · 정신적 및 정서적으로 최고 수준의 상태를 유지 · 회복하여 질환을 예방하는, 노인을 원조하는 건강에 대한 케어를 받을 수 있어야 한다.
- 독립성, 보호 및 케어를 증진하는 사회나 법률에 의한 서비스를 받을 수 있어야 한다.
- 안전한 환경에서 보호나 재활 서비스 등을 케어 받아야 하고, 사회적 · 정신적 자격을 제공하는 적절한 수준의 시설 케어를 이용할 수 있어야 한다.
- 케어시설이나 치료시설 등 어느 곳에 살든지 그 존엄과 신념, 욕구와 프라이버시 그리고 자신이 받는 케어와 생활의 질에 대해 결정할 권리를 최대한 존중받을 수 있는 것을 포함하는 인권과 기본적 자유를 누려야 한다.

4) 자아실현(Self-fulfilment): 노인들은

- 자기의 가능성을 최대한 신장할 수 있는 기회를 추구할 수 있어야 한다.
- 사회적 교육적 · 문화적 · 정신적 그리고 여가에 관한 자원을 이용할 수 있어야 한다.

5) 존엄(Dignity): 노인들은

- 착취, 신체적 · 정신적 학대를 당하는 일이 없어야 하고 존엄을 가지며 안심하고 생활할 수 있어야 한다.
- 연령이나 성별, 인종적 또는 민족적 배경이나 장해 또는 그밖에 지위에 구애됨 없이 공정하게 대하며 노인의 경제적 기여와는 관계없이 평가되어야 한다.

7. 정신질환자의 보호 및 정신보건관리 향상을 위한 국제연합의 원칙

1991년 국제연합은 '정신질환을 가진 자의 보호 및 정신보건관리의 개선을 위한 원칙(the protection of person with mental illness and the improvement of mental health care)'을 채택하였다. 이 원칙에 의하면 모든 정신질환자는 인간적으로 대우받고, 정신질환으로 법적 능력이 결여되었다는 결정 및 법적 능력의 결여로 대리인이 지명된다는 결정은 모두 국내법이 규정하는 독립되고 공평한 기구에 의해 공정한 청문을 거쳐야 한다고 명시하고 있으며, 이성적 판단 능력의 유무가 문제되어 있는 자는 변호인을 선임할 권리를 가질 수 있도록 규정하고 있다(원칙 1의 6). 또한 법원이나 권한을 갖는 다른 결정기관이 정신질환을 가진 자가 자기에 관한 모든 일을 관리할 능력이 결여되어 있다고 판단한 경우에는 필요하고 적절한 범위 내에서 그 자의 이익의 보호를 보장하는 수단을 강구하도록 하고 있다(원칙 1의 7). 환자는 불복신청 또는 소송에서 변호인을 선임할 권리를 가지며, 더 나아가 환자가 무자력자일 경우에는 일체의 소요비용 없이 무상으로 변호인을 선임할 수 있도록 하고 있다(원칙 18의 1).

국제연합의 원칙 4는 정신질환의 판정에 대해 첫째, 정신질환의 판정은 국제적으로 승인된 의학적 기준에 의하여야 하며, 둘째, 정신질환의 판정에 있어서 정치적·경제적· 사회적 지위 등 환자의 정신 상태와 직접 관계가 없는 다른 어떠한 이유를 근거로 하여서는 안 되며, 셋째, 환자가 과거에 정신과 치료 또는 입원하였던 경력만으로 정신질환의 판정을 받고 이 결정이 정당화하여서는 안 된다고 규정하고 있다. 아울러 입원에 대해 국제연합의 원칙 15는 정신보건시설에서의 치료를 필요로 하는 때에는 강제입원을 피하기 위하여 노력하여야 하고, 입원을 할 때에는 일반적인 질병치료를 위한 입원과 동일한 방법으로 입원이 이루어지도록 하여야 한다고 규정하고 있다.

한편 정신질환자의 보호 및 정신보건관리 향상을 위해서 국제연합은 강제입원에 대한 원칙을 강조하였다. 첫째, 정신질환 때문에 환자 자신과 타인에게 심각한 위해를 가할 가능성이 높은 것으로 판단될 때 강제입원 조치되어질 수 있고, 둘째, 정신질환이 심하여 환자가 이성적으로 판단할 수 없는 판단장애가 있을 때, 셋째, 환자를 입원시키거나 수용하지 않으면 심각한 악화가 초래되었을 때 강제적인 입원이 이루어질 수 있고, 넷째, 입원 이외에는 다른 적절한 치료를 할 수 없다고 판단될 때 시행할 수 있다고 규정하고 있다. 이는 강제입원이 수반하고 있는 인권침해의 위험을 예방하려는 노력의 차원으로, 그러한 위험을 제거하는 데에는 어느 정도 법의 개입이 있어야 할 것이다.

제 3 절 사회복지관련 국제 규약 및 협약

1. 국제인권규약 A. B(International Convents on Civil and Political Rights)

1966년 12월 16일 제21차 국제연합(UN) 총회에서 인권의 국제적 보장을 위하여 채택된 조약으로, 경제적·사회적·문화적 권리에 관한 규약(A규약), 시민적·정치적 권리에 관한 규약(B규약), B규약의 부속선택의정서로 되어 있다. 그리고 A규약은 1976년 1월에, B규약과 B규약의 부속선택의정서[1]는 그해 3월에 각각 발효하였다. 세계인권선언이 개인과 국가가 달성해야 할 공통의 기준으로서 채택되어 도의적인 구속력은 지녔으나 법적 구속력이 없었던 것에 반해, 국제인권규약은 조약으로서, 체약국을 법적으로 구속하는 것이 특징이다.

이 규약은 UN인권위원회가 원안을 작성하였으며, UN총회는 A·B 두 규약을 만장일치로, 의정서를 66 대 2와 기권 38로 가결하였다. A·B 두 규약은 모두 제1조에 민족자결권과 자연의 부 및 자원에 대한 영구적 권리에 관해서 규정해 놓고 있는 점이 특징적이다. A규약은 이른바 생존권적 기본권을 대상으로 노동기본권·사회보장권·생활향상·교육권 등을 각 체약국이 그들의 입법조치로써 실현 달성할 것을 내용으로 하며, 이의 실시상황을 UN에 보고할 것을 의무화하였다. B규약은 이른바 자유권적 기본권의 존재를 전제로 하여, 체약국이 이를 존중할 것을 의무화하였으며, 이것의 실시 확보를 위하여 인권심사위원회와 그리고 필요에 따라 특별조정위원회를 설치할 것과, 선택의정서 참가국에 대해서는 개

1) 의정서는 특정조약의 수정·보완을 목적으로 할 때 흔히 채택된다.

인이 인권심사위원회에 직접 청원할 수 있는 길을 열어놓았다.

국제인권규약은 '인류사회의 모든 구성원의 고유한 존엄과 평등과 양도할 수 없는 권리', 즉 공포와 결핍으로부터의 자유를 향유하는 이상은 시민적·정치적 권리, 경제적·사회적·문화적 권리를 향유할 수 있는 상태가 창출되는 경우에 있어서만 달성될 수 있다고 한다.(각 규약 전문) 먼저 각 규약은 제1조 제1항에서 "모든 인간은 자기결권정권을 가지며, 그 권리에 의하여 자유로이 자신들의 정치적 지위를 결정하고 그들의 경제적, 사회적 및 문화적 개발을 추구한다."고 규정하고 있다. 나아가 A규약 제26조는 모든 인간의 법 앞의 평등과 차별금지를 선언하고, B규약 제9조는 모든 국가는 사회보험을 포함한 사회보장을 받을 권리를 보장하도록 하고 있다.

각 규약은 모든 비준국가에게 국제연합에 규약조항이행에 관한 정기보고서를 제출하도록 하고 있다. B규약의 경우에 보고는 인권분야에서 높은 도덕성과 승인된 능력을 갖춘 18명의 선출된 위원으로 구성된 UN인권위원회에 제출하도록 되어 있다. A규약의 경우에 보고서는 경제적·사회적·문화적 권리위원회를 경유하여 UN 산하기구인 경제사회이사회에 직접 제출된다. 우리나라는 1990년 4월 A·B 규약에 가입하였고, 공무원 및 사립학교 교사의 집단행동의 금지를 유보한 결사의 자유, 비상계엄하의 단심제를 규정한 상소권 보장, 일사부재리의 원칙 등 3가지 규정을 유보하였다.

A규약은 경제적·사회적·문화적 권리에 관한 규약으로 1976년 1월에 발효가 되었고, 생존권적 기본권을 대상으로 노동기본권·사회보장권·생활향상·교육권 등을 각 체약국이 그들의 입법조치로써 실현 달성할 것을 내용으로 하며, 이의 실시상황을 UN에 보고할 것을 의무화하였다.

한편 B규약은 시민적·정치적 권리에 관한 규약으로 1976년 3월에 발효가 되었으며, 자유권적 기본권의 존재를 전제로 하여, 체약국이 이를 존중할 것을 의무화하였으며, 이것의 실시 확보를 위하여 인권심사위원회와 그리고 필요에 따라 특별조정위원회를 설치할 것과 선택의정서 참가국에 대해서는 개인이 인권심사위원회에 직접 청원할 수 있는 길을 열어놓았다. 또한 B규약의 부속선택의정서가 1976년 3월에 발효되었다.

A규약과 B규약의 특징으로는 첫째, 법적 구속력이 있다는 점이다. 세계인권선언이 개인과 국가가 달성해야 할 공통의 기준으로서 채택되어 도의적인 구속력은 지녔으나 법적 구속력이 없었던 것에 반해, 국제인권규약은 조약으로서, 체약국을 법적으로 구속하는 것이 특징이다. 두 번째 특징으로는 A·B 두 규약 모두 제1조에 민족자결권과 자연의 부 및 자원에 대한 영구적 권리에 관해서 규정해 놓고 있다는 점이다.

2. 유럽인권협약(the European Convention of Human Rights, 1950)

1950년 '유럽인권협약[2](the European Convention of Human Rights, 1950)'에서는 생명권, 비인도적 대우나 형벌을 받지 않을 권리, 노예제도로부터의 해방, 신체의 자유와 안전, 소급형법과 처벌의 금지, 사생활과 가정생활의 불간섭 보장, 양심의 자유, 종교의 자유, 표현의 자유, 집회 결사의 자유, 혼인의 자유를 인간의 보편적인 인권으로 채택하였다.

3. 모든 형태의 인종차별 철폐에 관한 국제협약(International Convention on the Elimination of Racial Discrimination, 1966)

세계인권선언이 만인은 존엄과 권리에 있어 태어날 때부터 자유롭고 평등함을 선언하고 또한 특히 인종, 피부색 또는 출생지에 대하여 어떠한 종류의 구별도 하지 않고 동 선언에 언급된 모든 권리와 자유를 누구나 향유할 수 있음을 선언하였다.

1963년 11월 20일 채택된 '모든 형태의 인종차별 철폐에 관한 국제연합 선언'은 전 세계에서 모든 형태와 양상의 인종차별을 신속히 철폐하고 인간의 존엄성에 대한 이해와 존중을 확보할 필요성을 엄숙히 확인하고, 인종차별에 근거한 어떠

2) 협약은 국제회의에서 성립된 다수국가 간의 입법적 성격의 조약에 사용된다.

한 우수 인종 학설도 과학적으로 허위이며 도덕적으로 규탄 받아야 하며, 사회적으로 부당하고 위험하며 또한 어느 곳에서든 이론상으로나 실제상으로 인종차별에 대한 정당화가 있을 수 없다는 것을 확신하였다.

이에 이 협약은 인종, 피부색 또는 종족의 기원을 근거로 한 인간의 차별은 국가 간의 우호적이고 평화적인 관계에 대한 장애물이며 국민 간의 평화와 안전을 그리고 심지어 동일한 단일 국가 내에서 나란히 살고 있는 인간들의 조화마저 저해할 수 있다는 것을 재확인하고, 인종적 장벽의 존재가 어떠한 인류사회의 이상과도 배치됨을 확신하여 1966년 3월 7일 협약이 체결되고 1969년 1월 4일 발효되었다. 우리나라는 1979년 1월 4일 이 협약을 적용하게 되었다.

4. 고문 및 잔인하고, 비인도적인 혹은 굴욕적인 처우 및 형벌의 방지에 관한 협약(The Convention Against Torture and Other Inhuman or Degrading Treatment or Punishment, 1984)

국제연합 헌장에 천명된 원칙에 따라, 인류 사회의 모든 구성원이 향유하는 평등하며 불가양한 권리를 인정하는 데서 세계의 자유·정의 및 평화의 기초가 이룩됨을 고려하여 1984년 12월 10일 '고문 및 잔인하고, 비인도적인 혹은 굴욕적인 처우 및 형벌의 방지에 관한 협약'이 채택되었다. 이러한 권리는 인간의 고유한 존엄성으로부터 유래함을 인정하며, 국제연합 헌장 특히 제55조에 따라 인권 및 기본적 자유를 보편적으로 존중하고 이의 준수를 촉진하여야 하는 국가의 의무를 고려하였다.

한편 어느 누구도 고문 및 잔혹한·비인도적인 또는 굴욕적인 대우나 처벌의 대상이 되어서는 아니 된다고 규정한 세계인권선언 제5조와 시민적 및 정치적 권리에 관한 국제규약 제7조에 유의하며, 1975년 12월 9일 국제연합 총회에서 채택된 고문 및 그 밖의 잔혹한·비인도적인 또는 굴욕적인 대우나 처벌로부터 만인의 보호에 관한 선언에 유의하고, 세계적으로 고문 및 그 밖의 잔혹한·비인도적인 또는 굴욕적인 대우나 처벌을 방지하기 위한 투쟁이 더욱 실효를 거둘 수 있도록 하는 데 그 목적이 있다. 이 협약은 1987년 발표되었고 우리나라는 1995년 2월 8일 적용하게 되었다.

5. 아동권리협약(Convention on the Rights of the Child, 1989)

아동의 권리를 '선언'에서 '협약'으로 바꾼 '아동의 권리에 관한 국제협약'(약칭 아동권리협약)은 오랫동안 논쟁을 거쳐서 UN총회에서 채택되었다. 특징으로는 아동권리협약은 18세 미만의 모든 아동에게 평등하게 적용되고, 아동의 최선의 이익을 지향하면서도 부모의 지도를 존중한다는 점이 특징이다. 아동의 최선의 이익, 차별금지는 아동권리협약의 가장 큰 이념이고, "당사국은 이 협약에서 인정된 권리를 실현하기 위한 모든 적절한 입법적, 행정적 및 여타의 조치를 취하여야 한다."(협약 제4조)는 의무가 있다. 주요 내용으로는 아동의 생존권, 보호받을 권리, 발달권, 참여권 등을 규정하고 있다.

6. 이주노동자권리협약

이주노동자 논의를 발전시켜왔던 것은 노동에 관계된 사안들을 다루는 ILO이었다. 초기의 문서들은 1919년에 체결된 ILO 제29호 '강제 또는 의무 노동에 관한 협약(Convention concerning Forced or Compulsory Labour)'과 1926년 ILO 제21호 '선박에 승선한 이주자의 검색 간소화에 관한 협약(Convention concerning the Simplification of Inspection of Emigrants on Board Ship)', 1939년에 승인된 제66호 '취업목적의 이주에 관한 협약(Migration for Employment Convention)' 및 두 건의 '취업목적 이주에 관한 권고(Migration for Employment Recommendation)'이다. 제2차 세계대전 이후에 취업목적의 국제적 이주가 국가들 간 분쟁의 원인으로 부각되면서, ILO 주관으로 개최된 국제노동회의의 결과로 1949년 ILO 제97호 이주협약과 1939년의 권고를 대체하는 1949년 제86호 권고가 채택되었다. 1949년 이주협약의 채택 이후 노동 수요가 높았던 서유럽의 선진공업국에서는 노동력 잉여국에서 노동력 부족국으로 인력의 국제적인 배분을 촉진하기 위한 정책을 추구해야 한다는 주장이 득세하였다. 그러나 1975년 무렵의 석유파동으로 침체된 세계 경기에 기인하여, 1975년 제143호 이주노동자보충규정협약은 과도한 국제노동이동을 통제해야 할 필요성을 강조했다.

그리고 ILO를 통해 제정 또는 채택된 기준들은 대체로 시간이 지남에 따라 이주노동자에 대한 보호 수준을 높여왔다. 그러나 인력 유입국의 이주노동자 정책이 세계경기와 국내 상황의 영향으로 변모하면서 이주노동자의 권리가 온전히 보장되기는 어려웠다. ILO 협약들에 대한 평가는 노동력이 유입되는 선진국과 인력을 송출하는 저개발국 사이에 달리 나타났으며, 저개발국은 UN 차원에서 이주노동자에 관한 새로운 국제협약을 제정할 것을 요구하기에 이르렀다.

7. 그 밖의 국제인권협약

앞서 살펴본 협약들 외에 다양한 국제인권협약들이 있다. 크게 차별과 착취로부터의 보호를 위한 협약, 반인도적 행위로부터의 보호를 위한 협약, 여성 및 어린이의 보호를 위한 협약, 난민 및 무국적자의 보호를 위한 협약, 그리고 이주노동자의 보호를 위한 협약들로 나뉜다.

1) 차별과 착취로부터의 보호를 위한 협약

- 아파르트헤이트 범죄의 진압 및 처벌을 위한 국제협약(International Convention on the Suppression and Punishment of the Crime of Apartheid)
- 교육상의 차별금지 협약(Convention against Discrimination in Education)
- 인신매매금지 및 타인의 매춘행위에 의한 착취금지에 관한 협약(Convention for the Suppression of the Traffic in Persons and of the Exploitation of the Prostitute)

2) 반인도적 행위로부터의 보호에 관한 협약

- 집단살해죄의 방지와 처벌에 관한 협약(Convention on the Prevention and Punishment of the Crime of Genocide)
- 전쟁범죄 및 인도에 반하는 죄에 대한 공소시효 부적용에 관한 협약(Convention on the Non-Applicability of Statutory Limitations to War Crimes and Crimes Against Humanity)

3) 여성 및 어린이의 보호를 위한 협약

- 여성에 대한 모든 형태의 차별철폐에 관한 협약(Convention on the Elimination of All Forms of Discrimination against Women)
- 부녀자의 정치적 권리에 관한 협약(Convention on the Political Rights of Women)
- 아동의 무력분쟁 관여에 관한 선택의정서(Optional Protocol to the Convention on the Rights of the Child on the involvement of children in armed conflict)
- 아동매매, 아동매춘 및 아동포르노그라피에 관한 선택의정서(Optional Protocol to the Convention on the Rights of the Child on the sale of children, children prostitution, and child pornography)

4) 난민 및 무국적자의 보호에 관한 협약

- 난민의 지위에 관한 협약(Convention relating to the Status of Refugees)
- 무국적자의 지위에 관한 협약(Convention relating to the Status of Stateless Persons)
- 무국적자의 감소에 관한 협약(Convention on the Reduction of Statelessness)

5) 이주노동자의 보호를 위한 협약: 모든 이주노동자와 그 가족의 권리보호에 관한 국제협약(International Convention on the Protection of the Rights of All Migrant Workers and Members of their family)

그 외에 지역적 인권협약으로 인권 및 기본적 자유의 보호에 관한 유럽협약, 미주인권협약, 그리고 인간과 인민의 권리에 관한 아프리카 헌장 등이 있다.

8. 우리나라의 국제협약 비준 현황

우리나라는 앞서 살펴보았던 다양한 국제인권협약들에 비준하였다. 그 중에서도 국제노동기구의 협약에의 비준이 두드러지게 나타난다. 〈표 4-1〉에서 볼 수 있듯이 20여 개의 협약에 비준하여 고용정책과 산업재해 그리고 장애인의 직업재활과 고용에 이르기까지 노동과 관련된 국제적인 협약의 이행을 위해서 노력을 하고 있고, 이러한 국제노동기구(ILO)에 가입해 비준한 협약들로 인하여 우리나라의 노동정책의 결정과 집행에 있어서 많은 영향력을 발휘하고 있음을 알 수 있다.

〈표 4-1〉 우리나라 비준 ILO 협약 현황

협약번호	협약명	비준일
제73호	선원의 건강진단에 관한 협약	1992년 12월
제81호	공업 및 상업부문에서 근로감독에 관한 협약	1992년 12월
제122호	고용정책에 관한 협약	1992년 12월
제142호	인적자원의 개발에 있어서 직업지도 및 훈련에 관한 협약	1994년 1월
제100호	동일가치 근로에 대한 남녀근로자의 동등보수에 관한 협약	1997년 12월
제150호	노동행정(역할・기능・조직)에 관한 협약	1997년 12월
제160호	노동통계에 관한 협약	1997년 12월

협약번호	협약명	비준일
제111호	고용 및 직업에 있어서 차별대우에 관한 협약	1998년 12월
제138호	취업의 최저연령에 관한 협약	1999년 1월
제144호	국제노동기준의 이행을 촉진하기 위한 3자 협의에 관한 협약	1999년 11월
제159호	장애인 직업재활 및 고용에 관한 협약	1999년 11월
제19호	산업재해로 인한 보상에 있어서의 내·외국인 평등대우에 관한 협약	2001년 3월
제156호	가족부양의 의무가 있는 근로자의 고용 및 기회균등에 관한 협약	2001년 3월
제182호	가혹한 형태의 아동노동 철폐에 관한 협약	2001년 3월
제26호	최저임금의 결정제도에 관한 협약	2001년 12월
제131호	최저임금제도 수립에 관한 협약	2001년 12월
제88호	고용서비스 기관에 관한 협약	2001년 12월
제135호	근로자 대표에 관한 협약	2001년 12월
제170호	작업장에서 화학물질 사용상 안전에 관한 협약	2003년 3월
제53호	상선에 승무하는 선장과 직원에 대한 직무상 자격의 최저요건에 관한 협약	2003년 3월

제 4 절 사회보장관련 국제 조약 및 권고

1. ILO의 사회보장 관련조약(Convention) 및 권고(Recommendation)

1952년 사회보장의 최저기준에 관한 조약 이후 사회보장과 관련된 조약 및 권고는 15개가 개정되었다. 조약은 102호 조약을 비롯하여 일반기준이 3개, 출산보호에 관한 조약 등 분야별 조약이 5개 등 총 8개가 제정되었다. 권고는 일반조약에 관한 권고 1개 등 총 7개가 제정되었다. 102호 조약 이후 각 분야별로 제정된 조약은 102호 조약의 사회보장 관련 국제기준을 상향시키는 내용이며, 권고는 분야별 조약의 기준을 다시 상향조정한 것이다(이인재 외, 2005). 국제노동기구의 사회보장 관련조약과 권고사항은 다음과 같다.

- 사회보장 최저기준 조약(102호, 1952년)
- 분만보호조약(개정) (103호, 1952년)
- 분만보호 권고(95호, 1952년)
- 치료의 평등에 관한 조약(118호, 1962년): 내국인 및 외국인의 균등한 치료에 관련된 조약
- 직장 상해급여 조약(121호, 1964년)
- 직장 상해급여 권고(121호, 1964년)
- 폐질 · 노령 · 유족급여 조약(128호, 1967년)
- 폐질 · 노령 · 유족급여 권고(131호, 1967년)
- 의료 및 질병급여 조약(130호, 1969년)
- 의료 및 질병급여 권고(134호, 1969년)
- 노령 근로자 권고(162호, 1980년)
- 사회보장 수급권 유지에 관한 조약(157호, 1982년)
- 사회보장 수급권 유지에 관한 권고(167호, 1983년)

2. 사회보장 최저기준에 관한 조약(Social Security Minimum Standards, 102호 조약)

사회보장 최저기준에 관한 조약인 102호 조약은 1952년 채택되었으며, 이전의 조약과는 달리 사회보험을 유일한 보호방식으로 고집하지 않으며, 공공부조 등 다양한 접근방식을 인정하고 있다. 102호 조약의 의의는 적용범위 및 급여의 종류와 수준, 사회보장의 비용부담, 기여자와 수급자의 권리보호 그리고 행정관리 문제 등에 대해 회원국이 준수해야 할 최저기준을 제정하고 있다는 점이다. 102호 조약은 1952년 국제노동기구 총회에서 채택되었고, 1995년 6월 현재 39개국이

비준하였다(이인재 외, 2005).

한편 이 조약에서는 현대 산업사회에서 국가가 보장해야할 9가지 사회적 위험들 제시하였는데 그 내용은 다음과 같다.

- 의료-의료보호
- 질병-상병급여
- 실업-실업급여
- 노령-노령급여
- 산업재해-산재급여
- 자녀양육-가족급여
- 직업능력의 상실-폐질 급여
- 임신과 분만-모성급여
- 가장의 사망-유족급여

제 5 절 우리나라와 외국과의 사회보장협정

1. 사회보장협정의 의의

사회보장협정은 사회보장보험료의 납부의무에 관하여 협정 당사국 간에 서로 협력할 것을 결의한 것이다. 즉, 협정 체결 양국의 영역 간에 이동이 있거나 그들 각자의 영역 안에서 근로활동을 하고 있는 자의 복지증진과 체결 양국의 국민들이 그들 각자의 사회보장법령에 따라 동등한 권리를 누릴 수 있도록 보장하도록 합의한 것이다. 이에 사회보장협정은 협정 체결당사국간에 사회보장분야를 규정하는 조약으로서 협정이 발효되면 국내법과 같은 효력을 유지한다는 데 그 의의가 있다고 하겠다.

2. 사회보장협정 체결 목적

협정당사국의 연금제도간에 서로 다른 점을 상호 조정하여 양 당사국 국민에게 이중가입 배제, 가입기간 합산, 동등대우, 급여송금보장이란 혜택을 부여하기 위한 목적을 갖고 있으며 그 주요 목적은 다음과 같다.

1) 보험료 이중 부담 방지

사회보장협정 체결로 파견근로자 등 단기간 내 협정대상국에서 근로 또는 자영활동을 하는 사람들에게 양국 중 어느 한쪽 국가의 사회보장제도에만 가입하도록 함으로써 재정적 부담을 덜어주는 데 그 목적이 있다고 하겠다. 아울러 사회보장협정 체결로 해외진출 기업 및 파견근로자의 연금보험료 이중부담 방지는 물론 사회보험료 부담 면제를 통한 외국기업의 국내 투자환경 조성과 같은 효과를 기대할 수 있다.

2) 연금 혜택 기회의 확대

이민자와 같이 장기체류하는 사람들이 양국으로부터 연금 혜택을 받을 수 있는 기회를 확대하는 데 사회보장협정의 목적이 있다. 이는 양국 간 가입기간을 합산하여 수급권을 결정함으로써 양국 국민의 급여수급권, 양국 연락기관 간 자료협조 및 사후관리업무도 원활하게 되는 효과가 기대된다. 그러므로 사회보장협정체결은 급여수급권을 보호하는 제도적 장치로써 체결대상국의 장기체류 교민의 연금수급조장을 통한 체결대상국 간의 상호협력관계를 확대시키고 있다.

3. 사회보장협정의 종류

사회보장협정은 대부분 양 당사국의 정부 간에 체결되고 있으며, 그 형태는 협정의 적용범위에 따라 '가입기간 합산 협정(totalization agreement)'과 '보험료면제 협정(contributions only agreement)'으로 크게 구분된다.

1) 가입기간 합산협정

사회보장협정체결 당사국 간에 이중적용방지와 가입기간 합산규정을 포함한 포괄적인 사회보장 협정 형태로, 파견근로자와 같이 단기간 협정당사국을 왕래하면서 근로 또는 자영활동을 하는 경우 그 기간 동안 한 국가의 사회보장제도에만 가입하는 것이다. 만일 연금가입기간이 양국으로 분리되어 있어 양국 또는 어느 한 국가로부터 연금수급권을 취득하지 못한 경우 가입기간을 합산하여 수혜권을 부여하게 된다.

캐나다(1999년 5월 1일 발효), 미국(2001년 4월 1일 발효), 독일(2003년 1월 1일 발효), 헝가리(2007년 3월 1일 발효), 프랑스(2007년 6월 1일 발효), 호주(2008년 10월 1일 발효), 체코(2008년 11월 1일 발효), 아일랜드(2009년 1월 1일 발효), 벨기에(2009년 7월 1일 발효), 폴란드·슬로바키아· 불가리아(2010년 3월 1일 발효), 루마니아(2010년 7월 1일 발효), 오스트리아(2010년 10월 1일 발효), 덴마크(2011년 9월 1일 발효), 인도(2011년 11월 1일 발효), 스페인(2013년 4월 1일 발효) 등과의 협정이 가입기간 합산협정에 해당한다.

2) 보험료 면제협정

사회보장협정 체결 당사국 간에 가입기간 합산규정을 제외한 사회보장제도 이중적용방지만을 규정한 협정형태로 파견근로자와 같이 단기간 협정당사국을 왕래하면서 근로 또는 자영활동을 하는 자들은 그 기간 동안 한 국가의 사회보장제도에만 가입하게 되어 있다. 가입기간 합산 규정, 급여 수급권 보호, 동등대우, 국민연금 반환일시금 지급 등 급여 관련사항은 규정하지 않는 것이 일반적이다.

영국(2000년 8월 1일 발효), 네덜란드(2003년 10월 1일 발효), 일본(2005년 4월 1일 발효), 이탈리아(2005년 4월 1일 발효), 우즈베키스탄(2006년 5월 1일 발효), 몽골(2007년

3월 1일 발효), 중국(2013년 1월 16일 발효) 등과의 협정이 보험료 면제 협정에 해당한다.

4. 사회보장협정 체결 현황

우리나라는 현재 일본을 포함한 42개 국가(〈표 4-2〉 참조)와 사회보장협정을 체결(발효 38, 미발효 4)하여 사회보험료 이중 부담 방지와 양국 연금기간 합산 규정을 포함한 협정 사항들이 이행되고 있다(외교부, 2023년 2월 현재).

〈표 4-2〉 우리나라의 사회보장협정체결 현황

연번	국가 / 지역	체결일자	발효일자
1	이 란	1977.5.11.	1978.6.10.
2	캐나다	1997.1.10.	1999.5.1.
3	영 국	1999.4.20.	2000.8.1.
4	미 국	2000.3.13.	2001.4.1.
5	독 일	2000.3.10.	2003.1.1.
6	네덜란드	2002.7.3.	2003.10.1.
7	이탈리아	2000.3.3.	2005.4.1.
8	일 본	2004.2.17.	2005.4.1.
9	우즈베키스탄	2005.5.10.	2006.5.1.
10	몽 골	2006.5.8.	2007.3.1.
11	헝가리	2006.5.12.	2007.3.1.
12	프랑스	2004.12.6.	2007.6.1.
13	호 주	2006.12.6.	2008.10.1.
14	체 코	2007.12.14.	2008.11.1.
15	아일랜드	2007.10.31.	2009.1.1.
16	벨기에	2005.7.5.	2009.7.1.

연번	국가 / 지역	체결일자	발효일자
17	슬로바키아	2009.2.9.	2010.3.1.
18	폴란드	2009.2.25.	2010.3.1.
19	불가리아	2008.10.30.	2010.3.1.
20	루마니아	2008.9.11.	2010.7.1.
21	오스트리아	2010.1.23.	2010.10.1.
22	덴마크	2010.3.11.	2011.9.1.
23	인 도	2010.10.19.	2011.11.1.
24	스페인	2011.7.14.	2013.4.1.
25	튀르키예	2012.8.1.	2015.6.1.
26	중 국	2012.10.29.	2013.1.16.
27	브라질	2012.11.22.	2015.11.1.
28	스웨덴	2013.9.9.	2015.6.1.
29	스위스	2014.1.20.	2015.6.1.
30	칠 레	2015.4.22.	2017.2.1.
31	핀란드	2015.9.9.	2017.2.1.
32	퀘 벡	2015.11.24.	2017.9.1.
33	페 루	2017.3.2.	2019.1.1.
34	슬로베니아	2018.2.20.	2019.10.1.
35	룩셈부르크	2018.3.1.	2019.9.1.
36	아르헨티나	2018.11.27.	미발효
37	크로아티아	2018.12.18.	2019.11.1.
38	노르웨이	2019.6.13.	미발효
39	우루과이	2019.7.9.	2021.11.1.
40	뉴질랜드	2019.10.29.	2022.3.1.
41	필리핀	2019.11.25.	미발효
42	베트남	2021.12.14.	미발효

제5장 사회복지 조례와 판례

제1절 조례

1. 조례의 의의

조례(條例)란 지방자치단체가 법령의 범위 안에서 그 권한에 속하는 사무에 관하여 지방의회의 의결을 거쳐 제정하는 법 형식으로서 자치법규이다. 즉 조례는 지방자치단체가 그의 자치권에 의하여 자주적으로 정립한 법을 가리키는 것으로서 지방자치단체의 자주법이라고 할 수 있다(박봉국, 2006).

조례는 일본과 우리나라에서 쓰이는 용어이며, 미국은 지방법(local law, local code)이라는 개념을, 영국은 보조법(bylaw)이라는 표현을 주로 쓰며(강용기, 2008), 조례는 법규의 성질(대외적 구속력)을 가지는 것이 원칙이나, 법규가 아닌 행정규칙의 성질(자치단체의 행정조직 내부적 규율)을 가지는 것도 있다(김동희, 2004).

이러한 조례는 국가의 법령이 아니고 일정한 독립성을 가진 지방자치단체에서 주민의 대표기관에 의하여 제정되는 것이기 때문에 어느 정도 독자성을 인정받아야 하는 것이지만, 전국적으로 시행되는 국가의 법령과 완전히 단절될 수 없으므로 결국 국가의 법령체계에 포섭될 수밖에 없는 미묘한 지위에 있다(최창호, 2007).

그러나 법률은 전국적으로 모든 국민에 대해 적용되는 것이 원칙이기 때문에 전국적으로 공통적인 사항만을 법제화하여 획일적으로 적용하게 되기 쉽고, 지역적인 특성이 반영되기는 어렵다. 이에 비해 조례에는 지역적인 특성이 반영되기 쉽고, 그에 따라 주민의 요구가 반영된 법규범의 제정이 가능하게 된다(이기우 · 하승수, 2007).

2. 조례의 성격

조례는 공법상의 고권적 권력의 성질을 가진 지방자치권에 근거하여 정립된 법이라는 점에서 사법상의 조합 또는 법인의 규약이나 정관과 구별되고, 법규의 성질을 가진다는 점에서 행정규칙과 구별되며, 지방자치단체의 자주법이라는 점에서 대통령령 또는 부령 등과 같은 행정입법과 구별된다. 따라서 조례의 규범적 특성은 법규성, 자주법, 지역법으로 나누어 볼 수 있다.

1) 법규로서의 조례

조례는 지방자치단체가 법령의 범위 안에서 그 권한에 속하는 사무에 관하여 지방의회의 의결로써 제정하는 법이다. 따라서 그것은 형식적 의미의 법률은 아니지만 실질적 의미의 법률에 해당한다. 조례의 구속력은 자치단체의 모든 주민, 자치단체의 모든 기관, 감독청 그리고 법원에까지 미친다. 그러나 지방자치단체의 행정내부적인 조직을 규율하는 등의 조례는 그 효력이 직접 주민에게 미치지 아니하므로 대외적인 효력이 없다.

2) 자주법으로서의 조례

조례는 지방자치단체 스스로의 의사에 기한 그리고 지방자치단체의 고유의 법이라는 의미에서 자주법이다. 지방자치단체의 조례제정권은 헌법상 지방자치단체에 보장된 입법권으로서 법령의 근거가 없다고 하더라도 자기의 사무에 관하여 '법령의 범위 안에서' 자주적으로 조례를 제정할 수 있기 때문에 자주법이라고 한다. 형식적인 면에서 조례제정권은 헌법 제117조 제1항에 의하여 헌법 제40조의 예외로서 인정되고 있으며, 전체 국민의 간섭 없이 지방의회의 자주적 의사에 근거하여 제정되고 지방자치단체와 거기에 소속된 주민들의 이익을 위하여 적용되는 법을 의미한다(김성호 · 황아란, 1999).

3) 지역법으로서의 조례

조례는 지방의회 의결로 제정되고 그 효력은 당해 지방자치단체의 구역에 한정되므로 국가법에 대한 지역법의 의미를 가진다. 복지국가의 실현을 위하여 현대국가는 매우 복잡하고 전문적인 행정을 수행하고 있으므로, 중앙정부가 지방자치단체에 소속된 지역주민들의 행정수요에 일일이 관심을 가지고 해결방안을 만족스럽게 충족시켜 주는 것은 현실적으로 불가능하다.

따라서 각 지역의 경제적·사회적·문화적 욕구가 서로 다르기 때문에 지역적 복지수준의 지향목표가 다를 수밖에 없으므로, 개별 지역주민의 다양한 요구를 적극적·창의적으로 충족시키기 위해서는 합법적인 입법절차를 거쳐 지역에 적용되는 법으로서의 조례를 제정함으로써 조례는 법률과 같은 효력을 가진다고 하더라도 특정지역에 적용되는 지역 법규범이다.

3. 조례제정권의 근거

1) 헌법적 근거

현행 헌법은 제8장에서 지방자치를 제도로 보장하고 있을 뿐 아니라 그에 관한 기본원칙을 명시하고 있는데, 헌법은 제117조 제1항에서 "지방자치단체는 주민의 복리에 관한 사무를 처리하고 재산을 관리하며, 법령의 범위 안에서 자치에 관한 규정을 제정할 수 있다."라고 규정함으로써 자치입법권을 제도적으로 보장하고 있다.

이러한 헌법규정은 지방자치단체가 중앙정부의 관여를 배제하고 자신의 창의와 책임에 근거하여 자주적으로 행정업무를 처리해야 할 책무가 있음을 의미한다. 따라서 헌법은 지방자치단체에 대하여 지방자치에 관한 권한과 책임 및 통치단체로서의 성격을 부여함으로써 자치입법권을 부여하고 있다.

2) 법률적 근거

헌법의 규정에 따라 「지방자치법」은 제22조에서 "지방자치단체는 법령의 범위 안에서 그 사무에 관하여 조례를 제정할 수 있다. 다만, 주민의 권리 제한 또는 의무 부과에 관한 사항이나 벌칙을 정할 때에는 법률의 위임이 있어야 한다."라고 규정함으로써 조례제정권의 실정법상 근거를 명시하고 있다.

따라서 「지방자치법」 제22조는 「헌법」 제117조 제1항을 구체화한 것으로서 헌법이 지방적인 의미를 갖는 법규범의 정립권한을 지방자치단체에 부여함으로써 지방자치단체가 지역적인 특성을 고려하여 실정에 맞는 행정을 자주적으로 수행하고자 하는 데 있다.

4. 조례의 기능

조례는 주민의 대표로서의 지위를 가지는 지방의회의 통합된 정치적 의사의 결실이라고 할 수 있다. 그리고 주민의 권리를 보다 잘 실현하며, 주민의 의사를 정책에 반영할 수 있으므로 조례는 주민자치를 실현하기 위한 필수불가결한 수단이다. 이러한 조례의 기능을 살펴보면 다음과 같다.

1) 지역정책의 입법화

오늘날 법규는 사회를 변화시키기 위한 중요한 수단이 되며 일정한 목표를 설정하는 기능을 한다. 지방자치단체의 조례도 그 지역의 정책을 프로그램화하여 실현하기 위한 중요한 수단이 된다. 물론 지방자치단체는 자신의 업무를 처리하기 위하여 조례를 제정함이 없이 개별적인 행정행위 등을 통하여 구체적이고 개별적인 결정으로 지방자치단체의 업무를 처리하는 것이 불가능한 것은 아니나, 지방자치단체가 그 업무를 지속적이고 체계적으로 수행하기 위해서는 지방자치단체의 정책프로그램을 일반적·추상적인 조례로 입법화해 두는 것이 바람직하다.

한편 지방자치단체의 정책결정을 그때그때의 지방의회 의결에 의존하는 경우

업무의 지속성과 체계성을 갖기 어렵다. 또한 조례로 정책을 프로그램화하여 둠으로써 특정한 업무에 대하여 수시로 결정해야 하는 부담을 줄일 수 있고, 이를 평등하게 집행할 것을 요구함으로써 업무집행의 객관성을 보장하는 데 기여한다. 즉, 지방자치단체의 정책결정 방향을 일반적이고 추상적인 범규범으로 제정해 놓음으로써 이를 집행하는 기관을 구속하여 집행기관이 개인적인 인간관계에 의하여 좌우되지 못하는 결정의 기준을 제시한다.

2) 입법 선도적 기능

지방자치단체의 조례제정권을 통하여 국가입법권의 분권화를 헌법이 보장하고 있다는 것은 입법주체 간의 상호 영향과 경쟁을 자극하는 효과를 가진다. 우선 조례는 국가의 입법자가 태만히 한 입법사항에 대하여 독자적인 입법권을 행사함으로써 국회나 그 밖의 중앙정부 행정기관의 입법권 행사에 자극을 준다. 또한 한 지방자치단체의 조례는 지방자치단체의 입법권 행사에도 사실상의 영향을 미친다.

이러한 점에서 지방자치단체의 조례는 국가나 지방자치단체에 대하여 입법을 선도하는 기능을 가지며, 입법권의 측면에서 정치적인 학습에 기여하며 행정주체 간의 경쟁을 유발하는 효과를 가진다.

3) 국회의 입법부담 경감과 법령의 보완

국회가 지방자치단체의 입법 수요를 충분히 파악하여 이를 모두 법률로 규정한다는 것은 국회의 입장에서 본다면 엄청난 업무의 과중을 의미하며, 입법의 과부하를 가져온다. 국회의 입법 능력을 보강하기 위해서는 국회의 인적, 물적, 시설의 확대를 요구하지만 이에는 현실적인 한계가 있으며 또한 국회가 획일적으로 지방의 사무를 입법화하는 경우에 각 지역의 특수한 사정을 일일이 고려하여 입법화한다는 것은 사실상 불가능하다.

이러한 점에서 지역적인 업무에 대하여는 지방자치단체가 입법권을 수행함으로써 입법권의 분권화를 통하여 국회의 입법 부담을 경감하고 지역적인 특수성을 반영하는 입법을 가능하게 한다.

또한 국회가 정하는 법률은 전국적으로 획일적으로 적용되기 때문에 지역적인 특수성이 있거나 지역에 따라 이해관계가 상반되는 경우에는 입법이 현저하게 어려워진다. 이로 인하여 입법이 늦어져 법률 공백이 생기고 법의 사각지대로 생활관계가 방치되는 경우가 나타날 수 있다. 조례는 이러한 법률의 흠결을 보완하여 지방자치단체의 입법적인 수요를 충족시키는 기능을 한다.

4) 입법자와 수법자 간의 거리 단축

조례는 주민에 근접한 지방의회가 법규범을 제정하도록 함으로써 입법자와 수법자 간의 거리를 좁히는 기능을 한다. 법률은 전국적으로 모든 국민에 대하여 적용되는 것이 원칙이기 때문에 지역적인 구체적 측정이 반영되기 어렵고, 전국적으로 공통적이고 일반적인 사항만을 법제화하여 획일적으로 적용하게 된다.

이에 비하여 조례는 주민에 근접한 입법을 통하여 지역적인 특성이 반영되고 주민의 요구가 반영된 법규범의 제정이 가능하다. 조례를 제정하는 과정에 주민대표와 주민들이 가지는 지역에 관한 정보와 지식을 충분히 활용할 수 있게 되고, 조례의 대상이 된 사안에 대한 지역적인 정치적 의사의 형성이 가능하다. 또한 조례제정으로 인하여 직접적인 영향을 받는 주민들이 조례 제정 과정에 참여하게 됨으로써 지역정치를 활성화 하는 데도 기여한다.

그러면서도 집행기관이 자의적으로 사무를 처리하는 것이 아니라, 조례에 근거해서 처리하도록 함으로써 행정과 주민의 거리를 어느 정도 확보하여 행정의 내용적 타당성을 보장하는 법치국가적 요청에 부응하는 기능을 한다.

5) 다양한 해결방안 모색

공공문제를 해결하기 위한 방안으로 하나의 대안만이 고려되는 경우는 드물고 오히려 여러 가지 대안이 등가치로 고려될 수 있는 경우가 적지 아니하며, 입법

자로서는 어떤 해결방안이 보다 효과적인지 예측하기 어려운 경우가 적지 않다. 이러한 경우에 국가가 법률로써 해결방안을 채택하는 경우에 하나의 해결방안만이 채택될 수 있으며, 다른 해결방안은 사장되며 검증될 수 있는 기회를 상실하게 된다. 경우에 따라서는 채택되지 않은 다른 방안이 보다 타당할 수 있다.

이와 같이 여러 가지 해결방안이 경합되는 경우에 각 지방자치단체가 자신의 책임하에 조례로 해결방안을 채택하게 된다면, 여러 가지 해결방안이 선택될 수 있고 이를 통하여 선택 가능한 대안 간의 검증과 비교가 이루어질 수 있다. 또한 지역실정에 부합하는 대안이 채택될 수 있다. 조례에 의한 다양한 해결방안의 모색은 보다 타당한 해결방안의 모색에 기여하고 경쟁을 통한 합리화에 기여한다.

5. 조례의 입법절차

조례안의 발의는 지방자치단체장 발의, 지방의회 의원발의, 그리고 주민의 청구에 의한 발의로 분류된다. 조례는 지방의회의 의결로써 제정되지만 조례가 입안・제정되어 효력을 발생할 때까지는 〈표 5-1〉과 같은 일정한 입법절차와 과정을 거쳐야 한다.

〈표 5-1〉 조례의 입법절차

절 차	내 용
1. 조례안의 발의	• 지방자치단체장 발의 조례안 • 지방의회 의원 발의 조례안 • 주민의 청구에 의한 발의 조례안
2. 위원회 심사	• 상임위원회 회부
3. 본회의 심의・의결	• 심사보고 • 제안 설명 • 질의・토론 • 표결
4. 조례안 이송 및 공포	• 단체장에게 이송

절 차	내 용
	• 단체장의 서명 후 공포
5. 조례의 효력발생	• 공보나 일간신문 게재 또는 게시판에 게시

조례는 지방자치단체가 자치사무(고유사무)와 위임사무(단체위임사무)를 수행하는 데 필요한 규범으로서 그 효력이 모든 주민에게 미칠 뿐 아니라 조례에 따라서는 주민의 자유와 권리제한 및 의무를 부과하거나, 주민의 이해에 영향을 끼치기 때문에 법률과 마찬가지로 그 제정절차와 과정이 중시된다.

일반적으로 조례의 입법 과정은 크게 조례안의 발의과정, 조례안의 심의·의결과정, 조례안의 이송·공포과정, 그리고 재의 요구 및 제소 과정으로 대별할 수 있다.

1) 조례안의 발의

조례제정의 필요성을 인식한 경우에는 일정한 절차를 거쳐 입안 방침을 확정하게 된다. 조례안은 단체장과 지방의회의원이 발의할 수 있으므로 해당 부서나 해당 의회에서 작성할 수 있다.

조례안의 제출권은 지방의회의원, 지방의회의 위원회, 지방자치단체장(교육감 포함)에게 있다. 지방자치단체장이 제출하는 조례안은 지방자치단체장의 명의로 제출하여야 하며, 지방의원이 발의하는 조례안은 발의자를 포함하여 재적의원 5분의 1 이상 또는 의원 10인 이상의 연서로 발의할 수 있다(「지방자치법」 제66조 제1항).

그뿐만 아니라 「지방자치법」 제15조 제1항의 규정에 의해서 19세 이상의 주민도 연서로 해당 지방자치단체의 장에게 조례를 제정하거나 개폐를 청구할 수 있다. 주민의 조례제정 또는 개폐청구가 있으며, 지방자치단체장은 청구를 수리한 날부터 60일 이내에 조례의 제정안·개정안 또는 폐지안을 지방의회에 부의하여야 한다(「지방자치법」 제15조 제9항).

2) 조례안 심의 및 의결

(1) 위원회 심사

의장은 조례안이 제출된 때에는 이를 인쇄하여 의원에게 배부하고 상임위원회가 설치되어 있는 경우에는 소관위원회에 회부하여 그 심사가 끝난 후 본회의에 부의한다. 위원회에 상정된 조례안에 대한 제안자는 위원회에 출석하여 제안의 취지를 설명한다. 이러한 내용에 대해 전문위원의 검토보고를 들어야 한다.

이후 조례안에 대한 질의·답변이 있고 찬반 견해가 있을 때는 찬반 토론을 할 수 있다. 위원회 위원은 조례안에 대한 수정 동의를 할 수 있다. 토론이 종결되면 표결에 들어가고 표결 결과 위원회를 통과하면 조례안은 본회의에 회부된다.

(2) 본회의 심의·의결

위원회에서 안건의 심사보고서가 제출되면 의장은 이 안건을 본회의에 상정하여 조례안을 심사한 위원회의 위원장으로부터 심사보고를 듣고 심의·의결하게 된다. 본회의 심의절차는 일반적으로 심사보고 또는 제안설명, 질의·토론, 표결 순으로 진행된다.

3) 조례안 이송 및 공포

(1) 단체장에게 이송

조례안이 지방의회에서 의결된 경우에는 의장은 의결된 날부터 5일 이내에 당해 지방자치단체의 장에게 이송하여야 한다(「지방자치법」 제26조 제1항).

(2) 조례안의 공포

① 지방자치단체장의 공포

지방자치단체장은 조례안을 이송 받으면 20일 이내에 공포하여야 한다(「지방자치법」 제26조 제2항). 조례 공포는 공보나 일간신문 게재 또는 게시판에 게시되도록 하고 있으며, 조례 공포일은 공보나 신문이 발행된 날 또는 게시판에 게시된 날이 된다(「지방자치법 시행령」 제30조 및 제31조).

② 지방의회 의장의 공포

확정된 조례가 지방자치단체의 장에게 이송된 후 5일 이내에 지방자치단체의 장이 이를 공포하지 않으면 지방의회의장이 이를 공포한다(「지방자치법」 제26조 제6항).

4) 재의 요구 및 제소

(1) 재의 요구

재의(再議)란 지방의회의 의결에 대하여 단체장이 위법부당하다고 인정하는 경우 이를 거부하여 다시 한 번 의회의 의결에 부의하는 것을 말한다. 지방자치단체의 장은 이송 받은 조례안에 대하여 이의가 있으면 이유를 붙여 지방의회를 환부하고 재의를 요구할 수 있다(「지방자치법」 제26조 제3항).

(2) 지방의회 재의결

지방자치단체장의 재의 요구가 있는 경우에, 지방의회에서는 부득이한 사유가 없는 한 재의요구서가 도착한 날로부터 10일 이내에 재의에 부쳐야 하며, 이러한 재의는 재적의원 과반수의 출석과 출석의원 3분의 2 이상의 찬성으로 전과 같은 의결을 하면, 그 조례안은 조례로서 확정된다(「지방자치법」 제26조 제4항, 동법 시행령 제71조 제1항).

(3) 대법원 제소 및 집행정지 신청

지방의회의 재의결에 대한 단체장의 대법원 제소(提訴)제도는 단체장이 재의를 요구한 사항에 대해 지방의회가 다시 의결하였을 경우 단체장이 대법원에 대해 의결 효력의 부인을 청구하는 제도로서, 단체장과 의회의 다툼에 대해 종국적으로 사법기관이 심판하도록 한 제도이다.

지방자치단체장은 재의결된 조례가 법령에 위반된다고 인정되면 재의결된 날부터 20일 이내에 대법원에 소(조례안 재의결 무효 확인 소송)를 제기할 수 있다. 이 경우 필요하다고 인정되면, 그 조례안의 집행을 정지하게 하는 집행정지 신청을 할 수 있다(「지방자치법」 제172조 제3항).

또한 주무부 장관이나 시·도지사는 재의결된 조례가 법령에 위반된다고 판단됨에도 불구하고, 해당 지방자치단체장이 소를 제기하지 아니하면 그 지방자치단체장에게 제소를 지시하거나 직접 제소 및 집행정지 결정을 신청할 수 있다(「지방자치법」 제172조 제4항).

제 2 절 판례

1. 판례의 의의

판례(判例)란 선례가 되는 재판으로 법원이 특정 소송사건에 대하여 법을 해석하거나 적용하여 내린 판단을 말한다. 우리나라는 성문법주의를 택하고 있기 때문에 판례가 법률한 동일한 구속력을 가지는 것은 아니지만, 다른 유사사건에 관하여 법원이 재판할 경우에 먼저의 재판이 나중 재판의 선례가 되고 상급법원의 판단은 이후 하급법원의 재판에 사실상의 영향을 미치기 때문에 판례는 사실상 구속력을 발휘하게 되고 법규범으로 작용하게 된다. 또한 헌법재판소의 헌법불일치 판결은 법률의 효력에 구속력을 가지고 있기 때문에 국가 정책에 지대한 영향을 미친다.

일반적으로 가장 상급법원인 대법원의 판례와 헌법재판소의 판례가 중요한 의미를 지니며, 대법원이나 헌법재판소는 판례집을 공개함으로써 하급심법원은 물론 국가와 일반국민들이 법률행위를 함에 있어 고려하도록 하고 있다. 대법원의 판례는 하급법원의 재판결과에 이의가 있어 상고 또는 재항고한 경우에 이루어진다. 헌법재판소는 위헌법률심판, 탄핵심판, 정당해산심판, 권한쟁의심판, 헌법소원심판의 권한을 행사한다.

한편 사회복지법과 관련된 판례는 공공의 이익을 위해 제기된 소송으로 공익소송의 의미를 갖고 있다. 사회복지와 관련된 소송에 대한 법원의 판결은 소송당사자인 개인이나 집단뿐만 아니라 국민 다수의 이익에 직접적으로 영향을 미칠 수 있기 때문에 결과적으로 국가의 사회복지제도와 정책에 근본적인 변화를 가져오게 된다.

2. 사회복지 관련 주요 판례

1) 종합사회복지시설허가취소처분취소 [대법원 2000. 6. 23. 선고 98두11120 판결

(1) 판시사항

- 시장 · 군수 · 자치구의 구청장이 사회복지시설의 설치 · 운영에 관한 허가 및 취소권뿐만 아니라 그에 관한 감독권도 가지는지 여부
- 사회복지법인이 사회복지시설을 사회복지사업 자체가 아닌 다른 수익사업에 이용하게 하는 것이 허용되는지 여부
- 사회복지시설의 설치 · 운영허가의 취소에 사회복지법인의 설립허가취소에 관한 구 「사회복지사업법」 제20조 제2항의 규정이 유추적용될 수 있는지 여부
- 사회복지법인이 교회시설은 물론 일반건축물의 건축도 허용되지 아니하는 자연녹지지역에 사회복지시설로 허가받아 건축한 사회복지시설을 사실상

교회의 전용시설로 사용하면서 사업복지사업을 전혀 시행하지 아니하고 수차의 사회복지시설사업 활성화 및 시설물 정비 등 시정명령을 이행하지 아니한 경우, 이를 이유로 한 사회복지시설의 설치·운영허가의 취소처분은 재량권의 일탈·남용이 아니라고 한 사례

(2) 판결요지

- 구 「사회복지사업법」(1997. 8. 22. 법률 제5358호로 전문 개정되기 전의 것) 제11조, 제22조, 제28조 제2항, 제29조, 제30조, 제37조 제1항의 각 규정을 종합하면, 시장·군수·자치구의 구청장이 사회복지시설의 설치·운영에 관한 허가 및 취소권뿐만 아니라 그에 관한 감독권을 가짐
- 사회복지법인은 그가 행하는 사업에 지장이 없는 범위 안에서 정관이 정하는 바에 의하여 그 사업운영에 충당하기 위하여 수익사업을 행할 수 있으나, 사회복지시설은 그 시설을 이용하여 사회복지사업을 하는 사회복지법인의 목적용 기본재산으로 원칙적으로 그 시설은 사회복지사업 자체에 쓰여져야 하는 것이고, 그 주요 부분이나 대부분을 사회복지사업 자체가 아닌 다른 수익사업에 이용케 하는 것은 사회복지사업의 수행에 지장을 초래하게 하는 것으로 그 수익사업으로 얻게 되는 수익을 사회복지사업에 직접 또는 간접으로 쓴다고 할지라도 사회복지시설 설치·운영의 본질에 반하는 것으로 허용될 수 없음
- 사회복지시설의 설치·운영허가의 취소는 사회복지법인의 설립허가취소와는 그 성질이나 법적 효과 등이 다르므로 사회복지법인의 설립허가취소의 경우 취소사유에 해당하더라도 다른 방법으로 감독목적을 달성할 수 없거나 시정을 명한 후 1년이 지날 때까지 이를 이행하지 아니한 경우에 한하여 취소할 수 있다는 구 사회복지사업법(1997. 8. 22. 법률 제5358호로 전문 개정되기 전의 것) 제20조 제2항의 규정이 유추적용될 수 없음
- 사회복지법인이 교회시설은 물론 일반건축물의 건축도 허용되지 아니하는

자연녹지지역에 사회복지시설로 허가받아 건축한 사회복지시설을 사실상 교회의 전용시설로 사용하면서 사업복지사업을 전혀 시행하지 아니하고 수차의 사회복지시설사업 활성화 및 시설물 정비 등 시정명령을 이행하지 아니한 경우, 이를 이유로 한 사회복지시설의 설치·운영허가의 취소처분은 재량권의 일탈·남용이 아니라고 한 사례.

2) 구상금 [대법원 2022. 3. 24. 선고 2021다241618 전원합의체 판결]

(1) 판시사항

- 근로복지공단이 제3자의 불법행위로 재해근로자(유족 등 보험급여 수급자 포함)에게 보험급여를 한 다음 「산업재해보상보험법」 제87조 제1항에 따라 재해근로자의 제3자에 대한 손해배상청구권을 대위할 수 있는 범위(=보험급여 중 제3자의 책임비율에 해당하는 금액) / 「산업재해보상보험법」에 따라 보험급여를 받은 재해근로자가 제3자를 상대로 손해배상을 청구할 때 그 손해 발생에 재해근로자의 과실이 경합된 경우, 재해근로자의 손해배상청구액을 산정하는 방식(=보험급여와 같은 성질의 손해액에서 보험급여를 공제한 후 과실상계) / 산업재해가 사업주와 제3자의 공동불법행위로 인하여 발생하고 그 손해 발생에 재해근로자의 과실이 경합된 경우, 근로복지공단이 재해근로자의 제3자에 대한 손해배상청구권을 대위할 수 있는 범위(=보험급여에서 재해근로자의 과실비율 상당액을 공제한 다음, 여기서 다시 재해근로자가 배상받을 손해액 중 사업주의 과실비율 상당액을 공제한 차액) / 사업주나 제3자의 손해배상 후 재해근로자가 보험급여를 받은 경우, 근로복지공단이 「산업재해보상보험법」 제84조에 따라 재해근로자에게 부당이득으로 징수할 수 있는 범위(=보험급여 중 사업주나 제3자의 책임비율에 해당하는 금액)

(2) 판결요지

- 「산업재해보상보험법」(이하 '「산재보험법」'이라 함) 제87조의 문언과 입법 취지, 산업재해보상보험(이하 '산재보험'이라 함) 제도의 목적과 사회보장적 성격, 재해근로자(유족 등 보험급여 수급자를 포함함)와 근로복지공단(이하 '공단'이라 함) 및 불법행위자 사이의 이익형량 등을 종합하여 보면, 공단이 제3자의 불법행위로 재해근로자에게 보험급여를 한 다음 「산재보험법 」제87조 제1항에 따라 재해근로자의 제3자에 대한 손해배상청구권을 대위할 수 있는 범위는 제3자의 손해배상액을 한도로 하여 보험급여 중 제3자의 책임비율에 해당하는 금액으로 제한된다. 따라서 보험급여 중 재해근로자의 과실비율에 해당하는 금액에 대해서는 공단이 재해근로자를 대위할 수 없으며 이는 보험급여 후에도 여전히 손해를 전보받지 못한 재해근로자를 위해 공단이 종국적으로 부담한다고 보아야 한다. 이와 같이 본다면 「산재보험법」에 따라 보험급여를 받은 재해근로자가 제3자를 상대로 손해배상을 청구할 때 그 손해 발생에 재해근로자의 과실이 경합된 경우에, 재해근로자의 손해배상청구액은 보험급여와 같은 성질의 손해액에서 먼저 보험급여를 공제한 다음 과실상계를 하는 '공제 후 과실상계' 방식으로 산정하여야 함
- 산업재해가 산재보험 가입 사업주와 제3자의 공동불법행위로 인하여 발생한 경우에도 공단이 재해근로자의 제3자에 대한 손해배상청구권을 대위할 수 있는 범위는 제3자의 손해배상액을 한도로 하여 보험급여 중 제3자의 책임비율에 해당하는 금액으로 제한됨은 위와 같다. 따라서 공단은 보험급여 중 재해근로자의 과실비율에 해당하는 금액에 대해서 재해근로자를 대위할 수 없고 재해근로자를 위해 위 금액을 종국적으로 부담한다. 재해근로자가 가입 사업주와 제3자의 공동불법행위를 원인으로 가입 사업주나 제3자를 상대로 손해배상을 청구하는 경우에도 그 손해 발생에 재해근로자의 과실이 경합된 때에는 '공제 후 과실상계' 방식으로 손해배상액을 산정하여야 함
- 다만 위와 같이 공동불법행위로 산업재해가 발생하여 공단이 제3자를 상대

로 재해근로자의 손해배상청구권을 대위하는 경우에는, 순환적인 구상소송을 방지하는 소송경제적인 목적 등에 따라 공단은 제3자에 대하여 산재보험 가입 사업주의 과실비율 상당액은 대위 행사할 수 없다. 그러므로 공단은 '공제 후 과실상계' 방식에 따라 보험급여에서 재해근로자의 과실비율 상당액을 공제한 다음, 여기서 다시 재해근로자가 배상받을 손해액 중 가입 사업주의 과실비율 상당액을 공제하고 그 차액에 대해서만 재해근로자의 제3자에 대한 손해배상청구권을 대위할 수 있음

- 나아가 이러한 법리는 보험급여 수급권자가 동일한 사유로 불법행위자인 산재보험 가입 사업주로부터 민법이나 그 밖의 법령에 따라 「산재보험법」의 보험급여에 상당한 금품을 받거나 제3자로부터 보험급여 상당의 손해배상을 받음으로써 공단이 보험급여 지급의무를 면하게 되는 범위(「산재보험법」 제80조 제3항 본문 및 제87조 제2항, 「산업재해보상보험법 시행령」 제76조, 제81조)에 대해서도 동일하게 적용된다. 이때 공단이 보험급여 지급의무를 면하는 범위는 사업주나 제3자의 행위를 원인으로 지급 사유가 발생한 금액, 즉 보험급여 중 사업주나 제3자의 책임비율에 해당하는 금액으로 한정되고, 나머지 부분인 보험급여 중 재해근로자의 과실비율에 해당하는 금액은 여전히 공단이 부담한다고 보아야 한다. 따라서 사업주나 제3자의 손해배상 후 재해근로자가 보험급여를 받았다면 공단이 「산재보험법」 제84조에 따라 재해근로자에게 부당이득으로 징수할 수 있는 범위도 보험급여 중 사업주나 제3자의 책임비율에 해당하는 금액으로 한정됨

3) 부당이득금반환 [대법원 2018. 11. 15. 선고 2016다258209 판결]

(1) 판시사항

- 국민건강보험의 가입자 등이 자동차보험에 의하여 치료를 받는 등 「국민건강보험법」 등에 따른 요양급여 신청을 하지 않고 치료를 받은 경우, 국민건

강보험공단이 가입자 등에게 요양급여를 해주어야 할 의무가 있는지 여부

- 이 경우 가입자 등이 처음부터 「국민건강보험법」에 따른 요양급여를 신청하여 치료를 받았더라면 요양기관이 국민건강보험공단으로부터 요양급여비용을 지급받을 수 있었다는 사정만으로 국민건강보험공단이 요양급여비용을 부당이득으로 반환하여야 한다고 볼 수 있는지 여부

(2) 판결요지

- 국민건강보험제도는 보험가입자가 납부하는 보험료와 국고부담을 재원으로 하여 국민에게 발생하는 질병·부상 등 사회적 위험을 보험방식으로 대처하는 사회보험제도이다(「사회보장기본법」 제3조 제2호). 따라서 국민건강보험수급권의 구체적 내용인 수급요건, 수급권자의 범위, 급여금액 등은 법률에 따라 구체적으로 형성·확정됨
- 「국민건강보험법」상 요양급여는 현물급여가 원칙이므로, 피보험자가 요양기관에서 치료를 받았을 때 현실적으로 보험급여가 이루어짐
- 다만 위와 같은 현물급여 원칙에 대한 예외가 있음. 가입자 등이 보건복지부령으로 정하는 긴급하거나 그 밖의 부득이한 사유로 요양기관과 비슷한 기능을 하는 기관으로서 보건복지부령으로 정하는 기관에서 질병·부상·출산 등에 대하여 요양을 받거나 요양기관이 아닌 장소에서 출산한 경우에는 국민건강보험공단이 요양급여에 상당하는 금액을 보건복지부령으로 정하는 바에 따라 가입자 등에게 요양비로 지급함(「국민건강보험법」 제49조 제1항).
- 이와 같이 국민건강보험의 가입자 등이 요양급여를 받기 위해서는, 「국민건강보험법」 제49조 제1항에 따라 예외적으로 요양비 청구요건이 갖추어진 경우가 아닌 한, 요양기관에 요양급여를 신청해야 함. 가입자 등의 요양급여 신청에 따라 요양기관을 통한 현물급여 형태의 요양급여가 이루어지면, 국민건강보험공단은 가입자 등이 아닌 요양기관에 대해 요양급여비용을 부담함

- 국민건강보험공단은 제3자의 행위로 보험급여사유가 생겨 가입자 등에게 보험급여를 한 경우 급여에 들어간 비용 한도에서 제3자에게 손해배상을 청구할 권리, 즉 구상권을 얻음(「국민건강보험법」제58조 제1항). 학교안전사고와 관련하여 법원의 판결 등으로 「국민건강보험법」 제58조에 따라 국민건강보험공단의 구상권 행사에 따른 손해배상액이 확정된 경우 학교의 장이 부담할 부분은 학교안전공제회가 부담함(「학교안전사고 예방 및 보상에 관한 법률」제36조 제2항 단서). 근로복지공단이 「산업재해보상보험법상」 수급권자에게 요양급여를 지급한 후 지급결정이 취소된 경우로서 지급한 요양급여가 「국민건강보험법」에 따라 지급할 수 있는 건강보험 요양급여 등에 상당한 것으로 인정되면, 근로복지공단은 건강보험 요양급여 등에 해당하는 금액을 국민건강보험공단에 청구할 수 있음(「국민건강보험법」 제61조, 「산업재해보상보험법」 제90조 제2항).
- 그러나 가입자 등이 건강보험으로 치료를 받지 않고 자동차보험으로 치료를 받거나 일반진료로 치료를 받은 경우에 보험회사나 가입자 등이 사후적으로 국민건강보험공단을 상대로 요양급여비용 상당액의 지급을 청구할 수 있다는 규정은 없음
- 위와 같이 요양급여 절차, 구상 등 관계에 관하여 다른 사회보장제도 규정들과 달리 규정하고 있는 「국민건강보험법」 등의 규정 체계와 내용에 비추어 보면, 국민건강보험으로 요양급여를 받고자 하는 가입자 등은 요양기관에 건강보험증을 제출하는 등으로 요양급여를 신청해야 하고, 가입자 등이 자동차보험에 의하여 치료를 받는 등 「국민건강보험법」 등에 따른 요양급여 신청을 하지 않고 치료를 받은 경우에는 국민건강보험공단이 가입자 등에게 어떠한 요양급여를 해주어야 할 의무가 없다고 보아야 함. 그러한 경우에는 설령 가입자 등이 처음부터 「국민건강보험법」에 따른 요양급여를 신청하여 치료를 받았더라면 요양기관이 국민건강보험공단으로부터 요양급여비용을 지급받을 수 있었다고 하더라도, 그러한 사정만으로 국민건강보험공단이 요양급여비용을 부당이득으로 반환하여야 한다고 볼 수도 없음

4) 업무정지처분취소청구의소 [대법원 2022. 4. 28. 선고 2022두30546 판결]

(1) 판시사항

- 속임수나 그 밖의 부당한 방법으로 보험자에게 요양급여비용을 부담하게 한 요양기관이 폐업한 경우, 그 요양기관 및 폐업 후 그 요양기관의 개설자가 새로 개설한 요양기관에 대하여 업무정지처분을 할 수 있는지 여부
- 보건복지부 소속 공무원의 검사 또는 질문을 거부·방해 또는 기피한 경우에 「국민건강보험법」 제98조 제1항 제2호에 따라 받게 되는 요양기관 업무정지처분 및 「의료급여법」 제28조 제1항 제3호에 따라 받게 되는 의료급여기관 업무정지처분의 경우에도 마찬가지 법리가 적용되는지 여부

(2) 판결요지

- 요양기관이 속임수나 그 밖의 부당한 방법으로 보험자에게 요양급여비용을 부담하게 한 때에 「국민건강보험법」 제98조 제1항 제1호에 의해 받게 되는 요양기관 업무정지처분은 의료인 개인의 자격에 대한 제재가 아니라 요양기관의 업무 자체에 대한 것으로서 대물적 처분의 성격을 가짐. 따라서 속임수나 그 밖의 부당한 방법으로 보험자에게 요양급여비용을 부담하게 한 요양기관이 폐업한 때에는 그 요양기관은 업무를 할 수 없는 상태일 뿐만 아니라 그 처분대상도 없어졌으므로 그 요양기관 및 폐업 후 그 요양기관의 개설자가 새로 개설한 요양기관에 대하여 업무정지처분을 할 수는 없음. 이러한 법리는 보건복지부 소속 공무원의 검사 또는 질문을 거부·방해 또는 기피한 경우에 「국민건강보험법」 제98조 제1항 제2호에 의해 받게 되는 요양기관 업무정지처분 및 「의료급여법」 제28조 제1항 제3호에 의해 받게 되는 의료급여기관 업무정지처분의 경우에도 마찬가지로 적용됨

5) 기초노령연금및급여결정처분취소[대법원 2016. 10. 27. 선고 2015두52340 판결]

(1) 판시사항

- 「기초연금법」상 소득평가액에 소득세법 제12조 제2호에 해당하는 비과세 사업소득이 포함되는지 여부
- 「기초연금법」상 소득평가액에 포함되는 사업소득은 「소득세법」 제19조 제1항에서 열거한 사업소득에서 같은 조 제2항에 따라 필요경비를 공제한 금액을 의미하는지 여부
- 이러한 법리가 사업소득이 비과세소득인 경우에도 마찬가지인지 여부

(2) 판결요지

- 노인에게 기초연금을 지급하여 안정적인 소득기반을 제공함으로써 노인의 생활안정을 지원하고 복지를 증진하고자 하는 「기초연금법」의 취지·목적, 「기초연금법」 제2조 제4호, 제3조 제1항, 「기초연금법 시행령」 제2조 제1항 제2호, 「소득세법」 제12조 제2호, 제19조 제1항 제12호, 제2항의 내용 및 체계 등에 덧붙여, 「기초연금법」이 일정 연령 이상의 노인 중 다시 '소득인정액'을 기준으로 기초연금 수급권자를 선정하도록 한 것은, 노인의 생활 기반이 되는 실질소득의 다과를 기준으로 지급 대상을 선별함으로써 한정된 연금재원을 합리적으로 배분하기 위한 것인 점, 대상자에게 실질적으로 귀속되는 소득액이 있다면 이를 소득평가액 산정에 반영하는 것이 「기초연금법」의 제도적 취지에 부합하는데, 「기초연금법 시행령」 제2조 제1항 제2호는 소득평가액은 '「소득세법」 제19조에 따른 사업소득'을 포함하여 산정한다고 규정하였을 뿐, 사업소득 중 비과세소득을 제외한다는 취지를 명시하지 않았으므로 대상자에게 실질적으로 귀속되는 소득인 비과세 사업소득 또한 소득평가액에 포함시키는 것이 타당한 점, 「소득세법」과 「기초연금법」의 입법 목적이

서로 다르므로 조세정책상 필요에서 과세하지 아니하는 소득이라고 하여 반드시 「기초연금법」상 소득평가액을 산정하는 소득에서 제외하여야 한다고 보기 어려운 점 등을 종합해 보면, 어떠한 사업소득이 「소득세법」 제12조 제2호에 해당하는 비과세소득이더라도 「기초연금법」상 소득평가액에 포함됨

- 「기초연금법 시행령」 제2조 제1항이 근로소득(제1호)에서는 '「소득세법」 제20조 제1항에 따른 근로소득'이라고 규정하여 근로소득공제에 관한 「소득세법」 제20조 제2항의 적용을 명시적으로 배제한 것과 달리, 사업소득(제2호)에서는 '「소득세법」 제19조에 따른 사업소득'이라고만 규정하여 필요경비 공제에 관한 「소득세법」 제19조 제2항의 적용을 배제하지 않고 있는 점, 사업자에게 실제 발생한 필요경비를 일률적으로 공제하지 않을 경우 필요경비가 명목소득을 초과하여 사업자에게 실질적으로 귀속되는 소득이 없더라도 기초연금 수급권을 취득하지 못하게 되어 불합리한 점 등을 고려해 보면, 소득평가액에 포함되는 사업소득은 「소득세법」 제19조 제1항에서 열거한 사업소득에서 같은 조 제2항에 따라 필요경비를 공제한 금액을 의미하고, 이러한 법리는 사업소득이 비과세소득이라 하여 달리 볼 것이 아님

6) 연금분할비율별도결정거부처분취소(이혼 및 재산분할절차에서 「국민연금법」상 연금의 분할에 관하여 별도로 결정되었는지 여부가 문제된 사건) [대법원 2019. 6. 13. 선고 2018두65088 판결]

(1) 판시사항

- 「국민연금법」 제64조에 규정된 이혼배우자의 분할연금 수급권의 법적 성격 및 분할연금 지급의 특례에 관한 같은 법 제64조의2 제1항의 입법 취지 / 위 제64조의2 제1항에서 정한 '연금의 분할에 관하여 별도로 결정된 경우'로 보기 위한 요건 및 이혼당사자 사이의 협의서나 조정조서 등을 포함한 재판서에 연금의 분할 비율 등을 명시하지 않은 경우, 재산분할절차에서 이혼배우

자가 자신의 분할연금 수급권을 포기하거나 자신에게 불리한 분할 비율 설정에 동의하는 합의가 있었다거나 그러한 내용의 법원 심판이 있었다고 단정할 수 있는지 여부

(2) 판결요지

- 「국민연금법」 제64조에 규정된 이혼배우자의 분할연금 수급권은 이혼한 배우자에게 전 배우자가 혼인 기간 중 취득한 노령연금 수급권에 대해서 연금 형성에 기여한 부분을 인정하여 청산·분배를 받을 수 있도록 하는 한편, 가사노동 등으로 직업을 갖지 못하여 국민연금에 가입하지 못한 배우자에게도 상대방 배우자의 노령연금 수급권을 기초로 일정 수준의 노후 소득을 보장하려는 취지에서 마련된 것임. 이는 민법상 재산분할청구권과는 구별되는 것으로 「국민연금법」에 따라 이혼배우자가 국민연금공단으로부터 직접 수령할 수 있는 이혼배우자의 고유한 권리임
- 원칙적으로 일정한 수급요건을 갖춘 이혼배우자는 「국민연금법」 제64조에 따라 상대방 배우자의 국민연금 가입기간 중 혼인 기간에 해당하는 노령연금액을 균등하게 나눈 금액을 분할연금으로 받을 수 있다. 다만 「국민연금법」 제64조의2 제1항(이하 '특례조항'이라 함)에 따라 협의상 또는 재판상 이혼에 따른 재산분할절차에서 이혼당사자의 협의나 법원의 심판으로 연금의 분할 비율에 관하여 달리 정할 수 있다. 이는 당사자의 의사를 존중하고 개별 사안의 특수성을 고려하여 구체적 타당성을 도모하기 위한 것임
- 이러한 「국민연금법」상 이혼배우자의 분할연금 수급권의 법적 성격과 특례조항의 내용과 입법 취지 등을 종합하면, 특례조항에서 정한 '연금의 분할에 관하여 별도로 결정된 경우'라고 보기 위해서는, 협의상 또는 재판상 이혼에 따른 재산분할절차에서 이혼당사자 사이에 연금의 분할 비율 등을 달리 정하기로 하는 명시적인 합의가 있었거나 법원이 이를 달리 결정하였음이 분명히 드러나야 함. 이와 달리 이혼당사자 사이의 협의서나 조정조서 등을 포

함한 재판서에 연금의 분할 비율 등이 명시되지 아니한 경우에는, 재산분할 절차에서 이혼배우자가 자신의 분할연금 수급권을 포기하거나 자신에게 불리한 분할 비율 설정에 동의하는 합의가 있었다거나 그러한 내용의 법원 심판이 있었다고 쉽게 단정해서는 안 됨

7) 업무정지처분취소청구의소 [대법원 2022. 4. 28. 선고 2022두30546 판결]

(1) 판시사항

- 속임수나 그 밖의 부당한 방법으로 보험자에게 요양급여비용을 부담하게 한 요양기관이 폐업한 경우, 그 요양기관 및 폐업 후 그 요양기관의 개설자가 새로 개설한 요양기관에 대하여 업무정지처분을 할 수 있는지 여부
- 보건복지부 소속 공무원의 검사 또는 질문을 거부·방해 또는 기피한 경우에 「국민건강보험법」 제98조 제1항 제2호에 따라 받게 되는 요양기관 업무정지처분 및 「의료급여법」 제28조 제1항 제3호에 따라 받게 되는 의료급여기관 업무정지처분의 경우에도 마찬가지 법리가 적용되는지 여부

(2) 판결요지

- 요양기관이 속임수나 그 밖의 부당한 방법으로 보험자에게 요양급여비용을 부담하게 한 때에 「국민건강보험법」 제98조 제1항 제1호에 의해 받게 되는 요양기관 업무정지처분은 의료인 개인의 자격에 대한 제재가 아니라 요양기관의 업무 자체에 대한 것으로서 대물적 처분의 성격을 가짐. 따라서 속임수나 그 밖의 부당한 방법으로 보험자에게 요양급여비용을 부담하게 한 요양기관이 폐업한 때에는 그 요양기관은 업무를 할 수 없는 상태일 뿐만 아니라 그 처분대상도 없어졌으므로 그 요양기관 및 폐업 후 그 요양기관의 개설자가 새로 개설한 요양기관에 대하여 업무정지처분을 할 수는 없음. 이러

한 법리는 보건복지부 소속 공무원의 검사 또는 질문을 거부·방해 또는 기피한 경우에 「국민건강보험법」 제98조 제1항 제2호에 의해 받게 되는 요양기관 업무정지처분 및 「의료급여법」 제28조 제1항 제3호에 의해 받게 되는 의료급여기관 업무정지처분의 경우에도 마찬가지로 적용됨

8) 요양급여비용환수결정취소 [대법원 2020. 7. 9. 선고 2018두44838 판결]

(1) 판시사항

- 의료기관을 개설할 수 없는 자가 개설한 의료기관이 「국민건강보험법」상 요양급여를 실시하고 급여비용을 청구하는 경우, 「국민건강보험법」 제57조에 의한 부당이득징수처분의 대상이 되는지 여부
- 이때 「국민건강보험법」 제57조 제1항 및 제2항에 따른 부당이득징수처분의 상대방(=해당 의료기관의 개설명의자 및 실질적으로 개설·운영한 자)이 「국민건강보험법」 제57조 제1항, 제2항에서 정한 부당이득징수가 재량행위인지 여부
- 의료기관의 개설명의자나 비의료인 개설자를 상대로 요양급여비용을 징수할 때 고려할 사항 및 이러한 사정을 고려하지 않고 의료기관의 개설명의자나 비의료인 개설자를 상대로 요양급여비용 전액을 징수하는 경우, 재량권을 일탈·남용한 것인지 여부

(2) 판결요지

- 「국민건강보험법」에 따르면, 요양기관은 가입자 등에게 요양급여를 실시하고 국민건강보험공단(이하 '공단'이라 함)에 요양급여비용의 지급을 청구하며, 공단은 요양급여비용을 요양기관에 지급함(제42조, 제47조). 공단은 속임수나 그 밖의 부당한 방법으로 보험급여비용을 받은 요양기관에 대하여 그 급여비용에 상당하는 금액의 전부 또는 일부를 징수하고(제57조 제1항), 「의료법」

제33조 제2항을 위반하여 의료기관을 개설할 수 없는 자가 의료인의 면허나 의료법인 등의 명의를 대여받아 개설·운영하는 의료기관에 해당하는 경우에는 해당 의료기관을 개설한 자에게 요양기관과 연대하여 징수금을 납부하게 할 수 있으며(제57조 제2항), 이를 납부하지 아니하는 때에는 국세체납처분의 예에 의하여 징수할 수 있음(제81조 제1항, 제3항).

- 「국민건강보험법」 제42조 제1항 제1호에 따르면, 요양급여는 '「의료법」에 따라 개설된 의료기관'에서 행하여야 하는데, 「의료법」 제33조 제2항, 제66조 제1항 제2호, 제87조, 제90조에 따르면, 의료기관 개설자격은 의사 등으로 한정되고, 의료기관의 개설자격이 없는 자가 의료기관을 개설하는 것은 엄격히 금지됨
- 위 각 규정의 내용과 체재 등에 비추어 보면, 의료기관을 개설할 수 없는 자가 개설한 의료기관은 「국민건강보험법」상 요양기관이 될 수 없으므로, 이러한 의료기관이 「국민건강보험법」상 요양급여를 실시하고 급여비용을 청구하는 것은 '속임수나 그 밖의 부당한 방법'에 해당하여 「국민건강보험법」 제57조에 의한 부당이득징수처분의 대상이 됨. 이 때 해당 의료기관의 개설명의자는 「국민건강보험법」 제57조 제1항에 따라 부당이득징수처분의 상대방이 되고, 명의를 대여받아 해당 의료기관을 실질적으로 개설·운영한 자는 「국민건강보험법」 제57조 제2항에 따라 부당이득징수처분의 상대방이 됨
- 「국민건강보험법」 제57조 제1항은 "국민건강보험공단은 속임수나 그 밖의 부당한 방법으로 보험급여를 받은 사람이나 보험급여비용을 받은 요양기관에 대하여 그 보험급여나 보험급여비용에 상당하는 금액의 전부 또는 일부를 징수한다."라고 규정하여 문헌상 일부 징수가 가능함을 명시하고 있음. 이 조항은 요양기관이 부당한 방법으로 급여비용을 지급청구하는 것을 방지함으로써 바람직한 급여체계의 유지를 통한 건강보험 및 의료급여 재정의 건전성을 확보하려는 데 입법 취지가 있음. 그러나 요양기관으로서는 부당이득징수로 인하여 이미 실시한 요양급여에 대하여 그 비용을 상환받지 못하는 결과가 되므로 침익적 성격이 큼

- 한편 종전 「국민건강보험법」은 보험급여비용을 받은 요양기관에 대하여만 부당이득을 징수할 수 있는 것으로 규정하였으나, 2013. 5. 22. 신설된 「국민건강보험법」 제57조 제2항은 "국민건강보험공단은 제1항에 따라 속임수나 그 밖의 부당한 방법으로 보험급여비용을 받은 요양기관이 다음 각호의 어느 하나에 해당하는 경우에는 해당 요양기관을 개설한 자에게 그 요양기관과 연대하여 같은 항에 따른 징수금을 납부하게 할 수 있다."라고 규정하면서 제1호에서 "「의료법」 제33조 제2항을 위반하여 의료기관을 개설할 수 없는 자가 의료인의 면허나 의료법인 등의 명의를 대여받아 개설·운영하는 의료기관"을 규정하여 비의료인 개설자에 대한 부당이득징수의 근거를 마련함. 「의료법」 제33조 제2항이 금지하는 '비의료인의 의료기관 개설행위'는 비의료인이 의료기관의 시설 및 인력의 충원·관리, 개설신고, 의료업의 시행, 필요한 자금의 조달, 운영성과의 귀속 등을 주도적으로 처리하는 것을 의미함. 즉, 의료인인 개설명의자는 실질 개설·운영자에게 자신의 명의를 제공할 뿐 의료기관의 개설과 운영에 관여하지 않으며, 그에게 고용되어 근로 제공의 대가를 받을 뿐 의료기관 운영에 따른 손익이 그대로 귀속되지도 않음. 이 점을 반영하여 「의료법」은 제33조 제2항 위반행위의 주체인 비의료인 개설자는 10년 이하의 징역이나 1억 원 이하의 벌금에 처하도록 규정한 반면, 의료인인 개설명의자는 제90조에서 '의료기관의 개설자가 될 수 없는 자에게 고용되어 의료행위를 한 자'로서 500만 원 이하의 벌금에 처하도록 규정하고 있음
- 이상에서 살펴본 위 각 법 규정의 내용, 체재와 입법 취지, 부당이득징수의 법적 성질 등을 고려할 때, 「국민건강보험법」 제57조 제1항, 제2항이 정한 부당이득징수는 재량행위라고 보는 것이 옳음. 그리고 의료기관이 실시한 요양급여 내용(자격을 갖춘 의료인이 요양급여를 시행하였는지, 요양급여대상에 해당하는지, 적절한 수준에서 이루어진 것인지 아니면 이를 초과하여 소위 과잉진료에 해당하는지 등)과 요양급여비용의 액수, 의료기관 개설·운영 과정에서의 비의료인 개설자와 개설명의자의 역할과 불법성의 정도, 의료기관 운영성과

의 귀속 여부, 비의료인 개설자와 개설명의자가 얻은 이익의 정도, 그 밖에 조사에 대한 협조 여부 등의 사정을 고려하지 않고 의료기관의 개설명의자나 비의료인 개설자를 상대로 요양급여비용 전액을 징수하는 것은 다른 특별한 사정이 없는 한 비례의 원칙에 위배되어 재량권을 일탈·남용한 것으로 볼 수 있음

9) 소득월액보험료부과처분취소청구의소 [대법원 2018. 5. 11. 선고 2015두38337 판결]

(1) 판시사항

- 국민건강보험법령 및 그 위임에 따른 구 국민건강보험공단 정관 제45조 제1항 제1호가 소득월액보험료에 관하여 보수월액보험료에서와 같은 보험료의 사후 정산 등의 절차를 따로 정하지 않은 채 전년도 귀속 소득자료에 따라 소득월액을 산정하여 보험료에 반영하도록 한 취지
- 「국민건강보험법」상 직장가입자의 소득월액보험료를 산정하는 데 기초가 되는 배당소득금액을 산출할 때 배당가산액을 더하여 산출하여야 하는지 여부

(2) 판결요지

- 「국민건강보험법」 제71조 제2항은 보수외소득을 기준으로 산정·징수하는 '소득월액보험료'에 대해서는 소득월액을 산정하는 기준, 방법 등 필요한 사항을 대통령령으로 정하도록 위임하고 있고, 이에 따라 구 「국민건강보험법 시행령」(2013. 9. 26. 대통령령 제24776호로 개정되기 전의 것)은 소득월액에 포함되는 소득의 종류 등을 정하면서(제41조 제1항 각호), 그 밖에 소득월액의 산정에 필요한 세부 사항을 국민건강보험공단의 정관으로 정하도록 하였음(제41조 제5항). 그런데 위와 같은 위임을 받은 구 국민건강보험공단의 정관(2014. 4. 8. 정관 제101-37호로 개정되기 전의 것, 이하 '구 정관'이라 함)은 제45조

제1항 제1호에서 국세청 등으로부터 제공받는 전년도 귀속 소득자료에 따라 매년 11월에 소득월액을 산정하여 보험료에 반영하도록 하고 있을 뿐이고, 보수월액보험료에서와 같은 보험료의 사후 정산 등의 절차를 따로 정하지 않았음

- 위와 같은 법령과 구 정관에 비추어 보면, 소득월액보험료의 부과는 그 자체로 정산이 필요 없는 확정된 금액을 부과하는 취지로서, 이는 정산을 전제로 잠정적인 금액을 부과하는 보수월액보험료의 경우와 다르다고 보아야 함
- 구 「국민건강보험법 시행령」(2013. 9. 26. 대통령령 제24776호로 개정되기 전의 것) 제41조 제1항 제2호는 구 「소득세법」(2017. 12. 19. 법률 제15225호로 개정되기 전의 것, 이하 같다) 제17조에 따른 소득인 배당소득을 소득월액의 산정에 포함되는 소득으로 명시하고 있을 뿐이고, 배당소득의 산출방법을 따로 정하고 있지 않음. 따라서 배당소득이 얼마인지는 구 「소득세법」 제17조에 따라 산출된 배당소득금액을 통하여 알 수 있는데, 특정한 유형의 배당소득은 제1항의 총수입금액뿐만 아니라 거기에 제3항 의 배당가산액을 더하는 과정을 거쳐야만 배당소득금액이 산출되므로, 이를 기초로 소득월액을 산정하는 것이 국민건강보험법령의 문언이나 체계에 부합함
- 한편 구 「소득세법」에서 배당가산액을 더하여 배당소득금액을 산출하는 것은 배당세액공제의 전제가 되는 것이 사실임. 그러나 배당소득 이외에 이자소득 등을 모두 합산한 금액을 과세표준으로 하여 종합소득세 산출세액을 산정하고, 여기서 배당세액공제 등을 한 다음 종합소득세 결정세액을 산정하는 과정을 고려하면, 배당소득의 산출이 그 후에 하는 배당세액공제와 논리필연적으로 관련된 것은 아님. 또한 건강보험사업에 드는 비용에 충당할 목적으로 징수하는 건강보험료는 그 입법 목적, 법적 성격, 납부의무자 등에서 소득세와 분명한 차이가 있으므로, 보험료 부담의 내용과 정도 등을 소득세와 달리 정할 수 있음. 이러한 건강보험료와 소득세의 차이, 건강보험제도에 관하여 입법자가 가지는 입법형성권의 범위 등에 비추어 보면, 국민건강보험법령의 명시적 규정이 없는데도 법인세와 소득세의 이중과세를 조정하

기 위하여 마련된 배당세액공제와 관련지어 구 「소득세법」 제17조에 따른 배당소득금액과 다른 방식으로 소득월액 산정에 포함되는 배당소득의 액수를 산출하는 것은 옳지 않음

10) 고용보험가입불인정처분취소청구 [대법원 2022. 10. 27. 선고 2018두63235 판결]

(1) 판시사항

- 별정직 · 임기제 공무원의 고용보험 가입신청기간을 3개월로 제한하고 있는 구 「고용보험법 시행령」 제3조의2 제2항 단서 조항의 해석

(2) 판결요지

- 구 「고용보험법 시행령」(2016. 10. 18. 대통령령 제27549호로 개정되기 전의 것) 제3조의2 제2항단서 조항은 그 신청기간을 임용일부터 3개월로 제한하고 있음. 같은 조 제1항 과 제2항 본문에서 소속기관의 장에게 가입대상 공무원이 임용된 후 지체 없이 가입의사를 확인하도록 의무를 부과하고 있고 보험가입 의사가 확인된 경우 소속기관의 장이 직접 가입 신청을 하도록 규정한 취지를 고려하면, 소속기관의 장이 가입대상 공무원에 대한 고용보험 가입의사 확인의무를 게을리함으로써 가입의사를 확인하지도 않은 채 3개월이 도과하는 경우나 임용된 후 3개월 내에 가입의사를 확인하기는 하였으나 그 신청기간 내에 가입신청을 하지 않고 해당 공무원에게 이를 알리지도 않는 경우와 같이 가입대상 공무원의 귀책사유 없이 임용 후 3개월이 경과하여 위 단서 조항에 따라 스스로 신청을 할 기회가 박탈된 경우에는 가입대상 공무원이 그와 같은 사유를 안 날부터 다시 3개월 내에 고용보험 가입신청을 할 수 있다고 해석하는 것이 타당함

11) 요양불승인처분취소[콜센터 상담원의 '뇌기저핵출혈'이 업무상 재해에 해당하는지 여부가 문제된 사건] [대법원 2023. 4. 13. 선고 2022두47391 판결]

(1) 판시사항

- 「산업재해보상보험법」의 적용 대상인 근로자가 여러 개의 사업장을 옮겨 다니며 근무하다가 질병에 걸린 경우, 해당 질병이 업무상 재해에 해당하는지 판단하는 방법
- 「산업재해보상보험법 시행령」 제34조 제3항 [별표 3] '업무상 질병에 대한 구체적인 인정 기준'은 「산업재해보상보험법」 제37조 제1항 제2호에서 정한 '업무상 질병'에 해당하는 경우를 예시적으로 규정한 것인지 여부
- 근로복지공단이 처분 당시에 시행된 고용노동부고시 '뇌혈관 질병 또는 심장 질병 및 근골격계 질병의 업무상 질병 인정 여부 결정에 필요한 사항'을 적용하여 한 산재요양 불승인처분에 대한 항고소송에서 법원이 해당 불승인처분 후 개정된 고용노동부고시의 규정 내용과 개정 취지를 참작하여 상당인과관계 존부를 판단할 수 있는지 여부
- 이때 고려할 사항 및 '만성적인 과중한 업무'에 해당하는지 판단하는 방법
- 무인주차장 이용자들의 전화상담 업무를 수행하는 甲 주식회사의 콜센터 상담원으로 근무하던 乙이 사업장 인근 식당에서 식사 중 우측 반신마비, 실어증 증세를 보이면서 쓰러져 병원으로 이송되어 '뇌기저핵출혈' 진단을 받은 뒤 요양급여를 신청하였으나, 근로복지공단이 위 상병과 乙의 업무 사이에 상당인과관계를 인정하기 어렵다는 이유로 요양불승인결정을 한 사안에서, 乙의 만성적인 과중한 업무나 과도한 스트레스가 상병의 발병 또는 악화에 부정적 영향을 미친 것으로 추단되고, 위 상병의 주된 발생원인인 고혈압과 겹쳐서 상병을 유발하였거나 촉진·악화시켰을 가능성이 큰데도, 乙의 업무와 상병 사이에 상당인과관계를 인정하기 어렵다고 본 원심판단에 법리오해의 잘못이 있다고 한 사례

(2) 판결요지

- 「산업재해보상보험법」의 적용 대상인 근로자가 여러 개의 사업장을 옮겨 다니며 근무하다가 질병에 걸린 경우, 해당 질병이 업무상 재해에 해당하는지를 판단할 때에는 근로자가 복수의 사용자 아래에서 경험한 모든 업무를 포함해 판단의 자료로 삼아야 함
- 「산업재해보상보험법」(이하 '「산재보험법」'이라 함) 제37조 제1항 제2호, 제5항, 「산업재해보상보험법 시행령」(이하 '「산재보험법 시행령」'이라 함) 제34조 제3항 [별표 3]의 규정 내용·형식·입법 취지를 종합하면, 「산재보험법」 시행령 [별표 3] '업무상 질병에 대한 구체적인 인정 기준(이하 '인정 기준'이라 함)'은 「산재보험법」 제37조 제1항 제2호에서 정한 '업무상 질병'에 해당하는 경우를 예시적으로 규정한 것이고, 그 기준에서 정한 것 외에는 업무와 관련하여 발생한 질병을 모두 업무상 질병에서 배제하는 규정으로 볼 수 없음. '인정 기준'의 위임에 따른 '뇌혈관 질병 또는 심장 질병 및 근골격계 질병의 업무상 질병 인정 여부 결정에 필요한 사항'(2022. 4. 28. 고용노동부고시 제2022-40호, 이하 '현행 고용노동부고시'라 함)은 대외적으로 국민과 법원을 구속하는 효력이 있는 규범이라고 볼 수 없고, 근로복지공단에 대한 내부적인 업무처리지침이나 법령의 해석·적용 기준을 정해주는 '행정규칙'이라고 보아야 함. 따라서 근로복지공단이 처분 당시에 시행된 '고용노동부고시'를 적용하여 산재요양 불승인처분을 하였더라도, 법원은 해당 불승인처분에 대한 항고소송에서 해당 불승인처분이 있은 후 개정된 '현행 고용노동부고시'의 규정 내용과 개정 취지를 참작하여 상당인과관계의 존부를 판단할 수 있음. 다만 '현행 고용노동부고시'는 기존의 고시 규정이 지나치게 엄격하였다는 반성적 고려에서 재해자의 기초질환을 업무관련성 판단의 고려사항으로 보지 않도록 종전에 규정되어 있던 '건강상태'가 삭제되어 있으므로, 이와 같은 개정 경위와 목적을 고려할 필요가 있고, '만성적인 과중한 업무'에 해당하는지는 업무의 양·시간·강도·책임, 휴일·휴가 등 휴무시간, 교대제 및 야간근로 등 근

무형태, 정신적 긴장의 정도, 수면시간, 작업 환경, 그 밖에 근로자의 연령, 성별 등을 종합하여 판단해야 함. 따라서 '업무시간'은 업무상 과로 여부를 판단할 때 하나의 고려요소일 뿐 절대적인 판단 기준이 될 수 없음

- 무인주차장 이용자들의 전화상담 업무를 수행하는 甲 주식회사의 콜센터 상담원으로 근무하던 乙이 사업장 인근 식당에서 식사 중 우측 반신마비, 실어증 증세를 보이면서 쓰러져 병원으로 이송되어 '뇌기저핵출혈' 진단을 받은 뒤 요양급여를 신청하였으나, 근로복지공단이 위 상병과 乙의 업무 사이에 상당인과관계를 인정하기 어렵다는 이유로 요양불승인결정을 한 사안에서, 乙이 위 상병일 당시 종전 회사에서부터 甲 회사에 이르기까지 약 4년 9개월 동안 '콜센터 상담원'으로 근무하였으므로 위 상병이 업무상 재해에 해당하는지를 판단할 때 적어도 乙이 '콜센터 상담원'으로 근무한 전체 기간과 관련된 모든 업무를 포함해 판단의 자료로 삼아야 하는데, 乙이 '콜센터 상담원'으로 약 4년 9개월 동안 계속적·반복적으로 근무하면서 근로 강도가 점차 높아져 왔고, 그와 함께 고혈압 수치 변화에서 알 수 있듯이 건강 지표도 악화되어 왔던 점, 휴게시간·휴게장소의 부재, 3교대 중 석간조의 근무형태와 그에 따른 피로도 등 근로 강도, 상시적으로 부족한 수면시간 및 민원응대 매뉴얼도 제대로 운영되지 않았던 작업 환경, 관련 법령이 정한 사용자의 조치의무 또한 대부분 준수되지 않았던 점을 종합하면, 비록 乙의 근로시간이 1주 평균 52시간을 초과하지 않았더라도 乙이 '정신적 긴장이 큰 업무'를 장기간 담당함으로써 '만성적인 과중한 업무'에 종사하였다고 볼 여지가 크고, 이로 인하여 높은 수준의 정신적 스트레스에 상당 기간 노출됨에 따라 뇌혈관의 정상적인 기능에 뚜렷한 영향을 줄 수 있는 육체적·정신적 부담이 발생하여 상병의 발병 또는 악화에 부정적 영향을 미친 것으로 추단되며, 위 상병의 주된 발생원인인 고혈압과 겹쳐서 상병을 유발하였거나 촉진·악화시켰을 가능성이 큰데도, 乙의 업무와 상병 사이에 상당인과관계를 인정하기 어렵다고 본 원심판단에 법리오해의 잘못이 있다고 한 사례.

12) 요양급여신청반려처분취소[근로자의 업무상 재해 해당 여부 사건][대법원 2020. 4. 29. 선고 2016두41071 판결]

(1) 판시사항

- 임신한 여성 근로자에게 업무에 기인하여 발생한 '태아의 건강손상'이 「산업재해보상보험법」 제5조 제1호에서 정한 근로자의 '업무상 재해'에 포함되는지 여부
- 임신한 여성 근로자에게 업무에 기인하여 모체의 일부인 태아의 건강이 손상되는 업무상 재해가 발생하여 「산업재해보상보험법」에 따른 요양급여 수급관계가 성립한 후 출산으로 모체와 단일체를 이루던 태아가 분리된 경우, 이미 성립한 요양급여 수급관계가 소멸되는지 여부

(2) 판결요지

- 산재보험제도와 요양급여제도의 취지, 성격 및 내용 등을 종합하면, 「산업재해보상보험법」(이하 '「산재보험법」'이라 함)의 해석상 임신한 여성 근로자에게 그 업무에 기인하여 발생한 '태아의 건강손상'은 여성 근로자의 노동능력에 미치는 영향 정도와 관계없이 「산재보험법」 제5조 제1호에서 정한 근로자의 '업무상 재해'에 포함됨
- 임신한 여성 근로자에게 업무에 기인하여 모체의 일부인 태아의 건강이 손상되는 업무상 재해가 발생하여 「산업재해보상보험법」에 따른 요양급여 수급관계가 성립하게 되었다면, 이후 출산으로 모체와 단일체를 이루던 태아가 분리되었다 하더라도 이미 성립한 요양급여 수급관계가 소멸된다고 볼 것은 아님. 따라서 여성 근로자는 출산 이후에도 모체에서 분리되어 태어난 출산아의 선천성 질병 등에 관하여 요양급여를 수급할 수 있는 권리를 상실하지 않음

제2부

각 론

- 제 6 장 사회보장기본법
- 제 7 장 사회보장급여의 이용 · 제공 및 수급권자 발굴에 관한 법률 (약칭: 사회보장급여법)
- 제 8 장 사회복지사업법
- 제 9 장 국민기초생활 보장법
- 제10장 의료급여법
- 제11장 긴급복지지원법
- 제12장 기초연금법
- 제13장 장애인연금법
- 제14장 국민연금법
- 제15장 국민건강보험법
- 제16장 산업재해보상보험법
- 제17장 고용보험법
- 제18장 노인장기요양보험법
- 제19장 노인복지법
- 제20장 아동복지법
- 제21장 장애인복지법
- 제22장 기타 사회서비스법

제6장 사회보장기본법

제1절 입법 배경 및 주요 연혁

1. 입법 배경

1963년 제정된 사회보장에관한법률을 폐지하고 우리나라의 경제·사회의 발전 수준과 국민의 복지욕구에 부합하는 사회보장제도를 확립하여 국민복지의 증진을 도모하기 위하기 위해 1995년 12월 30일 제정되었다. 제정 이유는 다음과 같다.

- 모든 국민이 인간다운 생활을 할 수 있도록 최저생활을 보장하고 사회공동체의 참여가 가능하도록 개개인의 생활의 수준을 향상시킴으로써 복지사회를 실현하는 것을 사회보장제도의 기본이념으로 함.
- 사회보장의 범위에 사회보험·공공부조·사회복지서비스 및 관련 복지제도를 포함하여 국민복지증진의 토대를 마련함.
- 사회보장에 대한 국가 및 지방자치단체의 책임·역할 및 비용부담을 명시하고, 민간부문이 적극적으로 참여할 수 있는 여건을 조성하도록 하여 사회복지의 증진을 도모함.
- 국가는 국민이 건강하고 문화적인 생활을 보장받도록 노력하여야 하며, 최저생계비와 최저임금을 참작하여 사회보장 급여수준을 정하도록 함.
- 사회보장의 급여를 받을 권리의 양도·담보·압류를 금지하고, 동 권리의 제한 또는 정지는 관계법령이 정하는 바에 의하여 그 제한 또는 정지의 목적에 필요한 최소한의 범위에 그치도록 함으로써 동 권리를 보호하도록 함.

- 사회보장에 관한 주요시책을 심의하기 위하여 국무총리를 위원장으로 하는 사회보장심의위원회를 설치·운영하도록 하고, 보건복지부장관은 사회보장의 증진을 위하여 사회보장심의위원회의 심의를 거쳐 5년마다 장기발전방향을 수립하며, 관계중앙행정기관의 장 및 시·도지사는 동 방향에 따른 연도별 추진방안을 수립하도록 함.
- 보편성, 형평성, 민주성, 제도적 연계성, 전문성을 사회보장제도의 기본적인 운영원칙으로 하며, 사회보장에 관련된 분야에는 전문인을 우선적으로 배치하도록 함.
- 국가 또는 지방자치단체는 사회보장전달체계를 지역적 균등분포, 원활한 업무조정, 국민의 이용상 용이성을 갖게 마련하도록 함.
- 국가와 지방자치단체에 사회보장에 관하여 국민이 필요로 하는 정보의 공개를 의무화하고, 비밀보호, 설명·상담·통지에 관한 사항을 규정함.

2. 주요 연혁

- 1995. 12. 30. 「사회보장기본법」 제정(법률 제5134호)
- 2012. 1. 26. 개정(법률 제11238호) 현재 여러 부처에서 사회보장정책을 관장함에 따라 일관성 있고 효과적인 정책 수립 및 집행에 한계가 있다는 지적에 따라 모든 국민이 평생 동안 겪는 다양한 사회적 위험에 대하여 사회정책과 경제정책을 통합적으로 고려하여 국민의 보편적·생애주기적인 특성에 맞게 소득과 사회서비스를 함께 보장하는 방향으로 사회보장제도를 확대·재정립함으로써 한국의 상황에 맞는 새로운 중장기 사회보장정책의 비전과 미래지향적인 발전방향을 제시하여 건강한 복지국가를 설립할 수 있는 토대를 마련하려고 함.
- 2015. 12. 29. 개정(법률 제13650호) 국민기초생활보장제도를 맞춤형 빈곤정책으로 전환하여 급여별 수급자 선정기준을 다층화하고, 최저생계비 대신 최저보장수준 및 기준 중위소득 제도를 도입하는 등의 내용으로 국민기초생활 보장법이 개정됨에 따

라, 개정된 내용을 반영함.

- 2018. 12. 11. 개정(법률 제15885호) 보건복지부장관을 포함한 중앙행정기관의 장과 지방자치단체의 장이 사회보장제도의 신설 또는 변경에 관한 협의 업무를 수행하기 위하여 필요하다고 인정하는 경우 관련 자료의 수집·조사 및 분석에 관한 업무를 정부출연 연구기관, 사회보장정보원 또는 관련 전문기관·단체에 위탁할 수 있도록 근거를 마련함.
- 2019. 12. 3. 개정(법률 제16737호) 국제협력 업무의 수행 필요성을 고려하여 사회보장정보원의 명칭을 한국사회보장정보원으로 변경하는 등 현행 제도의 운영상 나타난 일부 미비점을 개선·보완함.
- 2020. 4. 7. 개정(법률 제17202호) 국가와 지방자치단체가 사회보장제도를 신설·변경할 경우 기존 제도와의 관계, 사회보장 전달체계와 재정 등에 미치는 영향 등을 사전에 충분히 검토하도록 하고, 신설·변경 타당성 등에 대하여 보건복지부장관과 협의하도록 하고 있는데, 이러한 검토·협의 시 지역별 특성, 지역복지 활성화에 미치는 영향을 고려할 필요가 있는바, 이러한 내용을 검토·협의 기준에 추가하는 한편, 보건복지부장관이 사회보장 재정추계 및 사회보장통계 업무를 정부출연연구기관 등에 위탁할 수 있는 근거를 마련하는 등 현행 제도의 운영상 나타난 일부 미비점을 개선·보완함.
- 2021. 6. 8. 개정(법률 제18215호) 사회보장위원회가 사회보장 관련 행정데이터를 제공받아 주요 시책의 심의·조정에 활용할 수 있도록 법적 근거를 명확히 하는 한편, 보건복지부장관이 사회보장 행정데이터 분석센터를 설치·운영할 수 있도록 함으로써 사회보장정책 기획, 평가, 제도개선 등에 대한 지원 기능을 강화함.

제 2 절 법의 주요 내용

1. 법의 목적과 용어의 정의

1) 목적

「사회보장기본법」은 사회보장에 관한 국민의 권리와 국가 및 지방자치단체의 책임을 정하고 사회보장정책의 수립·추진과 관련 제도에 관한 기본적인 사항을 규정함으로써 국민의 복지증진에 이바지하는 것을 목적으로 한다(동법 제1조).

2) 용어의 정의

이 법에서 사용하는 용어의 정의는 다음과 같다(동법 제3조).

- 사회보장: 출산, 양육, 실업, 노령, 장애, 질병, 빈곤 및 사망 등의 사회적 위험으로부터 모든 국민을 보호하고 국민 삶의 질을 향상시키는 데 필요한 소득·서비스를 보장하는 사회보험, 공공부조, 사회서비스
- 사회보험: 국민에게 발생하는 사회적 위험을 보험의 방식으로 대처함으로써 국민의 건강과 소득을 보장하는 제도
- 공공부조(公共扶助): 국가와 지방자치단체의 책임하에 생활 유지 능력이 없거나 생활이 어려운 국민의 최저생활을 보장하고 자립을 지원하는 제도
- 사회서비스: 국가·지방자치단체 및 민간부문의 도움이 필요한 모든 국민에게 복지, 보건의료, 교육, 고용, 주거, 문화, 환경 등의 분야에서 인간다운 생활을 보장하고 상담, 재활, 돌봄, 정보의 제공, 관련 시설의 이용, 역량 개발, 사회참여 지원 등을 통하여 국민의 삶의 질이 향상되도록 지원하는 제도를 말한다.
- 평생사회안전망: 생애주기에 걸쳐 보편적으로 충족되어야 하는 기본욕구와

특정한 사회위험에 의하여 발생하는 특수욕구를 동시에 고려하여 소득・서비스를 보장하는 맞춤형 사회보장제도

- 사회보장 행정데이터: 국가, 지방자치단체, 공공기관 및 법인이 법령에 따라 생성 또는 취득하여 관리하고 있는 자료 또는 정보로서 사회보장 정책 수행에 필요한 자료 또는 정보

2. 사회보장의 주체와 책임

1) 국가 및 지방자치단체의 책임

국가[1)]와 지방자치단체[2)]는 모든 국민의 인간다운 생활을 유지・증진하는 책임을 가지며, 사회보장에 관한 책임과 역할을 합리적으로 분담하여야 하며, 국가발전의 수준에 부응하고 사회환경의 변화에 선제적으로 대응하며 지속가능한 사회보장제도를 확립하고 매년 이에 필요한 재원을 조달하여야 한다. 한편 국가는 사회보장제도의 안정적인 운영을 위하여 중・장기 사회보장 재정추계를 격년으로 실시하고 이를 공표하여야 한다(동법 제5조).

1) 국가는 국민을 위하여 복지행정권을 행사하고 국민의 사회복지수급권의 상대방이 된다. 국가의 복지행정권은 대통령을 정점으로 하는 행정관청에 의하여 수행된다. 행정관청이란 국가의 의사를 결정하는 기관이다. 대통령, 국무총리, 각부 장관이 그것이다. 그리고 이 행정관청의 의사결정을 자문하는 기관인 자문기관이 있고 행정관청을 보조하는 보조기관(예컨대, 국장, 과장, 계장, 주임 등)이 있다. 또 행정관청의 의사결정을 구속하는 국가의결기관으로 국회가 있다.

2) 지방자치단체는 주민의 복리에 관한 사무를 처리하고 재산을 관리하며, 법령의 범위 안에서 자치에 관한 규정을 제정할 수 있다(헌법 제117조). 지방자치단체는 국민기초생활보장제도와 같은 공공부조나 사회복지서비스를 직접 국민들의 삶의 현장에서 집행하는 데 중요한 역할을 한다. 지방자치단체는 자치행정의 주체이며 국가로부터 국가통치권(행정권)의 위임을 받은 사항과 고유의 자치권에 의하여 주민의 복리를 실현하는 공법인이다. 지방자치단체에는 특별시, 광역시, 시・군・구(자치구)가 있다. 지방자치단체가 제정하는 자치에 관한 규정에는 지방의회에서 제정・공포하는 조례(條例)와 지방자치단체의 장이 제정・공포하는 규칙(規則)이 있다.

2) 국민의 책임

모든 국민은 자신의 능력을 최대한 발휘하여 자립·자활(自活)할 수 있도록 노력하여야 하고, 경제적·사회적·문화적·정신적·신체적으로 보호가 필요하다고 인정되는 사람에게 지속적인 관심을 가지고 이들이 보다 나은 삶을 누릴 수 있는 사회환경 조성에 서로 협력하고 노력하여야 하며, 관계 법령에서 정하는 바에 따라 사회보장급여에 필요한 비용의 부담, 정보의 제공 등 국가의 사회보장정책에 협력하여야 한다(동법 제7조).

3. 사회보장의 대상

사회보장의 대상은 개별 사회보장법과 제도의 자격기준, 자격요건에 따라 선정, 결정되는 것이지만, 포괄적으로는 전 국민을 대상으로 하고 있고 더 나아가서는 국내에 거주하는 외국인도 포함시키는 경우가 늘어나고 있다(동법 제8조 및 제9조).

4. 사회보장을 받을 권리: 사회보장수급권

모든 국민은 사회보장 관계 법령에서 정하는 바에 따라 사회보장급여를 받을 권리를 가진다(동법 제9조).

1) 급여수준

사회보장급여수준에 관련하여 다음의 3가지 원칙을 규정하고 있다. 첫째, 국가와 지방자치단체는 모든 국민이 건강하고 문화적인 생활을 유지할 수 있도록 사회보장급여의 수준 향상을 위하여 노력하여야 한다. 둘째, 국가는 관계 법령에서 정하는 바에 따라 최저보장수준과 최저임금을 매년 공표하여야 한다. 셋째, 국가와 지방자치단체는 최저보장수준과 최저임금 등을 고려하여 사회보장급여의 수준을 결정하여야 한다(동법 제10조).

2) 급여의 신청

사회보장급여의 신청과 관련하여 각각 다음과 같이 규정하고 있다. 첫째, 사회보장의 급여를 받으려는 사람은 관계 법령에서 정하는 바에 따라 국가나 지방자치단체에 신청하여야 한다. 다만, 관계 법령에서 따로 정하는 경우에는 국가나 지방자치단체가 신청을 대신할 수 있다. 둘째, 사회보장급여를 신청하는 사람이 다른 기관에 신청한 경우에는 그 기관은 지체 없이 이를 정당한 권한이 있는 기관에 이송하여야 한다(동법 제11조).

3) 수급권의 보호, 제한 및 포기

사회보장수급권은 필요에 따라 보호, 제한 및 포기될 수 있는 법적 장치를 마련하고 있다.

(1) 보호

사회보장수급권은 관계법령에서 정하는 바에 따라 다른 사람에게 양도하거나 담보로 제공할 수 없으며, 이를 압류할 수 없다(동법 제12조).

(2) 제한

사회보장수급권의 제한에 대하여 다음과 같이 규정하고 있다. 첫째, 사회보장수급권은 제한되거나 정지될 수 없다. 다만, 관계법령에서 따로 정하고 있는 경우에는 그러하지 아니하다. 둘째, 사회보장수급권이 제한 또는 정지되는 경우에는 제한 또는 정지하는 목적에 필요한 최소한의 범위에서 그쳐야 한다(동법 제13조).

(3) 포기

사회보장수급권의 포기와 관련해서는 다음과 같이 규정하고 있다. 첫째, 사회보장수급권은 정당한 권한이 있는 기관에 서면으로 통지하여 포기할 수 있다. 둘째, 사회보장수급권의 포기는 이를 취소할 수 있다. 셋째, 사회보장수급권의 포기가 타인에게 피해를 주거나 사회보장에 관한 관계 법령에 위반되는 경우에는 이를 포기할 수 없다(동법 제14조).

(4) 불법행위에 대한 구상

제3자의 불법행위로 피해를 입은 국민이 그로 인하여 사회보장수급권을 가지게 된 경우 사회보장제도를 운영하는 자는 불법행위의 책임이 있는 자에 대하여 관계 법령이 정하는 바에 따라 구상권(求償權)을 행사할 수 있다(동법 제15조).

5. 사회보장 기본 계획

보건복지부장관은 관계 중앙행정기관의 장과 협의하여 사회보장 증진을 위하여 사회보장에 관한 기본 계획을 5년마다 수립하여야 한다. 기본계획에는 다음의 사항이 포함되어야 한다(동법 제16조).

- 국내외 사회보장 환경의 변화와 전망
- 사회보장의 기본 목표 및 중장기 추진방향
- 주요 추진과제 및 추진방법
- 필요한 재원의 규모와 조달방안
- 사회보장 관련 기금운용방안
- 사회보장 전달체계
- 그 밖에 사회보장정책의 추진에 필요한 사항

6. 사회보장위원회

사회보장에 관한 주요 시책을 심의·조정하기 위하여 국무총리 소속으로 사회보장위원회를 두고, 다음의 사항을 심의·조정한다(동법 제20조).

- 사회보장 증진을 위한 기본 계획
- 사회보장 관련 주요 계획
- 사회보장제도의 평가 및 개선
- 사회보장제도의 신설 또는 변경에 따른 우선순위
- 둘 이상의 중앙행정기관이 관련된 주요 사회보장정책
- 사회보장급여 및 비용 부담
- 국가와 지방자치단체의 역할 및 비용 분담
- 사회보장의 재정추계 및 재원조달 방안
- 사회보장 전달체계 운영 및 개선
- 사회보장통계
- 사회보장정보의 보호 및 관리
- 사회보장제도의 신설과 변경에 대한 중앙행정기관의 장과 지방자치단체의 장 간에 협의가 이루어지지 아니할 경우에 이에 대한 조정
- 그 밖에 위원장이 심의에 부치는 사항

사회보장위원회는 위원장 1명, 부위원장 3명과 행정안전부장관, 고용노동부장관, 여성가족부장관, 국토교통부장관을 포함한 30명 이내의 위원으로 한다. 위원장은 국무총리가 되고 부위원장은 기획재정부장관, 교육부장관 및 보건복지부장관이 된다. 그리고 위원은 대통령령이 정한 관계 중앙행정기관의 장과 근로자를 대표하는 사람, 사용자를 대표하는 사람, 사회보장에 관한 학식과 경험이 있는 사람, 변호사의 자격이 있는 사람 중에서 대통령이 위촉하게 되어 있다. 또한 위원회를 효율적으로 운영하고 위원회의 심의사항을 전문적으로 검토하기 위하여

위원회에 실무위원회를 두며, 실무위원회에 분야별 전문위원회를 둘 수 있다(동법 제21조).

7. 사회보장정책의 기본방향과 사회보장제도의 운영

1) 사회보장정책의 기본 방향

(1) 평생사회안정망의 구축 · 운영

국가와 지방자치단체는 모든 국민이 생애 동안 삶의 질을 유지 · 증진할 수 있도록 평생사회안전망을 구축하여야 하며, 국가와 지방자치단체는 평생사회안전망을 구축 · 운영함에 있어 사회적 취약계층을 위한 공공부조를 마련하여 최저생활을 보장하여야 한다(동법 제22조).

(2) 사회서비스 보장

국가와 지방자치단체는 모든 국민의 인간다운 생활과 자립, 사회참여, 자아실현 등을 지원하여 삶의 질이 향상될 수 있도록 사회서비스에 관한 시책을 마련하여야 하며, 국가와 지방자치단체는 사회서비스 보장과 소득보장이 효과적이고 균형적으로 연계되도록 하여야 한다(동법 제23조).

(3) 소득 보장

국가와 지방자치단체는 다양한 사회적 위험하에서도 모든 국민들이 인간다운 생활을 할 수 있도록 소득을 보장하는 제도를 마련하여야 하고, 공공부문과 민간부문의 소득보장제도가 효과적으로 연계되도록 하여야 한다(동법 제24조).

2) 사회보장제도의 운영

(1) 운영원칙

「사회보장기본법」은 사회보장제도를 운영하는 과정에 요청되는 운영원칙을 다음과 같이 제시하고 있다. 첫째, 국가와 지방자치단체가 사회보장제도를 운영할 때에는 이 제도를 필요로 하는 모든 국민에게 적용하여야 한다. 둘째, 국가와 지방자치단체는 사회보장제도의 급여 수준과 비용 부담 등에서 형평성을 유지하여야 한다. 셋째, 국가와 지방자치단체는 사회보장제도의 정책 결정 및 시행 과정에 공익의 대표자 및 이해관계인 등을 참여시켜 이를 민주적으로 결정하고 시행하여야 한다. 넷째, 국가와 지방자치단체가 사회보장제도를 운영할 때에는 국민의 다양한 복지 욕구를 효율적으로 충족시키기 위하여 연계성과 전문성을 높여야 한다. 다섯째, 사회보험은 국가의 책임으로 시행하고, 공공부조와 사회서비스는 국가와 지방자치단체의 책임으로 시행하는 것을 원칙으로 한다. 다만, 국가와 지방자치단체의 재정 형편 등을 고려하여 이를 협의·조정할 수 있다(동법 제25조).

(2) 협의 및 조정

국가와 지방자치단체는 사회보장제도를 신설하거나 변경할 경우 기존 제도와의 관계, 사회보장 전달체계와 재정 등에 미치는 영향 등을 사전에 충분히 검토하고 상호협력하여 사회보장급여가 중복 또는 누락되지 아니하도록 하여야 하며, 중앙행정기관의 장과 지방자치단체의 장은 사회보장제도를 신설하거나 변경할 경우 신설 또는 변경의 타당성, 기존 제도와의 관계, 사회보장 전달체계에 미치는 영향 및 운영방안 등에 대하여 대통령령으로 정하는 바에 따라 보건복지부장관과 협의하여야 한다(동법 제26조).

(3) 민간의 참여

국가와 지방자치단체는 사회보장에 대한 민간부문의 참여를 유도할 수 있도록 정책을 개발·시행하고 그 여건을 조성하여야 한다(동법 제27조).

(4) 비용의 부담

사회보장 비용의 부담은 각각의 사회보장제도의 목적에 따라 국가, 지방자치단체 및 민간부문 간에 합리적으로 조정되어야 하며, 사회보험에 드는 비용은 사용자, 피용자(被傭者) 및 자영업자가 부담하는 것을 원칙으로 하되, 관계 법령에서 정하는 바에 따라 국가가 그 비용의 일부를 부담할 수 있다. 그리고 공공부조 및 관계 법령에서 정하는 일정 소득 수준 이하의 국민에 대한 사회서비스에 드는 비용의 전부 또는 일부는 국가와 지방자치단체가 부담하며, 부담 능력이 있는 국민에 대한 사회서비스에 드는 비용은 그 수익자가 부담함을 원칙으로 하되, 관계 법령에서 정하는 바에 따라 국가와 지방자치단체가 그 비용의 일부를 부담할 수 있다(동법 제28조).

(5) 사회보장 전달체계

국가와 지방자치단체는 모든 국민이 쉽게 이용할 수 있고 사회보장급여가 적시에 제공되도록 지역적·기능적으로 균형잡힌 사회보장 전달체계를 구축하여야 하며, 국가와 지방자치단체는 사회보장 전달체계의 효율적 운영에 필요한 조직, 인력, 예산 등을 갖추어야 한다. 아울러 국가와 지방자치단체는 공공부문과 민간부문의 사회보장 전달체계가 효율적으로 연계되도록 노력하여야 한다(동법 제29조).

(6) 사회보장에 관한 상담 및 통지

국가와 지방자치단체는 사회보장에 관한 관계 법령에서 정하는 바에 따라 사회보장에 관한 상담에 응해야 하며(동법 제35조), 사회보장에 관한 사항을 해당 국민에게 알려야 한다(동법 제36조).

8. 사회보장정보의 관리

1) 사회보장정보시스템의 구축 · 운영

국가와 지방자치단체는 국민편익의 증진과 사회보장업무의 효율성 향상을 위하여 사회보장업무를 전자적으로 관리하도록 노력하여야 하며, 국가는 관계 중앙행정기관과 지방자치단체에서 시행하는 사회보장수급권자 선정 및 급여 관리 등에 관한 정보를 통합 · 연계하여 처리 · 기록 및 관리하는 시스템을 구축 · 운영할 수 있다. 보건복지부장관은 사회보장정보시스템의 구축 · 운영을 총괄하고, 사회보장정보시스템 구축 · 운영의 전 과정에서 개인정보 보호를 위하여 필요한 시책을 마련하며, 관계 중앙행정기관, 지방자치단체 및 관련 기관 · 단체에 사회보장정보시스템의 운영에 필요한 정보의 제공을 요청하고 제공받은 목적의 범위에서 보유 · 이용할 수 있다(동법 제37조).

2) 개인정보 등의 보호

사회보장 업무에 종사하거나 종사하였던 자는 사회보장업무 수행과 관련하여 알게 된 개인 · 법인 또는 단체의 정보를 관계 법령에서 정하는 바에 따라 보호하여야 하며, 국가와 지방자치단체, 공공기관, 법인 · 단체, 개인이 조사하거나 제공받은 개인 · 법인 또는 단체의 정보는 이 법과 관련 법률에 근거하지 아니하고 보유, 이용, 제공되어서는 아니 된다(제38조).

9. 권리구제

위법 또는 부당한 처분을 받거나 필요한 처분을 받지 못함으로써 권리 또는 이익을 침해를 받은 국민은 「행정심판법」에 따른 행정심판을 청구하거나 「행정소송법」에 따른 행정소송을 제기하여 그 처분의 취소 또는 변경 등을 청구할 수 있다(동법 제39조).

제7장 사회보장급여의 이용·제공 및 수급권자 발굴에 관한 법률(약칭: 사회보장급여법)

제1절 입법 배경 및 주요 연혁

1. 입법 배경

늘어나는 복지예산과 서비스의 다양화에도 불구하고 현행 복지전달체계가 중앙행정기관별·지방자치단체별로 분절 운영되어 서비스의 효율적 연계를 기대하기 어렵고, 같은 대상자에게 복지혜택이 중복하여 제공되거나 2014년 2월 26일 송파구에서 생활고를 비관한 세 모녀가 동반 자살하는 사건이 발생하는 등 도움이 절실한 계층이 복지의 사각지대에 놓이는 사례가 동시에 발생하였다.

개정된 「사회보장기본법」은 보건의료, 교육, 고용, 주거 등 다양한 복지서비스를 포괄하는 사회서비스 개념을 도입하여 국민의 보편적·생애주기적인 특성에 맞게 소득과 사회서비스를 함께 보장하는 맞춤형 사회보장제도의 운영을 지향하고 있으나, 이를 실현하기 위한 세부적인 실행방안과 절차가 미비하여 적절한 조사와 지급 이후의 사후관리의 미흡으로 국민의 예측가능성을 담보하지 못한다는 문제가 제기되어왔다.

또한, 기존 사회복지사업법이 사회복지사업 중심의 서비스 이용 절차와 운영에 한정되어 있어 중앙행정기관과 지방자치단체의 유기적인 연계를 통한 지역단위 사회보장을 제대로 이루어내지 못하는 한계가 있어 이를 보완할 후속조치가 절실히 요구되었다.

이에 따라 사회보장급여의 신청, 조사, 결정·지급, 사후관리에 이르는 복지대상자 선정과 지원에 필요한 일련의 절차 및 방법 등에 관한 사항을 구체적으로 규정하고, 소외계층을 발굴하기 위한 신고의무, 보호대상자에게 필요한 급여의 직권신청, 보호계획 수립·지원, 상담·안내·의뢰 등 수급권자 보호를 강화하고 복지사각지대를 해소하기 위한 방안을 제도적으로 보완하도록 하였다.

또한, 중앙행정기관·지방자치단체 및 관련 공공기관 간 정보의 연계를 통하여 복지행정 업무를 전자적으로 지원하는 사회보장정보시스템의 원활한 운영을 뒷받침함으로써 복지사업의 효과성을 제고하는 한편, 중앙행정기관과 지방자치단체 간의 유기적인 연계와 통일성을 기하여 지역 단위의 종합적 사회보장과 지역 간 균형발전을 실현하기 위한 방안 및 지원체계를 정립하여 궁극적으로는 국민이 자신에게 적합한 복지혜택을 선택할 수 있도록 하는 맞춤형 서비스를 제공함으로써 국민의 복지체감도를 향상시키고자 2014년 12월 30일 제정되었다.

2. 주요 연혁

- 2014. 12. 30. 「사회보장급여의 이용·제공 및 수급권자 발굴에 관한 법률」 제정(법률 제12935호)
- 2016. 2. 3. 개정(법률 제13994호) 업무담당자가 신청자와 부양의무자 등을 조사할 때 권한을 표시하는 증표뿐만 아니라 조사기간, 조사범위 등이 기재된 서류를 제시하도록 함으로써 지도감독 대상자의 권리를 보호하고 합리적인 조사가 이루어지도록 함.
- 2017. 3. 21. 개정(법률 제14696호) 사회보장급여 지원대상자를 적극적으로 발굴하고 발굴의 정확성을 높이기 위하여, 개인신용정보 중 연체정보에 대하여는 사회보장정보시스템을 통하여 처리할 수 있도록 하고, 사회보장급여 지원대상자의 사회보장 수준을 높이기 위하여 지원대상자에게 보건·복지·고용·교육 등에 대한 사회보장급여 및 민간 법인·단체·시설 등이 제공하는 서비스를 종합적으로 연계하여 맞춤형으로 제공하는 통합사례관리의 실시 근거를 마련하는 등 현행 제도의 운영상 나타난 일부 미비점을 개선·보완함.

- 2018. 12. 11. 개정(법률 제15884호) 보장기관인 국가 및 지방자치단체가 매 분기별 지원대상자 발굴조사를 실시하도록 하고, 보건복지부장관은 지원대상자 발굴체계의 운영 실태를 정기적으로 점검하고 개선방안을 마련하도록 함으로써 복지사각지대의 해소에 기여하도록 하며, 그 밖에 부정수급 신고포상제의 근거를 마련하고, 비밀유지의무 대상에 통합사례관리에 관한 업무를 추가하며, 자살자 또는 자살시도자가 발생한 가구도 위기가구에 포함하여 보호하는 등 현행법의 미비한 점을 정비하여 국민의 복지증진에 기여하고자 함.
- 2019. 12. 3. 개정(법률 제16737호) 사회보장급여 지원대상자를 효율적으로 발굴하고 복지사각지대를 해소하기 위하여 종전에는 보건복지부장관이 보험료를 6개월 이상 체납한 사람의 가구정보를 처리할 수 있도록 하던 것을, 앞으로는 보험료를 3개월 이상 체납한 사람의 가구정보를 처리할 수 있도록 하고, 지원대상자 발견 시 신고의무자에 공동주택의 관리주체를 추가하며, 사회보장정보시스템상의 개인정보가 오용 · 남용되지 않도록 업무 외의 목적으로 사회보장정보를 열람하거나 조회하는 행위를 금지하고, 보건복지부장관은 사회보장정보를 처리하는 자에게 사회보장정보 보호에 관한 교육을 실시하도록 하는 한편, 국제협력 업무의 수행 필요성을 고려하여 사회보장정보원의 명칭을 한국사회보장정보원으로 변경하는 등 현행 제도의 운영상 나타난 일부 미비점을 개선 · 보완함.
- 2020. 4. 7. 개정(법률 제17201호) 위기가구 발굴을 보다 용이하게 하기 위하여 보장기관의 위기가구 발굴을 위한 협조기관에 공공주택사업자, 공동주택 관리주체 등을 추가하고, 사회보장정보시스템을 통하여 처리할 수 있는 정보에 통신요금, 임대료, 관리비 연체정보를 추가하는 한편, 보장기관의 장은 시 · 도사회보장위원회의 효율적 운영을 위하여 필요한 운영비 등 경비를지원할 수 있도록 법적 근거를 마련하는 등 현행 제도의 운영상 나타난 일부 미비점을 개선 · 보완함.
- 2020. 12. 29. 개정(법률 제17781호) 사회보장급여 절차에 대한 국민의 접근성을 높이고, 행정의 효율성을 강화하여 종국적으로는 지원대상자에게 필요한

급여를 신속하게 제공할 수 있도록 신청방식을 다양화하고, 위기가구 발굴 및 급여조사에 있어서 검토 가능한 정보의 범위를 확대하는 한편, 복지사각지대 문제에 적극적으로 대응하기 위하여 주기적으로 사회보장급여의 수급 가능성을 확인하여 그 결과를 안내하는 맞춤형 급여 안내 제도를 도입하고, 국민에 대한 사회서비스의 원활한 제공 및 서비스 관리를 위하여 사회서비스정보시스템의 구축·운영 근거를 신설하는 등 현행 제도의 운영상 나타난 일부 미비점을 개선·보완함.

- 2021. 7. 27. 개정(법률 제18330호) 사회보장 관련 자료 등을 교육감, 「초·중등교육법」에 따른 학교의 장에게도 제공할 수 있도록 하여 복지 사각지대를 해소하는 데 기여하고자 함.
- 2021. 12. 21. 개정(법률 제18616호) 시·도사회보장위원회 및 지역사회보장협의체 위원의 결격사유 중 하나로 사회복지사업이나 그 직무와 관련하여 아동 관련 범죄 등을 범하여 100만원 이상의 벌금형을 선고받은 경우를 정하고 있는바, 결격사유에 해당하는 범죄와 다른 범죄의 경합범(競合犯)에 대하여 벌금형을 선고하는 경우에는 「형법」에 따라 하나의 벌금형을 선고하는 대신 각각의 범죄에 대하여 분리 선고하도록 함으로써, 벌금형을 선고받아 결격사유에 해당하는 경우를 명확히 하고, 결격사유에 관하여 해당 범죄만으로 처벌받은 사람과 경합범으로 처벌받은 사람 사이의 형평을 도모하고자 함.
- 2023. 3. 28. 개정(법률 제19295호) 지원대상자의 주소지와 실제 거주지가 다른 경우에는 실제 거주지 관할 보장기관에도 사회보장급여를 신청할 수 있도록 하고, 보장기관의 장이 관할 지역의 위기가구 발굴을 위하여 정보 공유를 요청할 수 있는 대상기관에 신용회복위원회 및 한국정보통신진흥협회를 추가하며, 보장기관의 장은 지원대상자의 소재 파악이 필요한 경우 기간통신사업자에게 지원대상자의 전화번호 제공을 요청할 수 있도록 하고, 해당 정보를 제공받은 사실을 당사자에게 통지하도록 하는 한편, 보건복지부장관이 사회보장정보시스템을 통하여 처리할 수 있는 정보에 국민연금공단의 자금대여사업을 이용하는 자의 가구정보와 기간통신사업자가 보유한 이용자의

정보로서 보건복지부장관이 위기상황에 처하여 있다고 판단한 이용자의 이동전화번호 정보를 추가함.

- 2023. 6. 13. 개정(법률 제19452호) 위기에 처한 지원대상자를 직접 접촉할 확률이 높은 전기 · 수도 · 가스 검침 및 안전점검 관련 업무 종사자, 국민연금공단 · 국민건강보험공단 · 근로복지공단의 상담원 등을 지원대상자 발견 시 신고의무자에 추가함.
- 2023. 8. 16. 개정(법률 제19650호) 사회보장정보시스템에서 지원대상자 발굴을 위해 처리할 수 있는 개인신용정보의 범위에 채무액도 포함하도록 함.

제 2 절 법의 주요 내용

1. 법의 목적과 기본원칙

1) 목적

「사회보장기본법」에 따른 사회보장급여의 이용 및 제공에 관한 기준과 절차 등 기본적 사항을 규정하고 지원을 받지 못하는 지원대상자를 발굴하여 지원함으로써 사회보장급여를 필요로 하는 사람의 인간다운 생활을 할 권리를 최대한 보장하고, 사회보장급여가 공정하고 효과적으로 제공되도록 하며, 사회보장제도가 지역사회에서 통합적으로 시행될 수 있도록 그 기반을 구축하는 것을 목적으로 한다(동법 제1조).

2) 기본원칙

이 법에서 정하고 있는 기본원칙은 다음과 같다(동법 제4조).

- 사회보장급여가 필요한 사람은 누구든지 자신의 의사에 따라 사회보장급여를 신청할 수 있으며, 보장기관은 이에 필요한 안내와 상담 등의 지원을 충분히 제공하여야 한다.
- 보장기관은 지원이 필요한 국민이 급여대상에서 누락되지 아니하도록 지원대상자를 적극 발굴하여 이들이 필요로 하는 사회보장급여를 적절하게 제공받을 수 있도록 노력하여야 한다.
- 보장기관은 국민의 다양한 복지욕구를 충족시키고 생애주기별 필요에 맞는 사회보장급여가 공정·투명·적정하게 제공될 수 있도록 노력하여야 한다.
- 보장기관은 사회보장급여와 「사회복지사업법」 제2조 제3호 및 제4호의 사회복지법인, 사회복지시설 등 사회보장 관련 민간 법인·단체·시설이 제공하는 복지혜택 또는 서비스를 효과적으로 연계하여 제공할 수 있도록 노력하여야 한다.
- 보장기관은 국민이 사회보장급여를 편리하게 이용할 수 있도록 사회보장 정책 및 관련 제도를 수립·시행하기 위하여 노력하여야 한다.
- 보장기관은 지역의 사회보장 수준이 균등하게 실현될 수 있도록 노력하여야 한다.

2. 용어의 정의

이 법에서 사용하는 용어의 정의는 다음과 같다(동법 제3조).

- 사회보장급여: 보장기관이 「사회보장기본법」 제3조 제1호에 따라 제공하는 현금, 현물, 서비스 및 그 이용권
- 수급권자: 「사회보장기본법」 제9조에 따른 사회보장급여를 제공받을 권리를 가진 사람
- 수급자: 사회보장급여를 받고 있는 사람
- 지원대상자: 사회보장급여를 받고 있는 사람

- 보장기관: 관계 법령 등에 따라 사회보장급여를 제공하는 국가기관과 지방자치단체

3. 사회보장급여

1) 사회보장급여의 이용

(1) 사회보장급여의 신청

지원대상자와 그 친족, 「민법」에 따른 후견인, 「청소년 기본법」에 따른 청소년상담사 · 청소년지도사, 지원대상자를 사실상 보호하고 있는 자(관련 기관 및 단체의 장을 포함) 등(이하 "사회보장급여 신청권자"라 한다)은 지원대상자의 주소지 관할 보장기관에 사회보장급여를 신청할 수 있다. 다만, 지원대상자의 주소지와 실제 거주지가 다른 경우에는 실제 거주지 관할 보장기관에도 신청할 수 있고, 중앙행정기관의 장이 지원대상자의 이용 편의, 사회보장급여의 제공 유형 등을 고려하여 필요하다고 결정한 사회보장급여의 경우에는 지원대상자의 주소지 관할이 아닌 보장기관에도 신청할 수 있다. 보장기관의 업무담당자는 지원대상자가 누락되지 아니하도록 하기 위하여 관할 지역에 거주하는 지원대상자에 대한 사회보장급여의 제공을 직권으로 신청할 수 있다. 이 경우 지원대상자의 동의를 받아야 하며, 동의를 받은 경우에는 지원대상자가 신청한 것으로 본다.

(2) 수급자격의 조사

보장기관의 장은 사회보장급여의 신청을 받으면 지원대상자와 그 부양의무자(배우자와 1촌의 직계혈족 및 그 배우자)에 대하여 사회보장급여의 수급자격 확인을 위하여 다음의 어느 하나에 해당하는 자료 또는 정보를 제공받아 조사하고 처리할 수 있다. 다만, 부양의무자에 대한 조사가 필요하지 아니하거나 그 밖에 대통령령으로 정하는 사유에 해당하는 경우는 제외한다(동법 제7조).

- 인적사항 및 가족관계 확인에 관한 사항
- 소득·재산·근로능력 및 취업상태에 관한 사항
- 사회보장급여 수급이력에 관한 사항
- 그 밖에 수급권자를 선정하기 위하여 보장기관의 장이 필요하다고 인정하는 사항

(3) 사회보장급여 제공의 결정

보장기관의 장이 사회보장 요구 및 수급자격의 조사를 실시한 경우에는 사회보장급여의 제공 여부 및 제공 유형을 결정하되, 제공하고자 하는 사회보장급여는 지원대상자가 현재 제공받고 있는 사회보장급여와 보장 내용이 중복되도록 하여서는 아니 된다. 보장기관의 장은 사회보장급여의 제공 결정에 필요한 경우 지원대상자와 그 친족, 그 밖에 관계인의 의견을 들을 수 있다. 보장기관의 장은 사회보장급여의 제공 여부와 그 유형 및 변경사항 신고의무 등을 서면(신청인의 동의에 의한 전자문서를 포함)으로 신청인에게 통지하여야 하며, 필요한 경우 구두 등의 방법을 병행할 수 있다. 보장기관의 장이 제1항에 따른 사회보장급여의 제공 여부 및 제공 유형을 결정할 때 제공받은 자료·정보의 전부 또는 일부를 통해 평가한 지원대상자와 그 부양의무자의 소득·재산 수준이 보건복지부장관이 정하는 기준 이하인 경우에는 소득·재산 관련 조사의 일부를 생략하고 사회보장급여의 지급을 결정할 수 있다(동법 제9조).

2) 지원대상자의 발굴

(1) 발굴 및 정보 제공

보장기관의 장은 누락된 지원대상자가 적절한 사회보장급여를 제공받을 수 있도록 지원이 필요한 위기상황에 처하여 있다고 판단한 사람의 가구 및 자살자가 발생한 가구 또는 자살시도자가 발생한 가구를 발굴하기 위하여 노력하여야 하

며, 보장기관의 장은 발굴한 위기가구의 구성원이 필요로 하는 적절한 사회보장급여를 제공받을 수 있도록 지원하여야 한다(동법 제9조의2). 또한 보장기관의 장은 지원대상자를 발굴하기 위하여 사회보장급여의 내용 및 제공 규모, 수급자가 되기 위한 요건과 절차, 그 밖에 사회보장급여 수급을 위하여 필요한 정보 등의 사항에 대한 자료 또는 정보의 제공과 홍보에 노력하여야 한다(동법 제10조). 보장기관의 장은 지원대상자에 대한 발굴조사를 분기마다 정기적으로 실시하여야 하며, 보건복지부장관은 지원대상자 발굴체계의 운영 실태를 매년 정기적으로 점검하고 개선방안을 마련하여야 한다(동법 제12조의2).

(2) 지원대상자 발견 시 신고의무

누구든지 출산, 양육, 실업, 노령, 장애, 질병, 빈곤 및 사망 등의 사회적 위험으로 인하여 사회보장급여를 필요로 하는 지원대상자를 발견하였을 때에는 보장기관에 알려야 한다. 사회복지시설의 장과 그 종사자, 활동지원기관의 장 및 활동지원인력, 의료인과 의료기관의 장, 보육교직원 등 신고 의무자에 해당하는 사람은 그 직무상 사회적 위험으로 인하여 사망 또는 중대한 정신적 · 신체적 장애를 입을 위기에 처한 지원대상자를 발견한 경우 지체 없이 보장기관에 알리고, 지원대상자가 신속하게 지원을 받을 수 있도록 노력하여야 한다(동법 제13조).

(3) 민관협력

보장기관과 관계 기관 · 법인 · 단체 · 시설은 지역사회 내 사회보장이 필요한 지원대상자를 발굴하고, 가정과 지역공동체의 자발적인 협조가 이루어질 수 있도록 노력하여야 한다. 특별자치시장 및 시장 · 군수 · 구청장은 지원대상자의 발굴 및 지역사회보호체계의 구축을 위하여 필요한 경우 지역사회보장협의체에 관계 기관 · 법인 · 단체 · 시설의 장 및 그 밖에 사각지대 발굴과 관련한 기관 · 법인 · 단체 · 시설의 장 등을 포함시켜 운영할 수 있다(동법 제14조).

3) 수급권자 등의 지원

보장기관의 장은 사회보장급여의 제공을 결정한 때에는 필요한 경우 다음의 사항이 포함된 수급권자별 사회보장급여 제공계획을 수립하여야 한다. 이 경우 수급권자 또는 그 친족이나 그 밖의 관계인의 의견을 고려하여야 한다(동법 제15조).

- 사회보장급여의 유형·방법·수량 및 제공기간
- 사회보장급여를 제공할 기관 및 단체
- 동일한 수급권자에 대하여 사회보장급여를 제공할 보장기관 또는 관계 기관·법인·단체·시설이 둘 이상인 경우 상호간 연계방법
- 사회보장 관련 민간 법인·단체·시설이 제공하는 복지혜택과 연계가 필요한 경우 그 연계방법

보장기관의 업무담당자는 수급권자 또는 지원대상자(이하 "수급권자 등"이라 함)가 필요한 사회보장급여를 편리하게 이용할 수 있도록 사회보장급여의 명칭, 수급권자의 선정기준, 보장내용 및 신청방법 등에 관한 사항을 상담하고 안내하여야 하며, 이를 위하여 사회보장정보시스템에서 지원하는 정보를 최대한 활용하여야 한다(동법 제16조).

4) 사회보장급여의 관리

보장기관의 장은 수급자에 대한 사회보장급여의 적정성을 확인하기 위하여 인적사항 및 가족관계 확인에 관한 사항, 소득·재산·근로능력 및 취업상태에 관한 사항, 사회보장급여 수급이력에 관한 사항, 그 밖에 수급권자를 선정하기 위하여 보장기관의 장이 필요하다고 인정하는 사항에 해당하는 정보를 조사할 수 있다(동법 제19조).

보건복지부장관은 속임수 등의 부정한 방법으로 사회보장급여를 받거나 타인으로 하여금 사회보장급여를 받게 한 경우에 대하여 보장기관이 효과적인 대책

을 세울 수 있도록 그 발생 현황, 피해사례 등에 관한 실태조사를 3년마다 실시하고, 그 결과를 공개하여야 한다(동법 제19조의2). 보장기관의 장은 사회보장급여의 적정성 확인조사 및 수급자의 변동신고에 따라 수급자 및 그 부양의무자의 인적사항, 가족관계, 소득 · 재산 상태, 근로능력 등에 변동이 있는 경우에는 직권 또는 수급자나 그 친족, 그 밖의 관계인의 신청에 따라 수급자에 대한 사회보장급여의 종류 · 지급방법 등을 변경할 수 있다(동법 제21조). 또한, 수급자가 변동에 따른 신고를 고의로 회피하거나 속임수 등의 부정한 방법으로 사회보장급여를 받거나 타인으로 하여금 사회보장급여를 받게 한 경우에는 사회보장급여를 제공한 보장기관의 장은 그 사회보장급여의 전부 또는 일부를 그 사회보장급여를 받거나 받게 한 자로부터 환수할 수 있다(동법 제22조).

4. 사회보장정보

1) 사회보장정보 및 사회보장정보시스템의 이용 등

(1) 사회보장정보의 처리

보건복지부장관은 보장기관이 수급권자의 선정 및 급여관리 등에 관한 업무를 효율적으로 수행할 수 있도록 사회보장정보시스템을 통하여 다음에 해당하는 자료 또는 정보를 처리할 수 있다(동법 제23조).

- 근거 법령, 보장대상 및 내용, 예산 등 사회보장급여 현황에 관한 자료 또는 정보
- 상담, 신청, 조사 및 자격의 변동관리에 필요한 인적사항 · 소득 · 재산 등에 관한 자료 또는 정보
- 사회보장급여 수급이력에 관한 자료 또는 정보
- 보건복지부장관이 위임 · 위탁받은 업무를 수행하는 데 필요한 자료 또는 정보
- 사회보장정보와 관련된 법령 등에 따른 상담, 신청, 조사, 결정, 제공, 환수

등의 업무처리내역에 관한 자료 또는 정보

- 사회보장 관련 민간 법인·단체·시설의 사회보장급여 제공 현황 및 보조금 수급이력에 관한 자료 또는 정보
- 그 밖에 사회보장급여의 제공·관리 및 사회보장정보시스템 구축·운영에 필요한 정보로서 대통령령으로 정하는 자료 또는 정보

(2) 사회보장정보시스템의 이용

보장기관의 장은 업무를 효율적으로 수행하기 위하여 사회보장정보시스템을 이용하거나 관할 업무시스템과 사회보장정보시스템을 연계하여 이용할 수 있다. 보건복지부장관은 사회보장의 사각지대를 해소하기 위하여 사회보장정보시스템을 통하여 처리된 정보를 보장기관의 장에게 제공할 수 있으며, 보장기관의 장은 필요한 경우 지원대상자의 동의를 받아 대통령령으로 정하는 법인·단체·시설의 장이 활용할 수 있도록 지원할 수 있다. 보장기관의 장은 사회보장정보시스템을 통한 사회보장정보를 이 법에서 정한 목적 외의 용도로 이용하여서는 아니 된다. 보건복지부장관이 사회보장정보를 제공하는 경우에는 이용 목적을 고려하여 필요 최소한의 사회보장정보를 제공하여야 한다(동법 제24조).

(3) 사회보장정보시스템의 구축 운영

보건복지부장관은 보장기관이 사회서비스제공기관의 법인·단체·시설·기관의 업무를 전자화하고 업무 수행에 필요한 정보를 통합·연계하여 처리·기록 및 관리하는 정보시스템을 구축·운영할 수 있다(동법 제24조의 2).

(4) 한국사회보장정보원

사회보장정보시스템의 운영·지원을 위하여 한국사회보장정보원을 설립한다. 한국사회보장정보원은 법인으로 하며, 다음의 업무를 수행한다(동법 제29조).

- 사회보장정보시스템의 구축 및 유지 · 기능개선 · 관리 · 교육 · 상담 등 운영에 관한 사항
- 자료 또는 정보의 처리 및 사회보장정보의 처리
- 사회보장급여의 수급과 관련된 법령 등에 따른 신청, 접수, 조사, 결정, 환수 등 업무의 전자적 처리지원
- 「사회서비스 이용 및 이용권 관리에 관한 법률」 등 관계 법령 등에 따른 사회서비스이용권의 이용 · 지급 및 정산 등에 필요한 정보시스템의 운영, 사회서비스이용권을 통하여 사회서비스를 제공하는 사업의 관리에 관한 사항
- 사회보장 관련 민간 법인 · 단체 · 시설에 대한 전자화 지원
- 사회보장제도의 운영에 필요한 정책정보 및 통계정보의 생산 · 분석, 제공과 사회보장정책 지원을 위한 조사 · 연구
- 대국민 포털의 운영에 관한 사항
- 그 밖에 이 법 또는 다른 법령에 따라 보건복지부장관, 국가 또는 지방자치단체로부터 위탁받은 업무

2) 사회보장정보의 보호

보건복지부장관은 사회보장정보시스템의 사회보장정보를 안전하게 보호하기 위하여 물리적 · 기술적 대책을 포함한 보호대책을 수립 · 시행하여야 한다(동법 제30조). 보장기관의 장 및 한국사회보장정보원의 장은 5년이 지나면 사회보장정보를 파기하여야 한다(동법 제34조). 누구든지 사회보장정보를 처리할 때 다음의 어느 하나에 해당하는 행위를 하여서는 아니 된다(동법 제31조).

- 사회보장정보의 처리업무를 방해할 목적으로 사회보장정보를 위조 · 변경 · 훼손하거나 말소하는 행위
- 정당한 사유 없이 사회보장정보를 위조 · 변경 · 훼손 · 말소 · 유출하거나 그 방법 또는 프로그램을 공개 · 유포 · 사용하는 행위

- 정당한 사유 없이 사회보장정보시스템을 위조 · 변경 · 훼손하거나 이용하는 행위
- 정당한 권한이 없거나 허용된 권한을 초과하여 사회보장정보를 처리하는 행위
- 업무 외의 목적으로 사회보장정보를 열람하거나 조회하는 행위

5. 사회보장에 관한 지역계획 및 운영체계

1) 지역사회보장에 관한 계획

특별시장 · 광역시장 · 특별자치시장 · 도지사 · 특별자치도지사 및 시장 · 군수 · 구청장은 지역사회보장에 관한 계획을 4년마다 수립하고, 매년 지역사회보장계획에 따라 연차별 시행계획을 수립하여야 한다. 이 경우 「사회보장기본법」 제16조에 따른 사회보장에 관한 기본 계획과 연계되도록 하여야 한다. 시장 · 군수 · 구청장은 해당 시 · 군 · 구의 지역사회보장계획을 지역주민 등 이해관계인의 의견을 들은 후 수립하고, 지역사회보장협의체의 심의와 해당 시 · 군 · 구 의회의 보고를 거쳐 시 · 도지사에게 제출하여야 한다(동법 제35조). 지역사회보장계획의 내용은 다음과 같다(동법 제36조).

(1) 특별시 · 광역시 · 도 · 특별자치도 지역사회보장계획

- 시 · 군 · 구의 사회보장이 균형적이고 효과적으로 추진될 수 있도록 지원하기 위한 목표 및 전략
- 지역사회보장지표의 설정 및 목표
- 시 · 군 · 구에서 사회보장급여가 효과적으로 이용 및 제공될 수 있는 기반 구축 방안
- 시 · 군 · 구 사회보장급여 담당 인력의 양성 및 전문성 제고 방안
- 지역사회보장에 관한 통계자료의 수집 및 관리 방안
- 시 · 군 · 구의 부정수급 방지대책을 지원하기 위한 방안

- 그 밖에 지역사회보장 추진에 필요한 사항

(2) 시 · 군 · 구 지역사회보장계획

- 지역사회보장 수요의 측정, 목표 및 추진전략
- 지역사회보장의 목표를 점검할 수 있는 지표의 설정 및 목표
- 지역사회보장의 분야별 추진전략, 중점 추진사업 및 연계협력 방안
- 지역사회보장 전달체계의 조직과 운영
- 사회보장급여의 사각지대 발굴 및 지원 방안
- 지역사회보장에 필요한 재원의 규모와 조달 방안
- 지역사회보장에 관련한 통계 수집 및 관리 방안
- 지역 내 부정수급 발생 현황 및 방지대책
- 그 밖에 대통령령으로 정하는 사항

2) 지역사회보장 운영체계

(1) 시 · 도 사회보장위원회

시 · 도지사는 시 · 도의 사회보장 증진을 위하여 시 · 도사회보장위원회를 두며, 시 · 도의 지역사회보장계획 수립 · 시행 및 평가, 지역사회보장조사 및 지역사회보장지표에 관한 사항, 사회보장급여 제공 등과 관련한 사항을 업무를 심의 · 자문한다. 시 · 도사회보장위원회는 다음의 사람 중 시 · 도지사가 임명 또는 위촉한 사람으로 구성한다(동법 제40조).

- 사회보장에 관한 전문적 지식이나 경험을 가진 사람
- 사회보장 관련 기관 및 단체의 대표자
- 사회보장을 필요로 하는 사람의 이익 등을 대표하는 사람
- 지역사회보장협의체의 대표자

- 비영리민간단체에서 추천한 사람
- 사회복지공동모금지회에서 추천한 사람
- 읍·면·동 단위 지역사회보장협의체의 위원장
- 사회보장에 관한 업무를 담당하는 공무원

(2) 지역사회보장협의체

시장·군수·구청장은 지역의 사회보장을 증진하고, 사회보장과 관련된 서비스를 제공하는 관계 기관·법인·단체·시설과 연계·협력을 강화하기 위하여 해당 시·군·구에 지역사회보장협의체를 두며, 시·군·구의 지역사회보장계획 수립·시행 및 평가, 지역사회보장조사 및 지역사회보장지표에 관한 사항, 사회보장급여 제공, 사회보장 추진, 및 읍·면·동 단위 지역사회보장협의체의 구성 및 운영에 관한 사항을 심의·자문한다(동법 제41조).

(3) 사회보장사무 전담기구

특별자치시장 및 시장·군수·구청장은 사회보장에 관한 업무를 효율적으로 수행하기 위하여 관련 조직, 인력, 관계 기관 간 협력체계 등을 마련하여야 하며, 필요한 경우에는 사회보장에 관한 사무를 전담하는 기구를 별도로 설치할 수 있다. 사회보장사무 전담기구는 사회보장정보시스템을 활용하여 수급권자에게 필요한 정보를 종합 안내하고, 사회보장급여에 대한 신청 등이 편리하게 이루어질 수 있도록 운영되어야 한다(동법 제42조).

(4) 통합사례관리

보건복지부장관, 시·도지사 및 시장·군수·구청장은 지원대상자의 사회보장 수준을 높이기 위하여 지원대상자의 다양하고 복합적인 특성에 따른 상담과 지도, 사회보장에 대한 욕구조사, 서비스 제공 계획의 수립을 실시하고, 그 계획에 따라 지원대상자에게 보건·복지·고용·교육 등에 대한 사회보장급여 및 민간 법인·단체·시설 등이 제공하는 서비스를 종합적으로 연계·제공하는 통합사례관리를 실시할 수 있다. 통합사례관리를 실시하기 위하여 필요한 경우에는 특별자치시 및 시·군·구에 통합사례관리사를 둘 수 있으며, 보건복지부장관은 통합사례관리 사업의 전문적인 지원을 위하여 해당 업무를 공공 또는 민간 기관·단체 등에 위탁하여 실시할 수 있다(동법 제42조의2).

(5) 사회복지전담공무원

사회복지사업에 관한 업무를 담당하게 하려고 시·도, 시·군·구, 읍·면·동 또는 사회보장사무 전담기구에 사회복지전담공무원을 둘 수 있으며, 사회복지전담공무원은 「사회복지사업법」 제11조에 따른 사회복지사의 자격을 가진 사람으로 하며, 그 임용 등에 필요한 사항은 대통령령으로 정한다. 사회복지전담공무원은 사회보장급여에 관한 업무 중 취약계층에 대한 상담과 지도, 생활실태의 조사 등 보건복지부령으로 정하는 사회복지에 관한 전문적 업무를 담당한다. 국가는 사회복지전담공무원의 보수 등에 드는 비용의 전부 또는 일부를 보조할 수 있다. 시·도지사 및 시장·군수·구청장은 「지방공무원 교육훈련법」 제3조에 따라 사회복지전담공무원의 교육훈련에 필요한 시책을 수립·시행하여야 한다(동법 제43조).

3) 지역사회보장 지원 및 균형 발전

중앙행정기관의 장 및 시·도지사는 시·도 및 시·군·구 간 사회보장 수준의 차이를 최소화하기 위하여 예산 배분, 사회보장급여의 제공 기관 등의 배치 등에 필요한 조치를 하여야 한다(동법 제45조). 또한, 보건복지부장관은 시·도 및 시·군·구의 사회보장 추진 현황 분석, 지역사회보장계획의 평가, 지역 간 사회보장의 균형발전 지원 등의 업무를 효과적으로 수행하기 위하여 지역사회보장균형발전지원센터를 설치·운영할 수 있다(동법 제46조).

6. 수급자의 권리보호 및 권리구제

1) 이의신청

이 법에 따른 처분에 이의가 있는 수급권자 등은 그 처분을 받은 날로부터 90일 이내에 처분을 결정한 보장기관의 장에게 이의신청을 할 수 있다. 다만, 정당한 사유로 인하여 그 기간 내에 이의신청을 할 수 없음을 증명한 때에는 그 사유가 소멸한 때부터 60일 이내에 이의신청을 할 수 있다. 보장기관의 장은 이의신청을 받은 날부터 10일 이내에 그 이의신청에 대하여 결정하고 그 결과를 신청인에게 지체 없이 통지하여야 한다. 다만, 부득이한 사유로 정하여진 기간 이내에 결정할 수 없을 때에는 그 기간의 만료일 다음 날부터 기산하여 10일 이내의 범위에서 연장할 수 있으며, 연장 사유를 신청인에게 통지하여야 한다(동법 제17조).

2) 사회보장급여의 압류 금지

사회보장급여로 지급된 금품과 이를 받을 권리는 압류하지 못한다(동법 제 50조).

7. 벌칙 등

이 법에서 정하는 벌칙 등은 다음과 같다(동법 제54조~제55조).

1) 10년 이하의 징역 또는 1억원 이하의 벌금

- 사회보장정보의 처리업무를 방해할 목적으로 사회보장정보를 위조・변경・훼손하거나 말소하는 행위

2) 5년 이하의 징역 또는 5천만원 이하의 벌금

- 학대 예방 및 지원을 위하여 제공받은 자료 또는 정보를 취득한 사람이 학

생 등에 대한 학대 예방 및 지원을 위한 목적 외로 해당 자료 또는 정보를 사용하거나 다른 사람에게 제공 또는 누설한 행위

- 한국사회보장정보원의 임직원이나 임직원으로 재직하였던 사람이 그 직무상 알게 된 비밀을 누설하거나 다른 용도로 사용하는 행위
- 정당한 사유 없이 사회보장정보를 위조 · 변경 · 훼손 · 말소 · 유출하거나 그 방법 또는 프로그램을 공개 · 유포 · 사용하는 행위
- 정당한 사유 없이 사회보장정보시스템을 위조 · 변경 · 훼손하거나 이용하는 행위
- 정당한 권한이 없거나 허용된 권한을 초과하여 사회보장정보를 처리하는 행위

3) 1년 이하의 징역 또는 1천만원 이하의 벌금

- 부정수급자

4) 5천만원 이하의 과태료

- 수급 자격을 조사함에 있어 조사범위를 초과하여 개인정보를 수집한 자

5) 3천만원 이하의 과태료

- 사회보장정보 등에 대한 침해행위의 시정 요구에 따르지 아니한 사람
- 보장기관의 장 및 한국사회보장정보원의 장은 사회보장정보를 5년이 지나면 파기하여야 하는데 파기를 하지 아니한 사람

제8장 사회복지사업법

제1절 입법 배경 및 주요 연혁

1. 입법 배경

사회복지사업에 관한 기본적인 사항을 규정하여 그 공정한 운영을 기함으로써 사회복지의 증진을 도모하고자 1970년 1월 1일 제정하였다. 제정 이유는 다음과 같다.

- 사회복지사업은 생활보호법·아동복리법·윤락행위등방지법등에 의한 보호사업·복지사업·선도사업·복지시설의 운영등을 목적으로 하는 사업으로 함.
- 사회복지사업을 목적으로 하는 사회복지법인을 설립하고자 하는 자는 보건사회부장관의 인가를 받도록 함.
- 사회복지시설의 설치·운영은 국가·지방자치단체 및 시·도지사의 허가를 받은 사회복지법인 또는 보건사회부장관의 허가를 받은 기타의 법인에 한함.
- 보건사회부장관은 공동모금의 목적달성을 위하여 법인인 모금회의 설립을 허가할 수 있도록 함.

2. 주요 연혁

- 1970. 1. 1. 「사회복지사업법」 제정(법률 제2191호)
- 2013. 6. 4. 개정(법률 제11856호) 시설 운영자가 의무적으로 가입하여야 하는 보험에 현행 화재로 인한 손해배상책임 외에 안전사고로 인한 보호대상자에 대한 손해배상책임을 추가함으로써 여러 가지 사고에 대한 시설 운영자의 손해배상책임을 강화하도록 함.
- 2014. 5. 20. 개정(법률 제12618호) 「발달장애인 권리보장 및 지원에 관한 법률」을 추가(복지 26법)
- 2016. 2. 3. 개정(법률 제13996호) 사회복지사업의 정의에 「청소년복지 지원법」을 추가하고(복지 27법), 사회복지사 자격의 정지 및 취소요건에 대한 법적근거를 마련하며, 보조금의 부정수급에 대하여 환수명령을 의무화하도록 명시하는 등 현행 법률상 미흡한 점을 개선·보완하고자 함.
- 2016. 12. 2. 개정(법률 제14325호) 벌금액을 국민권익위원회의 권고안 및 국회사무처 법제예규의 기준인 징역 1년당 1천만원으로 개정함으로써 벌금형을 현실화하고, 형벌로서의 기능을 회복시켜 범죄억지력을 확보하고자 함.
- 2017. 9. 19. 개정(법률 제14884호) 사회복지분야의 6급 이상 공무원으로 재직하다 퇴직한 사람이 기초자치단체가 관할하는 법인의 임원이나 시설의 장이 되려고 하는 경우 그 제한 기간을 현행 퇴직 후 2년에서 「공직자윤리법」과 동일하게 3년으로 연장하고, 제한되는 지역도 현행 퇴직 전 3년 동안 소속하였던 기초자치단체에서 5년 동안 소속하였던 기초자치단체로 연장하여 민관유착 방지의 실효성을 확보하고 사회복지서비스 공급체계 관리의 투명성을 제고하고자 함.
- 2017. 10. 24. 개정(법률 제14923호) 복지업무에 종사하는 사람이 그 업무를 수행할 때에 사회복지를 필요로 하는 사람의 인권을 침해하는 행위를 한 경우에는 그 사실을 공표하는 등의 조치를 취하도록 하고, 사회복지서비스 제공은 현물(現物)로 제공하는 것을 원칙으로 하며, 사회복지사의 자격이 취소된

사람에게는 그 취소된 날부터 2년 이내에 자격을 재교부하지 못하도록 하고, 사회복지법인과 사회복지시설의 공공성을 강화하기 위하여 사회복지법인 임원 및 사회복지시설의 장의 결격사유를 추가함.

- 2018. 12. 11. 개정(법률 제15887호) 시・도지사 또는 시장・군수・구청장이 사회복지법인과 사회복지시설에 대하여 지방의회의 추천을 받아 공인회계사 또는 감사인을 선임하여 회계감사를 실시할 수 있도록 하여 사회복지법인 및 시설 운영의 투명성을 제고하고, 사회적 책임성을 강화할 수 있도록 하고, 그 밖에 전문사회복지사 제도를 도입하여 다양화・전문화되는 사회복지 욕구에 능동적으로 대응할 수 있도록 하고, 사회복지 법인 등의 불합리한 채용관행을 개선할 수 있도록 종사자 채용절차를 규정하는 등 현행법의 미비점을 개선하고자 함.
- 2019. 1. 15. 개정(법률 제16247호) 임원의 불법행위에도 불구하고 임원의 지위를 유지시키는 문제를 해결하기 위해 임원 해임결의를 위한 이사회 개최기한을 설정하며, 제18조제2항・제3항 또는 제7항을 위반하여 해임명령을 받은 경우에는 해당 임원의 직무집행을 정지하도록 하고, 반복적・집단적으로 학대범죄가 발생한 경우 법인의 설립을 취소할 수 있도록 하는 등 시설 및 법인 운영의 공공성을 강화하며, 사회복지시설의 설치・운영중단・폐지 신고가 수리를 요하는 신고임을 명확히 함.
- 2019. 12. 3. 개정(법률 제16738호) 보건복지부장관은 사회복지사 자격증 발급 신청일 기준으로 결격사유에 해당하는 사람에게 사회복지사 자격증을 발급하지 못하도록 규정함으로써 사회복지사 결격사유 판단 기준일을 명확히 하고자 함.
- 2020. 3. 31. 개정(법률 제17174호) 국가전문자격증을 대여・알선 등을 통해 돈벌이 수단으로 악용하는 것을 방지하기 위하여 사회복지사 자격증을 대여・알선하는 등의 행위를 금지하고, 이를 위반하는 경우 1년 이하의 징역 또는 1천만원 이하의 벌금에 처하도록 하는 한편, 행정처분의 공정성을 강화하기 위하여 보건복지부장관은 사회복지사의 자격을 취소하거나 정지시키려

는 경우 한국사회복지사협회의 장 등 관계 전문가의 의견을 들을 수 있도록 함.

- 2020. 12. 29. 개정(법률 제17782호) 보조금 관련 법률 위반에 대한 결격사유를 보강하고, 사회복지시설의 무연고 사망자 유류금을 처리하는 절차를 명확하게 하여 현장의 혼란을 방지하고자 함.
- 2021. 12. 21. 개정(법률 제18618호) 아동에 대한 사회복지서비스 전달체계의 안전을 담보하고 아동학대관련범죄의 재범을 미연에 방지·예방하기 위하여 사회복지법인의 임원, 사회복지시설의 장 및 법인·시설의 종사자가 될 수 없는 사람으로 아동학대관련범죄를 저지르고 형이 확정된 사람을 포함하고 사회복지시설의 장 및 법인·시설의 종사자에 대해서는 신설된 결격사유를 포함하여 모든 결격사유 중 하나에 해당하는 경우에는 그 자격을 상실하도록 하여 자격상실 규정 미비를 보완하고자 함.
- 2023. 6. 13. 개정(법률 제12618호) 사회복지시설의 개선, 사업의 정지, 시설의 장 교체 또는 시설의 폐쇄를 명할 수 있는 사유에 장애인학대관련범죄를 추가함.
- 2023. 8. 16. 개정(법률 제19651호) 시·도지사가 사회복지법인에 시정명령을 하거나 설립허가를 취소할 수 있는 사유에 사회복지법인이 운영하는 시설에서 중대하고 반복적인 회계부정이나 불법행위가 발생한 때를 추가함.

제 2 절 법의 주요 내용

1. 법의 목적 및 기본 이념

1) 목적

「사회복지사업법」은 사회복지사업에 관한 기본적 사항을 규정하여 사회복지를 필요로 하는 사람에 대하여 인간의 존엄성과 인간다운 생활을 할 권리를 보장하고 사회복지의 전문성을 높이며, 사회복지사업의 공정·투명·적정을 도모하고, 지역사회복지의 체계를 구축함으로써 사회복지의 증진에 이바지함을 목적으로 한다(동법 제1조).

2) 기본이념

사회복지를 필요로 하는 사람은 누구든지 자신의 의사에 따라 서비스를 신청하고 제공받을 수 있고, 사회복지법인 및 사회복지시설은 공공성을 가지며 사회복지사업을 시행하는 데 있어서 공공성을 확보하여야 한다. 아울러 사회복지사업을 시행하는 데 있어서 사회복지를 제공하는 자는 사회복지를 필요로 하는 사람의 인권을 보장하여야 하고, 사회복지서비스를 제공하는 자는 필요한 정보를 제공하는 등 사회복지서비스를 이용하는 사람의 선택권을 보장하여야 한다.(동법 제1조의2).

2. 용어의 정의

이 법에서 사용하는 용어의 뜻은 다음과 같다(동법 제2조).

1) 사회복지사업

- 사회복지사업: 27개 법률[3)]에 따른 보호·선도(善導) 또는 복지에 관한 사업

3) ①「국민기초생활 보장법」, ②「아동복지법」, ③「노인복지법」, ④「장애인복지법」, ⑤「한부모가족지원법」, ⑥「영유아보육법」, ⑦「성매매방지 및 피해자보호 등에 관한 법률」, ⑧「정신건강증진 및 정신질환자 복지서비스 지원에 관한 법률」, ⑨「성폭력방지 및 피해자보호 등에 관한 법률」, ⑩「입양특례법」, ⑪「일제하 일본군위안부 피해자에 대한 생활안정 및 기념사업 등에 관한 법률」, ⑫「사회복지공동모금회법」, ⑬「장애인·노인·임산부 등의 편의증진 보장에 관한 법률」, ⑭「가정폭력방지 및 피해자보호 등에 관한 법률」, ⑮「농어촌주민의 보건복지증진을 위한 특별법」, ⑯「식품기부 활성화에 관한 법률」, ⑰「의료급여법」, ⑱「기초연금법」, ⑲「긴급복지지원법」, ⑳「다문화가족지원법」, ㉑「장애인연금법」, ㉒「장애인활동 지원에 관한 법률」, ㉓「노숙인 등의 복지 및 자립지원에 관한 법률」, ㉔「보호관찰 등에 관한 법률」, ㉕「장애아동 복지지원법」, ㉖「발달장애인 권리보장 및 지원에 관한 법률」, ㉗「청소년복지 지원법」.

과 사회복지상담, 직업지원, 무료 숙박, 지역사회복지, 의료복지, 재가복지(在家福祉), 사회복지관 운영, 정신질환자 및 한센병력자의 사회복귀에 관한 사업 등 각종 복지사업과 이와 관련된 자원봉사활동 및 복지시설의 운영 또는 지원을 목적으로 하는 사업

- 지역복지: 주민의 복지증진과 삶의 질 향상을 위하여 지역사회 차원에서 전개하는 사회복지
- 사회복지법인: 사회복지사업을 할 목적으로 설립된 법인
- 사회복지시설: 사회복지사업을 할 목적으로 설치된 시설
- 사회복지관: 지역사회를 기반으로 일정한 시설과 전문인력을 갖추고 지역주민의 참여와 협력을 통하여 지역사회의 복지문제를 예방하고 해결하기 위하여 종합적인 복지서비스를 제공하는 시설
- 사회복지서비스: 국가・지방자치단체 및 민간부문의 도움을 필요로 하는 모든 국민에게 상담, 재활, 직업 소개 및 지도, 사회복지시설의 이용 등을 제공하여 정상적인 사회생활이 가능하도록 제도적으로 지원하는 것
- 보건의료서비스: 국민의 건강을 보호・증진하기 위하여 보건의료인이 하는 모든 활동

3. 사회복지사업의 시행

1) 국가와 지방자치단체의 책임

(1) 복지와 인권존중의 책임

국가와 지방자치단체는 다음과 같이 복지와 인권존중의 책임을 진다(동법 제4조).

- 국가와 지방자치단체는 사회복지서비스를 증진하고, 서비스를 이용하는 사람에 대하여 인권침해를 예방하고 차별을 금지하며 인권을 옹호할 책임을

진다.

- 국가와 지방자치단체는 사회복지서비스와 보건의료서비스를 함께 필요로 하는 사람에게 이들 서비스가 연계되어 제공되도록 노력하여야 한다.
- 국가와 지방자치단체, 그 밖에 사회복지사업을 하는 자는 사회복지를 필요로 하는 사람에 대하여 그 사업과 관련한 상담, 작업치료(作業治療), 직업훈련 등을 실시하고 필요한 경우에는 주민의 복지 욕구를 조사할 수 있다.
- 국가와 지방자치단체는 도움을 필요로 하는 국민이 본인의 선호와 필요에 따라 적절한 사회복지서비스를 제공받을 수 있도록 사회복지서비스 수요자 등을 고려하여 사회복지시설이 균형 있게 설치되도록 노력하여야 한다.
- 국가와 지방자치단체는 민간부문의 사회복지 증진활동이 활성화되고 국가 및 지방자치단체의 사회복지사업과 민간부문의 사회복지 증진활동이 원활하게 연계될 수 있도록 노력하여야 한다.
- 국가와 지방자치단체는 사회복지를 필요로 하는 사람의 인권이 충분히 존중되는 방식으로 사회복지서비스를 제공하고 사회복지와 관련된 인권교육을 강화하여야 한다.
- 국가와 지방자치단체는 사회복지서비스를 이용하는 사람이 긴급한 인권침해 상황에 놓인 경우 신속히 대응할 체계를 갖추어야 한다.
- 국가와 지방자치단체는 시설 거주자 또는 보호자의 희망을 반영하여 지역사회보호체계에서 서비스가 제공될 수 있도록 노력하여야 한다.
- 국가와 지방자치단체는 사회복지서비스를 필요로 하는 사람들에게 사회복지서비스의 실시에 대한 정보를 제공하여야 한다.

(2) 인권존중 및 최대 봉사의 원칙

복지업무에 종사하는 사람은 그 업무를 수행할 때에 사회복지를 필요로 하는 사람을 위하여 인권을 존중하고 차별 없이 최대로 봉사하여야 한다. 국가와 지방자치단체는 복지업무에 종사하는 사람이 그 업무를 수행할 때에 사회복지를 필요로 하는 사람의 인권을 침해하는 행위를 한 경우에는 사회복지사업법 27개의 법률이 정하는 바에 따라 처분하고 그 사실을 공표하는 등의 조치를 하여야 한다(동법 제5조).

(3) 사회복지서비스 제공의 원칙

사회복지서비스를 필요로 하는 사람에 대한 사회복지서비스 제공은 현물(現物)로 제공하는 것을 원칙으로 한다. 시장·군수·구청장은 국가 또는 지방자치단체 외의 자로 하여금 서비스 제공을 실시하게 하는 경우에는 보호대상자에게 사회복지서비스 이용권을 지급하여 국가 또는 지방자치단체 외의 자로부터 그 이용권으로 서비스 제공을 받게 할 수 있다. 국가와 지방자치단체는 사회복지서비스의 품질을 관리하기 위하여 사회복지서비스를 제공하는 기관·법인·시설·단체의 서비스 환경, 서비스 제공 인력의 전문성 등을 평가할 수 있다(동법 제5조의 2).

(4) 사회복지시설 업무의 전자화

보건복지부장관은 사회복지법인 및 사회복지시설의 종사자, 거주자 및 이용자에 관한 자료 등 운영에 필요한 정보의 효율적 처리와 기록·관리 업무의 전자화를 위하여 정보시스템을 구축·운영할 수 있다. 보건복지부장관은 정보시스템을 구축·운영하는 데 필요한 자료를 수집·관리·보유할 수 있으며 관련 기관 및 단체에 필요한 자료의 제공을 요청할 수 있다. 이 경우 요청을 받은 기관 및 단체는 정당한 사유가 없으면 그 요청에 따라야 한다. 지방자치단체의 장은 사회복지사업을 수행할 때 관할 복지행정시스템과 제1항에 따른 정보시스템을 전자적으로 연계하여 활용하여야 한다. 사회복지법인의 대표이사와 사회복지시설의 장은 국가와 지방자치단체가 실시하는 사회복지업무의 전자화 시책에 협력하여야 한다. 보건복지부장관은 정보시스템을 효율적으로 운영하기 위하여 사회보장기본법에 따른 전담기구에 그 운영에 관한 업무를 위탁할 수 있다(동법 제6조의2).

(5) 사회복지 자원봉사활동의 지원 · 육성

국가와 지방자치단체는 사회복지 자원봉사활동을 지원 · 육성하기 위하여 다음의 사항을 실시하여야 한다(동법 제9조).

- 자원봉사활동의 홍보 및 교육
- 자원봉사활동 프로그램의 개발 · 보급
- 자원봉사활동 중의 재해에 대비한 시책의 개발
- 그 밖에 자원봉사활동의 지원에 필요한 사항

2) 사회복지사

(1) 사회복지사의 자격

보건복지부장관은 사회복지에 관한 전문지식과 기술을 가진 사람에게 사회복지사 자격증을 발급할 수 있다. 사회복지사의 등급은 1급 · 2급으로 하되, 정신건강 · 의료 · 학교 영역에 대해서는 영역별로 정신건강사회복지사 · 의료사회복지사 · 학교사회복지사의 자격을 부여할 수 있다. 사회복지사 1급 자격은 국가시험에 합격한 사람에게 부여하고, 정신건강사회복지사 · 의료사회복지사 · 학교사회복지사의 자격은 1급 사회복지사의 자격이 있는 사람 중에서 보건복지부령으로 정하는 수련기관에서 수련을 받은 사람에게 부여한다. 사회복지사 자격증을 발급받은 사람은 다른 사람에게 그 자격증을 빌려주어서는 아니 되고, 누구든지 그 자격증을 빌려서는 아니 된다(동법 제11조).

(2) 사회복지사의 결격 사유

사회복지사의 결격 사유는 다음과 같다(동법 제11조의2).

- 피성년후견인 또는 피한정후견인
- 금고 이상의 형을 선고받고 그 집행이 끝나지 아니하였거나 그 집행을 받지 아니하기로 확정되지 아니한 사람
- 법원의 판결에 따라 자격이 상실되거나 정지된 사람
- 마약·대마 또는 향정신성의약품의 중독자
- 「정신건강증진 및 정신질환자 복지서비스 지원에 관한 법률」 제3조 제1호에 따른 정신질환자. 다만, 전문의가 사회복지사로서 적합하다고 인정하는 사람은 그러하지 아니함

(3) 사회복지사의 자격 취소

보건복지부장관은 사회복지사가 거짓이나 그 밖의 부정한 방법으로 자격을 취득한 경우, 사회복지사의 결격사유 어느 하나에 해당하게 된 경우, 자격증을 대여·양도 또는 위조·변조한 경우, 사회복지사의 업무수행 중 그 자격과 관련하여 고의나 중대한 과실로 다른 사람에게 손해를 입힌 경우, 자격정지 처분을 3회 이상 받았거나, 정지 기간 종료 후 3년 이내에 다시 자격정지 처분에 해당하는 행위를 한 경우, 자격정지 처분 기간에 자격증을 사용하여 자격 관련 업무를 수행한 경우 그 자격을 취소하거나 1년의 범위에서 정지시킬 수 있다. 자격이 취소된 사람은 취소된 날부터 15일 내에 자격증을 보건복지부장관에게 반납하여야 한다. 보건복지부장관은 자격이 취소된 사람에게는 그 취소된 날부터 2년 이내에 자격증을 재교부하지 못한다(동법 제11조의2).

(4) 사회복지사의 의무채용

사회복지법인 및 사회복지시설을 설치·운영하는 자는 대통령령으로 정하는 바에 따라 사회복지사를 그 종사자로 채용하고, 보고방법·보고주기 등 보건복지부령으로 정하는 바에 따라 특별시장·광역시장·특별자치시장·도지사·특별자치도지사(이하 "시·도지사"라 함) 또는 시장·군수·구청장에게 사회복지사의

임면에 관한 사항을 보고하여야 한다. 다만, 대통령령으로 정하는 사회복지시설은 그러하지 아니하다(동법 제13조). 다만, 대통령령으로 정하는 사회복지시설은 그러하지 아니하다(동법 시행령 제5조).

- 「노인복지법」에 따른 노인여가복지시설(노인복지회관은 제외)
- 「장애인복지법」에 따른 장애인 지역사회재활시설 중 수화통역센터, 점자도서관, 점자도서 및 녹음서서 출판시설
- 「영유아보육법」에 따른 어린이집
- 「성매매방지 및 피해자보호 등에 관한 법률」에 따른 성매매피해자 등을 위한 지원시설 및 성매매피해상담소
- 「정신건강증진 및 정신질환자 복지서비스 지원에 관한 법률」에 따른 정신질환자 사회복귀시설 및 정신요양시설
- 「성폭력방지 및 피해자보호 등에 관한 법률」에 따른 성폭력피해상담소

(5) 사회복지사의 교육

보건복지부장관은 사회복지사의 자질 향상을 위하여 필요하다고 인정하면 사회복지사에게 교육을 받도록 명할 수 있다. 다만, 사회복지법인 또는 사회복지시설에 종사하는 사회복지사는 정기적으로 인권에 관한 내용이 포함된 보수교육을 받아야 한다. 사회복지법인 또는 사회복지시설을 운영하는 자는 그 법인 또는 시설에 종사하는 사회복지사에 대하여 교육을 이유로 불리한 처분을 하여서는 아니 된다. 보건복지부장관은 교육을 보건복지부령으로 정하는 기관 또는 단체에 위탁할 수 있고, 교육의 기간·방법 및 내용과 위탁 등에 관하여 필요한 사항은 보건복지부령으로 정한다(동법 제13조).

4. 사회복지법인[4)]

사회복지법인을 설립하려는 자는 대통령령으로 정하는 바에 따라 시·도지사의 허가를 받아야 하며, 허가를 받은 자는 법인의 주된 사무소의 소재지에서 설립등기를 하여야 한다(동법 제16조).

5. 사회복지시설

1) 사회복지시설의 설치

국가나 지방자치단체는 사회복지시설을 설치·운영할 수 있다. 국가 또는 지방자치단체 외의 자가 시설을 설치·운영하려는 경우에는 보건복지부령으로 정하는 바에 따라 시장·군수·구청장에게 신고하여야 한다. 다만, 폐쇄명령을 받고 3년이 지나지 아니한 자 또는 결격사유에 해당하는 개인 또는 그 개인이 임원인 법인에 해당하는 자는 시설의 설치·운영 신고를 할 수 없다. 시장·군수·구청장은 제2항에 따른 신고를 받은 경우 그 내용을 검토하여 이 법에 적합하면 신고를 수리하여야 한다. 시설을 설치·운영하는 자는 보건복지부령으로 정하는 재무·회계에 관한 기준에 따라 시설을 투명하게 운영하여야 한다. 국가나 지방자치단체가 설치한 시설은 필요한 경우 사회복지법인이나 비영리법인에 위탁하여 운영하게 할 수 있다. 위탁운영의 기준·기간 및 방법 등에 관하여 필요한 사항은 보건복지부령으로 정한다(동법 제34조).

2) 시설의 통합 설치·운영 등에 관한 특례

이 법 또는 27개 법률에 따른 시설을 설치·운영하려는 경우에는 지역특성과 시설분포의 실태를 고려하여 이 법 또는 26개 법률에 따른 시설을 통합하여 하나의 시설로 설치·운영하거나 하나의 시설에 둘 이상의 사회복지사업을 통합하여

4) 제1장 제3절 사회복지의 주체 중 사회복지법인 참조.

수행할 수 있다. 이 경우 국가 또는 지방자치단체 외의 자는 통합하여 설치·운영하려는 각각의 시설이나 사회복지사업에 관하여 해당 관계 법령에 따라 신고하거나 허가 등을 받아야 한다. 둘 이상의 시설을 통합하여 하나의 시설로 설치·운영하거나 하나의 시설에서 둘 이상의 사회복지사업을 통합하여 수행하는 경우 해당 시설에서 공동으로 이용하거나 배치할 수 있는 시설 및 인력 기준 등은 보건복지부령으로 정한다(동법 제34조의2).

3) 보험가입 의무

시설의 운영자는 화재로 인한 손해배상책임과 화재 외의 안전사고로 인하여 생명·신체에 피해를 입은 보호대상자에 대한 손해배상책임을 이행하기 위하여 손해보험회사의 책임보험에 가입하거나 「사회복지사 등의 처우 및 지위 향상을 위한 법률」에 따른 한국사회복지공제회의 책임공제에 가입하여야 한다. 국가나 지방자치단체는 예산의 범위에서 책임보험 또는 책임공제의 가입에 드는 비용의 전부 또는 일부를 보조할 수 있으며, 책임보험이나 책임공제의 가입에 드는 비용의 전부 또는 일부를 보조할 수 있으며, 책임보험이나 책임공제에 가입하여야 할 시설의 범위는 대통령령으로 정한다(동법 제34조의3).

4) 시설의 안전점검

시설의 장은 시설에 대하여 정기 및 수시 안전점검을 실시하여야 하며, 정기 또는 수시 안전점검을 한 후 그 결과를 시장·군수·구청장에게 제출하여야 한다. 시장·군수·구청장은 안전점검 결과를 받을 후 필요한 경우에는 시설의 운영자에게 시설의 보완 또는 개수(改修)·보수를 요구할 수 있으며, 이 경우 시설의 운영자는 요구에 따라야 한다. 국가나 지방자치단체는 예산의 범위에서 안전점검, 시설의 보완 및 개수·보수에 드는 비용의 전부 또는 일부를 보조할 수 있다(동법 제34조의4).

5) 사회복지관의 설치

시설 중 사회복지관은 지역사회의 특성과 지역주민의 복지욕구를 고려하여 서비스 제공 등 지역복지 증진을 위한 사업을 실시할 수 있고, 모든 지역주민을 대상으로 사회복지서비스를 실시하되, 다음에 해당하는 지역주민에게 우선 제공하여야 한다(동법 제34조의5).

- 「국민기초생활 보장법」에 따른 수급자 및 차상위계층
- 장애인, 노인, 한부모가족 및 다문화가족
- 직업 및 취업 알선이 필요한 사람
- 보호와 교육이 필요한 유아·아동 및 청소년
- 그 밖에 사회복지관의 사회복지서비스를 우선 제공할 필요가 있다고 인정되는 사람

6) 시설의 장

시설의 장은 상근(常勤)하여야 하며, 다음 중 어느 하나에 해당하는 사람은 시설의 장이 될 수 없다(동법 제35조).

- 미성년자
- 피성년후견인 또는 피한정후견인
- 파산선고를 받고 복권되지 아니한 사람
- 법원의 판결에 따라 자격이 상실되거나 정지된 사람
- 금고 이상의 실형을 선고받고 그 집행이 끝나거나 집행이 면제된 날부터 3년이 지나지 아니한 사람
- 금고 이상의 형의 집행유예를 선고받고 그 유예기간 중에 있는 사람
- 사회복지사업 또는 「아동복지법」, 「보조금 관리에 관한 법률」, 「지방재정법」, 「영유아보육법」, 「장애아동 복지지원법」에서 직무와 관련한 조항을 위반하

여 다음에 해당하는 사람: 100만원 이상의 벌금형을 선고받고 그 형이 확정된 후 5년이 지나지 아니한 사람, 형의 집행유예를 선고받고 그 형이 확정된 후 7년이 지나지 아니한 사람, 징역형을 선고받고 그 집행이 끝나거나 집행이 면제된 날부터 7년이 지나지 아니한 사람

- 성폭력범죄 또는 아동·청소년대상 성범죄를 저지른 사람으로서 형 또는 치료감호를 선고받고 확정된 후 그 형 또는 치료감호의 전부 또는 일부의 집행이 끝나거나 집행이 유예·면제된 날부터 10년이 지나지 아니한 사람
- 「아동복지법」에 따른 아동학대 관련 범죄를 저지른 사람으로서 다음에 해당하는 사람: 금고 이상의 실형을 선고받고 그 집행이 끝나거나 집행이 면제된 날부터 10년이 지나지 아니한 사람에 해당하는 사람, 금고 이상의 형의 집행유예를 선고받고 그 집행유예가 확정된 날부터 10년이 지나지 아니한 사람, 벌금형을 선고받고 그 형이 확정된 날부터 5년이 지나지 아니한 사람
- 설립허가가 취소된 사회복지법인의 임원이었던 사람으로서 그 설립허가가 취소된 날부터 5년이 지나지 아니하거나, 시설의 장에서 해임된 사람으로서 해임된 날부터 5년이 지나지 아니하거나, 폐쇄명령을 받고 3년이 지나지 아니한 사람
- 해임명령에 따라 해임된 날부터 5년이 지나지 아니한 사람

7) 종사자

사회복지법인과 사회복지시설을 설치·운영하는 자는 시설에 근무할 종사자를 채용할 수 있으며, 다음 중 어느 하나에 해당하는 사람은 사회복지법인 또는 사회복지시설의 종사자가 될 수 없다(동법 제35조의2).

- 사회복지사업 또는 「아동복지법」, 「보조금 관리에 관한 법률」, 「지방재정법」, 「영유아보육법」, 「장애아동 복지지원법」에서 직무와 관련한 조항을 위반하여 다음에 해당하는 사람: 100만원 이상의 벌금형을 선고받고 그 형이 확정

된 후 5년이 지나지 아니한 사람, 형의 집행유예를 선고받고 그 형이 확정된 후 7년이 지나지 아니한 사람, 징역형을 선고받고 그 집행이 끝나거나 집행이 면제된 날부터 7년이 지나지 아니한 사람

- 성폭력범죄 또는 아동·청소년대상 성범죄를 저지른 사람으로서 형 또는 치료감호를 선고받고 확정된 후 그 형 또는 치료감호의 전부 또는 일부의 집행이 끝나거나 집행이 유예·면제된 날부터 10년이 지나지 아니한 사람
- 「아동복지법」에 따른 아동학대 관련 범죄를 저지른 사람으로서 다음에 해당하는 사람: 금고 이상의 실형을 선고받고 그 집행이 끝나거나 집행이 면제된 날부터 10년이 지나지 아니한 사람에 해당하는 사람, 금고 이상의 형의 집행유예를 선고받고 그 집행유예가 확정된 날부터 10년이 지나지 아니한 사람, 벌금형을 선고받고 그 형이 확정된 날부터 5년이 지나지 아니한 사람

사회복지법인과 사회복지시설을 설치·운영하는 자는 해당 법인 또는 시설의 종사자를 채용할 때 정당한 사유 없이 채용광고의 내용을 종사자가 되려는 사람에게 불리하게 변경하여 채용하여서는 아니 된다. 사회복지법인과 사회복지시설을 설치·운영하는 자는 종사자를 채용한 후에 정당한 사유 없이 채용광고에서 제시한 근로조건을 종사자에게 불리하게 변경하여 적용하여서는 아니 된다(동법 제36조의3).

8) 운영위원회

(1) 운영위원회 심의 사항

시설의 장은 시설의 운영에 다음의 사항을 심의하기 위하여 시설에 운영위원회를 두어야 한다. 다만, 보건복지부령으로 정하는 경우에는 복수의 시설에 공동의 운영위원회를 둘 수 있다(동법 제36조).

- 시설운영계획의 수립·평가에 관한 사항
- 사회복지 프로그램의 개발·평가에 관한 사항
- 시설 종사자의 근무환경 개선에 관한 사항
- 시설 거주자의 생활환경 개선 및 고충 처리 등에 관한 사항
- 시설 종사자와 거주자의 인권보호 및 권익증진에 관한 사항
- 시설과 지역사회와의 협력에 관한 사항
- 그 밖에 시설의 장이 운영위원회의 회의에 부치는 사항

(2) 운영위원회 위원

운영위원회의 위원은 다음 중 어느 하나에 해당하는 사람 중에서 관할 시장·군수·구청장이 임명하거나 위촉한다(동법 제36조).

- 시설의 장
- 시설 거주자 대표
- 시설 거주자의 보호자 대표
- 시설 종사자의 대표
- 해당 시·군·구 소속의 사회복지업무를 담당하는 공무원
- 후원자 대표 또는 지역주민
- 공익단체에서 추천한 사람
- 그 밖에 시설의 운영 또는 사회복지에 관하여 전문적인 지식과 경험이 풍부한 사람

(3) 운영위원회 보고 사항

시설의 장은 다음의 사항을 운영위원회에 보고하여야 한다(동법 제36조).

- 시설의 회계 및 예산·결산에 관한 사항

- 후원금 조성 및 집행에 관한 사항
- 그 밖에 시설운영과 관련된 사건 · 사고에 관한 사항

9) 시설의 휴지 · 재개 · 폐지 신고 등

신고를 한 자는 지체 없이 시설의 운영을 시작하여야 하며, 시설의 운영자는 그 운영을 일정 기간 중단하거나 다시 시작하거나 시설을 폐지하려는 경우에는 보건복지부령으로 정하는 바에 따라 시장 · 군수 · 구청장에게 신고하여야 한다. 시장 · 군수 · 구청장은 시설 운영이 중단되거나 시설이 폐지되는 경우에는 보건복지부령으로 정하는 바에 따라 시설 거주자의 권익을 보호하기 위하여 다음의 조치를 하여야 한다(동법 제38조).

- 시설 거주자가 자립을 원하는 경우 자립을 할 수 있도록 지원하고 그 이행을 확인하는 조치
- 시설 거주자가 다른 시설을 선택할 수 있도록 하고 그 이행을 확인하는 조치
- 시설 거주자가 이용료 · 사용료 등의 비용을 부담하는 경우 납부한 비용 중 사용하지 아니한 금액을 반환하게 하고 그 이행을 확인하는 조치
- 보조금 · 후원금 등의 사용 실태 확인과 이를 재원으로 조성한 재산 중 남은 재산의 회수조치
- 그 밖에 시설 거주자의 권익 보호를 위하여 필요하다고 인정되는 조치

한편 시설 운영자가 시설운영을 재개하려고 할 때에는 보건복지부령으로 정하는 바에 따라 시설 거주자의 권익을 보호하기 위하여 운영 중단 사유의 해소, 향후 안정적 운영계획의 수립, 그 밖에 시설 거주자의 권익 보호를 위하여 보건복지부장관이 필요하다고 인정하는 조치 등의 조치를 하여야 한다(동법 제38조).

10) 시설의 서비스 최저기준, 시설의 평가

(1) 시설의 서비스 최저기준

보건복지부장관은 시설에서 제공하는 서비스의 최저기준을 마련하여야 하며, 시설 운영자는 서비스 최저기준 이상으로 서비스 수준을 유지하여야 한다(동법 제43조).

(2) 시설의 평가

보건복지부장관과 시·도지사는 보건복지부령으로 정하는 바에 따라 시설을 정기적으로 평가하고, 그 결과를 공표하거나 시설의 감독·지원 등에 반영할 수 있으며 시설 거주자를 다른 시설로 보내는 등의 조치를 할 수 있다(동법 제43조의 2). 보건복지부장관 및 시·도지사는 3년마다 1회 이상 시설에 대한 평가를 실시하여야 하며, 입소 정원의 적정성, 종사자의 전문성, 시설의 환경, 시설거주자에 대한 서비스 만족도, 기타 시설의 운영개선에 필요한 사항이 평가기준이 된다(동법 시행규칙 제27조).

11) 시설 설치의 방해 금지

누구든지 정당한 이유 없이 사회복지시설의 설치를 방해하여서는 아니 되고, 시장·군수·구청장은 정당한 이유 없이 사회복지시설의 설치를 지연시키거나 제한하는 조치를 하여서는 아니 된다(동법 제6조).

12) 보조금과 비용의 징수

국가나 지방자치단체는 사회복지사업을 하는 자 중 대통령령으로 정하는 자에게 필요한 비용의 전부 또는 일부를 보조할 수 있으며, 보조금은 그 목적 외의 용도에 사용할 수 없다(동법 제42조). 한편 이 법에 따른 복지조치에 필요한 비용을 부담한 지방자치단체의 장이나 그 밖에 시설을 운영하는 자는 그 혜택을 받은 본인 또는 그 부양의무자로부터 대통령령으로 정하는 바에 따라 그가 부담한 비용의 전부 또는 일부를 징수할 수 있다(동법 제44조).

13) 후원금의 관리

사회복지법인의 대표이사와 시설의 장은 아무런 대가 없이 무상으로 받은 금품이나 그 밖의 자산(이하 "후원금"이라 함)의 수입·지출 내용을 공개하여야 하며 그 관리에 명확성이 확보되도록 하여야 하며, 후원금에 관한 영수증 발급, 수입 및 사용결과 보고, 그 밖에 후원금 관리 및 공개 절차 등 구체적인 사항은 보건복지부령으로 정한다(동법 제45조).

14) 수용인원의 제한

시설의 수용인원은 300인을 초과할 수 없다. 다만, 대통령령이 정하는 경우에는 그러하지 아니한다(동법 제41조).

6. 재가복지서비스

1) 재가복지서비스의 종류

국가나 지방자치단체는 보호대상자가 가정봉사서비스 혹은 주간·단기 보호서비스에 해당하는 재가복지서비스를 제공받도록 할 수 있다(동법 제41조의2).

- 가정봉사서비스: 가사 및 개인활동을 지원하거나 정서활동을 지원하는 서비스
- 주간·단기 보호서비스: 주간·단기 보호시설에서 급식 및 치료 등 일상생활의 편의를 낮 동안 또는 단기간 동안 제공하거나 가족에 대한 교육 및 상담을 지원하는 서비스

시장·군수·구청장은 「사회보장급여의 이용·제공 및 수급권자 발굴에 관한 법률」 제15조에 따른 보호대상자별 서비스 제공 계획에 따라 보호대상자에게 사회복지서비스를 제공하는 경우 시설 입소에 우선하여 재가복지서비스를 제공하도록 하여야 한다(동법 제41조의2).

2) 가정봉사원의 양성

국가나 지방자치단체는 재가복지서비스를 필요로 하는 가정 또는 시설에서 보호대상자가 일상생활을 하기 위하여 필요한 각종 편의를 제공하는 가정봉사원을 양성하도록 노력하여야 한다(동법 제41조의4).

7. 법정 단체

1) 한국사회복지사협회

사회복지사는 사회복지에 관한 전문지식과 기술을 개발·보급하고 사회복지사의 자질 향상을 위한 교육훈련 및 사회복지사의 복지증진을 도모하기 위하여 한국사회복지사협회를 설립한다. 협회는 법인으로 하되, 협회의 조직과 운영 등에 관하여 필요한 사항은 대통령령으로 정한다(동법 제46조). 협회는 아래의 업무를 수행하도록 규정되어 있다(동법 시행령 제22조).

- 사회복지사에 대한 전문지식 및 기술의 개발·보급
- 사회복지사의 전문성 향상을 위한 교육훈련
- 사회복지사제도에 대한 조사연구·학술대회개최 및 홍보·출판사업
- 국제사회복지사단체와의 교류·협력
- 보건복지부장관이 위탁하는 사회복지사업에 관한 업무
- 기타 협회의 목적 달성에 필요한 사항

2) 사회복지협의회

사회복지에 관한 다음 각호의 업무를 수행하기 위하여 전국 단위의 한국사회복지협의회(이하 "중앙협의회"라 한다)와 시·도 단위의 시·도 사회복지협의회(이하 "시·도협의회"라 함)를 두며, 필요한 경우에는 시·군·구 단위의 시·군·구 사회복지협의회를 둘 수 있다(동법 제33조). 한국사회복지협의회의 업무는 다음과 같다.

- 사회복지에 관한 조사·연구 및 정책 건의
- 사회복지 관련 기관·단체 간의 연계·협력·조정
- 사회복지 소외계층 발굴 및 민간사회복지자원과의 연계·협력
- 대통령령으로 정하는 사회복지사업의 조성 등

8. 수급자의 권리보호 및 권리구제

사회복지사업 또는 사회복지업무에 종사하였거나 종사하고 있는 사람은 그 업무 수행 과정에서 알게 된 다른 사람의 비밀을 누설하여서는 아니 된다(동법 제47조). 아울러 「사회복지사업법」 및 27개 법률에 따라 지급된 금품과 이를 받을 권리는 압류하지 못한다(동법 제48조).

9. 벌칙 등

이 법에서 정하는 벌칙 등은 다음과 같다(동법 제53~제58조).

1) 5년 이하의 징역 또는 5천만 원 이하의 벌금

- 법인은 기본재산에 관하여 매도·증여·교환·임대·담보제공 또는 용도변경하고자 할 때, 그리고 보건복지부령으로 정하는 금액 이상을 1년 이상 장

기차입하고자 할 때에는 시·도지사의 허가를 받아야 하나 이를 위반한 자
- 사회복지사업을 수행하는 자에게 지급된 국가 또는 지방자치단체의 보조금을 목적 외의 용도로 사용할 수 없으나 이를 위반한 자

2) 1년 이하의 징역 또는 1천만 원 이하의 벌금

- 정당한 이유 없이 사회복지시설의 설치를 방해한 자
- 사회복지사 자격증을 다른 사람에게 빌려주거나 빌린 자
- 사회복지사 자격증을 빌려주거나 빌리는 것을 알선한 자
- 임원의 선임과 관련하여 금품, 향응 또는 재산상의 이익을 주고받거나 주고받을 것을 약속한 자
- 법인의 수익사업에서 생긴 수익을 법인 또는 법인이 설치한 사회복지시설의 운영 외의 목적에 사용한 자
- 시설을 통합하여 하나의 시설로 설치·운영하거나 하나의 시설에서 둘 이상의 사회복지사업을 통합하여 수행하는 경우 해당 시설에서 공동으로 이용하거나 배치할 수 있는 시설 및 인력 기준에 따른 신고를 하지 아니하고 시설을 설치·운영한 자
- 정당한 이유 없이 시설 운영이 중단되거나 시설이 폐지되는 경우 시설 거주자의 권익을 보호하기 위하여 조치를 기피하거나 거부한 자
- 정당한 이유 없이 보건복지부장관, 시·도지사 또는 시장·군수·구청장의 시설의 개선, 사업의 정지, 시설의 장의 교체 명령이나 시설폐쇄 명령을 이행하지 아니한 자
- 사회복지사업 또는 사회복지업무에 종사하였거나 종사하고 있는 자로서 그 업무수행의 과정에서 알게 된 다른 사람의 비밀을 누설한 자
- 정당한 이유 없이 보건복지부장관, 시·도지사 또는 시장·군수·구청장이 명령한 소관 업무 및 회계 감사에 관한 보고를 하지 아니하거나 거짓으로 보고한 자, 자료를 제출하지 아니하거나 거짓 자료를 제출한 자, 검사·질문

· 회계감사를 거부 · 방해 또는 기피한 자

3) 300만원 이하의 벌금

- 사회복지법인 및 사회복지시설을 설치 · 운영하는 자가 대통령령으로 정하는 바에 따라 사회복지사를 그 종사자로 채용하고, 보고방법 · 보고주기 등 보건복지부령으로 정하는 바에 따라 시 · 도지사 또는 시장 · 군수 · 구청장에게 사회복지사의 임면에 관한 사항을 보고하지 않은 행위
- 보건복지부장관은 사회복지사의 자질 향상을 위하여 필요하다고 인정하면 사회복지사에게 교육을 받도록 명할 수 있으며, 사회복지법인 또는 사회복지시설에 종사하는 사회복지사는 정기적으로 인권에 관한 내용이 포함된 보수교육(보수교육)을 받아야 하는데 이를 위반한 행위
- 사회복지법인 또는 사회복지시설을 운영하는 자가 사회복지사의 보수교육을 이유로 불리한 처분을 한 행위
- 보수교육을 보건복지부령으로 정하는 기관 또는 단체가 아닌 곳에 위탁한 행위
- 보건복지부령으로 정한 보수 교육의 기간 · 방법 및 내용과 위탁 등에 관하여 필요한 사항을 위반한 행위

4) 양벌규정

- 법인의 대표자나 법인 또는 개인의 대리인 · 사용인, 그 밖의 종업원이 그 법인 또는 개인의 업무에 관하여 벌칙의 위반행위를 하면 그 행위자를 벌하는 외에 그 법인 또는 개인에게도 해당 조문의 벌금형을 과(科)함. 다만, 법인 또는 개인이 그 위반행위를 방지하기 위하여 해당 업무에 관하여 상당한 주의와 감독을 게을리하지 아니한 경우에는 그러하지 아니함

제9장 국민기초생활 보장법

제1절 입법 배경 및 주요 연혁

1. 입법 배경

저소득 국민, 영세 도시빈민, 실업자등을 지원하여 빈곤문제에 대한 사회안전망의 기초를 튼튼히 하는 한편, 빈곤가구별로 자활지원계획을 수립하고 그에 맞는 자활급여를 실시함으로써 빈곤의 장기화를 방지하고자 1999년 9월 7일 「국민기초생활 보장법」을 제정하였다. 제정의 주요 내용은 다음과 같다.

- "소득인정액"은 개별가구의 소득평가액과 재산의 소득환산액을 합산한 금액으로 하고, 소득평가액의 산정에 있어서 근로소득공제등 근로유인을 위한 방안을 둠.
- 부양의무자가 없거나, 부양의무자가 있어도 부양능력이 없거나 부양을 받을 수 없는 자로서 소득인정액이 최저생계비이하인 국민은 누구나 국가로부터 지원을 받을 수 있도록 함.
- 수급자를 선정함에 있어 기준이 되는 최저생계비의 결정은 중앙생활보장위원회의 심의·의결을 거쳐 보건복지부장관이 공표하도록 함.
- 근로능력이 있는 수급자에 대하여는 자활에 필요한 사업에 참가하는 것을 조건으로 하여 생계급여를 지급할 수 있도록 함.
- 생활보장에 관한 기획·조사 ·실시등에 관한 사항을 심의·의결하기 위하여 보건복지부와 특별시·광역시·도 및 시·군·구에 생활보장위원회를 두

도록 하고, 위원회의 구성과 자격기준등을 명문화하여 민간의 민주적 참여와 동위원회의 전문성을 강화함.

2. 주요 연혁

- 1999. 9. 7. 「국민기초생활보장법」 제정(법률 제6024호)
- 2014. 12. 30. 개정(법률 제12933호) 2000년 10월 종합적인 빈곤대책으로 「국민기초생활보장법」이 시행된 이후, 생활이 어려운 사람들에게 최저생계를 보장함으로써 빈곤을 완화하고 자립을 지원해 왔으나, 소득인정액이 최저생계비 이하인 경우에는 각종 급여가 지급되는 반면, 탈수급의 경우 지원이 전무한 상황이 발생하는 등 현행 제도의 한계로 인하여 다양한 복지욕구에 대응하지 못하여 사각지대가 발생하고 탈수급을 저해하는 문제가 발생하고 있음. 이에 기초생활보장제도를 효과적이고 효율적인 맞춤형 빈곤정책으로 전환하여 지원대상을 확대하고 일할수록 유리한 급여체계를 마련함으로써 탈수급 유인을 촉진하고 빈곤예방기능을 강화하는 한편, 현행 제도의 운영상 나타난 미비점을 전반적으로 개선·보완하려는 것임. 또한, 벌금액을 국민권익위원회의 권고안 및 국회사무처 법제예규의 기준인 징역 1년당 1천만원의 비율로 개정함으로써 벌금형을 현실화하고, 형벌로서의 기능을 회복시켜 일반인에 대한 범죄억지력을 확보하고자 함.
- 2016. 2. 3. 개정(법률 제13987호) 사회복지전담공무원이 수급권자의 급여 신청에 대해 알기 쉽게 설명하도록 하고, 사회복지전담공무원이 신청자를 조사할 때 권한을 표시하는 증표뿐만 아니라 조사기간, 조사범위 등이 기재된 서류를 제시하도록 함으로써 기초생활수급자의 권리를 보호하고 합리적인 조사가 이루어지도록 함.
- 2017. 9. 19. 개정(법률 제14880호) 징역형 대비 적정 벌금액의 일반기준인 '징역형 1년당 벌금형 1천만원'에 따라 벌금형의 금액을 상향조정하고, 금융정보, 신용정보 및 보험정보의 목적 외 사용 및 제공·누설 등에 대한 벌칙 수

준을 「개인정보 보호법」의 벌칙 수준인 5년 이하의 징역 또는 5천만원 이하의 벌금으로 통일함으로써 법정형의 편차를 조정하고 형사처벌의 공정성을 기하고자 함.

- 2017. 12. 12. 개정(법률 제15185호) 시장・군수・구청장이 급여신청을 받은 경우 수급권자의 소득・재산 등을 조사하기 위하여 요청할 수 있는 자료에 자동차 의무보험 가입관리전산망 자료를 추가하고, 행정기관의 처분에 대한 이의신청 기간을 60일에서 90일로 연장함으로써 국민의 기초생활보장 급여 수급권이 충실히 보장될 수 있도록 함.
- 2018. 12. 11. 개정(법률 제15875호) 급여수급계좌로 입금하여야 하는 급여에 같은 법 제4조제4항에 따라 지방자치단체가 실시하는 급여를 포함시키고, 부가급여 자체가 압류의 대상이 될 수 없도록 함으로써 수급자에게 지급된 수급품의 압류를 금지한 규정의 취지를 살리고 수급자 보호에 만전을 기하고자 함.
- 2019. 1. 15. 개정(법률 제16239호) 자활지원사업의 체계를 개편하고, 보장기관의 자활기금 설치 의무화 및 자활지원사업 참여자에 대한 지속적 관리를 위한 법적근거를 마련하는 등 근로연계복지 정책으로서의 자활지원사업의 실효성을 높이고자 함.
- 2019. 4. 23. 개정(법률 제16367호) 「아동복지법」에 따라 친권자를 제외한 보호자 또는 대리양육을 원하는 연고자에 대하여 그 가정에서 보호・양육할 수 있도록 조치된 아동, 아동의 보호를 희망하는 사람에게 가정위탁된 아동, 아동복지시설에 입소된 아동은 친부모로부터 분리되어 실제 부양을 받지 못함에도 불구하고 친부모의 소득발생 등으로 인하여 기초생활보장급여 수급권자에서 탈락하거나 급여 액수가 감소하는 불합리한 점이 있으므로 해당 아동은 부양을 받을 수 없는 것으로 보아 수급권자로 인정하는 한편, 수급자 명의의 계좌 개설이 곤란한 사유 등으로 수급자의 급여를 대리 수령하는 배우자 등이 해당 급여를 목적 외로 사용하는 것을 방지하기 위하여 대리 수령자가 해당 급여를 목적 외로 사용한 경우 1년 이하의 징역, 1천만원 이하

의 벌금, 구류 또는 과료에 처하도록 함.

- 2019. 12. 3. 개정(법률 제16734호) 시장·군수·구청장이 생계급여 등의 실시 여부와 급여 내용을 결정하여 수급권자 또는 신청인에게 통보하거나 보장기관이 생계급여 등의 종류·방법 등의 변경을 수급자에게 통지할 때에 급여의 산출 근거를 포함하여 통보·통지하도록 함으로써 수급권자 등의 알권리를 보다 두텁게 보장하고자 함.
- 2021. 7. 27. 개정(법률 제18325호) 자활기업 인정 및 인정취소, 공공기관의 자활기업생산품 우선구매, 투명한 기업관리를 위한 보고의무 등을 신설하여 성실한 자활기업을 보호·육성하고 판로개척 등의 지원을 강화하고자 함.
- 2021. 12. 21. 개정(법률 제18607호) 저소득 청년의 자립지원을 위하여 「국민기초생활 보장법」에 따른 자산형성 지원의 대상을 「청년기본법」 제3조제1호의 청년이 대통령령으로 정하는 소득·재산 기준에 해당하는 경우까지 확대할 수 있도록 법적 근거를 마련하고, 어려운 한자어 및 일본식 용어의 정비를 위하여 "감안"을 "고려"로 개정함.
- 2023. 8. 16. 개정(법률 제12933호) 중증장애인에 대한 개인 단위 급여 실시 사항을 법률에 명시적으로 규정함.

제 2 절 법의 주요 내용

1. 법의 목적

「국민기초생활 보장법」은 생활이 어려운 사람에게 필요한 급여를 실시하여 이들의 최저생활을 보장하고 자활을 돕는 것을 목적으로 한다(동법 제1조).

2. 용어의 정의

이 법에서 사용하는 용어의 정의는 다음과 같다(동법 제2조).

- 수급권자: 급여를 받을 수 있는 자격을 가진 사람
- 수급자: 급여를 받는 사람
- 수급품: 수급자에게 지급하거나 대여하는 금전 또는 물품
- 보장기관: 급여를 실시하는 국가 또는 지방자치단체
- 부양의무자: 수급권자를 부양할 책임이 있는 사람으로서 수급권자의 1촌의 직계혈족 및 그 배우자. 다만, 사망한 1촌의 직계혈족의 배우자는 제외
- 최저보장수준: 국민의 소득·지출 수준과 수급권자의 가구 유형 등 생활실태, 물가상승률 등을 고려하여 급여의 종류별로 공표하는 금액이나 보장수준
- 최저생계비: 국민이 건강하고 문화적인 생활을 유지하기 위하여 필요한 최소한의 비용으로서 보건복지부장관이 계측하는 금액
- 개별가구: 급여를 받거나 자격요건에 부합하는지에 관한 조사를 받는 기본단위로서 수급자 또는 수급권자로 구성된 가구
- 소득인정액: 보장기관이 급여의 결정 및 실시 등에 사용하기 위하여 산출한 개별가구의 소득평가액과 재산의 소득환산액을 합산한 금액
- 차상위계층: 수급권자에 해당하지 아니하는 계층으로서 소득인정액이 대통령령으로 정하는 기준 이하인 계층
- 기준 중위소득: 보건복지부장관이 급여의 기준 등에 활용하기 위하여 중앙생활보장위원회의 심의·의결을 거쳐 고시하는 국민 가구소득의 중위값

3. 급여의 원칙과 실시기준

1) 급여의 기본 원칙

급여는 수급자가 자신의 생활의 유지·향상을 위하여 그의 소득, 재산, 근로능력 등을 활용하여 최대한 노력하는 것을 전제로 이를 보충·발전시키는 것을 기본원칙으로 한다. 그리고 부양의무자의 부양과 다른 법령에 따른 보호는 이 법에 따른 급여에 우선하여 행하여지는 것으로 한다. 다만, 다른 법령에 따른 보호의 수준이 이 법에서 정하는 수준에 이르지 아니하는 경우에는 나머지 부분에 관하여 이 법에 따른 급여를 받을 권리를 잃지 아니한다(동법 제3조).

2) 급여의 기준

급여는 건강하고 문화적인 최저생활을 유지할 수 있는 것이어야 하며, 급여의 기준은 수급자의 연령, 가구 규모, 거주지역, 그 밖의 생활여건 등을 고려하여 급여의 종류별로 보건복지부장관이 정하거나 급여를 지급하는 중앙행정기관의 장이 보건복지부장관과 협의하여 정한다. 그리고 보장기관은 이 법에 따른 급여를 개별가구 단위로 실시하되, 특히 필요하다고 인정하는 경우에는 개인 단위로 실시할 수 있으며, 지방자치단체인 보장기관은 해당 지방자치단체의 조례로 정하는 바에 따라 이 법에 따른 급여의 범위 및 수준을 초과하여 급여를 실시할 수 있다. 이 경우 해당 보장기관은 보건복지부장관 및 소관 중앙행정기관의 장에게 알려야 한다(동법 제4조).

3) 외국인에 대한 특례

국내에 체류하고 있는 외국인 중 대한민국 국민과 혼인하여 본인 또는 배우자가 임신 중이거나 대한민국 국적의 미성년 자녀를 양육하고 있거나 배우자의 대한민국 국적인 직계존속과 생계나 주거를 같이하고 있는 사람으로서 대통령령으로 정하는 사람이 이 법에 따른 급여를 받을 수 있는 자격을 가진 경우에는 수급권자가 된다(동법 제5조의2).

4) 최저보장수준의 결정

보건복지부장관 또는 소관 중앙행정기관의 장은 급여의 종류별 수급자 선정기준 및 최저보장수준을 결정하여야 한다. 보건복지부장관 또는 소관 중앙행정기관의 장은 매년 8월 1일까지 중앙생활보장위원회의 심의·의결을 거쳐 다음 연도의 급여의 종류별 수급자 선정기준 및 최저보장수준을 공표하여야 한다(동법 제6조).

5) 기준 중위소득의 산정

기준 중위소득은 통계청이 공표하는 통계자료의 가구 경상소득(근로소득, 사업소득, 재산소득, 이전소득을 합산한 소득을 말함)의 중간값에 최근 가구소득 평균 증가율, 가구규모에 따른 소득수준의 차이 등을 반영하여 가구규모별로 산정한다(동법 제6조의2).

6) 소득인정액의 산정

개별가구의 소득평가액은 개별가구의 실제소득에도 불구하고 보장기관이 급여의 결정 및 실시 등에 사용하기 위하여 산출한 금액으로 근로소득, 사업소득, 재산소득, 이전소득을 합한 개별가구의 실제소득에서 장애·질병·양육 등 가구 특성에 따른 지출요인, 근로를 유인하기 위한 요인, 그 밖에 추가적인 지출요인에 해당하는 금액을 감하여 산정한다. 실제소득, 소득평가액 및 재산의 소득환산액의 산정을 위한 구체적인 범위·기준 등은 대통령령으로 정한다(동법 제6조의3).

4. 보장기관 및 보장시설

1) 보장기관

보장기관이라 함은 급여를 행하는 국가 또는 지방자치단체를 말한다(동법 제2조). 그러나 실제로 이 법에 의한 급여는 수급권자 또는 수급자의 거주지를 관할하는 시·도시사와 시장·군수·구청장(교육급여는 시·도 교육감)이 실시한다(동법 제19조).

2) 보장시설

보장시설이란 급여를 실시하는 「사회복지사업법」에 따른 사회복지시설로서 다음의 시설 중 보건복지부령으로 정하는 시설을 말한다(동법 제32조).

- 「장애인복지법」의 장애인거주시설
- 「노인복지법」의 노인주거복지시설 및 노인의료복지시설
- 「아동복지법」에 따른 아동복지시설 및 통합 시설
- 「정신건강증진 및 정신질환자 복지서비스 지원에 관한 법률」에 따른 정신요양시설 및 정신재활시설
- 「노숙인 등의 복지 및 자립지원에 관한 법률」의 노숙인재활시설 및 노숙인요양시설
- 「가정폭력방지 및 피해자보호 등에 관한 법률」에 따른 가정폭력피해자 보호시설
- 「성매매방지 및 피해자보호 등에 관한 법률」에 따른 성매매피해자 등을 위한 지원시설
- 「성폭력방지 및 피해자보호 등에 관한 법률」에 따른 성폭력피해자보호시설
- 「한부모가족지원법」의 한부모가족복지시설
- 「사회복지사업법」의 사회복지시설 중 결핵 및 한센병요양시설

- 그 밖에 보건복지부령으로 정하는 시설

3) 생활보장위원회

생활보장사업의 기획·조사·실시 등에 관한 사항을 심의·의결하기 위하여 보건복지부와 시·도 및 시·군·구에 각각 생활보장위원회를 두고, 보건복지부에 두는생활보장위원회(이하 "중앙생활보장위원회"라 함)는 다음의 사항을 심의·의결한다(동법 제20조).

- 기초생활보장 종합계획의 수립
- 소득인정액 산정방식과 기준 중위소득의 결정
- 급여의 종류별 수급자 선정기준과 최저보장수준의 결정
- 급여기준의 적정성 등 평가 및 실태조사에 관한 사항
- 급여의 종류별 누락·중복, 차상위계층의 지원사업 등에 대한 조정
- 자활기금의 적립·관리 및 사용에 관한 지침의 수립
- 그 밖에 위원장이 회의에 부치는 사항

5. 급여의 종류와 방법

「국민기초생활 보장법」에 따른 급여의 종류는 생계급여, 주거급여, 의료급여, 교육급여, 해산급여, 장제급여, 자활급여가 있으며, 수급권자에 대한 급여는 수급자의 필요에 따라 급여의 전부 또는 일부를 실시하는 것으로 한다. 한편 차상위계층에 속하는 사람(이하 "차상위자"라 함)에 대한 급여는 보장기관이 차상위자의 가구별 생활 여건을 고려하여 예산의 범위 안에서 주거급여, 의료급여, 교육급여, 장제급여, 자활급여의 규정에 따른 급여의 전부 또는 일부를 실시할 수 있다(동법 제7조).

1) 생계급여

생계급여는 수급자에게 의복·음식물 및 연료비와 그 밖에 일상생활에 기본적으로 필요한 금품을 지급하여 그 생계를 유지하게 하는 것으로 하고, 생계급여 수급권자는 부양의무자가 없거나, 부양의무자가 있어도 부양능력이 없거나 부양을 받을 수 없는 사람으로서 그 소득인정액이 중앙생활보장위원회의 심의·의결을 거쳐 결정하는 금액(이하 "생계급여 선정기준"이라 함) 이하인 사람으로 한다. 이 경우 생계급여 선정기준은 기준 중위소득의 100분의 30 이상으로 한다. 생계급여 최저보장수준은 생계급여와 소득인정액을 포함하여 생계급여 선정기준 이상이 되도록 하여야 한다(동법 제8조).

(1) 지급방법

생계급여는 금전을 지급하는 것으로 한다. 다만, 금전으로 지급할 수 없거나 금전으로 지급하는 것이 적당하지 아니하다고 인정하는 경우에는 물품을 지급할 수 있다. 생계급여는 보건복지부장관이 정하는 바에 따라 수급자의 소득인정액 등을 고려하여 차등지급할 수 있다.

수급품은 대통령령이 정하는 바에 따라 매월 정기적으로 지급하여야 한다. 다만, 특별한 사정이 있는 경우에는 그 지급방법을 다르게 정하여 지급할 수 있다. 수급품은 수급자에게 직접 지급한다. 다만, 보장시설이나 타인의 가정에 위탁하여 생계급여를 행하는 경우에는 그 위탁받은 자에게 이를 지급할 수 있다. 이 경우 보장기관은 보건복지부장관이 정하는 바에 따라 정기적으로 수급자의 수급여부를 확인하여야 한다.

보장기관은 대통령령이 정하는 바에 따라 근로능력이 있는 수급자에게 자활에 필요한 사업에 참가할 것을 조건으로 하여 생계급여를 실시할 수 있다. 이 경우 보장기관은 자활지원계획을 고려하여 조건을 제시하여야 한다(동법 제9조).

(2) 부양능력

부양의무자가 다음의 어느 하나에 해당하는 경우에는 부양능력이 없는 것으로 본다(동법 제8조의2).

- 기준 중위소득 수준을 고려하여 대통령령으로 정하는 소득·재산 기준 미만인 경우
- 직계존속 또는 「장애인연금법」의 중증장애인인 직계비속을 자신의 주거에서 부양하는 경우로서 보건복지부장관이 정하여 고시하는 경우
- 그 밖에 질병, 교육, 가구 특성 등으로 부양능력이 없다고 보건복지부장관이 정하는 경우

부양의무자가 다음의 어느 하나에 해당하는 경우에는 부양을 받을 수 없는 것으로 본다(동법 제8조의2).

- 부양의무자가 「병역법」에 따라 징집되거나 소집된 경우
- 부양의무자가 「해외이주법」의 해외이주자에 해당하는 경우
- 부양의무자가 「형의 집행 및 수용자의 처우에 관한 법률」 및 「치료감호법」 등에 따른 교도소, 구치소, 치료감호시설 등에 수용 중인 경우
- 부양의무자에 대하여 실종선고 절차가 진행 중인 경우
- 부양의무자가 보장시설에서 급여를 받고 있는 경우
- 부양의무자의 가출 또는 행방불명으로 경찰서 등 행정관청에 신고된 후 1개월이 지났거나 가출 또는 행방불명 사실을 특별자치시장·특별자치도지사·시장·군수·구청장이 확인한 경우
- 부양의무자가 부양을 기피하거나 거부하는 경우
- 그 밖에 부양을 받을 수 없는 것으로 보건복지부장관이 정하는 경우
- 「아동복지법」에 따라 부양 대상 아동이 친권자인 보호자에게서 분리되어 보호조치된 경우

2) 주거급여

주거급여는 수급자에게 주거 안정에 필요한 임차료, 수선유지비, 그 밖의 수급품을 지급하는 것으로 하며, 주거급여에 관하여 필요한 사항은 따로 법률에서 정한다(동법 제11조).

3) 의료급여

의료급여는 수급자에게 건강한 생활을 유지하는 데 필요한 각종 검사 및 치료 등을 지급하는 것으로 한다. 의료급여 수급권자는 부양의무자가 없거나, 부양의무자가 있어도 부양능력이 없거나 부양을 받을 수 없는 사람으로서 그 소득인정액이 중앙생활보장위원회의 심의・의결의 거쳐 결정하는 금액(이하 "의료급여 선정기준"이라 함) 이하인 사람으로 한다. 이 경우 의료급여 선정기준은 기준 중위소득의 100분의 40 이상으로 한다. 의료급여에 필요한 사항은 따로 법률에서 정한다(동법 제12조의3).

4) 교육급여

교육급여는 수급자에게 입학금, 수업료, 학용품비, 그 밖의 수급품을 지원하는 것으로 하되, 학교의 종류・범위 등에 관하여 필요한 사항은 대통령령으로 정하고, 교육부장관의 소관으로 한다. 교육급여의 수급권자는 부양의무자가 없거나, 부양의무자가 있어도 부양능력이 없거나 부양을 받을 수 없는 사람으로서 그 소득인정액이 중앙생활보장위원회의 심의・의결을 거쳐 결정하는 금액(이하 "교육급여 선정기준"이라 함) 이하인 사람으로 한다. 이 경우 교육급여 선정기준은 중위소득 100분의 50 이상으로 한다(동법 제12조).

5) 해산급여

해산급여는 생계급여, 주거급여, 의료급여 중 하나 이상의 급여를 받는 수급자에게 조산(助産), 분만 전과 분만 후의 필요한 조치와 보호의 급여를 행하는 것으로 한다. 해산급여는 보건복지부령이 정하는 바에 따라 보장기관이 지정하는 의료기관에 위탁하여 행할 수 있다. 해산급여에 필요한 수급품은 보건복지부령이 정하는 바에 따라 수급자나 그 세대주 또는 세대주에 준하는 사람에게 지급한다. 다만, 분만 전과 분만 후에 필요한 조치와 보호에 대한 급여를 의료기관에 위탁하는 경우에는 수급품을 그 의료기관에 지급할 수 있다(동법 제13조).

6) 장제급여

장제급여는 생계급여, 주거급여, 의료급여 중 하나 이상의 급여를 받는 수급자가 사망한 경우 사체의 검안·운반·화장 또는 매장, 그 밖의 장제조치를 하는 것으로 한다. 장제급여는 보건복지부령이 정하는 바에 따라 실제로 장제를 실시하는 사람에게 필요한 비용을 지급하는 것으로 한다. 다만, 그 비용을 지급할 수 없거나 비용을 지급하는 것이 적당하지 아니하다고 인정하는 경우에는 물품을 지급할 수 있다(동법 제14조).

7) 자활급여

(1) 자활급여의 내용

자활급여는 수급자의 자활을 돕기 위하여 다음의 급여를 실시하는 것으로 한다.

- 자활에 필요한 금품의 지급 또는 대여
- 자활에 필요한 근로능력의 향상 및 기능 습득의 지원
- 취업알선 등 정보의 제공

- 자활을 위한 근로기회의 제공
- 자활에 필요한 시설 및 장비의 대여
- 창업교육, 기능훈련 및 기술·경영지도 등 창업 지원
- 자활에 필요한 자산형성 지원
- 그 밖에 대통령령으로 정하는 자활을 위한 각종 지원

자활급여는 공공기관·비영리법인·시설과 그 밖에 대통령령이 정하는 기관에 위탁하여 실시할 수 있다. 이 경우 그에 드는 비용은 보장기관이 부담한다(동법 제15조).

(2) 한국자활복지개발원

수급자 및 차상위자의 자활촉진에 필요한 사업을 수행하기 위하여 한국자활복지개발원(이하 "자활복지개발원"이라 함)을 설립한다. 자활복지개발원은 법인으로 하며 보건복지부장관은 자활복지개발원을 지도·감독하며 자활복지개발원에 대하여 업무·회계 및 재산에 관하여 필요한 사항을 보고하게 하거나 소속 공무원에게 자활복지개발원에 출입하여 장부, 서류, 그 밖의 물건을 검사하게 할 수 있다. 그 외에 자활복지개발원의 정관, 이사회, 회계, 그 밖에 자활복지개발원의 설립·운영에 필요한 사항은 대통령령으로 정한다(동법 제15조의2).

국가는 자활복지개발원의 설립·운영에 필요한 경비의 전부 또는 일부를 보조하거나 출연할 수 있다(동법 제15조의6). 자활복지개발원장은 자활촉진을 위한 교육·훈련을 위하여 자활복지개발원에 한국자활연수원을 둔다. 자활복지개발원의 사업은 다음과 같다(동법 제15조의3).

- 자활 지원을 위한 사업(자활지원사업)의 개발 및 평가
- 자활 지원을 위한 조사·연구 및 홍보
- 광역자활센터, 지역자활센터 및 자활기업의 기술·경영지도 및 평가

- 자활 관련 기관 간의 협력체계 구축·운영
- 자활 관련 기관 간의 정보네트워크 구축·운영
- 취업·창업을 위한 자활촉진 프로그램 개발 및 지원
- 고용지원서비스의 연계 및 사회복지서비스의 대상자 관리
- 수급자 및 차상위자의 자활촉진을 위한 교육·훈련, 광역자활센터 등 자활 관련 기관의 종사자 및 참여자에 대한 교육·훈련 및 지원
- 국가 또는 지방자치단체로부터 위탁받은 자활 관련 사업
- 그 밖에 자활촉진에 필요한 사업으로서 보건복지부장관이 정하는 사업

(3) 광역자활센터

보장기관은 수급자 및 차상위자의 자활촉진에 필요한 사업을 수행하기 위하여 사회복지법인, 사회적협동조합 등 비영리법인과 단체(이하 "법인 등"이라 함)를 법인 등의 신청을 받아 특별시·광역시·특별자치시·도·특별자치도(이하 "시·도"라 함)단위의 광역자활센터로 지정한다. 이 경우 보장기관은 법인 등의 지역사회복지사업 및 자활지원사업의 수행능력·경험 등을 고려하여야 하며 광역자활센터의 사업은 다음과 같다.

- 시·도 단위의 자활기업 창업지원
- 시·도 단위의 수급자 및 차상위자에 대한 취업·창업 지원 및 알선
- 지역자활센터 종사자 및 참여자에 대한 교육훈련 지원
- 지역특화형 자활프로그램 개발·보급 및 사업개발 지원
- 지역자활센터 및 자활사업에 대한 기술·경영지도
- 그 밖에 자활촉진에 필요한 사업으로서 보건복지부장관이 정하는 사업

보장기관은 광역자활센터의 설치 및 운영에 필요한 경비의 전부 또는 일부를 보조할 수 있고, 광역자활센터에 대하여 정기적으로 사업실적 및 운영실태를 평

가하고 수급자의 자활촉진을 달성하지 못하는 광역자활센터에 대하여는 그 지정을 취소할 수 있다(동법 제15조의10).

(4) 지역자활센터

보장기관은 수급자 및 차상위자의 자활 촉진에 필요한 사업을 수행하기 위하여 사회복지법인, 사회적협동조합 등 비영리법인과 단체(이하 "법인 등"이라 함)를 법인 등의 신청을 받아 지역자활센터로 지정할 수 있다. 이 경우 보장기관은 법인 등의 지역사회복지사업 및 자활지원사업의 수행능력·경험 등을 고려하여야 한다. 지역자활센터의 사업은 다음과 같다.

- 자활의욕 고취를 위한 교육
- 자활을 위한 정보제공, 상담, 직업교육 및 취업 알선
- 생업을 위한 자금융자 알선
- 자영창업 지원 및 기술·경영지도
- 자활기업의 설립·운영 지원
- 그 밖에 자활을 위한 각종 사업

보장기관은 지정 받은 지역자활센터에 대하여 지역자활센터의 설립·운영 비용 또는 사업 수행비용의 전부 또는 일부를 지원할 수 있으며, 국·공유재산의 무상임대 및 보장기관이 실시하는 사업의 우선 위탁을 지원할 수 있다. 아울러 보장기관은 지역자활센터에 대하여 정기적으로 사업실적 및 운영실태를 평가하고 수급자의 자활촉진을 달성하지 못하는 지역자활센터에 대하여는 그 지정을 취소할 수 있다. 지역자활센터는 수급자 및 차상위자에 대한 효과적인 자활 지원과 지역자활센터의 발전을 공동으로 도모하기 위하여 지역자활센터협회를 설립할 수 있다(동법 제16조).

(5) 자활기관협의체

시장·군수·구청장은 자활지원사업의 효율적인 추진을 위하여 지역자활센터, 「직업안정법」의 직업안정기관, 「사회복지사업법」의 사회복지시설의 장 등과 상시적인 협의체계인 자활기관협의체를 구축하여야 한다. 자활기관협의체의 구성 및 운영 등에 관하여 필요한 사항은 보건복지부령으로 정한다(동법 제17조).

(6) 자활기업

수급자 및 차상위자는 상호 협력하여 자활기업을 설립·운영할 수 있는데, 이러한 기업은 조합 또는 「부가가치세법」상의 사업자로 한다(동법 제18조). 자활기업이 아닌 자는 자활기업 또는 이와 유사한 명칭을 사용하여서는 아니 된다(동법 제18조의5). 보장기관은 자활기업에게 직접 또는 자활복지개발원, 광역자활센터 및 지역자활센터를 통하여 다음의 지원을 할 수 있다(동법 제18조).

- 자활을 위한 사업자금 융자
- 국·공유지 우선 임대
- 국가나 지방자치단체가 실시하는 사업의 우선 위탁
- 자활기업 운영에 필요한 경영·세무 등의 교육 및 컨설팅 지원
- 그 밖에 수급자의 자활촉진을 위한 각종 사업

(7) 자활지원사업 통합정보전산망의 구축·운영 및 개인정보보호

보건복지부장관은 근로능력이 있는 수급자 등 자활지원사업 참여자의 수급 이력 및 근로활동 현황 등 자활지원사업의 수행·관리 및 효과분석에 필요한 각종 자료 및 정보를 효율적으로 처리하고 기록·관리하는 자활지원사업 통합정보전산망(이하 "통합정보전산망"이라 함)을 구축·운영할 수 있고, 이에 관한 업무의 전부 또는 일부를 자활복지개발원에 위탁할 수 있다. 보건복지부장관은 자료 및 관

계 전산망의 이용 등 통합정보전산망의 구축·운영에 필요한 자료의 조사를 위하여 「사회보장기본법」에 따른 사회보장정보시스템을 연계하여 사용할 수 있다. 자활지원사업을 수행하는 중앙행정기관, 지방자치단체 및 위탁받은 기관·단체의 장과 자활복지개발원의 원장은 자활지원사업의 수행·관리 및 효과분석을 위하여 정보를 활용하고자 하는 경우 보건복지부장관에게 통합정보전산망의 사용을 요청할 수 있다(동법 제18조의10). 보건복지부장관은 수행기관의 통합정보전산망 사용 요청에 대하여 업무에 필요한 최소한의 정보만 제공하여야 한다. 수행기관은 보건복지부장관에게 통합정보전산망 사용을 요청하는 경우 보안교육 등 자활지원사업 참여자의 개인정보에 대한 보호대책을 마련하여야 하며, 자료 및 관계 전산망을 이용하고자 하는 경우에는 사전에 정보주체의 동의를 받아야 한다(동법 제18조의11).

6. 급여의 실시

1) 급여의 신청

수급권자와 그 친족, 그 밖의 관계인은 관할 시장·군수·구청장에게 수급권자에 대한 급여를 신청할 수 있다. 차상위자가 급여를 신청하려는 경우에도 같다. 사회복지전담공무원은 이 법에 따른 급여를 필요로 하는 사람이 누락되지 아니하도록 하기 위하여 관할지역에 거주하는 수급권자에 대한 급여를 직권으로 신청할 수 있다. 이 경우 수급권자의 동의를 구하여야 하며 수급권자의 동의는 수급권자의 신청으로 볼 수 있다(동법 제21조 제1항 및 제2항).

2) 신청에 의한 조사

시장·군수·구청장은 급여신청이 있는 경우에는 사회복지전담공무원으로 하여금 급여의 결정 및 실시 등에 필요한 다음의 사항을 조사하게 하거나 수급권자에게 보장기관이 지정하는 의료기관에서 검진을 받게 할 수 있다(동법 제22조 제1항).

- 부양의무자의 유무 및 부양능력 등 부양의무자와 관련된 사항
- 수급권자 및 부양의무자 소득·재산에 관한 사항
- 수급권자의 근로능력, 취업상태, 자활욕구 등 자활지원계획 수립에 필요한 사항
- 그 밖에 수급권자의 건강상태, 가구 특성 등 생활실태에 관한 사항

3) 확인조사 및 차상위계층에 대한 조사

시장·군수·구청장은 수급자 및 수급자에 대한 급여의 적정성을 확인하기 위하여 매년 연간조사계획을 수립하고 관할구역의 수급자를 대상으로 관련 사항을 매년 1회 이상 정기적 조사를 실시하여야 하며, 특히 필요하다고 인정하는 경우에는 보장기관이 지정하는 의료기관에서 검진을 받게 할 수 있다. 다만, 보건복지부장관이 정하는 사항은 분기마다 조사하여야 한다(동법 제23조 제1항).

한편 시장·군수·구청장은 급여의 종류별 수급자 선정기준의 변경 등에 의하여 수급권자의 범위가 변동함에 따라 다음 연도에 이 법에 의한 급여가 필요할 것으로 예측되는 수급권자의 규모를 조사하기 위하여 보건복지부령이 정하는 바에 따라 차상위계층에 대하여 조사할 수 있다. 시장·군수·구청장이 수급권자·수급자·부양의무자 및 차상위계층을 조사하려는 경우 조사대상자의 동의를 받아야 한다. 이 경우 조사대상자의 동의는 다음 연도의 급여신청으로 본다(동법 제24조). 그리고 시장·군수·구청장이 수급권자, 수급자, 부양의무자 및 차상위계층을 조사하였을 때에는 보건복지부령이 정하는 바에 따라 관할 시·도지사에게 보고하여야 하며 보고를 받은 시·도지사는 이를 보건복지부장관 및 소관중앙행정기관의 장에게 보고하여야 한다(동법 제25조).

4) 급여의 결정

시장·군수·구청장은 신청에 의한 조사를 한 때에는 지체없이 급여실시의 여부와 급여의 내용을 결정하여야 하고, 차상위계층을 조사한 시장·군수·구청장은 급여개시일이 속하는 달에 급여실시 여부와 급여 내용을 결정하여야 한다. 시장·군수·구청장은 급여실시 여부와 급여내용을 결정한 때에는 그 결정의 요지(급여의 산출 근거 포함), 급여의 종류·방법 및 급여의 개시 시기 등을 서면으로 수급권자 또는 신청인에게 급여의 신청일부터 30일 이내에 통지하여야 한다. 다만, 부양의무자의 소득·재산 등의 조사에 시일이 걸리는 특별한 사유가 있는 경우, 수급권자 또는 부양의무자가 조사나 자료제출 요구를 거부·방해 또는 기피하는 경우는 신청일부터 60일 이내에 통지할 수 있고, 이 경우 통지서에 그 사유를 밝혀야 한다(동법 제26조).

5) 급여의 실시

급여 실시 및 급여 내용이 결정된 수급자에 대한 급여는 급여의 신청일부터 시작한다. 다만, 보건복지부장관 또는 소관중앙행정기관의 장이 매년 결정·공표하는 급여의 종류별 수급자 선정기준의 변경으로 인하여 매년 1월에 새로 수급이 결정되는 사람에 대한 급여는 해당 연도의 1월 1일을 그 급여개시일로 한다. 시장·군수·구청장은 급여 실시 여부의 결정을 하기 전이라도 수급권자에게 급여를 실시하여야 할 긴급한 필요가 있다고 인정될 때에는 급여의 일부를 실시할 수 있다(동법 제27조).

6) 급여의 대리수령

보장기관은 수급자가 다음 중 어느 하나에 해당하는 경우, 수급자 또는 후견인의 동의를 받아 급여를 수급자의 배우자, 직계혈족 또는 3촌 이내의 방계혈족(이하 "배우자 등"이라 함) 명의의 계좌에 입금할 수 있다.

- 피성년후견인인 경우
- 채무불이행으로 금전채권이 압류된 경우
- 그 밖에 대통령령으로 정하는 사유로 본인 명의의 계좌를 개설하기 어려운 경우

배우자 등 명의의 계좌로 급여를 지급하려는 보장기관은 미리 그 사유, 입금할 급여의 사용 목적 및 다른 용도 사용금지 등에 관한 사항을 배우자 등에게 안내하여야 하며, 이에 따라 급여를 지급받은 배우자 등은 해당 급여를 목적 외의 용도로 사용하여서는 아니 된다(동법 제27조의3).

7) 급여의 변경

보장기관은 수급자의 소득·재산·근로능력 등에 변동이 있는 경우에는 직권으로 또는 수급자나 그 친족, 그 밖의 관계인의 신청에 의하여 그에 대한 급여의 종류·방법 등을 변경할 수 있다. 급여의 변경은 산출 근거 등 이유를 구체적으로 밝혀 서면으로 수급자에게 통지하여야 한다(동법 제29조).

8) 급여의 중지

보장기관은 수급자에 대한 급여의 전부 또는 일부가 필요 없게 된 경우, 수급자가 급여의 전부 또는 일부를 거부한 경우에는 급여의 전부 또는 일부를 중지하여야 한다. 근로능력이 있는 수급자가 조건부 생계급여지원의 조건을 이행하지 않는 경우, 조건을 이행할 때까지 생계급여와 기타 관련 급여의 제공을 실시해야 함에도 불구하고 근로능력이 있는 수급자 본인의 생계급여의 전부 또는 일부를 지급하지 아니할 수 있다(동법 제30조).

7. 보장비용

보장비용은 보장업무에 드는 인건비와 사무비, 생활보장위원회의 운영에 드는 비용, 급여 실시 비용, 그 밖에 이 법에 따른 보장업무에 드는 비용 등을 말한다(동법 제42조). 국가 또는 시·도가 직접 수행하는 보장업무에 드는 비용은 국가 또는 해당 시·도가 부담하고, 급여의 실시 비용은 국가 또는 해당 시·도가 부담한다. 시·군·구가 수행하는 보장업무에 드는 비용 중 인건비, 사무비 및 생활보장위원회 비용은 해당 시·군·구가 부담하고 제반급여비용과 자활기업 비용 및 그 밖에 보장업무에 소요되는 비용은 시·군·구의 재정여건, 사회보장비 지출 등을 고려하여 국가, 시·도 및 시·군·구가 차등하여 분담한다. 국가는 시·군·구보장비용의 총액 중 100분의 40 이상 100분의 90 이하를 부담한다. 시·도는 시·군·구 보장비용의 총액에서 국가부담분을 차감한 금액 중 100분의 30 이상 100분의 70 이하를, 시·군·구는 시·군·구 보장비용의 총액 중에서 국가와 시·도가 부담하는 금액을 뺀 금액을 각각 부담한다. 다만, 특별자치시·특별자치도는 시·군·구 보장비용의 총액 중에서 국가가 부담하는 금액을 뺀 금액을 부담한다(동법 제43조).

8. 수급자의 권리보호 및 권리구제

1) 수급자의 권리보호

수급자에 대한 급여는 정당한 사유 없이 수급자에게 불리하게 변경할 수 없으며(동법 제34조), 수급자에게 지급된 수급품과 이를 받을 권리는 압류할 수 없고 지정된 급여수급계좌의 예금에 관한 채권은 압류할 수 없다(동법 제35조). 수급자는 급여를 받을 권리를 타인에게 양도할 수 없다(동법 제36조).

2) 권리구제

(1) 시 · 도지사에 대한 이의신청

수급자나 급여 또는 급여변경의 신청을 한 사람은 시장 · 군수 · 구청장(교육급여는 시 · 도교육감)의 처분에 대하여 이의가 있는 경우는 그 결정의 통지를 받은 날부터 90일 이내에 해당 보장기관을 거쳐 시 · 도지사에게 서면 또는 구두로 이의를 신청할 수 있다. 이 경우 구두로 이의신청을 접수한 보장기관의 공무원은 이의신청서를 작성할 수 있도록 협조하여야 한다. 이의신청을 받은 시장 · 군수 · 구청장은 10일 이내에 의견서와 관계 서류를 첨부하여 이를 시 · 도지사에게 보내야 한다(동법 제38조).

한편 시 · 도지사가 시장 · 군수 · 구청장으로부터 이의신청서를 받았을 때에는 30일 이내에 필요한 심사를 하고 이의신청을 각하 또는 기각하거나 해당 처분을 변경 또는 취소하거나 그 밖에 필요한 급여를 명하여야 한다. 그리고 시 · 도지사는 처분등을 하였을 때에는 지체 없이 신청인과 해당 시장 · 군수 · 구청장에게 각각 서면으로 통지하여야 한다(동법 제39조).

(2) 보건복지부장관에 대한 이의신청

시 · 도지사 등의 처분에 이의가 있는 사람은 그 처분 등의 통지를 받은 날부터 90일 이내에 시 · 도지사를 거쳐 보건복지부장관(주거급여 또는 교육급여는 소관 중앙행정기관의 장)에게 서면 또는 구두로 이의를 신청할 수 있다. 이 경우 구두로 이의신청을 접수한 보장기관의 공무원은 이의신청서를 작성할 수 있도록 협조하여야 한다. 시 · 도지사는 이의신청을 받으면 10일 이내에 의견서와 관계 서류를 첨부하여 보건복지부장관 또는 소관 중앙행정기관의 장에게 보내야 한다(동법 제40조). 보건복지부장관은 이의신청서를 받았을 때에는 30일 이내에 필요한 심사를 하고 이의신청을 각하 또는 기각하거나 해당 처분의 변경 또는 취소의 결정을 하여야 하며, 보건복지부장관 또는 소관중앙행정기관의 장은 지체 없이 당해 시・도지사 및 신청인에게 각각 서면으로 결정 내용을 알려야 한다(동법 제41조).

9. 벌칙 등

이 법에서 정하는 벌칙 등은 다음과 같다(동법 제48조~제51조).

1) 5년 이하의 징역 또는 5천만원 이하의 벌금

- 급여신청의 조사 업무를 수행하면서 취득한 금융정보 등을 사용・제공 또는 누설한 자

2) 3년 이하의 징역 또는 3천만원 이하의 벌금

- 보장기관의 공무원 또는 공무원이었던 사람이 급여신청의 조사 업무를 수행하면서 알게 된 정보 또는 자료를 사용하거나 제공한 자

3) 1년 이하의 징역 또는 1천만원 이하의 벌금, 구류 또는 과료

- 거짓이나 그 밖의 부정한 방법에 의하여 급여를 받거나 또는 타인으로 하여금 급여를 받게 한 자
- 대리수령으로 급여를 지급받은 배우자 등이 해당 급여를 목적 외의 용도로 사용한 자

4) 1년 이하의 징역 또는 1천만원 이하의 벌금

- 자활복지개발원의 임직원 또는 임직원이었던 자로서 직무상 알게 된 비밀을 누설하거나 다른 용도로 사용한 자

5) 300만원 이하의 벌금, 구류 또는 과료

- 수급자의 급여 위탁을 정당한 사유 없이 거부한 자 또는 종교상의 행위를 강제한 자

6) 300만원 이하의 과태료

- 사업보고서를 제출하지 아니하거나 거짓 또는 그 밖의 부정한 방법으로 작성하여 제출한 자활기업
- 보고 또는 관계 서류의 제출을 하지 아니하거나 거짓으로 보고 또는 관계 서류의 제출을 한 자활기업
- 보장기관의 시정명령을 이행하지 아니한 자활기업
- 자활기업 또는 이와 유사한 명칭을 사용한 자

7) 양벌규정

- 법인의 대표자나 법인 또는 개인의 대리인·사용인, 그 밖의 종업원이 그 법인 또는 개인의 업무에 관하여 급여신청조사로 얻은 정보를 목적 외로 사용 또는 부정수급의 위반행위를 하면 그 행위자와 그 법인 또는 개인 모두 벌금 또는 과료. 다만, 법인 또는 개인이 그 위반행위를 방지하기 위하여 해당 업무에 관하여 상당한 주의와 감독을 게을리 하지 아니한 경우에는 그러하지 아니함

제10장 의료급여법

제1절 입법 배경 및 주요 연혁

1. 입법 배경

생활이 어려운 저소득 국민의 건강을 증진하기 위하여 의료급여 수급기간의 제한을 폐지하여 연중 기간제한 없이 의료급여를 받을 수 있도록 하고, 예방·재활 등에 대하여도 의료급여를 행하도록 하며, 수급권자의 진료편의를 도모하기 위하여 의료급여기관에 대한 업무정지 처분에 갈음하여 과징금을 부과할 수 있도록 하는 등 현행 제도의 운영상 나타난 미비점을 전반적으로 개선·보완하고자 2001년 5월 24일 기존의 「의료보호법」을 「의료급여법」으로 전부 개정하였다. 전부개정의 주요 내용은 다음과 같다.

- 이 법의 근거법률인 국민기초생활보장법에서 종전의 「의료보호」를 「의료급여」로 변경함에 따라 이 법의 제명을 의료급여법으로 변경함.
- 의료급여사업의 기본방향, 의료급여기준 및 수가 등을 심의하기 위하여 보건복지부에 중앙의료급여심의위원회를 설치함.
- 의료급여의 내용에 예방·재활을 추가하여 생활이 어려운 저소득 국민의 의료에 대한 권리를 강화함.
- 의료급여를 받을 수 있는 기간의 제한을 폐지하여 수급권자가 연중 상시적으로 의료급여를 받을 수 있도록 함.
- 긴급하거나 부득이한 사유로 의료급여기관과 동일한 기능을 수행하는 기관

에서 의료급여를 받은 경우 또는 의료급여기관외의 장소에서 출산을 한 경우에는 그 급여에 상당하는 비용을 요양비로 지급하도록 함.

- 시장·군수·구청장은 질병의 조기발견과 그에 따른 의료급여를 하기 위하여 수급권자에 대한 건강검진을 할 수 있도록 함.
- 종전에는 수급권자 자신의 범죄행위로 인한 사고의 경우에는 의료급여를 하지 아니하였으나, 앞으로는 수급권자 자신의 고의 또는 중대한 과실로 인한 범죄행위로 인한 사고에만 의료급여를 하지 아니하도록 하여 의료급여 제한의 범위를 축소함.
- 급여비용을 부당하게 청구하는 의료급여기관에 대하여 업무정지처분을 하여야 하는 경우 그 업무정지가 수급권자에게 심한 불편을 주는 경우 등에는 업무정지처분에 갈음하여 부당한 방법으로 부담하게 한 금액의 5배 이하의 금액을 과징금으로 부과·징수할 수 있도록 함.

2. 주요 연혁

- 1977. 12. 31. 「의료보호법」 제정(법률 제3076호)
- 2001. 5. 24. 개정(법률 제6474호) 생활이 어려운 저소득 국민의 건강을 증진하기 위하여 의료급여 수급기간의 제한을 폐지하여 연중 기간제한 없이 의료급여를 받을 수 있도록 하고, 예방·재활 등에 대하여도 의료급여를 행하도록 함.
- 2014. 1. 28. 개정(법률 제12362호) 의료급여 분쟁관련 급여비용심사기관의 이의신청 결정에 대한 행정심판을 「국민건강보험법」상 건강보험분쟁조정위원회로 이관.
- 2015. 12. 29. 개정(법률 제13657호) 급여비용의 지급을 청구한 의료급여기관이 「의료법」 제33조제2항 또는 「약사법」 제20조제1항을 위반하였다는 사실을 수사기관의 수사결과로 확인한 경우, 해당 의료급여기관이 급여비용의 지급을 청구하면 시장·군수·구청장이 지급을 보류할 수 있도록 법적 근거

를 마련함으로써, 부적절한 급여비용 지급을 방지하고자 함.

- 2017. 3. 21. 개정(법률 제14697호) 의료급여를 거부한 수급권자 및 그 가구원에 대해서는 해당 연도에 의료급여를 다시 지급하지 아니하도록 하던 제도를 폐지하고, 급여비용심사기관의 처분에 이의가 있는 경우에는 기존의 의료급여기관뿐만 아니라 수급권자도 이의신청을 할 수 있도록 하는 등 의료급여비용의 심사·조정 등에 대한 이의신청의 주체 및 대상을 확대하여 의료급여 수급권자에 대한 의료보장을 강화하는 등 현행 제도의 운영상 나타난 일부 미비점을 개선·보완하는 한편, 국민권익위원회의 권고안 및 국회사무처 법제예규의 기준인 '징역 1년당 1천만원'에 따라 벌금형을 정비함.
- 2019. 1. 15. 개정(법률 제16253호)「약사법」의 개정에 따라 기존 '한국희귀의약품센터'가 '한국희귀·필수의약품센터'로 변경되어 '한국희귀의약품센터'를 '한국희귀·필수의약품센터'로 대체함.
- 2023. 3. 28. 개정(법률 제19297호) 의료급여증 등을 양도·대여하여 의료급여를 받거나 받게 하는 행위를 금지하고, 수급자 명의 요양비 등 지급계좌 및 해당 계좌에 입금된 요양비 등의 압류 금지 근거를 마련함.

제 2 절 법의 주요 내용

1. 법의 목적

「의료급여법」은 생활이 어려운 사람에게 의료급여를 함으로써 국민보건의 향상과 사회복지의 증진에 이바지함을 목적으로 한다(동법 제1조).

2. 용어의 정의

이 법에서 사용하는 용어의 정의는 다음과 같다(동법 제2조).

- 수급권자: 의료급여를 받을 수 있는 자격을 가진 사람
- 의료급여기관: 수급권자에 대한 진료・조제 또는 투약 등을 담당하는 의료기관 및 약국 등
- 부양의무자: 수급권자를 부양할 책임이 있는 사람으로서 수급권자의 1촌 직계혈족 및 그 배우자

3. 적용대상

1) 수급권자

이 법에 따른 수급권자는 다음과 같다(동법 제3조).

- 「국민기초생활 보장법」에 따른 의료급여 수급자
- 「재해구호법」에 따른 이재민으로서 보건복지부장관이 의료급여가 필요하다고 인정한 사람
- 「의사상자 등 예우 및 지원에 관한 법률」에 따라 의료급여를 받는 사람
- 「입양특례법」에 따라 국내에 입양된 18세 미만 아동
- 「독립유공자예우에 관한 법률」 및 「국가유공자 등 예우 및 지원에 관한 법률」 및 「보훈보상대상자 지원에 관한 법률」의 적용을 받고 있는 사람과 그 가족으로서 국가보훈처장이 의료급여가 필요하다고 추천한 사람 중 보건복지부장관이 의료급여가 필요하다고 인정한 사람
- 「무형문화재 보전 및 진흥에 관한 법률」에 의하여 지정된 국가무형문화재의 보유자(명예보유자 포함)와 그 가족으로서 문화재청장이 의료급여가 필요하다고 추천한 사람 중에서 보건복지부장관이 의료급여가 필요하다고 인정한 사람
- 「북한이탈주민의 보호 및 정착지원에 관한 법률」의 적용을 받고 있는 사람과 그 가족으로서 보건복지부장관이 의료급여가 필요하다고 인정한 사람

- 「5·18민주화운동 관련자 보상 등에 관한 법률」에 따라 보상금 등을 받은 사람과 그 가족으로서 보건복지부장관이 의료급여가 필요하다고 인정하는 사람
- 「노숙인 등의 복지 및 자립지원에 관한 법률」에 따른 노숙인 등으로서 보건복지부장관이 의료급여가 필요하다고 인정한 사람
- 그 밖에 생활유지의 능력이 없거나 생활이 어려운 사람으로서 대통령령으로 정하는 사람

수급권자의 인정 기준 등에 관한 사항은 보건복지부장관이 정하는 바에 따르고, 수급권자에 대한 의료급여의 내용과 기준은 대통령령이 정하는 바에 따라 구분하여 달리 정할 수 있다.[5] 수급권자에 대한 의료급여의 개시일 등에 관하여 필요한 사항은 대통령령으로 정한다(동법 제3조).

2) 난민에 대한 특례

「난민법」에 따른 난민인정자로서 「국민기초생활 보장법」에 따른 의료급여수급권자의 범위에 해당하는 사람은 수급권자로 본다(동법 제3조의2).

3) 적용배제 수급권자

수급권자가 업무 또는 공무로 생긴 질병·부상·재해로 다른 법령에 따른 급여나 보상(報償) 또는 보상(補償)을 받게 되는 경우 혹은 다른 법령에 따라 국가나 지방자치단체 등으로부터 의료급여에 상당하는 급여 또는 비용을 받게 되는 경우에는 그 한도에서 이 법에 따른 의료급여를 하지 아니한다(동법 제4조).

---

5) 동법 시행령 3조에 따라 수급권자는 1종 수급권자와 2종 수급권자로 구분한다.

4) 의료급여증의 부여

시장·군수·구청장은 수급권자가 신청하는 경우 의료급여증을 발급하여야 한다. 다만, 부득이한 사유가 있는 경우에는 의료급여증을 갈음하여 의료급여증명서를 발급하거나 보건복지부령으로 정하는 바에 따라 의료급여증 또는 의료급여증명서를 발급하지 아니할 수 있다. 수급권자가 의료급여를 받을 때에는 의료급여증 또는 의료급여증명서를 의료급여기관에 제출하여야 한다. 다만, 천재지변이나 그 밖의 부득이한 사유가 있으면 그러하지 아니하다. 그럼에도 불구하고 주민등록증, 운전면허증, 여권, 그 밖에 본인 여부를 확인할 수 있는 보건복지부령으로 정하는 신분증명서로 의료급여기관이 그 자격을 확인할 수 있으면 의료급여증명서를 제출하지 아니할 수 있다. 의료급여증 및 의료급여증명서의 서식과 그 사용 등에 필요한 사항은 보건복지부령으로 정한다(동법 제8조).

5) 의료급여증의 부정사용 금지

누구든지 의료급여증, 의료급여증명서 또는 신분증명서를 다른 사람에게 양도하거나 대여하여 의료급여를 받게 하여서는 아니 되며(동법 제8조 제5항), 이를 양도 또는 대여받거나 그 밖에 부정하게 사용하여 의료급여를 받아서도 아니 된다(동법 제8조 제6항).

4. 실시기관

1) 보장기관

의료급여에 관한 업무는 수급권자의 거주지를 관할하는 시장·군수·구청장이 한다(동법 제5조).

2) 의료급여심의위원회

의료급여사업의 실시에 관한 사항을 심의하기 위하여 보건복지부, 시·도 및 시·군·구에 각각 의료급여심의위원회를 둔다. 보건복지부에 두는 의료급여심의위원회(중앙의료급여심의위원회)는 의료급여사업의 기본방향 및 대책 수립에 관한 사항, 의료급여의 기준 및 수가에 관한 사항, 그 밖에 보건복지부장관 또는 위원장이 부의하는 사항 등을 심의한다(동법 제6조).

3) 의료급여기관

(1) 의료급여기관의 종류

의료급여는 법에서 정한 의료급여기관에서 실시한다. 이 경우 보건복지부장관은 공익 또는 국가시책상 의료급여기관으로 적합하지 아니하다고 인정하는 때에는 대통령령이 정하는 바에 따라 의료급여기관에서 제외할 수 있다. 의료급여기관의 종류는 다음과 같다(동법 제9조).

- 「의료법」에 따라 개설된 의료기관
- 「지역보건법」에 따라 설치된 보건소·보건의료원 및 보건지소
- 「농어촌 등 보건의료를 위한 특별조치법」에 따라 설치된 보건진료소
- 「약사법」에 따라 개설등록된 약국 및 한국희귀·필수의약품센터

(2) 의료급여기관의 구분

의료급여기관은 다음과 같이 구분하되, 의료급여기관별 진료범위는 보건복지부령으로 정한다. 이러한 의료기관은 정당한 이유 없이 이 법에 의한 의료급여를 거부하지 못한다(동법 제9조).

① 제1차 의료기관

- 「의료법」에 따라 시장 · 군수 · 구청장에게 개설신고를 한 의료기관(의원 · 치과의원 · 한의원 또는 조산원)
- 「지역보건법」에 따라 설치된 보건소 · 보건의료원 및 보건지소
- 「농어촌 등 보건의료를 위한 특별조치법」에 따라 설치된 보건진료소
- 「약사법」에 따라 개설등록된 약국 및 한국희귀 · 필수의약품센터

② 제2차 의료급여기관

- 「의료법」에 따라 시 · 도지사의 개설허가를 받은 의료기관(종합병원 · 병원 · 치과병원 · 한방병원 · 요양병원 또는 정신병원)

③ 제3차 의료급여기관

- 제2차 의료기관 중에서 보건복지부장관이 지정하는 의료기관

5. 의료급여의 내용

수급권자의 질병 · 부상 · 출산 등에 대한 의료급여의 내용은 다음과 같다(동법 제7조).

- 진찰 · 검사
- 약제 · 치료재료의 지급
- 처치 · 수술과 그 밖의 치료
- 예방 · 재활
- 입원
- 간호
- 이송과 그 밖의 의료목적의 달성을 위한 조치

6. 급여비용

1) 급여비용의 부담

급여비용은 대통령령으로 정하는 바에 따라 그 전부 또는 일부를 의료급여기금에서 부담하되, 의료급여기금에서 일부를 부담하는 경우 그 나머지 비용은 본인이 부담한다(동법 제10조).

2) 급여비용의 청구와 지급

의료급여기관은 의료급여기금에서 부담하는 급여비용의 지급을 시장·군수·구청장에게 청구할 수 있다. 이 경우 심사청구는 이를 시장·군수·구청장에 대한 급여비용의 청구로 본다. 수급권자가 이미 납부한 본인부담금(수급권자가 부담하여야 하는 급여비용)이 과다한 경우에는 의료급여기관에 지급할 금액에서 그 과다하게 납부된 금액을 공제하여 이를 수급권자에게 반환하여야 한다. 또한 시장·군수·구청장은 의료급여의 적정성 여부를 평가할 수 있고, 평가결과를 공개할 수 있으며, 그 평가결과에 따라 급여비용을 가산 또는 감액 조정하여 지급한다.

한편 시장·군수·구청장은 「산업재해보상보험법」에 따른 근로복지공단이 이 법에 따라 의료급여를 받을 수 있는 자에게 「산업재해보상보험법」에 따른 요양급여를 지급한 후 그 지급결정이 취소된 경우로서 그 요양급여의 비용을 청구하는 경우에는 그 요양급여가 이 법에 따라 실시할 수 있는 의료급여에 상당한 것으로 인정되면 그 의료급여에 해당하는 금액을 지급할 수 있다(동법 제11조).

3) 의료급여기금

급여비용의 재원에 충당하기 위하여 시·도에 의료급여기금(이하 "기금"이라 함)을 설치한다. 기금은 국고보조금, 지방자치단체의 출연금, 상환받은 대지급금, 징수한 부당이득금, 징수한 과징금, 그리고 기금의 결산상 잉여금 및 그 밖의 수입금으로 조성한다. 국가와 지방자치단체는 기금운영에 필요한 충분한 예산을 확보하여야 하며, 국고보조금의 비율은 「보조금 관리에 관한 법률」이 정하는 바에 따른다(동법 제25조).

7. 의료급여의 제한

1) 급여의 제한

시장·군수·구청장은 수급권자가 다음 어느 하나에 해당하는 경우에는 의료급여를 행하지 아니한다. 다만, 보건복지부장관이 의료급여의 필요가 있다고 인정하는 경우에는 의료급여를 행한다(동법 제15조).

- 수급권자가 자신의 고의 또는 중대한 과실로 인한 범죄행위에 기인하거나 고의로 사고를 발생시켜 의료급여가 필요하게 된 경우
- 수급권자가 정당한 이유 없이 이 법의 규정이나 의료급여기관의 진료에 관한 지시를 따르지 아니한 경우

2) 급여의 변경

시장·군수·구청장은 수급권자의 소득, 재산상황, 근로능력 등이 변동되었을 때에는 직권으로 또는 수급권자나 그 친족, 그 밖의 관계인의 신청을 받아 의료급여의 내용 등을 변경할 수 있다. 시장·군수·구청장은 의료급여의 내용 등을 변경하였을 때에는 서면으로 그 이유를 밝혀 수급권자에게 알려야 한다(동법 제16조).

3) 급여의 정지

시장・군수・구청장은 수급권자에 대한 의료급여가 필요 없게 된 경우, 수급권자가 의료급여를 거부한 경우에는 의료급여를 중지하여야 한다. 수급권자가 의료급여를 거부한 경우에 의료급여를 거부한 수급권자가 속한 가구원 전부에 대하여 의료급여를 중지하여야 한다. 시장・군수・구청장은 의료급여를 중지한 때에는 서면으로 그 이유를 밝혀 수급권자에게 알려야 한다(동법 제17조).

8. 수급자의 권리보호 및 권리구제 등

1) 수급권자의 권리보호

(1) 수급권의 보호

의료급여를 받을 권리는 양도하거나 압류할 수 없으며, 요양비 등 수급계좌에 입금된 요양비 등은 압류할 수 없다(동법 제18조).

(2) 소멸시효

의료급여를 받을 권리, 급여비용을 받을 권리, 대지급금을 상환 받을 권리는 3년간 행사하지 아니하면 소멸시효가 완성된다.

2) 권리구제

(1) 이의신청

수급권자의 자격, 의료급여 및 급여비용에 대한 시장・군수・구청장의 처분에 이의가 있는 자는 처분이 있음을 안 날부터 90일 이내에 문서(전자문서 포함)로 시장・군수・구청장에게 이의신청을 할 수 있다. 급여비용의 심사・조정, 의료급여의 적정성 평가 및 급여 대상 여부의 확인에 관한 급여비용심사기관의 처분에 이의가 있는 보장기관, 의료급여기관 또는 수급권자는 처분이 있음을 안 날부터 90일 이내에 문서(전자문서 포함)로 급여비용심사기관에 이의신청을 할 수 있다(동법 제30조).

(2) 심판청구

급여비용심사기관의 이의신청에 대한 결정에 불복이 있는 자는 「국민건강보험법」에 따른 건강보험분쟁조정위원회에 심판청구를 할 수 있다. 이 경우 처분이 있음을 안 날부터 90일 이내에 문서(전자문서 포함)로 하여야 하며, 처분이 있은 날부터 180일이 지나면 제기하지 못한다. 다만, 정당한 사유에 따라 그 기간에 이의신청을 할 수 없었음을 소명한 경우에는 그러하지 아니하다(동법 제30조의2).

3) 구상권

시장·군수·구청장은 제3자의 행위로 인하여 수급권자에게 의료급여를 한 경우에는 그 급여비용의 범위 안에서 제3자에게 손해배상을 청구할 권리를 얻는다(동법 제19조).

9. 벌칙 등

이 법에서 정하는 벌칙 등은 다음과 같다(동법 제35조~제37조).

1) 5년 이하의 징역 또는 5천만원 이하의 벌금

- 급여신청 등을 위해 제공한 금융정보·신용정보 또는 보험정보를 사용·제공 또는 누설한 자

2) 3년 이하의 징역 또는 3천만원 이하의 벌금

- 공무원 또는 공무원이었던 자가 급여신청 등을 위해 제공한 정보 또는 자료를 사용하거나 제공한 자
- 대행청구단체의 종사자로서 거짓이나 그 밖의 부정한 방법으로 급여비용을 청구한 자

3) 1년 이하의 징역 또는 1천만원 이하의 벌금

- 의료급여기관이 정당한 이유 없이 의료급여를 거부한 자
- 대행청구단체가 아닌 자로 하여금 급여비용의 심사청구를 대행하게 한 자
- 속임수나 그 밖의 부정한 방법으로 의료급여를 받거나 받게 한 자
- 업무정지기간 중에 의료급여를 한 의료급여기관의 개설자

4) 1천만원 이하의 벌금

- 기금의 관리 · 운용 및 의료급여와 관련된 사항에 관하여 지도 · 감독에 필요한 서류의 제출 · 보고를 하지 아니하거나 거짓으로 보고하거나 거짓 자료를 제출하거나 검사를 거부 · 방해 또는 기피한 사람

5) 500만원 이하의 과태료

- 행정처분을 받은 사실 또는 행정처분 절차가 진행 중인 사실을 양수인 또는 합병 후 존속하는 법인이나 합병으로 설립된 법인에 알리지 아니한 자

6) 100만원 이하의 과태료

- 서류보존의무를 위반한 자
- 정당한 사유 없이 제조업자 등이 서류제출을 하지 아니하거나 거짓 서류를

제출하거나 질문에 대하여 진술을 거부하거나 거짓으로 진술하거나 검사 등 조사를 거부·방해·기피한 자

7) 양벌규정

- 법인의 대표자나 법인 또는 개인의 대리인, 사용인, 그 밖의 종업원이 그 법인 또는 개인의 업무에 관하여 위반행위를 하면 그 행위자를 벌하는 외에 그 법인 또는 개인에게도 해당 조문의 벌금형을 과함. 다만, 법인 또는 개인이 그 위반행위를 방지하기 위하여 해당 업무에 관하여 상당한 주의와 감독을 게을리 하지 아니한 경우에는 그러하지 아니함

제11장 긴급복지지원법

제1절 입법 배경 및 주요 연혁

1. 입법 배경

경제 양극화 및 이혼 증가 등 사회변화 속에서 소득상실, 질병과 같이 갑작스러운 위기상황이 발생한 경우 누구든지 손쉽게 도움을 청하고 필요한 지원을 받을 수 있는 제도를 마련하기 위하여 지역사회의 각종 복지지원을 활용하여 위기상황에 처한 자를 조기에 찾을 수 있는 체계를 갖추고 이들에게 필요한 지원을 신속하게 실시하며 기존의 공공부조제도나 사회복지서비스와 연계되도록 하고자 2005년 12월 23일 「긴급복지지원법」을 제정하였다. 법 제정의 주요 내용은 다음과 같다.

- 긴급복지지원법국가 및 지방자치단체의 책무: 국가 및 지방자치단체는 생계곤란 등의 위기상황에 처한 자를 찾아내기 위하여 노력하도로 r하고, 이 법에 의한 지원에 의하더라도 위기상황이 해소되지 아니하는 경우에는 다른 법률에 의한 보호 또는 지원을 받을 수 있는 조치를 취하도록 함.
- 긴급지원대상자의 범위: 이 법에 의한 긴급지원대상자는 가족구성이 사망·가출 또는 교정시설에 수용되거나 부모의 이혼 등으로 인하여 방임·유기되는 등의 위기상황에 처한 자로서 이 법에 의한 지원이 긴급하게 필요한 자로 함.
- 긴급지원의 종류 및 내용: 긴급지원은 생계·의료·주거·사회복지시설이용

등에 필요한 금전 또는 현물 지원과 민간의 긴급지원 관련기관·단체와의 연계, 상담·정보제공 지원 등을 그 내용으로 함.

- 긴급지원심의위원회의 구성: 긴급지원의 연장결정, 긴급지원의 적정성에 대한 심사 등에 관한 사항을 심의·의결하기 위하여 사회보장에 관한 학식과 경험이 있는 자, 비영리민간단체에서 추천한 자 및 시·군·구 소속공무원 등 15인 이내의 위원으로 구성된 긴급지원심의위원회를 각 시·군·구에 두도록 함.
- 사후 조사 및 긴급지원의 적정성 심사 등: 시장·군수·구청장은 긴급지원을 받았거나 받고 있는 자가 소득·재산 등에 비추어 지원이 적정하였는지의 여부를 조사하도록 하고, 긴급지원심의위원회는 긴급지원의 사후조사에 대하여 그 적정성을 심사하여 거짓 그 밖의 부정한 방법으로 지원을 받은 자 등에 대하여 지원중단이나 환수 등의 조치를 취할 수 있도록 함.

2. 주요 연혁

- 2005. 12. 23. 「긴급복지지원법」 제정(법률 제7739호)
- 2012. 10. 22. 개정(법률 제11512호) 생계지원 소득기준을 완화하고, 위기상황에 대한 정의에서 최저생계비 이하 소득기준을 규정하고 있는 부분을 삭제. 주거지원 기간의 상한을 6개월에서 12개월로 연장, 긴급지원 관련 민간단체가 참여하는 긴급지원협의회를 폐지
- 2014. 12. 30. 개정(법률 제12934호) 최근 빈곤위기가정의 계속된 자살사건 발생상황에 비추어 볼 때 긴급지원제도의 개선 및 지원대상의 확대가 필요한 실정인바, 친지·이웃 등을 통한 사적안전망의 붕괴로 정부에 대한 의존도가 높아지는 실정임. 이에 '신청'과 '선별'을 통한 소극적 복지에서 벗어나, 사각지대에 빠져있는 이들을 적극적으로 찾아내어 복지제도에 다가올 수 있도록 개선이 필요한 시점임. 따라서 긴급지원 여부를 지방자치단체가 판단할 수 있도록 범위의 확대, 안내 강화, 정기적으로 위기상황에 처한 사람에 대

한 발굴조사 및 운영실태 점검, 긴급지원담당공무원의 권한을 확대하는 등 긴급지원의 진입장벽을 낮추고, 찾아가는 복지를 통하여 최소한의 사회안전망을 확보하려는 것임. 한편, 긴급지원대상자가 신청하는 경우 긴급지원대상자에게 지급되는 금전만이 입금되는 긴급지원대상자 명의의 지정된 계좌(긴급지원수급계좌)로 긴급지원대상자에게 지급되는 금전을 입금하도록 하고, 긴급지원수급계좌의 긴급지원금과 이에 관한 채권은 압류할 수 없도록 규정함으로써 긴급지원대상자에게 지급되는 금전에 대한 압류를 방지하고 긴급지원대상자의 생계 보호를 강화하고자 함.

- 2015. 12. 29. 개정(법률 제13644호) 긴급지원담당공무원이 현장 확인을 할 때 권한을 표시하는 증표뿐만 아니라 조사기간, 조사범위 등이 기재된 서류를 제시하도록 함으로써 위기상황에 처한 자의 권리를 보호하고 합리적인 조사가 이루어지도록 함.
- 2016. 12. 2. 개정(법률 제14319호) 벌금액을 국민권익위원회의 권고안 및 국회사무처 법제예규의 기준인 징역 1년당 1천만원으로 개정함으로써 벌금형을 현실화하고, 형벌로서의 기능을 회복시켜 범죄억지력을 확보하고자 함.
- 2018. 12. 11. 개정(법률 제15878호) 긴급지원담당공무원은 "긴급지원사업을 포함한 복지 관련 교육훈련을 받은 사람"으로 하여 업무 수행의 전문성을 제고함. 한편, 위기상황에 해당하는 사유에 "자연재해" 및 "휴업·폐업 또는 사업장의 화재 등으로 실질적인 영업이 곤란해지거나 실직으로 소득을 상실한 경우" 등을 추가하여 위기상황에 처한 국민을 보다 폭넓게 보호하고, 학원·교습소의 강사·교습자 등에게도 긴급지원대상자를 알게 된 경우 신고하도록 하며, 신고의무자에게 필요한 교육·홍보를 실시하도록 함으로써 위기상황에 처한 사람의 복지 증진에 기여하고자 함.
- 2021. 7. 27. 개정(법률 제18327호) 위기상황에 처한 사람이 희망하는 경우 시장·군수·구청장이 지정한 민간법인·단체·시설·기관에서도 수급자의 요청에 따라 긴급복지 신청서 작성, 제출 등을 지원할 수 있도록 하여 제도의 접근성을 높이고자 함.

- 2023. 6. 13. 개정(법률 제19448호) 긴급지원의 실효성을 높이기 위해 생계지원에 대한 긴급지원 기간을 1개월에서 3개월로 연장함.

제 2 절 법의 주요 내용

1. 법의 목적

「긴급복지지원법」은 생계곤란 등의 위기상황에 처하여 도움이 필요한 자를 신속하게 지원함으로써 이들이 위기상황에서 벗어나 건강하고 인간다운 생활을 하게 함을 목적으로 한다(동법 제1조).

2. 기본원칙 및 정의

1) 기본원칙

이 법에 의한 지원은 위기상황에 처한 사람에게 일시적으로 신속하게 지원하는 것을 기본원칙으로 한다. 「재해구호법」, 「국민기초생활 보장법」, 「의료급여법」, 「사회복지사업법」, 「가정폭력방지 및 피해자보호 등에 관한 법률」, 「성폭력방지 및 피해자보호 등에 관한 법률」 등 다른 법률에 따라 이 법에 따른 지원 내용과 동일한 내용의 구호·보호 또는 지원을 받고 있는 경우에는 이 법에 따른 지원을 하지 아니한다(동법 제3조).

2) 정의

이 법에서 '위기상황'이란 본인 또는 본인과 생계 및 주거를 같이 하고 있는 가구구성원이 다음 중 어느 하나에 해당하는 사유로 인하여 생계유지 등이 어렵게 된 것을 말한다(동법 제2조).

- 주소득자가 사망, 가출, 행방불명, 구금시설에 수용되는 등의 사유로 소득을 상실한 경우
- 중한 질병 또는 부상을 당한 경우
- 가구구성원으로부터 방임 또는 유기되거나 학대 등을 당한 경우
- 가정폭력을 당하여 가구구성원과 함께 원만한 가정생활을 하기 곤란하거나 가구구성원으로부터 성폭력을 당한 경우
- 화재 등으로 인하여 거주하는 주택 또는 건물에서 생활하기 곤란하게 된 경우
- 주소득자 또는 부소득자의 휴업, 폐업 또는 사업장의 화재 등으로 인하여 실질적인 영업이 곤란하게 된 경우
- 주소득자 또는 부소득자의 실직으로 소득을 상실한 경우
- 보건복지부령으로 정하는 기준에 따라 지방자치단체의 조례로 정한 사유가 발생한 경우
- 그 밖에 보건복지부장관이 정하여 고시하는 사유가 발생한 경우

3. 국가 및 지방자치단체의 의무

1) 국가 및 지방자치단체의 책무

국가 및 지방자치단체는 위기상황에 처한 사람을 찾아 내어 최대한 신속하게 필요한 지원을 하도록 노력하여야 하며, 긴급지원의 지원대상 및 소득 또는 재산기준, 지원 종류·내용·절차와 그 밖에 필요한 사항 등 긴급지원사업에 관하여 적극적으로 안내하여야 한다. 또한 국가 및 지방자치단체는 이 법에 따른 지원 후에도 위기상황이 해소되지 아니하여 계속 지원이 필요한 것으로 판단되는 사람에게는 다른 법률에 의한 구호·보호 또는 지원을 받을 수 있도록 노력하여야 한다. 아울러 국가 및 지방자치단체는 구호·보호 또는 지원이 어렵다고 판단되는 경우에는 민간기관·단체와의 연계를 통하여 구호·보호 또는 지원을 받을

수 있도록 노력하여야 한다(동법 제4조).

2) 예산분담

국가 및 지방자치단체는 긴급지원 업무를 수행하기 위하여 필요한 비용을 분담하여야 한다(동법 제17조).

4. 긴급지원 대상자 및 긴급지원기관

1) 긴급지원 대상자

위기상황에 처한 사람으로서 이 법에 따른 지원이 긴급하게 필요한 사람과 국내에 체류하고 있는 외국인 중 다음의 경우에 해당하는 사람이 위기상황에 처한 경우에는 긴급지원 대상자가 된다(동법 제5조).

- 대한민국 국민과 혼인 중인 사람
- 대한민국 국민인 배우자와 이혼하거나 그 배우자가 사망한 사람으로서 대한민국 국적을 가진 직계존비속을 돌보고 있는 사람
- 「난민법」에 따라 난민으로 인정된 사람
- 본인의 귀책사유 없이 화재, 범죄, 천재지변으로 피해를 입은 사람
- 그 밖에 보건복지부장관이 긴급한 지원이 필요하다고 인정하는 사람

2) 긴급지원기관

이 법에 따른 지원은 긴급지원대상자의 거주지를 관할하는 시장·군수·구청장이 행한다. 다만, 긴급지원대상자의 거주지가 분명하지 아니한 경우에는 지원요청 또는 신고를 받은 시장·군수·구청장이 행한다. 위 규정의 단서에도 불구하고 거주지가 분명하지 아니한 사람에게 지원요청 또는 신고가 특정지역에 집

중되는 경우에는 긴급지원기관을 달리 정할 수 있다. 시장·군수·구청장은 이 법에 따른 긴급지원사업을 수행할 담당공무원(이하 "긴급지원담당공무원"이라 함)을 지정하여야 한다. 이 경우 긴급지원담당공무원은 긴급지원사업을 포함한 복지 관련 교육훈련을 받은 사람으로 한다(동법 제6조).

5. 급여

1) 긴급지원의 종류 및 내용

(1) 금전 또는 현물 등의 직접 지원

① 생계지원

긴급지원대상자로서 위기상황에 처해 생계유지가 곤란한 사람에게 식료품비·의복비 등 생계유지에 필요한 비용 또는 현물을 지원한다. 시장·군수·구청장은 가구구성원의 수 등을 고려하여 보건복지부장관이 정하여 고시하는 기준에 따른 금액을 긴급지원대상자에게 지급하여야 한다. 다만, 긴급지원대상자가 거동이 불편하여 물품구매가 곤란한 경우 등 현금을 지급하는 것이 적절하지 아니하다고 판단되는 경우에는 이에 상당하는 현물을 지급할 수 있다. 시장·군수·구청장은 현금을 지급하는 경우에는 해당 금액을 금융기관 또는 체신관서의 긴급지원대상자 계좌에 입금하여야 한다. 다만, 긴급지원대상자가 금융기관 또는 체신관서가 없는 지역에 거주하는 등 부득이한 사유가 경우에는 해당 금액을 현금으로 긴급지원대상자에게 직접 지급할 수 있다(동법 시행령 제2조).

② 의료지원

시장·군수·구청장은 긴급지원대상자로서 의료비를 감당하기 곤란한 사람에게 다음 중 어느 하나에 해당하는 의료기관 또는 약국으로 하여금 검사 및 치료 등의 의료서비스를 제공하게 하여야 한다(동법 시행령 제3조).

- 「의료법」에 따라 개설된 의료기관
- 「지방의료원의 설립 및 운영에 관한 법률」에 따라 설치된 지방의료원
- 「지역보건법」에 따라 설립된 보건소 · 보건의료원 및 보건지소
- 「농어촌 등 보건의료를 위한 특별조치법」에 따라 설치된 보건진료소
- 「약사법」에 따라 등록된 약국

시장 · 군수 · 구청장은 「국민건강보험법」 및 「의료급여법」에 따른 본인부담금 등을 고려하여 보건복지부장관이 정하여 고시하는 금액의 범위에서 의료서비스 제공에 필요한 금액을 해당 의료서비스를 제공한 의료기관 등에 지급하여야 한다(동법 시행령 제3조).

③ 주거지원

긴급지원대상자로서 임시거소의 제공 또는 주거비 지원이 필요하다고 인정되는 사람에게 임시거소 제공 또는 이에 해당하는 비용을 지원한다. 시장 · 군수 · 구청장은 긴급지원대상자에게 임시거소를 제공하여야 한다. 다만, 임시거소를 제공하는 것이 곤란한 경우에는 거소 확보에 소요되는 비용을 긴급지원대상자에게 지급할 수 있다. 시장 · 군수 · 구청장은 임시거소 중 국가 또는 지방자치단체 소유가 아닌 임시거소를 제공하는 경우에는 지역 등을 고려하여 보건복지부장관이 정하여 고시하는 기준에 따라 임시거소의 제공에 필요한 비용을 해당 임시거소의 소유자 또는 관리자에게 지급하여야 한다(동법 시행령 제4조).

④ 사회복지시설 이용 지원

긴급지원대상자로서 사회복지시설에서 제공하는 서비스가 필요하다고 인정되는 사람에게 「사회복지사업법」에 따른 사회복지시설 입소 또는 이용 서비스의 제공이나 이에 필요한 비용을 지원한다. 시장 · 군수 · 구청장은 긴급지원대상자가 사회복지시설에 입소하거나 사회복지시설을 이용하게 하고, 시설 입소자 또는 이용자 수 등을 고려하여 보건복지부장관이 정하여 고시하는 금액의 범위에

서 사회복지시설의 입소 또는 이용에 필요한 비용을 해당 사회복지시설을 운영하는 자에게 지급하여야 한다. 다만, 사회복지시설을 운영하는 자에게 지급하는 것이 적절하지 아니하다고 판단되는 경우에는 사회복지시설의 이용에 소요되는 금액을 긴급지원대상자에게 지급할 수 있다(동법 시행령 제5조). 한편 시장・군수・구청장은 사회복지시설 이용 지원을 하는 경우, 관할 사회복지시설의 장에게 지원을 요청할 수 있다. 이 경우 지원요청을 받은 사회복지시설의 장은 정당한 사유가 없으면 해당 시설의 입소기준에 불구하고, 긴급지원대상자가 긴급지원의 기간 동안 시설을 이용할 수 있도록 조치하여야 한다(동법 제9조).

⑤ 교육지원

긴급지원대상자로서 「초・중등교육법」에 따른 학교 또는 「평생교육법」에 따른 학교형태의 평생교육시설에 입학하거나 재학 중인 사람 중 교육비 지원이 필요하다고 인정되는 사람에게 지원하며, 시장・군수・구청장은 긴급지원대상자의 학교 또는 시설의 종류 등을 고려하여 학비(수업료, 입학금, 학교운영지원비 및 학용품비 등)를 금전이나 물품으로 지급하여야 한다. 시장・군수・구청장은 금전을 지급하는 경우에는 해당 금액을 금융기관이나 체신관서에 개설된 긴급지원대상자의 계좌에 입금하여야 한다. 다만, 긴급지원대상자가 금융기관이나 체신관서가 없는 지역에 거주하는 등 부득이한 사유가 있는 경우에는 해당 금액을 현금으로 긴급지원대상자에게 직접 지급할 수 있다. 아울러 교육지원의 목적을 달성하기 위하여 부득이한 경우에는 시장・군수・구청장이 직접 수업료 등을 납부하거나 학용품 등을 현물로 지급할 수 있다. 학비를 지원하는 경우에는 보건복지부령으로 정하는 분기에 따라 신청일이 속하는 해당 분기분을 지급하여야 한다(동법 시행령 제5조의2).

⑥ 그 밖의 지원

시장・군수・구청장은 보건복지부장관이 정하여 고시하는 금액의 범위에서 연료비 및 해산비 그 밖에 보건복지부장관이 정하는 지원금을 긴급지원대상자에게 지급하여야 한다. 다만, 지원의 성격상 현금을 지급하는 것이 적절하지 아니하다고 판단되는 경우에는 현물을 제공할 수 있다(동법 시행령 제6조).

(2) 민간기관 · 단체와의 연계 등의 지원

대한적십자사, 사회복지공동모금회 등의 사회복지관·단체와의 연계 지원과 상담·정보제공 등 그 밖의 지원이 있다(동법 제9조).

2) 긴급지원의 기간 등

(1) 긴급지원의 기간

생계지원에 따른 긴급지원은 3개월간, 주거지원, 사회복지시설 이용 지원 및 그 밖의 지원에 따른 긴급지원은 1개월간의 생계유지 등에 필요한 지원으로 한다. 다만, 주거지원, 사회복지시설 이용지원 및 그 밖의 지원에 따른 긴급지원은 시장·군수·구청장이 긴급지원대상자의 위기상황이 계속된다고 판단하는 경우에는 1개월씩 두 번의 범위에서 기간을 연장할 수 있다.

의료지원은 위기상황의 원인이 되는 질병 또는 부상을 검사·치료하기 위한 범위에서 한 번 실시하고, 교육지원도 한 번 실시한다.

시장·군수·구청장은 위 규정에 의한 지원에 불구하고 위기상황이 계속되는 경우에는 긴급지원심의위원회의 심의를 거쳐 지원을 연장할 수 있다. 이 경우 생계지원, 사회복지시설 이용 지원 및 그 밖의 지원에 의한 지원은 규정된 지원기간을 합하여 총 6개월을 초과하여서는 아니 되고, 주거지원은 규정된 지원기간을 합하여 총 12개월을 초과하여서는 아니 된다. 의료지원은 규정된 지원횟수를 합하여 총 두 번, 교육지원은 규정된 지원횟수를 합하여 총 네 번을 초과하여서는 아니 된다. 지원연장에 관한 긴급지원심의위원회의 심의 시기 및 절차는 보건복지부령으로 정한다(동법 제10조).

(2) 지원연장

① 지원연장결정

시장·군수·구청장은 긴급지원대상자에 대한 지원기간을 연장하려는 경우에는 지원기간이 끝나기 3일 전까지 연장 여부를 결정하여야 하고, 지원연장을 결정한 때에는 지원연장기간 및 지원내용과 그 밖에 지원에 필요한 사항을 긴급지원대상자에게 지체 없이 알려야 한다(동법 시행규칙 제3조).

② 긴급지원의 추가연장

시장·군수·구청장은 위기상황이 계속되는 긴급지원대상자에 대하여 지원연장이 필요한 사유, 지원연장 기간 및 지원내용 등을 기재하여 긴급지원심의위원회(이하 "위원회"라 함) 심의에 부쳐야 한다. 위원회는 심의를 요청한 긴급지원대상자의 지원연장 여부에 대하여 지원기간이 끝나기 3일전까지 심의를 마쳐야 한다. 시장·군수·구청장은 지원연장을 하기로 결정한 긴급지원대상자에게 지원연장 기간 및 지원 내용과 그 밖에 지원에 필요한 사항을 지체 없이 알려야 한다(동법 시행규칙 제4조).

3) 지원요청 및 신고

긴급지원대상자와 친족, 그 밖의 관계인은 구술 또는 서면 등으로 관할 시장·군수·구청장에게 이 법에 따른 지원을 요청할 수 있으며, 시장·군수·구청장이 지정한 법인·단체·시설·기관 등은 긴급지원대상자의 요청에 따라 지원요청을 지원할 수 있다.

누구든지 긴급지원대상자를 발견한 경우에는 관할 시장·군수·구청장에게 신고하여야 한다. 다음 중 어느 하나에 해당하는 사람은 진료·상담 등 직무수행 과정에서 긴급지원대상자가 있음을 알게 된 경우에는 관할 시장·군수·구청장에게 이를 신고하고, 긴급지원대상자가 신속하게 지원을 받을 수 있도록 노력하여야 한다(동법 제7조).

- 「의료법」에 따른 의료기관의 종사자
- 「유아교육법」, 「초·중등교육법」 및 「고등교육법」에 따른 교원, 직원, 산학겸임교사, 강사
- 「사회복지사업법」에 따른 사회복지시설의 종사자
- 「국가공무원법」 및 「지방공무원법」에 따른 공무원
- 「장애인활동 지원에 관한 법률」에 따른 활동지원기관의 장 및 그 종사자와 활동지원인력
- 「학원의 설립·운영 및 과외교습에 관한 법률」에 따른 학원의 운영자·강사·직원 및 교습소의 교습자·직원
- 「건강가정기본법」에 따른 건강가정지원센터의 장과 그 종사자
- 「청소년 기본법」에 따른 청소년시설 및 청소년단체의 장과 그 종사자
- 「청소년 보호법」에 따른 청소년 보호·재활센터의 장과 그 종사자
- 「평생교육법」에 따른 평생교육기관의 장과 그 종사자
- 그 밖에 긴급지원대상자를 발견할 수 있는 자로서 보건복지부령으로 정하는 자

4) 위기상황의 발굴

국가 및 지방자치단체는 위기상황에 처한 사람에 대한 발굴조사를 연 1회 이상 정기적으로 실시하여야 한다. 국가 및 지방자치단체는 정기 발굴조사 또는 수시 발굴조사를 위하여 필요한 경우 관계 기관·법인·단체 등의 장에게 자료의 제출, 위기상황에 처한 사람의 거주지 등 현장조사 시 소속 직원의 동행 등 협조를 요청할 수 있다. 이 경우 관계 기관·법인·단체 등의 장은 정당한 사유가 없으면 이에 따라야 한다. 국가 및 지방자치단체는 위기상황에 처한 사람에 대한 발굴체계의 운영 상태를 정기적으로 점검하고 개선방안을 수립하여야 한다(동법 제7조의2).

5) 현장 확인 및 지원 실시

시장・군수・구청장은 지원요청 또는 신고를 받거나 위기상황에 처한 사람을 찾아낸 경우에는 지체 없이 긴급지원담당공무원으로 하여금 긴급지원대상자의 거주지 등을 방문하여 위기상황을 확인하여야 한다. 시장・군수・구청장은 위기상황을 확인하기 위하여 필요한 경우에는 관할 경찰관서, 소방관서 등 관계 행정기관의 장에게 협조를 요청할 수 있다. 이 경우 관계 행정기관의 장은 정당한 사유가 없으면 그 요청에 따라야 한다.

시장・군수・구청장은 현장 확인 결과 위기상황의 발생이 확인된 사람에 대하여는 지체 없이 지원의 종류 및 내용을 결정하여 지원을 하여야 한다. 현장을 확인하는 긴급지원담당공무원은 권한을 표시하는 증표 및 조사기간, 조사범위, 조사담당자, 관계 법령 등 보건복지부령으로 정하는 사항이 기재된 서류를 지니고 이를 관계인에게 내보여야 한다(동법 제8조).

6) 담당기구 설치 등

보건복지부장관은 위기상황에 처한 사람에게 상담・정보제공 및 관련 기관・단체 등과의 연계서비스를 제공하기 위하여 담당기구를 설치・운영할 수 있고, 긴급지원사업을 원활하게 수행하기 위하여 지역사회복지협의체를 통하여 사회복지・보건의료 관련 기관・단체 간의 연계 및 협력을 강화하여야 한다(동법 제11조).

7) 긴급지원심의위원회

다음의 사항을 심의・의결하기 위하여 시・군・구에 긴급지원심의위원회를 둔다.

- 긴급지원연장 결정
- 긴급지원의 적정성 심사

- 긴급지원의 중단 또는 지원비용의 환수 결정
- 그 밖에 긴급지원심의위원회의 위원장이 회의에 부치는 사항

긴급지원심의위원회는 위원장 1명을 포함한 15명 이내의 위원으로 구성한다. 위원장은 시장·군수·구청장이 되고, 위원은 다음 중 어느 하나에 해당하는 사람 중에서 시장·군수·구청장이 임명하거나 위촉한다. 이 중 사회보장에 관한 학식과 경험이 있는 사람, 비영리민간단체에서 추천한 사람이 2분의 1 이상이 되도록 구성하여야 한다.

- 사회보장에 관한 학식과 경험이 있는 사람
- 비영리민간단체에서 추천한 사람
- 해당 시·군·구 또는 관계 행정기관 소속의 공무원
- 해당 시·군·구 지방의회가 추천하는 자

시·군·구에 생활보장위원회가 있는 경우 그 위원회는 조례가 정하는 바에 따라 긴급지원심의위원회 기능을 대신할 수 있다(동법 제12조).

6. 사후조사 및 적정성 심사

1) 사후조사

(1) 사후조사의 내용

시장·군수·구청장은 이 법에 따른 지원을 받았거나 받고 있는 긴급지원대상자에 대하여 소득 또는 재산 등 대통령령이 정하는 기준에 따라 긴급지원이 적정한지를 조사하여야 한다. 시장·군수·구청장은 이를 위하여 금융·국세·지방세·건강보험·국민연금 및 고용보험 등 관련 전산망을 이용하려는 경우에는

해당 법률에서 정하는 바에 따라 관계 기관의 장에게 협조를 요청할 수 있다. 이 경우 관계 기관의 장은 정당한 사유가 없으면 그 요청에 따라야 한다.

긴급지원사업을 담당하는 공무원 또는 공무원이었던 사람은 위의 규정에 따라 얻은 정보와 자료를 이 법에서 정한 지원 목적 외에 다른 용도로 사용하거나 다른 사람 또는 기관에 제공하여서는 아니 된다. 금융정보 등의 제공요청 등에 관하여 필요한 사항은 대통령령으로 정한다(동법 제13조).

(2) 사후조사의 시기 및 기준

시장·군수·구청장은 지원결정일부터 1개월 이내에 사후조사를 마쳐야 한다. 다만, 사후조사 중 금융에 관한 조사의 경우에는 그러하지 아니한다. 소득 또는 재산 등 대통령령으로 정하는 기준은 다음의 요건을 모두 충족하는 것을 말한다. 소득, 재산 또는 금융재산의 구체적인 범위는 보건복지부령으로 정한다(동법 시행령 제7조).

- 소득이 「국민기초생활 보장법」에 따른 기준 중위소득의 100분의 75 이하일 것
- 재산의 합계액 및 금융재산이 각각 보건복지부장관이 정하여 고시하는 금액 이하일 것

2) 긴급지원의 적정성 검사

긴급지원심의위원회는 시장·군수·구청장이 한 사후조사 결과를 참고하여 긴급지원의 적정성을 심사한다. 긴급지원심의위원회는 긴급지원대상자가 「국민기초생활 보장법」 또는 「의료급여법」에 따른 수급권자로 결정된 경우에는 위의 규정에 따른 심사를 하지 아니할 수 있다. 시장·군수·구청장은 심사결과 긴급지원대상자에 대한 지원이 적정하지 아니한 것으로 결정된 경우에도 긴급지원담당공무원의 고의 또는 중대한 과실이 없으면 이를 이유로 긴급지원담당공무원에 대하여 불리한 처분이나 대우를 하여서는 아니 된다(동법 제14조).

3) 지원중단 또는 비용환수

시장·군수·구청장은 긴급지원심의위원회를 통한 긴급지원의 적정성 심사결과, 거짓이나 그 밖의 부정한 방법으로 지원을 받은 것으로 결정된 사람에게는 긴급지원심의위원회의 결정에 따라 지체 없이 지원을 중단하고 지원한 비용의 전부 또는 일부를 반환하게 하여야 한다. 시장·군수·구청장은 심사결과 긴급지원이 적정하지 아니한 것으로 결정된 사람에게는 지원을 중단하고 지원한 비용의 전부 또는 일부를 반환하게 할 수 있다. 시장·군수·구청장은 지원기준을 초과하여 지원받은 사람에게는 그 초과 지원 상당분을 반환하게 할 수 있다. 시장·군수·구청장은 반환명령에 따르지 아니하는 사람에게는 지방세 체납처분의 예에 따라 징수한다(동법 제15조).

7. 수급자의 권리보호·권리구제 및 벌칙

1) 수급권의 보호

긴급지원대상자에게 지급되는 금전 또는 현물은 압류할 수 없으며, 긴급지원수급계좌의 긴급지원금과 이에 관한 채권은 압류할 수 없다. 긴급지원대상자는 지급되는 금전 또는 현물을 생계유지 등의 목적 외의 다른 용도로 사용하기 위하여 양도하거나 담보로 제공할 수 없다(동법 제18조).

2) 이의신청

현장확인 및 지원에 대한 결정이나 반환명령에 이의가 있는 사람은 그 처분을 고지받은 날부터 30일 이내에 해당 시장·군수·구청장을 거쳐 특별시장·광역시장·도지사(이하 "시·도지사"라 함)에게 서면으로 이의신청할 수 있다. 이 경우 시·군·구청장은 이의신청을 받은 날부터 10일 이내에 의견서와 관련 서류를 첨부하여 시·도지사에게 송부하여야 한다. 시·도지사는 송부를 받은 날부터

15일 이내에 이를 검토하고 처분이 위법·부당하다고 인정되는 때는 시정, 그 밖에 필요한 조치를 하여야 한다(동법 제16조).

3) 벌칙

긴급지원사업을 담당하는 공무원 또는 공무원이었던 사람이 긴급지원대상자에 대한 소득 또는 재산 조사를 통해 얻은 정보와 자료를 이 법이 정한 지원목적 외의 다른 용도로 사용하거나 다른 사람 또는 기관에 제공한 경우 3년 이하의 징역 또는 3천만 원 이하의 벌금에 처한다(동법 제19조).

제12장 기초연금법

제1절 입법 배경 및 주요 연혁

1. 입법 배경

국가재정의 지속가능성을 확보하면서 노인세대를 위한 안정적인 공적연금제도를 마련하여 65세 이상의 노인 중 소득기반이 취약한 70퍼센트의 노인에게 기초연금을 지급함으로써 노인 빈곤 문제를 해소하고 노인의 생활안정과 복지 증진에 기여하고자 2014년 5월 20일 「기초연금법」을 제정하였다. 법 제정의 주요 내용은 다음과 같다.

- 기초연금의 지급 대상: 기초연금을 받을 수 있는 수급권자를 65세 이상인 사람으로서 소득과 재산을 환산한 소득인정액이 보건복지부장관이 정하여 고시하는 금액 이하인 사람으로 하되, 기초연금을 받는 사람이 전체 65세 이상인 사람 중 100분의 70 수준이 되도록 함. 공무원연금, 군인연금, 사립학교교직원연금, 별정우체국 직원 연금 등 개별 법률에 따른 직역연금 등을 받고 있는 사람 등에 대해서는 기초연금 수급권자에서 제외하되, 소득인정액이 기초연금 수급권자 선정 대상에 해당하고 이 법 시행일 현재 65세 이상인 사람에 대하여는 보건복지부장관이 고시하는 기준연금액의 50퍼센트를 지급할 수 있도록 함.
- 재원의 조성 및 부담: 국가 및 지방자치단체는 노인의 생활안정을 지원하고 복지를 증진하는데 필요한 수준의 기초연금 재원을 조성하되, 「국민연금법」

에 따른 국민연금기금은 사용할 수 없도록 함. 국가는 지방자치단체의 노인 인구 비율 및 재정여건을 고려하여 기초연금 지급에 소요되는 비용의 100분의 40 이상 100분의 90 이하의 범위에서 일정 비율을 부담하도록 함. 국가 및 지방자치단체의 기초연금 재원 조성의 책임과 기초연금 지급에 국민연금기금을 사용하지 아니한다는 점을 명확히 하여 국민연금기금 사용에 관한 국민의 우려를 해소할 수 있을 것으로 기대됨.

- 기초연금액의 산정: 이 법 시행 당시 기초연금액의 기준이 되는 기준연금액은 20만원으로 하고, 그 이후 기준연금액은 매년 전국소비자물가상승률을 반영하여 보건복지부장관이 고시하도록 함. 국민연금 가입자에 대하여는 기준연금액에서 본인이 받는 국민연금 급여 중 소득재분배 성격의 급여 일부(3분의 2)를 기초로 산정하는 금액을 감액하여 기초연금액을 조정하도록 하되, 기준연금액의 2분의 1에 해당하는 부가연금을 지급하도록 함. 국민연금 미가입자, 국민연금 지급이 정지된 사람, 장애인연금 수급권자 및 국민기초생활 수급권자 등에 대하여는 기준연금액을 기초연금으로 지급하도록 함.
- 기초연금액의 적정성 평가 및 조정: 보건복지부장관은 5년마다 기초연금 수급권자의 생활수준 및 그 동안의 전국소비자물가상승률 등을 고려하여 기초연금액의 적정성을 평가하고, 노인빈곤 실태 조사 및 장기적인 재정 소요에 대한 전망을 하도록 하며, 기초연금액의 적정성 평가 결과를 반영하여 기준연금액을 조정하도록 함.
- 연금 수급자 관리 등: 기초연금 수급자가 교정시설 또는 치료감호시설에 수용 중이거나 국외 체류기간이 60일 이상 지속되는 경우 등에는 기초연금 지급을 정지하고, 기초연금 수급권자가 사망하거나 국적을 상실한 경우 등에는 그 기초연금 수급권이 상실되도록 함. 기초연금 지급 정지 사유가 소멸된 경우, 기초연금 수급권 상실의 사유가 있는 경우 또는 일정한 소득·재산의 변동이 발생한 경우에는 그 사실을 신고하도록 함. 기초연금이 잘못 지급된 경우에는 지급된 기초연금액을 환수하도록 하고, 거짓이나 부정한 방법으로 기초연금을 지급받은 경우에는 그 기초연금액에 이자를 가산하여 환수하도록 함.

2. 주요 연혁

- 2014. 5. 20. 「기초연금법」 제정(법률 제12617호)
- 2016. 2. 3. 개정 (법률 제13988호) 노인이 정보 부족 등을 이유로 부당하게 기초연금 수급 기회를 상실하는 것을 방지하기 위하여 보건복지부장관 또는 지방자치단체의 장이 65세 이상인 사람에게 기초연금의 지급대상, 연금액 및 기초연금의 신청 방법 등 기초연금 관련 정보를 제공하도록 하고, 국민 편의를 증진하고 행정의 효율성을 높이기 위하여 「가족관계의 등록 등에 관한 법률」에 따른 신고의무자가 같은 법에 따라 기초연금 수급자의 사망신고를 한 경우에는 이 법에 따른 기초연금 수급권 상실신고를 한 것으로 간주하며, 수급자의 권리를 보호하고 합리적인 조사가 이루어지도록 하기 위하여, 관계 공무원이 수급권자를 조사할 때 권한을 표시하는 증표뿐만 아니라 조사기간, 조사범위 등이 기재된 서류를 제시하도록 하고자 함.
- 2017. 9. 19. 개정 (법률 제14881호) 징역형 대비 적정 벌금액의 일반기준인 '징역형 1년당 벌금형 1천만원'에 따라 벌금형의 금액을 상향조정하고, 개인정보 누설 등에 대한 벌칙 수준을 「개인정보 보호법」의 벌칙 수준인 5년 이하의 징역 또는 5천만원 이하의 벌금으로 통일함으로써 법정형의 편차를 조정하고 형사처벌의 공정성을 기하고자 함.
- 2018. 3. 27. 개정 (법률 제15536호) 20만원 수준인 기준연금액을 25만원으로 인상함으로써 기초연금을 통한 노후소득 보장을 실질적으로 강화하고자 함.
- 2019. 1. 15. 개정 (법률 제16241호) 65세 이상인 사람 중 소득인정액이 100분의 20 이하인 사람에게 적용하는 기준연금액을 30만원으로 인상하고, 인상된 기초연금액 수령으로 기초연금 수급자 사이에 가처분 소득의 역전 현상이 발생할 우려가 있으므로 기초연금액을 감액할 수 있는 근거 규정을 신설함.
- 2020. 1. 21. 개정 (법률 제16868호) 기준연금액에 물가변동률을 반영하는 시기를 매년 1월로 앞당김으로써 다른 공적 연금과의 형평성을 확보하고, 기초연금의 실질적인 소득 보장 효과를 강화하는 한편, 기초연금 수급자의 기

준연금액을 30만원으로 인상하도록 함으로써 저소득층 노인에 대한 지원을 강화함.

- 2021. 6. 8. 개정 (법률 제18213호) 일반 국민이 자주 이용하는 복지관·병원 등 민간기관에서도 수급권자의 요청에 따라 지급신청을 지원할 수 있도록 하여 복지제도의 접근성을 높이는 한편, 신청자의 소득·재산 수준이 일정 기준 이하인 경우에 추가적인 조사를 생략하고, 공적자료를 기반으로 조사·판정할 수 있도록 제도를 보완하고자 함.

제 2 절 법의 주요 내용

1. 법의 목적

「기초연금법」은 노인에게 기초연금을 지급하여 안정적인 소득기반을 제공함으로써 노인의 생활안정을 지원하고 복지를 증진함을 목적으로 한다(동법 제1조).

2. 용어의 정의

이 법에서 사용하는 용어의 정의는 다음과 같다(동법 제2조).

- 기초연금 수급권: 이 법에 따른 기초연금을 받을 권리
- 기초연금 수급권자: 기초연금 수급권을 가진 사람
- 기초연금 수급자: 이 법에 따라 기초연금을 지급받고 있는 사람
- 소득인정액: 본인 및 배우자의 소득평가액과 재산의 소득환산액을 합산한 금액. 이 경우 소득평가액과 재산의 소득환산액을 산정하는 소득 및 재산의 범위는 대통령령으로 정하고, 소득평가액과 재산의 소득환산액의 구체적인 산정방법은 보건복지부령으로 정함

3. 국가와 지방자치단체의 책무 및 비용의 분담

1) 국가와 지방자치단체의 책무

국가와 지방자치단체는 기초연금이 이 법의 목적에 따라 노인의 생활안정을 지원하고 복지를 증진하는 데 필요한 수준이 되도록 최대한 노력해야 한다. 국가와 지방자치단체는 이 법의 시행을 위해 필요한 비용을 부담할 수 있도록 재원을 조성해야 한다. 국가와 지방자치단체는 연금의 지급에 따라 계층 간 소득역전 현상이 발생하지 아니하고 근로 의욕 및 저축 유인이 저하되지 아니하도록 최대한 노력해야 한다(동법 제4조).

2) 비용의 분담

국가는 지방자치단체의 노인인구 비율 및 재정 여건 등을 고려하여 기초연금의 지급에 드는 비용 중 100분의 40 이상 100분의 90 이하의 범위에서 대통령령으로 정하는 비율에 해당하는 비용을 부담한다(동법 제25조).

4. 연금

1) 지급대상

기초연금은 65세 이상인 사람으로서 소득인정액이 보건복지부장관이 정하여 고시하는 금액(이하 "선정기준액"이라 함) 이하인 사람에게 지급하고, 보건복지부장관은 선정기준액을 정하는 경우 65세 이상인 사람 중 기초연금 수급자가 100분의 70 수준으로 되도록 한다(동법 제3조).

2) 연금액

기초연금 수급권자에 대한 기초연금의 금액(기초연금액[6])은 기준연금액과 국민연금 급여액 등을 고려하여 산정하며, 기준연금액은 보건복지부장관이 그 전년도의 기준연금액에 대통령령으로 정하는 바에 따라 전국소비자물가변동률을 반영하여 매년 고시한다. 이 경우 그 고시한 기준연금액의 적용기간은 해당 조정연도 1월부터 12월까지로 한다(동법 제5조).

3) 연금의 신청

기초연금을 지급받으려는 사람(이하 "기초연금 수급희망자"라 함) 또는 보건복지부령으로 정하는 대리인은 특별자치시장・특별자치도지사・시장・군수・구청장에게 기초연금의 지급을 신청할 수 있고, 특별자치시장・특별자치도지사・시장・군수・구청장이 지정한 법인・단체・시설・기관 등은 기초연금 수급희망자의 요청에 따라 기초연금 지급 신청을 지원할 수 있다.

기초연금 수급희망자와 그 배우자는 기초연금 지급신청을 할 때 다음의 자료 또는 정보를 보건복지부장관 및 특별자치시장・특별자치도지사・시장・군수・구청장에게 제공하는 것에 대하여 동의한다는 서면을 제출하여야 한다(동법 제10조).

- 「금융실명거래 및 비밀보장에 관한 법률」에 따른 금융자산 및 금융거래에 관한 자료 또는 정보 중 예금의 평균잔액과 그 밖에 대통령령으로 정하는 자료 또는 정보

6) 기초연금액 산정은 다음과 같다. ① 국민연금을 받지 않고 있는 사람(무연금자), 국민연금 월 급여액 30만 원 이하인 사람, 국민연금의 유족연금이나 장애연금을 받고 있는 사람, 장애인연금을 받고 있는 사람 등은 기초연금액이 20만 원으로 산정. ② 앞의 경우에 해당하지 않는 사람들은 기초연금액은 (20만 원−⅔×A급여)+10만 원. 소득재분배 급여(A급여)는 국민연금 급여액 중 기초연금적 성격을 가진 부분으로, 개인별 기초연금액을 결정하는 기준이 되는 급여이다. 가입기간이 길수록, 일찍 가입할수록 A급여액은 증가하고, 가입기간이 동일하더라도 가입시기, 가입이력에 따라 A급여액은 다를 수 있다.

- 「신용정보의 이용 및 보호에 관한 법률」에 따른 신용정보 중 채무액과 그 밖에 대통령령으로 정하는 자료 또는 정보
- 「보험업법」에 따라 보험에 가입하여 납부한 보험료와 그 밖에 대통령령으로 정하는 자료 또는 정보

4) 기초연금의 지급 및 시급 시기

특별자치시장・특별자치도지사・시장・군수・구청장은 기초연금 수급권자로 결정한 사람에 대하여 기초연금의 지급을 신청한 날이 속하는 달부터 기초연금 수급권을 상실한 날이 속하는 달까지 매월 정기적으로 기초연금을 지급한다. 기초연금의 지급이 정지된 기간에는 기초연금을 지급하지 아니한다. 기초연금 지급의 방법・절차 등에 관하여 필요한 사항은 보건복지부령으로 정한다(동법 제14조).

5) 미지급의 연금

수급자가 사망한 경우로서 그 기초연금 수급자에게 지급되지 아니한 기초연금액이 있는 경우에는 그 기초연금 수급자의 사망 당시 생계를 같이 한 부양의무자(배우자와 직계혈족 및 그 배우자)는 미지급 기초연금을 청구할 수 있다. 이 경우 특별자치시장・특별자치도지사・시장・군수・구청장은 지체 없이 그 지급 여부를 결정하여 그 부양의무자에게 통지하여야 한다. 미지급 기초연금의 청구 절차・방법 및 부양의무자의 인정기준과 지급순위 등에 관하여 필요한 사항은 대통령령으로 정한다(동법 제15조).

6) 기초연금 지급의 정지

특별자치시장・특별자치도지사・시장・군수・구청장은 기초연금 수급자가 다음의 어느 하나의 경우에 해당하면 그 사유가 발생한 날이 속하는 달의 다음 달

부터 그 사유가 소멸한 날이 속하는 달까지는 기초연금의 지급을 정지한다(동법 제16조).

- 기초연금 수급자가 금고 이상의 형을 선고받고 교정시설 또는 치료감호시설에 수용되어 있는 경우
- 기초연금 수급자가 행방불명되거나 실종되는 등 대통령령으로 정하는 바에 따라 사망한 것으로 추정되는 경우
- 기초연금 수급자의 국외 체류기간이 60일 이상 지속되는 경우(이 경우 국외 체류 60일이 되는 날을 지급 정지의 사유가 발생한 날로 본다.)
- 그 밖에 대통령령으로 정하는 경우

7) 기초연금 수급권의 상실

기초연금 수급권자는 사망한 때, 국적을 상실하거나 국외로 이주한 때, 기초연금 수급요건에 해당하지 아니하게 된 때에 기초연금 수급권을 상실한다(동법 제17조).

5. 수급자의 권리보호 및 권리구제

1) 수급자의 권리보호

(1) 수급권의 보호

기초연금 수급권은 양도하거나 담보로 제공할 수 없고, 압류 대상으로 할 수 없으며, 기초연금으로 지급받은 금품은 압류할 수 없다(동법 제21조).

(2) 시효

환수금을 환수할 권리와 기초연금 수급권자의 권리는 5년간 행사하지 아니하면 시효의 완성으로 소멸한다(동법 제23조).

2) 권리구제

기초연금 지급의 결정이나 그 밖에 이 법에 따른 처분에 이의가 있는 사람은 특별자치시장 · 특별자치도지사 · 시장 · 군수 · 구청장에게 이의신청을 할 수 있다. 이의신청은 그 처분이 있음을 안 날부터 90일 이내에 서면으로 하여야 한다. 다만, 정당한 사유로 인하여 그 기간 이내에 이의신청을 할 수 없음을 증명한 때에는 그 사유가 소멸한 때부터 60일 이내에 이의신청을 할 수 있다(동법 제22조).

6. 벌칙 등

이 법에서 정하는 벌칙 등은 다음과 같다(동법 제29조~제31조).

1) 5년 이하의 징역 또는 5천만원 이하의 벌금

- 금융정보를 다른 사람에게 제공하거나 누설한 자

2) 1년 이하의 징역 또는 1천만원 이하의 벌금

- 거짓이나 그 밖의 부정한 방법으로 기초연금을 지급받은 사람

3) 20만원 이하의 과태료

- 정당한 사유 없이 기초연금 수급권의 발생 · 변경 · 상실 등을 확인하기 위한 서류나 그 밖에 소득 · 재산 등에 대한 자료를 제출하지 아니하거나 거짓의

자료를 제출한 자 또는 조사·질문을 거부·방해 또는 기피하거나 거짓답변을 한 자

4) 10만원 이하의 과태료

- 정당한 사유 없이 지급정지 사유 소멸, 수급권 상실의 사유 발생, 기초연금 수급자 또는 그 배우자의 소득·재산의 변동 사유 발생, 기초연금 수급자가 결혼 또는 이혼을 하거나 그 배우자가 사망한 경우, 그 밖에 보건복지부령으로 정하는 사유가 발생하였으나 신고하지 아니한 자

5) 양벌규정

- 법인의 대표자, 법인 또는 개인의 대리인, 사용인, 그 밖의 종업원이 그 법인 또는 개인의 업무에 관하여 금융정보를 다른 자에게 제공하거나 누설을 한 때에는 행위자를 벌하는 외에 그 법인 또는 개인에 대하여도 해당 조항의 벌금형을 과함. 다만, 법인 또는 개인이 그 위반행위를 방지하기 위하여 해당 업무에 관하여 상당한 주의와 감독을 게을리 하지 아니한 경우에는 그러하지 아니함

제13장 장애인연금법

제1절 입법 배경 및 주요 연혁

1. 입법 배경

경제활동이 어려운 근로무능력 중증장애인은 생활수준이 열악하고 국민연금 등 공적소득보장제도의 사각지대에 놓인 경우가 많으므로, 18세 이상의 중증장애인으로서 소득인정액이 일정 수준 이하인 자에게 매월 일정액의 무기여(無寄與) 연금을 지급하는 장애인연금 제도를 도입하여 중증장애인에 대한 사회보장 사각지대를 해소하고 사회통합을 강화하고자 2011년 7월 14일 「장애인연금법」을 제정하였다. 법 제정의 주요 내용은 다음과 같다.

- 이 법은 장애로 인하여 생활이 어려운 중증장애인에게 장애인연금을 지급함으로써 중증장애인의 생활 안정 지원과 복지 증진 및 사회통합을 도모하는 데 이바지함을 목적으로 함.
- 장애인연금의 수급권자는 18세 이상의 중증장애인으로 하고, 소득인정액이 그 중증장애인의 소득・재산・생활수준과 물가상승률 등을 고려하여 대통령령으로 정하는 금액 이하인 사람으로 함.
- 장애인연금은 근로능력의 상실 또는 현저한 감소로 인하여 줄어드는 소득을 보전할 목적으로 지급하는 기초급여와 장애로 인하여 추가로 드는 비용의 전부 또는 일부를 보전할 목적으로 지급하는 급여인 부가급여로 구분함.
- 기초급여액은 「국민연금법」 제51조제1항제1호에 따른 금액의 100분의 5에

해당하는 금액으로 하고, 수급권자와 그 배우자가 모두 기초급여를 받는 경우에는 각각의 기초급여액에 대하여 100분의 20을 감액하여 지급함.

- 부가급여액은 월정액으로 하고, 수급권자와 그 배우자의 소득 수준 및 장애로 인한 추가비용 등을 고려하여 대통령령으로 정하도록 함.
- 수급권자는 관할 특별자치도지사・시장・군수・구청장에게 장애인연금의 지급을 신청하도록 하고, 장애인연금을 필요로 하는 사람이 누락되지 아니하도록 하기 위하여 담당 공무원이 관할지역에 거주하는 수급권자에 대한 장애인연금을 직권으로 신청할 수 있도록 함.
- 특별자치도지사・시장・군수・구청장은 장애인연금의 지급이 결정된 자에게 신청한 날이 속하는 달부터 매월 정기적으로 장애인연금을 지급하도록 함.
- 장애인연금은 지방자치단체의 재정 여건 등을 고려하여 대통령령으로 정하는 바에 따라 국가, 특별시・광역시・도 또는 특별자치도・시・군・구가 부담하도록 함.
- 기초급여액은 2028년까지 단계적으로 「국민연금법」제51조제1항제1호에 따른 금액의 100분의 10에 해당하는 금액으로 인상하도록 함.

2. 주요 연혁

- 2011. 7. 14. 「장애인연금법」 제정(법률 제10255호)
- 2014. 5. 20. 개정(법률 제12620호) 18세 이상의 중증장애인에게 지급하는 장애인연금 중 기초급여를 현행 금액의 2배 이상으로 인상하여 장애로 인하여 생활이 어려운 중증장애인의 생활안정을 지원하도록 하는 등 현행 장애인연금 제도의 운영상 나타난 일부 미비점을 개선・보완하기 위하 법의 일부를 개정함.
- 2016. 2. 3. 개정(법률 제14006호) 보건복지부장관 또는 지방자치단체의 장이 중증장애인에게 수급권자의 범위, 장애인연금의 종류・내용・신청방법 등

장애인연금 관련 정보를 제공하도록 함으로써 중증장애인이 정보 부족 등을 이유로 부당하게 장애인연금 수급기회를 상실하는 것을 방지하고 중증장애인의 복지 증진에 기여하고자 함.

- 2016. 5. 29. 개정(법률 제14223호) 수급자가 신청하는 경우에는 장애인연금만 이 입금되는 수급자 명의의 지정된 계좌로 장애인연금을 입금하도록 하고, 해당 수급계좌의 예금에 관한 채권은 압류할 수 없도록 규정함으로써 장애인연금에 대한 압류 방지의 실효성을 확보하고 장애인의 생계 보호를 강화하고자 함.
- 2017. 2. 8. 개정(법률 제14563호) 장애인연금 수급의 사각지대 해소를 위하여 특별자치시장·특별자치도지사·시장·군수·구청장이 장애인연금 신청자가 수급권을 가지지 못한 경우 매년 이력조사를 통하여 수급이 가능할 것으로 예상되는 수급희망자에게 장애인연금을 신청하도록 안내하는 장애인연금 수급희망 이력관리의 근거를 마련함. 또한, '징역 1년당 벌금형 1천만원'의 기준으로 벌금액을 상향 조정하여 벌금형의 금액을 현실화하고, 형벌 유형 간 형평성을 확보하고자 함.
- 2017. 12. 19. 개정(법률 제15271호) 기존의 장애 등급을 장애 정도에 따라 중증(1~3급)과 경증(4~6급)으로 개편하는 내용으로 「장애인복지법」이 개정됨에 따라 장애등급제 변경을 이 법에 반영하기 위하여 중증장애인의 정의, 장애인연금의 신청에 따른 조사·지급결정 및 과태료 부과 등의 규정에서 '장애등급' 용어를 '장애 정도'로 변경하는 한편, 장애인연금의 수급권자 또는 그 배우자가 공무원연금 등 직역연금의 수급권을 취득한 경우 장애인연금 수급권이 소멸되고 있음에도 불구하고 현행법상 수급권의 소멸사유 및 서면 통지 대상으로 명확하게 규정되어 있지 않은 상황이므로 「장애인복지법」상 장애인연금의 소멸사유 및 서면통지 대상에 수급권자 또는 그 배우자가 직역연금을 취득한 경우를 명시함.
- 2018. 3. 27. 개정(법률 제12620호) 20만원 수준인 장애인연금 기초급여액을 25만원으로 인상함으로써 중증장애인가구의 소득 보장을 실질적으로 강화하

고자 함.

- 2019. 1. 15. 개정(법률 제16259호) 장애인연금 수급자 중 특히 생활이 어려운 「국민기초생활 보장법」에 따른 생계급여 수급자 및 의료급여 수급자에 대한 2019년의 기초급여액을 30만원으로 조기 인상함으로써 중증장애인 저소득층에 대한 지원을 강화함.
- 2020. 1. 21. 개정(법률 제16869호) 기초급여액의 적용기간의 해당 조정연도를 '4월부터 다음 연도 3월까지'에서 '1월부터 12월까지'로 변경함으로써 다른 공적 연금과의 형평성을 확보하고, 장애인연금의 실질적인 소득 보장 효과를 강화함.
- 2021. 6. 8. 개정(법률 제18221호) 장애인연금의 적정성 확인조사 결과 소득인정액의 변동이 소득·재산 상태 등의 변동수준, 수급기간 등을 고려하여 일정 기준에 해당하는 경우에는 수급자격 중지·변동의 예외를 인정하도록 근거를 마련하고자 함.

제 2 절 법의 주요내용

1. 법의 목적

「장애인연금법」은 장애로 인하여 생활이 어려운 중증장애인에게 장애인연금을 지급함으로써 중증장애인의 생활안정 지원과 복지증진 및 사회통합을 도모하는 데 이바지함을 목적으로 한다(동법 제1조).

2. 용어의 정의

이 법에서 사용하는 용어의 정의는 다음과 같다(동법 제2조).

- 중증장애인: 「장애인복지법」에 따라 등록한 장애인 중 근로능력이 상실되거나 현저하게 감소되는 등 장애 정도가 중증인 사람으로서 대통령령으로 정하는 사람
- 수급권: 이 법에 따라 장애연금을 받을 수 있는 자격
- 수급권자: 수급권을 가진 사람
- 수급자: 이 법에 따라 장애인연금을 받는 사람
- 소득인정액: 수급권자와 그 배우자의 소득평가액과 재산의 소득환산액을 합산한 금액
- 수급권자와 그 배우자의 소득평가액: 수급권자와 그 배우자의 실제 소득에도 불구하고 장애인연금의 지급 결정 및 실시 등에 사용하기 위하여 산출한 금액. 이 경우 소득평가액 산출의 기초가 되는 소득의 범위[7]는 대통령령으로 정하고, 구체적인 산정방식[8]은 보건복지부령으로 정함
- 재산의 소득환산액: 수급권자와 그 배우자의 재산가액에 재산의 소득환산율을 곱하여 산출한 금액. 이 경우 수급권자와 그 배우자의 재산 범위, 재산가액의 산정기준, 재산의 소득환산율, 그 밖에 재산의 소득환산액 산정방식에 필요한 사항은 보건복지부령으로 정함

3. 국가 및 지방자치단체의 책무와 비용의 분담

1) 국가 및 지방차치단체의 책무

국가 및 지방자치단체는 장애인연금이 중증장애인의 생활안정을 지원하고 복지를 증진하는 데 필요한 수준이 되도록 최대한 노력하여야 하며, 매년 필요한

7) 대통령령에 따른 소득의 범위: 근로소득, 재산소득, 이자소득, 연금소득, 공적이전소득, 사적이전소득

8) 보건복지부령에 따른 소득평가액 산정방식: ① 일반 재산, ② 금융 재산, ③ 자동차, ④ 2010년 7월 1일 이후 타인에게 증여된 일반재산, 금융재산, 자동차(증여된 재산은 증여한 날부터 3년 동안만 재산에 포함)를 합산한 후 월 평균한 금액

재원을 조달하여야 한다. 국가 및 지방자치단체는 장애인연금의 지급에 따라 계층 간 소득 역전 현상이 발생하지 아니하고 근로 의욕 및 저축 유인이 저하되지 아니하도록 최대한 노력하여야 한다(동법 제3조).

2) 비용의 분담

국장애인연금은 지방자치단체의 재정 여건 등을 고려하여 대통령령으로 정하는 바에 따라 국가, 특별시 · 광역시 · 도 · 특별자치시 · 특별자치도 · 시 · 군 · 구가 부담한다(동법 제21조). 특별시는 100분의 50, 광역시 · 도 · 특별자치시 · 특별자치도는 100분의 70로 한다. 국가 부담 금액을 뺀 금액에 대해서는 특별시 · 광역시 · 도 · 특별자치시 · 특별자치도 및 시 · 군 · 구가 상호 분담하되 그 부담 비율은 특별시 · 광역시 · 도의 조례로 정한다(동법 시행령 제14조).

4. 연금

1) 수급권자의 범위

수급권자는 18세 이상의 등록한 중증장애인으로서 소득인정액이 그 중증장애인의 소득 · 재산 · 생활수준과 물가상승률 등을 고려하여 보건복지부장관이 정하여 고시하는 금액(이하 "선정기준액"이라 함) 이하인 사람으로 한다(동법 제4조).

2) 연금의 신청 및 조사

(1) 연금의 신청

장애인연금을 지급받으려는 사람(이하 "수급희망자"라 함)은 특별자치시장 · 특별자치도지사 · 시장 · 군수 · 구청장에게 장애인연금의 지급을 신청할 수 있다. 특별자치시 · 특별자치도 · 시 · 군 · 구 소속 공무원은 이 법에 따른 장애인연금을 필요로 하는 사람이 누락되지 아니하도록 하기 위하여 관할 지역에 거주하는 수급희망자 또는 수급권자에 대한 장애인연금의 지급을 신청할 수 있다. 이 경우 그 수급희망자 또는 수급권자의 동의를 받아야 하며 그 동의는 수급희망자 또는 수급권자의 신청으로 본다. 한편 장애인연금을 신청할 때나 특별자치시·특별자치도·시·군·구 소속 공무원이 장애인연금을 신청하는 것에 수급권자가 동의하였을 때에는 그 수급희망자 또는 수급권자와 그 배우자는 관련 자료 또는 정보의 제공에 동의한다는 뜻을 서면(전자문서 포함)으로 제출하여야 한다(동법 제8조).

(2) 신청에 따른 조사

보건복지부장관 또는 특별자치시장·특별자치도지사·시장·군수·구청장은 장애인연금의 신을 받으면 소속 공무원으로 하여금 장애인연금의 지급 결정 및 실시 등에 필요한 다음의 사항을 조사하게 할 수 있다.

- 수급희망자 또는 수급권자와 그 배우자의 소득 및 재산에 관한 사항
- 수급희망자 또는 수급권자의 가구 특성 및 장애 정도에 관한 사항
- 수급희망자 또는 수급권자의 지급계좌 등 장애인연금의 지급에 필요한 사항

보건복지부장관 또는 특별자치시장·특별자치도지사·시장·군수·구청장은 신청을 받은 경우에는 해당 수급희망자 또는 수급권자의 장애 상태와 장애 정도를 확인하기 위하여 장애 정도를 재심사할 수 있다(동법 제9조).

(3) 지급의 결정 등

특별자치시장·특별자치도지사·시장·군수·구청장은 조사를 하였을 때에는 지체 없이 장애인연금 지급의 여부와 내용을 결정하여야 한다. 특별자치시장·특별자치도지사·시장·군수·구청장은 장애인연금 지급의 여부와 내용을 결정하였을 때에는 그 결정의 요지, 장애인연금의 종류 및 지급 개시시기 등을 서면

으로 해당 수급희망자 또는 수급권자에게 통지하여야 하며 수급권자에 대한 통지는 장애인연금 지급의 신청일부터 30일 이내에 하여야 한다(동법 제10조).

(4) 수급희망 이력관리

장애인연금의 지급을 신청한 수급희망자 등은 수급권을 가지지 못한 경우에 특별자치시장・특별자치도지사・시장・군수・구청장에게 수급권자의 범위에 포함될 가능성을 확인받을 수 있다. 특별자치시장・특별자치도지사・시장・군수・구청장은 수급권자의 범위에 포함될 가능성이 확인된 사람에게 장애인연금 신청 방법 및 절차를 안내하여야 한다(동법 제10조의2).

(5) 수급자에 대한 사후관리

보건복지부장관은 수급자에 대한 장애인연금 지급의 적정성을 확인하기 위하여 매년 연간조사계획을 수립하고, 전국의 수급자를 대상으로 '신청에 따른 조사'에 규정된 사항을 조사하여야 한다(동법 제11조).

3) 장애인연금의 지급기간 및 지급시기

특별자치시장・특별자치도지사・시장・군수・구청장은 장애인연금의 지급이 결정되면 해당 수급권자에게 장애인연금을 신청한 날이 속하는 달부터 수급권이 소멸한 날이 속하는 달까지 매월 정기적으로 지급한다. 장애인연금은 그 지급을 정지하여야 할 사유가 발생한 경우에는 그 사유가 발생한 날이 속하는 달의 다음 달부터 그 사유가 소멸한 날이 속하는 달까지 지급하지 아니한다. 다만 정지 사유가 발생한 날과 그 사유가 소멸한 날이 같은 달에 속하는 경우에는 그 지급을 정지하지 아니한다(동법 제13조).

4) 연금의 종류 및 금액

(1) 연금의 종류

이 법에 따른 장애인연금의 종류 및 내용은 다음과 같다(동법 제5조).

① 기초급여

기초급여는 근로능력의 상실 또는 현저한 감소로 인하여 줄어드는 소득을 보전(補塡)하여 주기 위하여 지급하는 급여로 복지부장관이 그 전년도 기초급여액에 대통령령으로 정하는 바에 따라 전국소비자물가변동률을 반영하여 매년 고시한다. 수급권자와 그 배우자가 모두 기초급여를 받는 경우에는 각각의 기초급여액에서 100분의 20을 감액하여 지급하고, 소득인정액과 기초급여액을 합한 금액이 선정기준액 이상인 경우에는 대통령령으로 정하는 바에 따라 기초급여액의 일부를 감액하여 지급할 수 있다. 기초급여액의 적용기간은 해당 조정연도 1월부터 12월까지로 하고, 수급권자 중 「기초연금법」에 따른 기초연금 수급권자에게는 기초급여를 지급하지 아니한다.

② 부가급여

부가급여는 장애로 인하여 추가로 드는 비용의 전부 또는 일부를 보전하여 주기 위하여 지급하는 급여로 부가급여액은 월정액으로 하며, 수급권자와 그 배우자의 소득 수준 및 장애로 인한 추가비용 등을 고려하여 대통령령으로 정한다.

(2) 급여액

① 기초급여액

기초급여액은 국민연금가입자의 국민연금 수급 전 3년간의 평균소득월액의 평균액의 100분의 5에 해당하는 금액으로 한다. 수급권자와 그 배우자가 모두 기초급여를 받는 경우에는 각각의 기초급여액에 대하여 100분의 20을 감액하여 지급한다. 기초급여액의 적용기간은 매년 4월 1일부터 다음 연도 3월 31일까지로 하고, 수급권자 중 기초연금 지급대상자에게는 기초급여를 지급하지 아니한다(동법 제6조).

② 부가급여액

부가급여액은 월정액으로 하며, 수급권자와 그 배우자의 소득 수준 및 장애로 인한 추가비용 등을 고려하여 대통령령으로 정하며, 대상자는 장애인연금수급자 중 국민기초생활보장 수급자, 차상위계층, 차상위 초과자이다(동법 제7조).

5) 수급권의 소멸 및 지급정지와 장애인연금의 환수

(1) 수급권의 소멸

수급권자가 다음의 어느 하나에 해당하게 되면 그 수급권은 소멸한다. 다만, 수급권자의 범위가 소득·재산 상태 등의 변동수준, 수급기간 등을 고려하여 보건복지부장관이 정하는 기준에 해당하는 경우에는 그러하지 아니하다(동법 제15조).

- 사망한 경우
- 국적을 상실하거나 외국으로 이주하기 위하여 출국하는 경우
- 수급권자의 범위에 해당하지 아니하게 된 경우
- 장애 정도의 변경 등으로 중증장애인에 해당하지 아니하게 된 경우

(2) 지급정지

특별자치시장·특별자치도지사·시장·군수·구청장은 수급자가 다음의 어느 하나에 해당하게 되면 장애인연금의 지급을 정지한다(동법 제15조 제2항).

- 수급자가 금고 이상의 실형을 선고받고 「형의 집행 및 수용자의 처우에 관

한 법률」 또는 「치료감호법」에 따른 교정시설 또는 치료감호시설에 수용 중인 경우
- 수급자가 행방불명 또는 실종 등의 사유로 사망한 것으로 추정되는 경우
- 수급자의 국외 체류기간이 60일 이상 지속되는 경우. 이 경우 국외 체류 60일이 되는 날을 지급정지의 사유가 발생한 날로 봄

(3) 장애인연금의 환수

특별자치시장·특별자치도지사·시장·군수·구청장은 이 법에 따라 장애인연금을 받은 자가 다음의 어느 하나에 해당되면 그가 받은 장애인연금의 전부 또는 일부를 환수하여야 한다(동법 제17조).

- 거짓이나 그 밖의 부정한 방법으로 장애인연금을 받은 경우(대통령령으로 정하는 이자를 가산하여 환수)
- 장애인연금을 받은 후 그 장애인연금을 받게 된 사유가 소급하여 소멸한 경우
- 잘못 지급된 경우

5. 수급자의 권리보호 및 권리구제

1) 수급자의 권리보호

(1) 수급권의 보호

수급자에게 장애인연금으로 지급된 금품이나 이를 받을 권리는 압류할 수 없으며, 장애인연금수급계좌의 예금에 관한 채권은 압류할 수 없다. 수급자는 장애인연금을 받을 권리를 다른 사람에게 양도하거나 담보로 제공할 수 없다(동법 제19조).

(2) 시효

수급자의 장애인연금을 받을 권리와 장애인연금을 환수할 지방자치단체의 권리는 5년간 행사하지 아니하면 시효의 완성으로 소멸된다(동법 제20조).

2) 권리구제

장애인연금의 지급결정이나 그 밖에 이 법에 따른 처분에 이의가 있는 사람은 특별자치시장·특별자치도지사·시장·군수·구청장에게 이의신청을 할 수 있다. 이의신청은 그 처분이 있음을 안 날부터 90일 이내에 서면으로 할 수 있다. 다만, 정당한 사유로 그 기간 내에 이의신청을 할 수 없음을 증명한 경우에는 그 사유가 소멸한 날부터 60일 이내에 이의신청을 할 수 있다(동법 제18조).

6. 벌칙 등

이 법에서 정하는 벌칙 등은 다음과 같다(동법 제25조~제27조).

1) 5년 이하의 징역 또는 5천만원 이하의 벌금

- 규정에 따른 업무에 종사하거나 종사하였던 자와 업무를 위탁받은 자가 업무를 수행하면서 취득한 금융정보 등을 사용·제공 또는 누설한 자

2) 3년 이하의 징역 또는 3천만원 이하의 벌금

- 보건복지부 또는 특별자치시·특별자치도·시·군·구의 소속 공무원 또는 소속 공무원이었던 자와 업무를 위탁받은 자가 규정에 따라 얻은 정보 또는 자료를 사용·제공 또는 누설한 자

3) 1년 이하의 징역 또는 1천만원 이하의 벌금

- 거짓이나 그 밖의 부정한 방법으로 장애인연금을 받거나 다른 사람으로 하여금 장애인연금을 받게 한 자

4) 20만원 이하의 과태료

- 장애인연금 신청에 따른 서류나 그 밖에 소득·재산 및 장애 정도 등에 대한 자료를 제출하지 아니하거나 거짓 자료를 제출한 자 또는 조사·질문을 거부·방해 또는 기피하거나 거짓 답변을 한 자

5) 10만원 이하의 과태료

- 정당한 사유 없이 신고 의무에 따른 신고를 하지 아니한 사람

6) 양벌규정

- 법인의 대표자나 법인 또는 개인의 대리인 사용인 그 밖의 종업원이 그 법인 또는 개인의 업무에 관하여 위반행위를 하면 그 행위자를 벌하는 외에도 법인 또는 개인에게도 해당 조문의 벌금을 과함. 다만, 법인 또는 개인이 그 위반행위를 방지하기 위하여 해당 업무에 관하여 상당한 주의와 감독을 게을리 하지 아니한 경우에는 그러하지 아니함

제14장

국민연금법

제1절 입법 배경 및 주요 연혁

1. 입법 배경

국민복지연금법이 1973년 12월 24일에 제정된 이래 그 시행일을 미루어 왔으나 그동안 평균수명이 연장되고 대부분의 가족구조가 핵가족화됨에 따라 절실하여진 국민의 노후대책을 마련하고 사업장에서의 각종 사고로 인하여 소득능력을 잃은 자등에 대한 생활보장을 위하여 1988년부터 국민연금제도를 실시하기 위하여 필요한 사항을 정하고자 1986년 12월 31일 「국민복지연금법」에서 「국민연금법」으로 전부 개정하였다. 전부개정의 주요 내용은 다음과 같다.

- 제명을 국민연금법으로 변경함.
- 국민연금에 가입할 수 있는 자는 18세 이상 60세 미만의 국민으로 하되, 공무원연금법 · 군인연금법 및 사립학교교원연금법의 적용을 받는 공무원 · 군인 · 사립학교교직원등은 제외함.
- 국민연금의 가입자는 사업장가입자 · 지역가입자 및 임의계속가입자로 구분함.
- 급여의 종류는 노령연금 · 장해연금 · 유족연금 및 반환일시금으로 함.
- 국민연금사업에 소요되는 비용에 충당하기 위하여 가입자 및 사용자로부터 갹출료를 징수함.
- 이 법에 의한 가입자격, 갹출료, 급여등에 이의가 있는 경우에는 1차로 국민

연금관리공단에 이의신청을 할 수 있도록 하고, 2차로 보건사회부에 설치된 국민연금심사위원회에 심사청구를 할 수 있도록 함.

- 국민연금사업에 필요한 재원을 원활하게 확보하고, 각종 급여에 충당하기 위한 책임준비금으로서 국민연금기금을 설치·운영하도록 함.
- 보건사회부장관의 위탁을 받아 국민연금사업을 수행하게 하기 위하여 국민연금관리공단을 설립하여 운영하도록 함.
- 1988년 1월 1일부터 국민연금사업을 실시함.

2. 주요 연혁

- 1973. 12. 24. 「국민복지연금법」 제정(법률 제2655호) 1974. 1. 1. 실시예정이었으나 시행 연기됨.
- 1986. 12. 31. 개정(법률 제3902호) 제명을 「국민복지연금법」에서 「국민연금법」으로 변경함.
- 2012. 10. 22. 개정(법률 제11511호) 국민연금 가입자가 60세가 되어 가입자격을 상실하게 된 날부터 지급연령에 도달하는 날까지의 기간에 발생한 질병·부상이나 사망은 가입기간 중에 발생한 것으로 보도록 함으로써 장애연금 및 유족연금의 수급권을 보장하고, 국민연금 가입기간이 10년 미만인 가입자 또는 가입자였던 사람은 60세가 된 때 반환일시금을 지급받을 수 있도록 함으로써 수급자의 선택권을 보장하도록 함.
- 2014. 1. 14. 개정(법률 제12242호) 국가의 책무에 국민연금법에 따른 연금급여가 안정적·지속적으로 지급되도록 필요한 시책을 수립·시행하도록 규정함으로써 국민연금 지급보장에 대한 국민의 신뢰를 강화하고, FTA 체결 등으로 농수산물 수입개방이 확대되어 농어업인의 경제적인 부담이 갈수록 가중되고 있으므로, 2014년 12월 31일까지로 되어 있는 농어업인에 대한 연금보험료 지원기한을 2019년 12월 31일까지 연장하도록 함.
- 2015. 1. 28. 개정(법률 제13100호) 국민연금에 가입된 사업장에 종사하는 18세

미만의 근로자에 대해서 본인이 원하지 아니하는 경우를 제외하고는 사용자의 동의 여부와 관계없이 사업장가입자가 되는 것으로 보도록 하고, 유족연금의 수급권자인 배우자가 가입자 또는 가입자였던 자의 19세 미만인 자녀의 생계를 유지한 경우 유족연금의 지급을 정지하지 아니하도록 하였으며, 벌금액을 징역 1년당 1천만원의 비율로 개정함.

- 2015. 6. 22. 개정(법률 제13364호) 국민연금공단이 수행하는 노후준비서비스의 대상을 가입대상과 수급권자를 포함한 국민으로 확대하고, 공단이 수행하는 노후준비서비스 사업의 구체적인 내용을 규정함.
- 2015. 12. 29. 개정(법률 제13642호) 분할연금 신청의 특례를 두어 노령연금 수급연령이 되기 전에 이혼하는 경우에는 이혼의 효력이 발생하는 때부터 분할연금을 먼저 청구할 수 있도록 하는 분할연금 선청구 제도를 신설함.
- 2016. 5. 29. 개정(법률 제13642호) 노령연금 등과 유족연금의 수급권이 동시에 발생하고 수급권자가 노령연금 등을 선택하는 경우 유족연금액의 100분의 30을 추가하여 지급하도록 함.
- 2017. 10. 24. 개정(법률 제14921호) 자녀나 손자녀인 수급권자가 다른 사람에게 입양되거나 장애로 수급권을 취득한 자가 장애등급 2급 이상에 해당하지 아니하게 된 경우 지급을 정지하고, 입양된 자가 파양되거나 장애등급의 조정으로 2급 이상에 해당하게 된 때에 본인의 신청에 의하여 지급정지를 해제하도록 함.
- 2017. 12. 19. 개정(법률 제15267호) 분할연금을 산정함에 있어 '혼인 기간'을 배우자의 가입기간 중의 혼인 기간으로서 별거·가출 등의 사유로 인하여 실질적인 혼인관계가 존재하지 않았던 기간을 제외한 기간으로 규정하고, 혼인기간의 인정 기준 및 방법 등에 필요한 사항은 대통령령으로 정하도록 함.
- 2019. 1. 15. 개정(법률 제16240호) 국민연금도 전국소비자물가변동률에 따라 연금액을 조정하는 시기를 매년 4월에서 1월로 앞당기도록 하여, 국민연금 수급액의 실질가치 하락을 방지하고 다른 공적연금과의 형평성을 제고하고, 공단의 업무로 국민연금기금 운용 전문인력 양성을 추가하고, 공단은 국민

연금기금 운용 전문인력을 양성하기 위하여 교육·연수 프로그램을 운영할 수 있도록 하는 등 우수한 국민연금기금 운용전문인력을 양성하고, 국민연금기금의 안정적 운영을 지원할 수 있도록 함.

- 2020. 1. 21. 개정(법률 제16867호) 국가는 사업 중단, 실직 또는 휴직으로 인해 연금보험료를 내지 못하고 있던 지역가입자로서 재산 및 종합소득이 일정 기준 미만인 사람이 연금보험료 납부를 재개한 경우 12개월 이내의 범위에서 연금보험료 중 일부를 지원할 수 있도록 함.
- 2020. 12. 29. 개정(법률 제17774호) 사망일시금 수급대상에 노령연금 수급권자와 장애연금 수급권자를 추가하고, 추가된 대상자의 사망일시금 지급액은 사망할 때까지 지급받은 연금액이 사망일시금 상당액보다 적은 경우 그 차액에 해당하는 금액으로 함.
- 2023. 3. 28. 개정(법률 제19294호) 18세 미만 근로자가 사업장가입자가 되어 연금보험료를 최초로 납부한 이후에 스스로 선택하여 연금보험료를 내지 아니한 기간에 대해서도 연금보험료의 추후 납부를 신청할 수 있도록 함.

제 2 절 법의 주요 내용

1. 법의 목적

「국민연금법」은 국민의 노령, 장애 또는 사망에 대하여 연금급여를 실시함으로써 국민의 생활 안정과 복지 증진에 이바지하는 것을 목적으로 한다(동법 제1조).

2. 용어의 정의

이 법에서 사용하는 용어의 정의는 다음과 같다(동법 제3조).

- 근로자[9]: 직업의 종류가 무엇이든 사업장에서 노무를 제공하고 그 대가로 임금을 받아 생활하는 자(법인의 이사와 그 밖의 임원을 포함)
- 사용자: 해당 근로자가 소속되어 있는 사업장의 사업주
- 소득: 일정한 기간 근로를 제공하여 얻은 수입에서 대통령령으로 정하는 비과세소득을 제외한 금액 또는 사업 및 자산을 운영하여 얻은 수입에서 필요경비를 제외한 금액
- 평균소득월액: 매년 사업장가입자 및 지역가입자 전원의 기준소득월액을 평균한 금액. 평균소득월액의 산정방법은 매년 12월 31일 현재 가입 중인 사업장가입자와 지역가입자 전원의 기준소득월액 총액을 사업장가입자와 지역가입자 전원의 수로 나누어 산정
- 기준소득월액: 연금보험료와 급여를 산정하기 위하여 국민연금가입자의 소득월액을 기준으로 하여 정한 금액. 기준소득월액은 하한액과 상한액의 범위에서 사업장가입자는 사용자가, 지역가입자는 가입자가 신고한 소득월액에서 천 원 미만을 버린 금액
- 사업장가입자: 사업장에 고용된 근로자 및 사용자로서 국민연금에 가입된 자
- 지역가입자: 사업장가입자가 아닌 자로서 국민연금에 가입된 자
- 임의가입자: 사업장가입자 및 지역가입자 외의 자로서 국민연금에 가입된 자
- 임의계속가입자: 국민연금 가입자 또는 가입자였던 자로서 60세가 된 자(연금보험료를 납부한 사실이 없거나 노령연금 수급권자로서 급여를 지급받고 있는 자. 반환일시금을 지급받는 자는 제외)
- 연금보험료: 국민연금사업에서 필요한 비용으로서 사업장가입자의 경우에는

9) 다만, 다음의 자는 근로자에서 제외된다(동법 시행령 제2조).
- 일용근로자 또는 1개월 미만의 기한을 정하여 사용되는 근로자(1개월 이상 계속 사용되는 경우는 그러하지 아니하다)
- 소재지가 일정하지 아니한 사업장에 종사하는 근로자
- 법인의 이사 중 소득이 없는 사람
- 1개월 동안의 근로시간이 60시간 미만인 단시간 근로자(단, 해당 단시간 근로자 중 생업을 목적으로 3개월 이상 계속하여 근로를 제공하는 사람으로서 시간강사 혹은 사용자의 동의를 받아 근로자로 적용되기를 희망하는 사람은 제외)

사용자의 부담금 및 기여금의 합계액을, 지역가입자·임의가입자 및 임의계속가입자의 경우에는 본인이 내는 금액

- 부담금: 사업장가입자의 사용자가 부담하는 금액
- 기여금: 사업장가입자가 부담하는 금액
- 사업장: 근로자를 사용하는 사업소 및 사무소
- 수급권: 이 법에 따라 급여를 받을 권리
- 수급권자: 수급권을 가진 자
- 수급자: 이 법에 따른 급여를 받고 있는 자
- 초진일: 장애의 주된 원인이 되는 질병이나 부상에 대하여 처음으로 의사의 진찰을 받은 날
- 완치일: 장애의 주된 원인이 되는 해당 질병이나 부상이 의학적으로 치유된 잘, 더 이상 치료 효과를 기대할 수 없는 경우로서 그 증상이 고정되었다고 인정되는 날, 증상의 고정성은 인정되지 아니하나 증상의 정도를 고려할 때 완치된 것으로 볼 수 있는 날
- 가입대상기간: 18세부터 초진일 혹은 사망일까지의 기간(가입대상에서 제외되는 기간, 18세 이상 27세 미만인 기간 중 지역가입자에서 제외되는 기간, 18세 이상 27세 미만인 기간 중 연금보험료를 내지 아니한 기간은 제외)

3. 국가의 책무

국가는 이 법에 따른 연금급여가 안정적·지속적으로 지급되도록 필요한 시책을 수립·시행하여야 한다(동법 제3조의 2).

4. 가입대상

국민연금의 가입대상으로 원칙적으로 국내에 거주하는 18세 이상 60세 미만의 국민은 국민연금의 가입대상이 된다. 다만, 「공무원연금법」, 「군인연금법」 및

「사립학교교직원 연금법」, 「별정우체국법」을 적용받는 공무원, 군인, 교직원 및 별정우체국 직원, 그 밖에 대통령령으로 정하는 자는 제외한다(동법 제6조).

5. 가입자 종류

「국민연금법」상의 가입자 종류는 사업장가입자, 지역가입자, 임의가입자 및 임의계속가입자로 구분된다(동법 제7조).

1) 사업장가입자

사업장가입자란 사업장에 사용되는 근로자와 사용자로서 국민연금에 가입된 자를 말하며(동법 제3조 제1항 제6호), 사업의 종류, 근로자의 수 등을 고려하여 대통령령으로 정하는 사업장의 18세 이상 60세 미만인 근로자와 사용자는 당연히 사업장가입자가 된다. 다만, 다음에 해당되는 자는 제외한다(동법 제8조).

- 「공무원연금법」, 「공무원 재해보상법」, 「사립학교교직원 연금법」 또는 「별정우체국법」에 따른 퇴직연금, 장해연금 또는 퇴직연금일시금이나 「군인연금법」에 따른 퇴직연금, 상이연금, 퇴직연금일시금을 받을 권리를 얻은 자. 다만, 퇴직연금 등 수급권자가 「국민연금과 직역연금의 연계에 관한 법률」에 따라 연계 신청을 한 경우에는 그러하지 아니함
- 국민연금에 가입된 사업장에 종사하는 18세 미만 근로자는 사업장가입자가 되는 것으로 봄. 다만, 본인이 원하지 아니하면 사업장가입자가 되지 아니할 수 있음
- 「국민기초생활 보장법」에 따른 생계급여 수급자 또는 의료급여 수급자는 본인의 희망에 따라 사업장가입자가 되지 아니할 수 있음

2) 지역가입자

사업장가입자가 아닌 자로서 18세 이상 60세 미만인 자는 당연히 지역가입자가 된다. 다만, 다음에 해당하는 자는 제외한다(동법 제9조).

- 국민연금 가입 대상에서 제외되는 자의 배우자로서 별도의 소득이 없는 자
- 사업자가입자·지역가입자 및 임의계속가입자의 배우자로서 별도의 소득이 없는 자
- 노령연금 수급권자 및 퇴직연금 수급권자의 배우자로서 별도의 소득이 없는 자
- 퇴직연금 수급권자(다만, 퇴직연금 등 수급권자가 「국민연금과 직역연금의 연계에 관한 법률」에 따라 연계 신청을 한 경우에는 그러하지 아니함)
- 18세 이상 27세 미만인 자로서 학생이거나 군복무 등으로 소득이 없는 자(연금보험료를 납부한 사실이 있는 자는 제외)
- 「국민기초생활 보장법」에 따른 생계급여 수급자 또는 의료급여 수급자
- 1년 이상 행방불명된 자(이 경우 행방불명된 자에 대한 인정 기준 및 방법은 대통령령으로 정함)

3) 임의가입자

사업장가입자도 아니고 지역가입자도 아닌 자로서 18세 이상 60세 미만인 자는 국민연금공단에 가입신청서를 제출하는 경우에 임의가입자가 될 수 있고, 국민연금공단에 신청하여 탈퇴할 수 있다(동법 제10조).

4) 임의계속가입자

임의계속가입자는 국민연금에 가입해오고 있는 자가 연령 등의 문제로 가입대상에서 제외되는 자이나, 특별한 경우 본인의 희망으로 계속하여 가입 자격이 유

지되는 자이다. 특수직종근로자로서 특례노령연금 수급권을 취득한 자의 경우 65세가 될 때까지 국민연금공단에 가입을 신청하면 임의계속가입자가 될 수 있다(동법 제13조).

6. 관장기구

국민연금은 중앙행정기관인 보건복지부장관이 제도 운영 전반에 관한 사항을 관장하고 사업의 집행은 국민연금공단에 위탁하여 운영되고 있다.

1) 국민연금공단

보건복지부장관의 위탁을 받아 동법 제1조의 목적을 달성하기 위한 사업을 효율적으로 수행하기 위하여 국민연금공단(이하 "공단"이라 함)을 설립한다(동법 제24조). 공단은 다음의 업무를 한다(동법 제25조).

- 가입자에 대한 기록의 관리 및 유지
- 연금보험료의 부과
- 급여의 결정 및 지급
- 가입자, 가입자였던 자 및 수급권자를 위한 자금의 대여 및 복지시설의 설치·운영 등 복지증진사업
- 가입자 및 가입자였던 자에 대한 기금증식을 위한 자금의 대여사업
- 가입대상과 수급권자 등을 위한 노후준비서비스 사업
- 국민연금제도, 재정계산, 기금운용에 관한 조사연구
- 국민연금기금 운용 전문인력 양성
- 국민연금에 관한 국제협력
- 그 밖에 이 법 또는 다른 법령에 따라 위탁받은 사항
- 그 밖에 국민연금사업에 관하여 보건복지부장관이 위탁하는 사항

2) 국민연금심의위원회

국민연금사업에 관한 다음 사항을 심의하기 위하여 보건복지부에 국민연금심의위원회를 둔다(동법 제5조).

- 국민연금제도 및 재정 계산에 관한 사항
- 급여에 관한 사항
- 연금보험료에 관한 사항
- 국민연금기금에 관한 사항
- 그 밖에 국민연금제도의 운영과 관련하여 보건복지부장관이 회의에 부치는 사항

7. 급여

1) 급여의 종류

급여의 종류에는 노령연금, 장애연금, 유족연금, 반환일시금 등이 있다(동법 제49조). 그리고 유족연금 또는 반환일시금을 받지 못할 경우 강제 보조적·보상적 성격으로 지급하는 급여인 사망일시금(동법 제80조)이 있다.

(1) 노령연금

① 완전노령연금

가입기간이 20년 이상인 가입자 또는 가입자였던 자가 60세(특수직종근로자의 경우에는 55세)에 달한 때에는 그때부터 그가 생존하는 동안 노령연금을 지급한다. 노령연금액은 기본연금액에 부양가족연금액을 더한 금액으로 한다(동법 제63조).

② 감액노령연금

가입기간이 10년 이상 20년 미만인 가입자 또는 가입자였던 자가 60세(특수직종근로자의 경우에는 55세)에 달한 때에는 그때부터 그가 생존하는 동안 노령연금액에서 일정한 금액을 감액한 연금을 지급한다. 감액노령연금액은 기본연금액의 1천분의 500에 해당하는 금액에 부양가족연금액을 더한 금액으로 한다. 다만, 가입기간이 10년을 초과하면 그 초과하는 1년(1년 미만이면 매 1개월을 12분의 1년으로 계산)마다 기본연금액의 1천분의 50에 해당하는 금액을 더한다(동법 제63조).

③ 재직자노령연금

노령연금 수급권자가 대통령령으로 정하는 소득이 있는 업무에 종사하면 60세 이상 65세 미만(특수직종근로자의 경우에는 55세 이상 60세 미만)인 기간에는 노령연금액(부양가족연금액은 제외)에서 다음의 금액을 뺀 금액을 지급한다. 이 경우 빼는 금액은 노령연금액의 2분의 1을 초과할 수 없다(동법 제63조의 2).

- 초과소득월액이 100만원 미만인 사람: 초과소득월액의 1천분의 50
- 초과소득월액이 100만원 이상 200만원 미만인 사람: 5만원+(초과소득월액−100만원) X 1천분의 100
- 초과소득월액이 200만원 이상 300만원 미만인 사람: 15만원+(초과소득월액−200만원) X 1천분의 150
- 초과소득월액이 300만원 이상 400만원 미만인 사람: 30만원+(초과소득월액−300만원) X 1천분의 200
- 초과소득월액이 400만원 이상인 사람: 50만원+(초과소득월액−300만원) X 1천분의 250

④ 조기노령연금

가입기간이 10년 이상인 가입자 또는 가입자였던 자로서 55세 이상으로 자가 소득이 있는 업무에 종사하지 아니하는 경우에는 60세에 달하지 아니하더라도 본인의 희망에 의하여 그가 생존하는 동안 일정한 금액의 연금을 지급받을 수 있다. 가입기간에 따라 노령연금액 중 부양가족연금액을 제외한 금액에 수급연령별로 다음의 구분에 따른 비율(청구일이 연령도달일이 속한 달의 다음 달 이후인 경우에는 1개월마다 1천분의 5를 더함)을 곱한 금액에 부양가족연금액을 더한 금액으로 한다(동법 제63조).

- 55세부터 지급받은 경우에는 1천분의 700
- 56세부터 지급받은 경우에는 1천분의 760
- 57세부터 지급받은 경우에는 1천분의 820
- 58세부터 지급받은 경우에는 1천분의 880
- 59세부터 지급받은 경우에는 1천분의 940

조기노령연금을 받고 있는 60세 미만인 자가 대통령령으로 정한 소득이 있는 업무에 종사하게 되면 그 기간에 해당하는 조기노령연금은 지급을 중지한다(동법 제66조).

⑤ 분할연금

혼인기간(배우자의 가입기간 중의 혼인기간으로서 별거, 가출 등의 사유로 인하여 실질적인 혼인관계가 존재하지 아니하였던 기간을 제외한 기간)이 5년 이상인 자가 생존하는 동안 배우자였던 자의 노령연금을 분할한 일정한 금액의 연금을 지급받을 수 있다. 분할연금은 다음의 요건을 모두 갖추게 된 때부터 5년 이내에 청구하여야 한다.

- 배우자와 이혼하였을 것
- 배우자였던 사람이 노령연금 수급권자일 것
- 60세가 되었을 것

분할연금액은 배우자였던 자의 노령연금액(부양가족연금액은 제외) 중 혼인 기간에 해당하는 금액을 균등하게 나눈 금액으로 한다(동법 제64조). 한편 분할연금 수급권은 그 수급권을 취득한 후에 배우자였던 자에게 생긴 사유로 노령연금 수급권이 소멸·정지되어도 영향을 받지 아니한다. 수급권자에게 2 이상의 분할연금 수급권과 다른 급여(노령연금은 제외)의 수급권이 생기면 그 2 이상의 분할연금 수급권을 하나의 수급권으로 보고 본인의 선택에 따라 분할연금과 다른 급여 중 하나만 지급하고, 선택하지 아니한 분할연금 또는 다른 급여의 지급은 정지된다. 분할연금 수급권자는 유족연금을 지급할 때 노령연금 수급권자로 보지 아니하고, 분할연금 수급권자에게 노령연금 수급권이 발생한 경우에는 분할연금액과 노령연금액을 합산하여 지급한다(동법 제65조).

(2) 장애연금

① 장애연금의 수급권자

가입자 또는 가입자였던 자가 질병 또는 부상으로 인하여 그 완치 후에도 신체상 또는 정신상의 장애가 있고 다음의 요건을 모두 충족하는 경우에는 장애 정도를 결정하는 기준이 되는 날부터 그 장애가 계속되는 기간 동안 장애 정도에 따라 장애연금을 지급한다.

- 해당 질병 또는 부상의 초진일 당시 연령이 18세(18세 이전에 가입한 경우에는 가입자가 된 날) 이상이고 노령연금의 지급 연령 미만일 것
- 해당 질병 또는 부상의 초진일 당시 연금보험료를 낸 기간이 가입대상 기간의 3분의 1이상일 것
- 해당 질병 또는 부상의 초진일 5년 전부터 초진일까지의 기간 중 연금보험료를 낸 기간이 3년 이상일 것(가입대상 기간 중 체납기간이 3년 이상인 경우는 제외)
- 해당 질병 또는 부상의 초진일 당시 가입기간이 10년 이상일 것

② 장애연금액

장애연금액은 장애 등급에 따라 다음과 같이 금액을 산정한다(동법 제68조).

- 장애등급 1급: 기본연금액에 부양가족연금을 더한 금액
- 장애등급 2급: 기본연금액의 1천분의 800에 해당하는 금액에 부양가족연금액을 더한 금액
- 장애등급 3급: 기본연금액의 1천분의 600에 해당하는 금액에 부양가족연금액을 더한 금액
- 장애등급 4급: 기본연금액의 1천분의 2천250에 해당하는 금액을 일시보상금으로 지급

③ 장애의 중복 조정

장애연금의 수급권자에게 다시 장애연금을 지급하여야 할 장애가 발생할 때에는 전후의 장애를 병합한 장애 정도에 따라 장애연금을 지급한다. 다만, 전후의 장애를 병합한 장애정도에 따른 장애연금이 전의 장애연금보다 적을 때에는 전의 장애연금을 지급한다(동법 제69조).

④ 장애연금액의 변경

공단은 장애연금의 수급권자의 장애 정도를 심사하여 장애등급이 다르게 된 때에는 그 등급에 따라 장애연금액을 변경하고, 장애등급에 해당하지 아니하면 장애연금 수급권을 소멸시킨다. 장애연금의 수급권자는 그 장애가 악화된 경우에는 공단에 장애연금액의 변경을 청구할 수 있다(동법 제70조).

⑤ 일시보상금에 대한 평가

일시보상금 수급권자에게 중복급여의 조정, 장애의 중복 조정, 장애연금액의 변경 및 소멸시효를 적용함에 있어서는 일시보상금의 지급사유발생일이 속하는 달의 다음 달부터 기본연금액의 1천분의 400을 12로 나눈 금액이 67개월 동안 지급된 것으로 본다(동법 제71조).

(3) 유족연금

① 유족연금의 수급권자

노령연금 수급권자, 가입기간이 10년 이상이었던 가입자, 연금보험료를 낸 기간이 가입대상기간의 3분의 1 이상인 가입자 또는 가입자였던 자, 사망 5년 전부터 사망일까지의 기간 중 연금보험료를 낸 기간이 3년 이상인 가입자 또는 가입자였던 자(가입대상기간 중 체납기간이 3년 이상인 사람은 제외). 장애등급 2급 이상에 해당하는 장애연금 수급권자 중 어느 하나에 해당하는 사람이 사망하면 그 유족에게 유족연금을 지급한다(동법 제72조).

② 유족의 범위

유족연금을 지급받을 수 있는 유족은 가입자 또는 가입자이었던 자의 사망 당시 그에 의하여 생계를 유지하고 있던 자이다. 유족연금은 배우자 → 자녀 → 부모 → 손자녀 → 조부모의 순위에 따라 최우선 순위자에 한하여 지급한다. 다만, 자녀의 경우 25세 미만이거나 장애등급 2급 이상인 자만 해당하고, 손자녀의 경우 19세 미만이거나 장애등급 2급 이상인 자만 해당되며, 부모, 조부모의 경우 배우자의 부모, 조부모를 포함하며, 60세 이상이거나 장애등급이 2급 이상인 자만 해당된다(동법 제73조).

③ 유족연금액

유족연금액은 가입기간에 따라 다음의 금액에 가급연금액을 더한 금액으로 한다. 다만, 노령연금 수급권자가 사망한 경우의 유족연금액은 사망한 자가 지급받던 노령연금액을 초과할 수 없다(동법 제74조).

- 가입기간이 10년 미만이면 기본연금액의 1천분의 400에 해당하는 금액
- 가입기간이 10년 이상 20년 미만이면 기본연금액의 1천분의 500에 해당하는 금액
- 가입기간이 20년 이상이면 기본연금액의 1천분의 600에 해당하는 금액

④ 유족연금수급권의 소멸

유족연금의 수급권자가 다음에 해당하게 된 때에는 그 수급권은 소멸한다.

- 수급권자가 사망한 때
- 배우자인 수급권자가 재혼한 때
- 자녀 또는 손자녀인 수급권자가 다른 사람에게 입양되거나 파양된 때
- 장애등급 2급 이상에 해당하지 아니한 자녀인 수급권자가 25세가 된 때
- 장애등급 2급 이상에 해당하지 아니한 손자녀인 수급권자가 19세가 된 때

한편, 부모, 손자녀 또는 조부모인 유족의 유족연금 수급권은 가입자 또는 가입자이었던 자의 사망 당시의 태아가 출생하여 수급권을 갖게 되면 소멸한다(동법 제75조).

⑤ 배우자에 대한 유족연금의 지급정지

배우자에 대한 유족연금은 다음에 해당하게 된 때에는 지급이 정지된다(동법 제76조).

- 유족연금의 수급권자인 배우자에 대하여는 수급권이 발생한 때부터 3년 동안 유족연금을 지급한 후 55세가 될 때까지 지급을 정지한다. 다만, 장애등급이 2급 이상인 경우, 가입자 또는 가입자였던 자의 25세 미만인 자녀 또는 장애등급 2급 이상인 자녀의 생계를 유지한 경우, 대통령령으로 정하는 소득이 있는 업무에 종사하지 아니하는 경우에 해당하면 지급을 정지하지 아니함
- 유족연금의 수급권자인 배우자의 소재를 1년 이상 알 수 없는 때에는 유족인 자녀의 신청에 의하여 그 소재가 불명한 기간 동안 그에게 지급하여야 할 유족연금은 지급을 정지함
- 배우자 외의 자에 대한 유족연금의 수급권자가 2명 이상인 경우 그 수급권

자 중에서 1년 이상 소재를 알 수 없는 자가 있으면 다른 수급권자의 신청에 따라 그 소재 불명의 기간에 해당하는 그에 대한 유족연금의 지급을 정지함

- 자녀나 손자녀인 수급권자가 다른 사람에게 입양된 때에는 그에 해당하게 된 때부터 유족연금의 지급을 정지함
- 장애로 수급권을 취득한 자가 장애등급 2급 이상에 해당하지 아니하게 된 때에는 그에 해당하게 된 때부터 유족연금의 지급을 정지함

(4) 반환일시금

① 반환일시금 수급권자

가입자 또는 가입자였던 자가 다음에 해당하게 되면 본인이나 그 유족의 청구에 의하여 반환일시금을 지급받을 수 있다(동법 제77조).

- 가입기간이 10년 미만인 자가 60세가 된 때
- 가입자 또는 가입자였던 자가 사망한 때(다만, 유족연금이 지급되지 아니하는 경우에만 해당)
- 국적을 상실하거나 국외로 이주한 때

② 반환일시금액

반환일시금의 액수는 가입자 또는 가입자였던 자가 납부한 연금보험료(사업장가입자 또는 사업장가입자였던 자의 경우에는 사용자의 부담금을 포함)에 대통령령으로 정하는 이자를 더한 금액으로 한다(동법 제77조).

③ 반환일시금 수급권의 소멸

반환일시금의 수급권은 수급권자가 다시 가입자로 된 때, 수급권자가 노령연금의 수급권을 취득한 때, 수급권자가 장애연금의 수급권을 취득한 때, 수급권자의 유족이 유족연금의 수급권을 취득한 때에는 소멸한다(동법 제79조).

(5) 사망일시금

① 사망일시금 수급권자

가입자 또는 가입자이었던 자가 사망 시 유족연금 또는 반환을 지급받을 유족이 없는 경우에는 그 배우자·자녀·부모·손자녀·조부모·형제자매 또는 4촌 이내의 방계혈족으로서 가입자 또는 가입자이었던 자에 의하여 생계를 유지하고 있던 자에게 사망일시금을 지급한다(동법 제80조).

② 사망일시금액

사망일시금은 가입자 또는 가입자였던 자의 반환일시금에 상당하는 금액으로 하되, 그 금액은 사망한 가입자 또는 가입자였던 자의 최종 기준소득월액을 연도별 재평가율에 따라 사망일시금 수급 전년도의 현재가치로 환산한 금액과 가입기간 중 기준소득월액의 평균액 중에서 많은 금액의 4배를 초과하지 못한다(동법 제80조).

③ 유족연금과 사망일시금의 관계

유족연금 수급권자에 대하여는 유족연금수급권이 소멸할 때까지 지급받은 유족연금액이 사망일시금액보다 적을 때에는 그 차액을 일시금으로 지급한다(동법 제81조).

2) 연금액의 산정

연금액은 그 지급사유에 따라 기본연금액과 부양가족연금액을 기초로 하여 산정한다(동법 제50조).

(1) 연금액 산정

계산식에 따른 연금액을 수급권자에게 적용할 때에는 연금수급 2년 전 연도와 대비한 전년도 전국소비자물가변동률(통계청 발표)을 기준으로 그 변동률에 해당하는 금액을 더하거나 빼되(물가연동제 적용), 미리 국민연금심의위원회의 심의를 거쳐야 한다. 조정된 금액을 수급권자에게 적용할 때 그 적용 기간은 해당 조정연도 1월부터 12월까지로 한다(동법 제51조).

(2) 부양가족연금액

부양가족연금액은 수급권자(유족연금의 경우에는 사망한 가입자 또는 가입자이었던 자를 말함)를 기준으로 하는 수급권자에 의하여 생계를 유지하고 있는 자에 대하여 아래와 같이 규정된 각각의 금액으로 한다. 이 경우 생계유지에 관한 대상자별 인정기준은 대통령령으로 정한다(동법 제52조).

- 배우자: 연 15만 원
- 18세 미만이거나 장애등급 2급 이상인 자녀(배우자가 혼인 전에 얻은 자녀 포함): 연 10만 원
- 60세 이상이거나 장애등급 2급 이상인 부모(배우자의 부모 포함): 연 10만 원

한편 다음과 같은 경우에는 부양가족연금의 계산에서 제외한다(동법 제52조).

- 사망한 때
- 수급권자에 의한 생계유지의 상태가 끝난 때
- 배우자가 이혼한 때
- 자녀가 다른 사람의 양자가 되거나 파양된 때
- 자녀가 19세가 된 때. 다만, 장애등급 2급 이상의 상태에 있는 자녀는 제외
- 장애등급 2급 이상의 상태에 있던 자녀 또는 부모가 그 장애상태에 해당하지 아니하게 된 때
- 배우자가 혼인 전에 얻은 자녀와의 관계가 이혼으로 인하여 종료된 때

- 재혼한 부 또는 모의 배우자와 수급자의 관계가 부모와 그 배우자의 이혼으로 인하여 종료된 경우

(3) 연금액의 최고 한도

연금의 월별 지급액은 연금수급 전년도를 기준으로 하여 가입자이었던 최종 5년간의 기준소득월액의 평균액과 가입기간 동안의 기준소득월액의 평균액을 물가에 연동하여 조정한 각각의 금액 중에서 많은 금액을 넘지 못한다(동법 제53조).

3) 연금의 지급 기간 및 지급 시기

연금은 지급하여야 할 사유가 생긴 날이 속하는 달의 다음 달부터 수급권이 소멸한 날이 속하는 달까지 지급한다. 연금은 매월 25일에 그 달의 금액을 지급하되, 지급일이 토요일이나 공휴일이면 그 전날에 지급한다. 다만, 수급권이 소멸하거나 연금 지급이 정지된 경우에는 그 지급일 전에 지급할 수 있다. 한편 연금은 지급을 정지하여야 할 사유가 생기면 그 사유가 생긴 날이 속하는 달의 다음 달부터 그 사유가 소멸한 날이 속하는 달까지는 지급하지 아니한다(동법 제54조).

4) 중복급여의 조정

수급권자에게 2 이상의 급여 수급권이 생기면 수급권자의 선택에 따라 그 중 하나만 지급하고 다른 급여의 지급은 정지된다. 이에도 불구하고 선택하지 아니한 급여가 다음의 어느 하나에 해당하는 경우에는 규정된 금액을 선택한 급여에 추가하여 지급한다(동법 제56조).

- 선택하지 아니한 급여가 유족연금일 때(선택한 급여가 반환일시금일 때를 제외함): 유족연금액의 100분의 30에 해당하는 금액

- 선택하지 아니한 급여가 반환일시금일 때(선택한 급여가 장애연금이고, 선택하지 아니한 급여가 본인의 연금보험료 납부로 인한 반환일시금일 때를 제외함): 사망일시금에 준용하여 그에 상당하는 금액

5) 다른 법에 의한 급여 조정

장애연금 또는 유족연금의 수급권자가 이 법에 따른 장애연금 또는 유족연금의 지급 사유와 같은 사유로 다음 중 어느 하나에 해당하는 급여를 받을 수 있는 경우에는 장애연금액 또는 유족연금액은 그 2분의 1에 해당하는 금액을 지급한다(동법 제113조).

- 「근로기준법」 규정에 따른 장해보상, 유족보상, 또는 일시보상
- 「산업재해보상보험법」의 규정에 따른 장해급여나 유족급여, 진폐보상연금 또는 진폐유족연금
- 「선원법」의 규정에 따른 장해보상, 일시보상 또는 유족보상
- 「어선원 및 어선 재해보상보험법」에 따른 장해급여, 일시보상급여 또는 유족급여

8. 비용

1) 연금보험료의 부과 및 징수

공단은 국민연금사업에 소요되는 비용을 충당하기 위하여 가입자 및 사용자로부터 가입기간 동안 매월 연금보험료를 부과하고, 건강보험공단이 이를 징수한다. 사업장가입자의 연금보험료 중 기여금은 사업장가입자 본인이, 부담금은 사용자가 부담하되, 그 금액은 각각 기준소득월액의 1천분의 45에 해당하는 금액으로 한다. 그리고 지역가입자, 임의가입자 및 임의계속가입자의 연금보험료는 가입자 본인이 부담하되, 그 금액은 기준소득월액의 1천분의 90으로 한다(동법 제88

조). 한편 납부의무자는 사업장가입자 또는 지역가입자가 다음의 어느 하나에 해당하는 사유로 연금보험료를 낼 수 없으면 대통령령으로 정하는 바에 따라 그 사유가 계속되는 기간에는 연금보험료를 내지 아니할 수 있다(동법 제91조).

- 사업 중단, 실직 또는 휴직 중인 경우
- 「병역법」 제3조에 따른 병역의무를 수행하는 경우
- 「초·중등교육법」 제2조나 「고등교육법」 제2조에 따른 학교에 재학 중인 경우
- 「형의 집행 및 수용자의 처우에 관한 법률」 제11조에 따라 교정시설에 수용 중인 경우
- 종전의 「사회보호법」에 따른 보호감호시설이나 「치료감호법」에 따른 치료감호시설에 수용 중인 경우
- 1년 미만 행방불명된 경우. 이 경우 행방불명의 인정 기준 및 방법은 대통령령으로 정함
- 재해·사고 등으로 소득이 감소되거나 그 밖에 소득이 있는 업무에 종사하지 아니하는 경우로서 대통령령으로 정하는 경우

2) 국고부담

국가는 매년 공단 및 건강보험공단이 국민연금사업을 관리·운영하는 데에 필요한 비용의 전부 또는 일부를 부담한다(동법 제87조).

3) 국민연금기금

(1) 기금의 설치·조성

보건복지부장관은 국민연금사업에 필요한 재원을 원활하게 확보하고 각종 연금급여에 충당하기 위한 책임준비금으로서 국민연금기금(이하 '기금'이라 함)을 설치한다. 기금은 연금보험료, 기금운용수익금, 적립금 및 공단의 수입지출결산상

의 잉여금으로 조성한다(동법 제101조).

(2) 기금의 관리 · 운용

기금은 보건복지부장관이 관리·운영하며, 보건복지부장관은 국민연금 재정의 장기적인 안정을 유지하기 위하여 그 수익을 최대로 증대시킬 수 있도록 국민연금기금운용위원회에서 의결한 바에 따라 기금을 관리·운용하되, 가입자, 가입자였던 자 및 수급권자의 복지증진을 위한 사업에 대한 투자는 국민연금 재정의 안정을 해치지 아니하는 범위에서 하여야 한다(동법 제102조).

9. 수급자의 권리보호 및 권리 구제

1) 수급자의 권리보호

(1) 양도 · 압류 및 담보 금지

수급권은 양도·압류하거나 담보로 제공할 수 없고, 수급권자에게 지급된 급여로서 대통령령으로 정하는 금액 이하의 급여는 압류할 수 없다. 아울러 급여수급전용계좌에 입금된 급여와 이에 관한 채권은 압류할 수 없다(동법 제58조).

(2) 시효

연금보험료, 환수금, 그 밖의 이 법에 따른 징수금을 징수하거나 환수할 권리는 3년간, 급여를 받거나 과오납금을 반환받을 수급권자 또는 가입자 등의 권리는 5년간, 반환일시금을 지급받을 권리는 10년간 행사하지 아니하면 각각 소멸시효가 완성된다(동법 제115조).

2) 권리구제

(1) 심사청구

국민연금과 연관하여 공단의 처분에 대해 이의가 있는 사람은 공단에 심사청구를 할 수 있다. 심사청구는 처분이 있음을 안 날로부터 90일 이내에 문서로 하여야 하며(동법 제108조), 이러한 심사청구 사항을 심의하기 위하여 공단에 국민연금심사위원회를 두고 있다(동법 제109조).

(2) 재심사청구

심사청구에 대한 결정에 불복이 있는 자는 그 결정통지를 받은 날로부터 90일 이내에 보건복지부에 설치된 국민연금재심사위원회(이하 "재심사위원회"라 함)에 재심사청구를 할 수 있다(동법 제110조). 재심사위원회의 재심사 및 재결에 관한 절차에 관하여는 「행정심판법」을 준용하고 이 재심사는 「행정소송법」의 적용에 있어서는 「행정심판법」에 의한 행정심판으로 본다(동법 제112조).

10. 벌칙

이 법에서 정하는 벌칙은 다음과 같다(동법 제128조, 제130조~제131조).

1) 3년 이하의 징역 또는 3천만 원 이하의 벌금

- 거짓이나 기타 부정한 방법으로 급여를 받은 자

2) 3년 이하의 징역 또는 1천만 원 이하의 벌금

- 전산정보자료를 목적 외의 용도로 이용하거나 활용한 자

3) 1년 이하의 징역 또는 1천만 원 이하의 벌금

- 부담금의 전부 또는 일부를 사업장가입자에게 부담하게 하거나 임금에서 기여금을 공제할 때 기여금을 초과하는 금액을 사업장가입자의 임금에서 공제한 사용자
- 납부 기한까지 정당한 사유 없이 연금보험료를 내지 아니한 사용자
- 근로자가 가입자로 되는 것을 방해하거나 부담금의 증가를 기피할 목적으로 정당한 사유 없이 근로자의 승급 또는 임금 인상을 하지 아니하거나 해고나 그 밖의 불리한 대우를 한 사용자
- 업무를 수행하면서 알게 된 비밀을 누설한 자

4) 50만 원 이하의 과태료

- 가입과 관련하여 신고를 하지 아니하거나 거짓으로 신고한 사용자
- 공단 또는 공단의 직원이 서류나 그 밖의 자료 제출을 요구하거나 조사·질문을 할 때 이를 거부·기피·방해하거나 거짓으로 답변한 사용자

5) 10만 원 이하의 과태료

- 가입자격의 취득·상실, 이름 또는 주소의 변경 및 소득에 관한 사항을 신고하지 아니하였거나 가입자격·연금보험료·수급권의 발생과 변경 등에 관련된 사항을 신고 또는 통보하지 아니한 가입자 또는 가입자였던 자 및 수급권자의 사망을 1개월 이내에 신고하지 않은 신고의무자
- 공단으로부터 가입자 등에 대한 통지를 받은 사용자가 해당 사업장가입자 또는 그 자격을 상실한 자에게 통지하지 아니하거나, 통지할 수 없는 경우 그 뜻을 공단에 통지하지 아니한 경우
- 공단 또는 공단의 직원이 서류나 그 밖의 소득·재산 등에 관한 자료의 제출을 요구하거나 조사·질문할 때 이를 거부·기피·방해하거나 거짓으로 답변한 가입자, 가입자였던 자 또는 수급권자

제15장

국민건강보험법

제1절 입법 배경 및 주요 연혁

1. 입법 배경

기존 다보험자 방식으로 운영되고 있는 의료보험관리체계를 단일보험자로 통합운영함으로써, 운영의 효율성과 보험료 부담의 형평성을 높이고 질병의 치료 외에 예방·건강증진 등을 포함하는 포괄적인 의료서비스를 제공하여 국민건강의 향상을 도모하고자 1999년 2월 8일 「국민건강보험법」을 제정하였다. 법 제정의 주요 내용은 다음과 같다.

- 국내에 거주하는 국민은 의료보호대상자 등을 제외하고는 모두 건강보험의 가입대상이 되며, 그 가입대상자는 직장가입자 및 그 피부양자, 지역가입자로 구분함.
- 건강보험의 보험자는 국민건강보험공단으로 하고, 공단의 이사장은 보건복지부장관의 제청에 의하여 대통령이 임명하며, 이사는 보건복지부장관이 임명하도록 함.
- 건강보험 가입자 및 피부양자의 질병·부상·출산 등에 대하여 진찰·약제지급·치료·예방 등의 요양급여를 요양기관에서 실시하고, 기타 장제비와 상병수당 등의 임의급여를 대통령령이 정하는 바에 의하여 실시할 수 있도록 함.
- 요양급여비용은 공단의 이사장과 대통령령이 정하는 의료계를 대표하는 자

와 계약으로 정함.

- 요양급여비용을 심사하고 요양급여의 질적 적정성을 평가하기 위하여 건강보험심의평가원을 국민건강보험공단과 별도로 설립하며, 원장은 보건복지부장관이 임명하도록 함.
- 직장가입자의 보험료는 그 가입자의 등급별 표준보수월액에 보험요율을 곱하여 산정하도록 함.
- 지역가입자의 보험료는 그 세대의 등급별 표준소득월액에 보험요율을 곱하여 산정하도록 함.
- 가입자의 보험요율은 1천분의 80의 범위안에서 재정운영위원회의 결정 내용을 참작하여 대통령령으로 정하도록 함.

2. 주요 연혁

- 1999. 2. 8. 「국민건강보험법」 제정(법률 제5854호)
- 2013. 5. 22. 개정(법률 제11787호) 요양기관을 개설할 수 없는 자가 명의를 대여하여 요양기관 개설 시 부당이득을 징수할 수 있는 근거를 마련함.
- 2014. 1. 1. 개정(법률 제12176호) 사립학교 직원을 제외한 교원에게 국가가 보험료의 일부를 부담하도록 변경함.
- 2014. 5. 20. 개정(법률 제12615호) 보험료 납부에 있어서 납부자의 편의를 제고함과 동시에 보험재정의 합리화를 도모하기 위하여 납부자가 보험료 등을 신용카드로 납부할 수 있는 법적 근거를 마련함.
- 2016. 2. 3. 개정(법률 제13985호) 보건복지부장관이 건강보험정책심의위원회의 심의를 거쳐 5년마다 국민건강보험종합계획을 수립하고 매년 종합계획에 따른 연도별 시행계획을 수립・시행하며, 관련 사항을 국회에 보고하도록 함.
- 2016. 3. 22. 개정(법률 제13985호) 국민건강보험공단, 건강보험심사평가원, 대행청구단체의 비밀 누설죄의 유형을 가입자 및 피부양자의 개인정보 오남용

과 그 밖의 업무상 비밀의 목적 외 사용 및 누설로 구분하여 규정하고, 각각의 행위에 대한 처벌 수준을 현행보다 상향조정하고, 국민건강보험공단 및 보건복지부에 대해 법률상 신고를 거부하거나 허위로 신고하는 자에 대한 과태료 부과 수준을 상향 조정함.

- 2017. 4. 18. 개정(법률 제14776호) 직장가입자의 소득월액보험료 산정 기준을 변경하여 소득월액 보험료 산정 시 연간 보수외소득에서 대동령령으로 정하는 금액을 공제하도록 하고, 소득월액 보험료율을 보수월액 보험료율의 50%에서 100%로 상향함.
- 2018. 1. 16. 개정(법률 제15348호) 국민건강보험공단이 「재난적의료비 지원에 관한 법률」에 따라 재난적의료비 지원사업에 출연금을 출연할 수 있도록 근거를 마련하고, 공단이 확보한 과징금의 사용 용도에 재난적의료비 지원사업에 대한 지원을 추가함.
- 2018. 3. 27. 개정(법률 제15535호)「약사법」 개정에 따라 변경된 명칭을 반영하여 한국희귀의약품센터를 한국희귀·필수의약품센터로 변경함.
- 2020. 4. 7. 개정(법률 제17196호) 건강보험제도 운영의 합리성을 제고하고, 재정 건전성을 도모하기 위하여 보험료 면제 사유 중 국외 체류 사유에 해당하는 경우에는 1개월 이상의 기간으로서 대통령령으로 정하는 기간 이상 국외 체류하는 경우에만 보험료를 면제받을 수 있도록 함.
- 2021. 6. 30. 개정(법률 제17772호) 지역별 의료자원의 불균형 및 의료서비스 격차의 해소 등을 위하여 지역별로 요양급여비용을 달리 정하여 지급할 수 있도록 함.

제 2 절 법의 주요 내용

1. 법의 목적

「국민건강보험법」은 국민의 질병·부상에 대한 예방·진단·치료·재활과 출산·사망 및 건강증진에 대하여 보험급여를 실시함으로써 국민건강 향상과 사회보장 증진함에 이바지함을 목적으로 한다(동법 제1조).

2. 용어의 정의

이 법에서 사용하는 용어의 뜻은 다음과 같다(동법 제3조).

- 근로자: 직업의 종류와 관계없이 근로의 대가로 보수를 받아 생활하는 사람(법인의 이사, 기타 임원을 포함)으로서 공무원과 교직원을 제외한 사람
- 사용자: 근로자가 소속되어 있는 사업장의 사업주, 공무원이 소속되어 있는 기관의 장으로서 대통령령으로 정하는 사람, 교직원이 소속되어 있는 사립학교를 설립·운영하는 자
- 사업장: 사업소나 사무소
- 공무원: 국가나 지방자치단체에서 상시 공무에 종사하는 사람
- 교직원: 사립학교나 사립학교의 경영기관에서 근무하는 교원과 직원

3. 대상

1) 적용대상

국내에 거주하는 국민은 건강보험의 가입자 또는 피부양자가 된다. 피부양자는 다음의 어느 하나에 해당하는 사람 중 직장가입자에게 주로 생계를 의존하는 사람은 말한다. 피부양자 자격의 인정기준, 취득·상실시기 및 그 밖에 필요한

사항은 보건복지부령으로 한다(동법 제5조).

- 직장가입자의 배우자
- 직장가입자의 직계존속(배우자의 직계존속을 포함)
- 직장가입자의 직계비속(배우자의 직계비속을 포함)과 그 배우자
- 직장가입자의 형제 · 자매

2) 적용 제외 대상

적용 제외 대상자는 다음과 같다(동법 제5조).

- 「의료급여법」에 따라 의료급여를 받는 사람
- 「독립유공자예우에 관한 법률」 및 「국가유공자 등 예우 및 지원에 관한 법률」에 따라 의료보호를 받는 사람. 다만, 유공자 등 의료보호대상자 중 건강보험의 적용을 신청한 사람과 건강보험의 적용을 받고 있던 사람이 유공자 등 의료보호대상자가 되었으나, 건강보험의 적용배제신청을 보험자에게 하지 아니한 자는 가입대상에서 제외되지 않음

3) 가입자의 종류

가입자는 직장가입자와 지역가입자로 구분한다. 모든 사업장의 근로자 및 사용자와 공무원 및 교직원은 직장가입자가 된다. 다만, 다음의 어느 하나에 해당하는 사람은 제외한다(동법 제6조).

- 고용 기간이 1개월 미만인 일용근로자
- 「병역법」에 따른 현역병(지원에 의하지 아니하고 임용된 하사 포함), 전환 복무된 사람 및 군간후보생
- 선거에 당선되어 취임하는 공무원으로서 매월 보수 또는 보수에 준하는 급

료를 받지 아니하는 사람

- 그 밖에 사업장의 특성, 고용 형태 및 사업의 종류 등을 고려하여 대통령령으로 정하는 사업장의 근로자 및 사용자와 공무원 및 교직원

한편 지역가입자는 가입자 중 직장가입자와 그 피부양자를 제외한 가입자를 말한다(동법 제6조).

4. 운영조직

1) 국민건강보험공단

건강보험의 보험자는 국민건강보험공단(이하 '공단'이라 함)이다(동법 제13조). 공단은 다음의 업무를 관장한다(동법 제14조).

- 가입자 및 피부양자의 자격관리
- 보험료와 그 밖에 이 법에 따른 징수금의 부과·징수
- 보험급여의 관리
- 가입자 및 피부양자의 질병의 조기발견·예방 및 건강관리를 위하여 요양급여 실시 현황과 건강검진 결과 등을 활용하여 실시하는 예방사업으로서 대통령령으로 정하는 사업건
- 보험급여비용의 지급
- 자산의 관리·운영 및 증식사업
- 의료시설의 운영
- 건강보험에 관한 교육훈련 및 홍보
- 건강보험에 관한 조사연구 및 국제협력
- 이 법에서 공단의 업무로 정하고 있는 사항
- 「국민연금법」, 「고용보험 및 산업재해보상보험의 보험료징수 등에 관한 법

률」, 「임금채권보장법」 및 「석면피해구제법」에 따라 위탁받은 업무
- 그 밖에 이 법 또는 다른 법령에 따라 위탁받은 업무
- 그 밖에 건강보험과 관련하여 보건복지부장관이 필요하다고 인정한 업무

2) 건강보험심사평가원

요양급여비용을 심사하고 요양급여의 적정성을 평가하기 위하여 건강보험심사평가원(이하 '심사평가원'이라 함)을 설립한다(동법 제62조). 심사평가원은 다음의 업무를 관장한다(동법 제63조).

- 요양급여비용의 심사
- 요양급여의 적정성 평가
- 심사기준 및 평가기준의 개발
- 업무와 관련된 조사연구 및 국제협력
- 다른 법률의 규정에 의하여 지급되는 급여비용의 심사 또는 의료의 적정성 평가에 관하여 위탁받은 업무
- 그 밖에 이 법 또는 다른 법령에 따라 위탁받은 업무
- 건강보험과 관련하여 보건복지부장관이 필요하다고 인정한 업무
- 그 밖에 보험급여비용의 심사와 보험급여의 적정성 평가와 관련하여 대통령령으로 정하는 업무

3) 건강보험정책심의위원회

건강보험정책에 관한 다음의 사항을 심의·의결하기 위하여 보건복지부장관 소속으로 건강보험정책심의위원회를 둔다(동법 제4조).

- 국민건강보험종합계획 및 시행계획에 관한 사항(심의에 한정)
- 요양급여의 기준

- 요양급여비용에 관한 사항
- 직장가입자의 보험료율
- 지역가입자의 보험료부과점수당 금액
- 그 밖에 건강보험에 관한 주요사항으로서 대통령령으로 정하는 사항

5. 급여

「국민건강보험법」에 따라 제공되는 급여는 요양급여, 요양비, 장애인보장구급여비, 건강검진 등이 있다(동법 제41조, 제49조, 제51조 및 제52조).

1) 요양급여

요양급여는 가입자와 피부양자의 질병, 부상, 출산 등에 대하여 진찰・검사, 약제・치료재료의 지급, 처치・수술 및 그 밖의 치료, 예방・재활, 입원, 간호, 이송과 같은 종류의 급여를 제공한다(동법 제41조). 요양급여(간호 및 이송 제외)는 다음의 요양기관에서 행한다(동법 제42조).

- 「의료법」에 따라 개설된 의료기관
- 「약사법」에 따라 등록된 약국
- 「약사법」에 따라 설립된 한국희귀의약품센터
- 「지역보건법」에 따른 보건소・보건의료원 및 보건지소
- 「농어촌 등 보건의료를 위한 특별조치법」에 따라 설치된 보건진료소

2) 요양비

공단은 가입자나 피부양자가 보건복지부령으로 정하는 긴급하거나 그 밖의 부득이한 사유로 요양기관과 비슷한 기능을 하는 기관으로서 보건복지부령으로 정하는 기관(업무정지기간 중인 요양기관 포함)에서 질병・부상・출산 등에 대하여 요

양을 받거나 요양기관이 아닌 장소에서 출산한 경우에는 그 요양급여에 상당하는 금액을 보건복지부령으로 정하는 바에 따라 가입자나 피부양자에게 요양비로 지급한다. 요양을 실시한 기관은 보건복지부장관이 정하는 요양비 명세서나 요양 명세를 적은 영수증을 요양을 받은 사람에게 내주어야 하며, 요양을 받은 사람은 그 명세서나 영수증을 공단에 제출하여야 한다(동법 제49조 제1항).

3) 건강검진

공단은 가입자와 피부양자에 대하여 질병의 조기 발견과 그에 따른 요양급여를 하기 위하여 건강검진을 실시한다(동법 제52조).

4) 부가급여

공단은 이 법에 규정한 요양급여 외에 대통령령이 정하는 바에 따라 임신·출산 진료비, 장제비, 상병수당, 그 밖의 급여를 실시할 수 있다(동법 제50조).

5) 장애인에 대한 특례

공단은 「장애인복지법」에 따라 등록한 장애인인 가입자 및 피부양자에게는 보장구에 대하여 보험급여를 할 수 있다(동법 제51조).

6) 급여의 제한

공단은 보험급여를 받을 수 있는 사람이 다음의 어느 하나에 해당하면 보험급여를 하지 아니한다(동법 제53조).

- 고의 또는 중대한 과실로 인한 범죄행위에 그 원인이 있거나 고의로 사고를 일으킨 경우

- 고의 또는 중대한 과실로 공단이나 요양기관의 요양에 관한 지시에 따르지 아니한 경우
- 고의 또는 중대한 과실로 급여의 확인을 위해 문서와 그 밖의 물건의 제출을 거부하거나 질문 또는 진단을 기피한 경우
- 업무 또는 공무로 생긴 질병·부상·재해로 다른 법령에 따른 보험급여나 보상을 받게 되는 경우

한편 공단은 보험급여를 받을 수 있는 사람이 다른 법령에 따라 국가나 지방자치단체로부터 보험급여에 상당하는 급여를 받거나 보험급여에 상당하는 비용을 지급받게 되는 경우에는 그 한도에서 보험급여를 하지 아니한다. 또한 공단은 가입자가 대통령령이 정하는 기간 이상 보험료를 체납한 경우 그 체납한 보험료를 완납할 때까지 그 가입자 및 피부양자에 대하여 보험급여를 실시하지 아니할 수 있으며, 공단은 납부의무를 부담하는 사용자가 보수월액보험료를 체납할 경우에는 그 체납에 대하여 직장가입자 본인에게 귀책사유가 있는 경우에 한하여 보험급여를 실시하지 아니할 수 있다(동법 제53조).

7) 구상권

공단은 제3자의 행위로 인한 보험급여사유가 생겨 가입자 또는 피부양자에게 보험급여를 한 경우에는 그 급여에 들어간 비용 한도에서 그 제3자에게 손해배상을 청구할 권리를 얻는다. 이 경우에 있어 보험급여를 받은 사람이 제3자로부터 이미 손해배상을 받은 경우에는 공단은 그 배상액 한도에서 보험급여를 하지 아니한다(동법 제58조).

6. 재정

1) 보험료의 부담

직장가입자의 보수월액보험료는 직장가입자와 직장가입자와 다음의 구분에 따른 자가 각각 보험료액의 100분의 50씩 부담한다. 다만, 직장가입자가 교직원로서 사립학교에 근무하는 교원이면 보험료액은 그 직장가입자가 100분의 50을, 사용자가 100분의 30을, 국가가 100분의 20을 각각 부담한다(동법 제76조).

- 직장가입자가 근로자인 경우에는 해당하는 사업주
- 직장가입자가 공무원인 경우에는 그 공무원이 소속되어 있는 국가 또는 지방자치단체
- 직장가입자가 교직원(사립학교에 근무하는 교원은 제외)인 경우에는 해당하는 사용자

그리고 직장가입자의 소득월액보험료는 직장가입자가 부담하고, 지역가입자의 보험료는 그 가입자가 속한 세대의 지역가입자 전원이 연대하여 부담하며, 직장가입자가 교직원인 경우 해당하는 사용자가 부담액 전액을 부담할 수 없으면 그 부족액을 학교에 속하는 회계에서 부담할 수 있다(동법 제76조).

2) 보험료의 면제

직장가입자가 국외에서 업무에 종사하고 있는 경우, 「병역법」에 따른 현역병(지원에 의하지 아니하고 임용된 하사 포함), 전환복무된 사람 및 군간부후보생의 경우, 교도소, 그 밖에 이에 준하는 시설에 수용되어 있는 경우(동법 제59조 제2호~제4호) 중 어느 하나에 해당하면 그 가입자의 보험료를 면제한다. 다만, 국외에서 업무에 종사하고 있는 직장가입자의 경우에는 국내에 거주하는 피부양자가 없을 때에만 보험료를 면제한다. 또한 지역가입자도 이러한 경우 중 어느 하나에 해당

하면 그 가입자가 속한 세대의 보험료를 산정할 때 그 가입자의 보험료부과점수를 제외한다(제74조).

3) 보험료의 납부

직장가입자의 보험료 중 보수월액보험료는 사용자가 소득월액보험료는 직장가입자가 납부하여야 한다. 또한 사용자는 보수월액보험료 중 직장가입자가 부담하여야 할 그 달의 보험료액을 그 보수에서 공제하여 납부하고, 이 경우에 직장가입자에게 공제액을 알려야 한다. 한편 지역가입자의 보험료는 그 가입자가 속한 세대의 지역가입자 전원이 연대하여 납부한다(동법 제77조).

7. 수급자의 권리보호 및 권리구제

1) 수급자의 권리보호

(1) 양도 및 압류 금지

보험급여를 받을 권리는 양도하거나 압류할 수 없으며, 요양비 등 수급계좌에 입금된 요양비 등은 압류할 수 없다(동법 제59조).

(2) 시효

다음의 권리는 3년 동안 행사하지 않으면 소멸시효가 완성된다(동법 제91조).

- 보험료, 연체금 및 가산금을 징수할 권리
- 보험료, 연체금 및 가산금으로 과오납부한 금액을 환급받을 권리
- 보험급여를 받을 권리
- 보험급여비용을 받을 권리

- 과다납부된 본인일부부담금을 돌려받을 권리
- 요양급여비용의 정산에 따른 근로복지공단의 권리

2) 권리구제

(1) 이의신청

가입자 및 피부양자의 자격, 보험료 등 보험급여 또는 보험급여비용에 관한 공단의 처분에 이의가 있는 자는 공단에 이의신청을 할 수 있다. 요양급여비용 및 요양급여의 적정성 평가 등에 관한 심사평가원의 처분에 이의가 있는 공단, 요양기관 또는 그 밖의 자는 심사평가원에 이의신청을 할 수 있다. 한편 이의신청은 처분이 있음을 안 날부터 90일 이내에 문서(전자문서 포함)로 하여야 하며 처분이 있은 날부터 180일을 지나면 제기하지 못한다. 다만, 정당한 사유로 그에 그 기간 내에 이의신청을 할 수 없었음을 소명한 경우에는 그러하지 아니한다(동법 제87조).

(2) 심판청구

이의신청에 대한 결정에 불복하는 자는 건강보험분쟁조정위원회에 심판청구를 할 수 있다(동법 제88조).

(3) 행정소송

공단 또는 심사평가원의 처분에 이의가 있는 자와 동법 제87조에 따른 이의신청 또는 심판청구에 대한 결정에 불복하는 자는 「행정소송법」에서 정하는 바에 따라 행정소송을 제기할 수 있다(동법 제90조).

8. 벌칙 등

이 법에서 정하는 벌칙 등은 다음과 같다(동법 제115조~제118조).

1) 5년 이하의 징역 또는 5천만 원 이하의 벌금

- 가입자 및 피부양자의 개인정보를 직무상 목적 외의 용도로 이용 또는 정당한 사유 없이 제3자에게 제공한 자

2) 3년 이하의 징역 또는 3천만 원 이하의 벌금

- 대행청구단체의 종사자로서 거짓, 그 밖의 부정한 방법으로 요양급여 비용을 청구한 자
- 업무를 수행하면서 알게 된 정보를 누설하거나 직무상 목적 외의 용도로 이용 또는 제3자에게 제공한 자

3) 3년 이하의 징역 또는 1천만 원 이하의 벌금

- 공동이용하는 전산정보자료를 목적 외의 용도로 이용하거나 활용한 자

4) 2년 이하의 징역 또는 2천만 원 이하의 벌금

- 거짓이나 그 밖의 부정한 방법으로 보험급여를 받거나 타인으로 하여금 보험급여를 받게 한 사람

5) 1년 이하의 징역 또는 1천만 원 이하의 벌금

- 요양기관의 선별급여 실시에 대한 관리 조항을 위반하여 선별급여를 제공한 요양기관의 개설자

- 대행청구단체가 아닌 자로 하여금 대행하게 한 자
- 근로자가 직장가입자로 되는 것을 방해하거나 그가 부담하는 부담금의 증가를 기피할 목적으로 정당한 사유없이 근로자의 승급 또는 임금인상을 하지 아니하거나 해고, 기타 불이익한 조치를 한 사용자
- 업무정치 처분을 받은 자는 당해 업무정지 기간 중에는 요양급여를 행하지 못한다는 규정을 위반한 요양기관의 개설자

6) 1천만 원 이하의 벌금

- 요양기관이 요양·약제의 지급 등 보험급여에 관한 보고 또는 제출, 질문, 관계서류 검사 등을 위반하여 보고 또는 서류제출을 하지 아니한 자
- 거짓으로 보고하거나 거짓 서류를 제출한 자 및 검사 또는 질문을 거부·방해 또는 기피한 자

7) 500만 원 이하의 벌금

- 요양기관이 정당한 이유 없이 요양급여를 거부하거나 요양을 실시한 기관이 요양을 받은 자에게 요양비 명세서나 요양 명세를 내주지 아니한 자

8) 양벌규정

법인의 대표자, 법인이나 개인의 대리인·사용인 기타 종사자가 그 법인 또는 개인의 업무에 관하여 위의 벌칙에 해당하는 위반행위를 한 때에는 그 행위자를 벌하는 외에 그 법인 또는 개인에 대하여도 각 해당하는 규정에 따른 벌금형을 과함

제16장 산업재해보상보험법

제1절 입법 배경 및 주요 연혁

1. 입법 배경

사회보장에관한법률에 의하여 산업재해보상보험사업을 행함으로써 근로자의 업무상의 재해를 신속하고 공정하게 보상할 수 있도록 하고자 1963년 11월 5일 「산업재해보상보험법」을 제정하였다. 법 제정의 주요 내용은 다음과 같다.

- 보건사회부에 근로자, 사용자 및 공익을 대표하는 자 각 3인으로 구성되는 산업재해보상보험심의위원회를 설치하여 보험사업에 관한 중요사항을 심의하도록 함.
- 사업주는 산업재해보상보험의 보험가입자가 되도록 함.
- 보험관계의 성립·소멸요건을 정함.
- 보험급여를 요양급여, 휴업급여, 장해급여, 유족급여, 장제급여 및 일반급여로 구분하고 각 급여별로 보험금을 정함.
- 보험가입자등이 허위사실을 신고하거나 보험료의 납부를 태만히 한 때, 고의 또는 중대한 과실로 보험급여의 사유인 재해를 발생하게 한 때에는 보험금을 지급하지 아니할 수 있도록 하고 또한 제3자의 행위로 인한 재해로 급여를 한 경우 제3자에 대한 구상권을 규정함.
- 보험금의 수급권자를 명백히 하고, 수급권의 양도나 압류를 금하며 보험금에 대한 조세 기타 공과금을 면제함.

- 기타 보험료의 징수·산정·요율의 결정등에 관한 사항을 정함.

2. 주요 연혁

- 1963. 11. 5.「산업재해보상보험법」 제정(법률 제1438호)
- 2012. 12. 18. 개정(법률 제11569호) 성차별적 요소를 없애기 위하여 유족보상연금 수급자격자의 범위에서 남자배우자에 대한 연령제한을 삭제하고, 유족의 생활안정을 도모하기 위하여 자녀 또는 손자녀 등에 대한 유족보상연금 수급자격자 연령범위를 18세 미만에서 19세 미만까지로 연장.
- 2016. 12. 27. 개정(법률 제14499호) 산업재해보상보험급여를 신청할 시 신청을 이유로 근로자가 해고 등의 불이익을 당하지 않도록, 불이익 처우 금지와 벌칙 조항을 명시함.
- 2017. 10. 24. 개정(법률 제14933호) 일반 근로자도 통상적인 경로와 방법으로 출퇴근 하던 중 발생한 사고에 대하여 업무상 재해로 인정함으로써 근로자의 복지를 증진하고자 함.
- 2018. 6. 12. 개정(법률 제15665호) 현행법에서 사용하고 있는 '폐질(廢疾)'이라는 어려운 한자를 보다 이해하기 쉬운 말인 '중증요양상태'로 변경하고, 업무상 사유로 사망한 유족에게 지급하는 유족보상연금 수급자격자가 자녀인 경우 현행 19세 미만인 자녀에서 25세 미만으로 확대함.
- 2019. 1. 15. 개정(법률 제16273호) 업무상 질병의 인정 기준에 직장 내 괴롭힘, 고객의 폭언 등 업무상 정신적 스트레스가 원인이 되어 발생한 질병을 추가함으로써 업무상 재해를 폭넓게 인정할 수 있는 제도적 장치를 마련함.
- 2021. 1. 5. 개정(법률 제17865호) 특수형태근로종사자의 산업재해보상보험 적용제외 사유를 개선하여 산업재해보상보험 적용률을 제고하고자 함.
- 2021. 4. 13. 개정(법률 제18040호) 학생연구자에 대한 특례를 신설하여 대학생·대학원생 등의 연구활동종사자 중 대학·연구기관 등이 수행하는 연구개발과제에 참여하는 학생 신분의 연구자가 재해를 입은 경우 산업재해보상보험

을 통해 지원받을 수 있도록 하여 학생연구자를 재해로부터 보호하고자 함.

- 2021. 5. 18. 개정(법률 제18181호) 근로복지공단은 근로자가 업무상 사유로 사망하였다고 추정되는 경우에는 장례를 지내기 전이라도 유족의 청구에 따라 장례비를 미리 지급할 수 있도록 함.
- 2022. 1. 11. 개정(법률 제18753호) 업무상 재해가 인정되는 건강손상자녀를 '근로자'로 보아 보험급여 청구권을 인정하고, 요양급여, 장해급여, 간병급여, 장례비 및 직업재활급여를 지급하도록 하고, 건강손상자녀에 대한 장해등급 판정 시점을 '18세 이후'로 함.
- 2022. 6. 10. 개정(법률 제18928호) 산업재해보상보험의 전속성 요건을 폐지하고, 기존 특수형태근로종사자 및 온라인 플랫폼 종사자 등을 포괄하는 개념으로 "노무제공자"의 정의를 신설하여 산업재해보상보험의 적용을 받을 수 있도록 하며, 이로 인하여 새롭게 보험의 적용을 받는 사람들의 노무제공 특성에 맞는 보험 적용·징수 체계와 급여·보상 제도를 마련함으로써 산업재해보상보험을 통한 보호 범위를 보다 확대하고자 함.
- 2023. 8. 8. 개정(법률 제19612호) 근로자가 산업재해로 인해 사망한 경우에 손자녀의 유족보상연금 수급 자격 연령을 19세 미만에서 25세 미만으로 상향함.

제2절 법의 주요 내용

1. 법의 목적

「산업재해보상보험법」은 산업재해보상보험 사업을 시행하여 근로자의 업무상의 재해를 신속하고 공정하게 보상하며, 재해근로자의 재활 및 사회 복귀를 촉진하기 위하여 이에 필요한 보험시설을 설치·운영하고, 재해 예방과 그 밖에 근로자의 복지증진을 위한 사업을 시행하여 근로자 보호에 이바지하는 것을 목적으로 한다(동법 제1조).

2. 용어의 정의

이 법에서 사용하는 용어의 정의는 다음과 같다(동법 제5조).

- 업무상의 재해: 업무상의 사유에 따른 근로자의 부상·질병·장해 또는 사망
- 근로자·임금·평균임금·통상임금: 「근로기준법」에 따른 '근로자'·'임금'·'평균임금'·'통상임금'. 다만, 「근로기준법」에 따라 '임금' 또는 '평균임금'을 결정하기 어렵다고 인정되면 고용노동부장관이 정하여 고시하는 금액을 해당 '임금' 또는 '평균임금'으로 함
- 유족: 사망한 사람의 배우자(사실상 혼인 관계에 있는 사람 포함)·자녀·부모·손자녀·조부모 또는 형제자매
- 치유: 부상 또는 질병이 완치되거나 치료의 효과를 더 이상 기대할 수 없고 그 증상이 고정된 상태에 이르게 된 것
- 장해: 부상 또는 질병이 치유되었으나 정신적 또는 육체적 훼손으로 인하여 노동능력이 상실되거나 감소된 상태
- 폐질: 업무상의 부상 또는 질병에 따른 정신적 또는 육체적 훼손으로 노동능력이 상실되거나 감소된 상태
- 중증요양상태: 업무상의 부상 또는 질병에 따른 정신적 또는 육체적 훼손으로 노동능력이 상실되거나 감소된 상태로서 그 부상 또는 질병이 치유되지 아니한 상태
- 진폐: 분진을 흡입하여 폐에 생기는 섬유증식성(纖維增殖性) 변화를 주된 증상으로 하는 질병
- 출퇴근: 취업과 관련하여 주거와 취업장소 사이의 이동 또는 한 취업장소에서 다른 취업장소로의 이동

3. 대상

1) 적용범위: 보험가입자

「산업재해보상보험법」은 근로자를 사용하는 모든 사업 또는 사업장(이하 '사업'이라 함)에 적용한다. 다만, 위험률·규모 및 장소 등을 고려하여 대통령령으로 정하는 사업에 대하여는 이 법을 적용하지 아니한다(동법 제6조). 이에 따른 적용 제외 사업은 다음과 같다(동법 시행령 제2조).

① 「공무원 재해보상법」 또는 「군인연금법」에 따라 재해보상이 되는 사업. 다만, 「공무원 재해보상법」에 따라 순직유족급여 또는 위험직무순직유족급여에 관한 규정을 적용받는 경우는 제외
② 「선원법」, 「어선원 및 어선 재해보상보험법」 또는 「사립학교교직원 연금법」에 따라 재해보상이 되는 사업
③ 가구 내 고용활동
④ 농업, 임업(벌목업 제외), 어업 및 수렵업 중 법인이 아닌 자의 사업으로서 상시 근로자 수가 5명 미만인 사업

그러나 동법 제6조 단서 규정에 의해 적용이 제외되는 사업장이라도 근로복지공단의 승인을 얻어 산재보험에 가입할 수 있고(「고용보험 및 산업재해보상보험의 징수 등에 관한 법률」 제5조 제3항), 이를 임의적용이라고 한다.

2) 적용대상: 수급자

산업재해보상보험은 사업주가 보험가입자가 되지만 보험급여의 수급자는 사업장에서 업무를 수행하거나 업무에 기인하여 재해를 당한 근로자와 그 유족이다. 여기서 근로자란 「근로기준법」에 의한 근로자를 말한다(동법 제5조).

4. 보험의 관장

「산업재해보상보험법」에 의한 보험사업은 고용노동부장관이 관장하지만(동법 제2조), 구체적인 보험사업은 고용노동부장관의 위탁을 받은 근로복지공단(이하 "공단"이라 함)이 행한다(동법 제10조). 공단은 다음의 사업을 수행한다(동법 제11조).

- 보험가입자와 수급권자에 관한 기록의 관리 · 유지
- 「보험료징수법」에 따른 보험료와 그 밖의 징수금의 징수
- 보험급여의 결정과 지급, 보험급여 결정 등에 관한 심사청구의 심리 · 결정
- 산업재해보상보험 시설의 설치 · 운영
- 업무상 재해를 입은 근로자 등의 요양 및 재활
- 재활보조기구의 연구개발 · 검정 및 보급
- 근로자의 복지증진을 위한 사업
- 그 밖에 정부로부터 위탁받은 사업

한편 산업재해보상보험 및 예방에 관한 중요 사항을 심의하게 하기 위하여 고용노동부에 산업재해보상보험 및 예방심의회가 설치되어 있다(동법 제8조).

5. 보험사고: 업무상 재해의 인정 기준

산업재해보상보험의 대상이 되는 보험사고는 근로자의 '업무상 재해'이다. 그리고 이 업무상 재해는 "업무상의 사유에 따른 근로자의 부상 · 질병 · 장해 또는 사망을 말한다."라고 되어 있다(동법 제5조). 업무상 재해의 인정기준은 '업무상 사고', '업무상 질병', '출퇴근 재해'의 사유 중 하나로 부상 · 질병 또는 장해가 발생하거나 사망하면 업무상의 재해로 본다. 다만, 업무와 재해 사이에 상당인과관계(相當因果關係)가 없는 경우에는 그러하지 아니한다. 업무상 재해의 구체적인 인정 기준은 대통령령으로 정하고, 업무상 사고와 업무상 질병의 사유는 다음과 같다(동법 제37조).

1) 업무상 사고

사고로 인한 근로자의 사상이 다음에 해당되는 경우에는 이를 업무상 재해로 본다(동법 제37조).

- 근로자가 근로계약에 따른 업무나 그에 따르는 행위를 하던 중 발생한 사고
- 사업주가 제공한 시설물 등을 이용하던 중 그 시설물 등의 결함 또는 관리 소홀로 발생한 사고
- 사업주가 주관하거나 사업주의 지시에 따라 참여한 행사나 행사준비 중에 발생한 사고
- 휴게시간 중 사업주의 지배관리하에 있다고 볼 수 있는 행위로 발생한 사고
- 그 밖에 업무와 관련하여 발생한 사고

2) 업무상 질병

근로자의 질병에의 이환이 업무수행성과 업무기인성에 해당되는 경우로서 그 질병이 「근로기준법시행령」 제44조 제1항의 규정에 의한 업무상 질병의 범위에 속하는 경우에는 업무상 요인에 의하여 이환된 질병이 아니라는 명백한 반증이 없는 한 이를 업무상 질병으로 본다(동법 제37조). 업무상 질병을 다음과 같다.

- 업무수행 과정에서 물리적 인자(因子), 화학물질, 분진, 병원체, 신체에 부담을 주는 업무 등 근로자의 건강에 장해를 일으킬 수 있는 요인을 취급하거나 그에 노출되어 발생한 질병
- 업무상 부상이 원인이 되어 발생한 질병
- 「근로기준법」에 따른 직장 내 괴롭힘, 고객의 폭언 등으로 인한 업무상 정신적 스트레스가 원인이 되어 발생한 질병
- 그 밖에 업무와 관련하여 발생한 질병

3) 출퇴근 재해

다음에 해당하는 경우에는 출퇴근 재해로 본다(동법 제37조).

- 사업주가 제공한 교통수단이나 그에 준하는 교통수단을 이용하는 등 사업주의 지배관리하에서 출퇴근하는 중 발생한 사고
- 그 밖에 통상적인 경로와 방법으로 출퇴근하는 중 발생한 사고

한편 근로자의 고의·자해행위나 범죄행위 또는 그것이 원인이 되어 발생한 부상·질병·장해 또는 사망은 업무상의 재해로 보지 아니한다. 다만, 부상·질병·장해 또는 사망이 정상적인 인식능력 등이 뚜렷하게 낮아진 상태에서 한 행위로 발생한 경우로서 대통령령으로 정하는 사유가 있으면 업무상의 재해로 본다. 한편, 통상적인 경로와 방법으로 출퇴근하는 중 발생한 사고 중에서 출퇴근 경로 일탈 또는 중단이 있는 경우에는 해당 일탈 또는 중단 중의 사고 및 그 후의 이동 중의 사고에 대하여는 출퇴근 재해로 보지 아니한다. 다만, 일탈 또는 중단이 일상생활에 필요한 행위로서 대통령령으로 정하는 사유가 있는 경우에는 출퇴근 재해로 본다. 또한 출퇴근 경로와 방법이 일정하지 아니한 직종으로 대통령령으로 정하는 경우에는 출퇴근 재해를 적용하지 아니한다(동법 제37조).

6. 보험급여

1) 보험급여 산정기준

보험급여의 산정에 있어서 그 근로자가 소속된 사업과 동일한 직종의 근로자에게 지급되는 통상임금의 변동되거나 사업의 폐지·휴업, 기타 부득이한 사유가 있을 때에는 대통령령이 정하는 기준에 따라 평균임금을 증감할 수 있다. 한편, 산업재해보상보험의 급여는 요양급여와 같은 현물급여를 제외하고는 현금급여를 제공하는 경우가 많다. 현금급여는 이 법에 따라 피해근로자의 임금, 통상

임금 및 평균임금 등이 급여산정을 위해 사용된다. 여기서 말하는 임금, 통상임금 및 평균임금은 「근로기준법」에 의한 임금, 평균임금 및 통상임금을 말한다(동법 제5조).

2) 보험급여의 종류

보험급여의 종류로는 요양급여, 휴업급여, 장해급여, 간병급여, 유족급여, 상병(傷病)보상연금, 장례비, 직업재활급여가 있다. 다만, 진폐에 따른 보험급여의 종류는 요양급여, 간병급여, 장례비, 직업재활급여, 진폐보상금 및 진폐유족연금으로 한다(동법 제36조).

(1) 요양급여

① 요양급여의 의의 및 범위

요양급여는 근로자가 업무상의 사유로 부상을 당하거나 질병에 걸린 경우에 당해 근로자에게 지급한다. 요양급여는 산재보험 의료기관에서 요양을 하게 한다. 다만, 부득이한 경우에는 요양을 갈음하여 요양비를 지급할 수 있다. 부상 또는 질병이 3일 이내의 요양으로 치유될 수 있으면 요양급여를 지급하지 아니한다. 요양급여의 범위는 진찰 및 검사, 약제 또는 진료재료와 의지 그 밖의 보조기의 지급, 처치, 수술, 그 밖의 치료, 재활치료, 입원, 간호 및 간병, 이송, 그 밖에 고용노동부령으로 정하는 사항 등이다(동법 제40조).

② 요양급여 및 요양비의 신청 등

요양급여(진폐에 따른 요양급여는 제외)를 받으려는 자는 소속 사업장, 재해발생 경위, 그 재해에 대한 의학적 소견, 그 밖에 고용노동부령으로 정하는 사항을 적은 서류를 첨부하여 공단에 요양급여의 신청을 하여야 하며, 근로자를 진료한 산재보험 의료기관은 그 근로자의 재해가 업무상의 재해로 판단되면 그 근로자의 동의를 받아 요양급여의 신청을 대행할 수 있다(동법 제41조).

③ 재요양

요양급여를 받은 사람이 치유 후 요양의 대상이 되었던 업무상의 부상 또는 질병이 재발하거나 치유 당시보다 상태가 악화되어 이를 치유하기 위한 적극적인 치료가 필요하다는 의학적 소견이 있으면 다시 요양급여를 받을 수 있다(동법 제51조).

(2) 휴업급여

휴업급여는 업무상 사유로 부상을 당하거나 질병에 걸린 근로자에게 요양으로 취업하지 못한 기간에 대하여 지급하되, 1일당 지급액은 평균임금의 100분의 70에 상당하는 금액으로 한다. 다만, 취업하지 못한 기간이 3일 이내이면 지급하지 아니한다(동법 제52조). 그리고 요양 또는 재요양을 하고 있는 근로자가 그 요양기간 중 일정기간 또는 단시간 취업을 하는 경우에는 그 취업한 날 또는 취업한 시간에 해당하는 그 근로자의 평균임금에서 그 취업한 날 또는 취업한 시간에 대한 임금을 뺀 금액의 100분의 90에 상당하는 금액의 부분휴업급여를 지급할 수 있다(동법 제53조). 한편, 부분휴업급여에 따라 산정한 1일당 휴업급여 지급액이 최저 보상기준 금액의 100분의 80보다 적거나 같으면 그 근로자에 대하여 평균임금의 100분의 90에 상당하는 금액을 1일당 휴업급여 지급액으로 한다(동법 제54조).

(3) 장해급여

장해급여는 근로자가 업무상의 사유에 의해 부상을 당하거나 질병에 걸려 치유된 후 신체 등에 장해가 있는 경우에 그 근로자에게 지급하며, 장해등급(제1급~제14급)에 따라 장해보상연금(제1급~제7급) 또는 장해보상일시금(모든 등급에 지급으로 하되, 그 장해등급의 기준은 대통령령이 정함)을 지급한다. 그리고 장해보상연금 또는 장해보상일시금은 수급권자의 선택에 따라 지급하되, 노동력을 완전히 상실한 장해등급의 근로자에게는 장해보상연금을 지급하고, 장해급여 청구사유 발생 당시 대한민국 국민이 아닌 자로서 외국에서 거주하고 있는 근로자에게는 장해보상일시금을 지급한다(동법 제57조).

(4) 간병급여

간병급여는 요양급여를 받은 자가 치유 후 의학적으로 상시 또는 수시로 간병이 필요하여 실제로 간병을 받는 자에게 지급하되, 간병급여의 지급 기준과 지급 방법 등에 관하여 필요한 사항은 대통령령으로 정한다(동법 제61조).

(5) 유족급여

① 유족급여의 의의 및 종류

유족급여는 근로자가 업무상의 사유로 사망한 경우에 유족에게 지급하는 것이다. 유족급여는 유족보상연금 또는 유족보상일시금으로 하되, 유족보상일시금은 근로자가 사망할 당시 유족보상연금을 받을 수 있는 자격이 있는 자가 없는 경우에 지급한다(동법 제62조).

② 유족보상연금 수급 자격자의 범위

유족보상연금을 받을 수 있는 자격이 있는 사람은 근로자가 사망할 당시 그 근로자와 생계를 같이 하고 있던 유족(그 근로자가 사망할 당시 대한민국 국민이 아닌 자로서 외국에 거주하고 있던 유족은 제외) 중 배우자와 다음의 어느 하나에 해당하는 사람으로 한다.

- 부모 또는 조부모로서 60세 이상인 사람
- 자녀로서 25세 미만인 사람
- 손자녀로서 19세 미만인 사람
- 형제자매로서 19세 미만이거나 60세 이상인 사람

- 위 3가지 요건 중 어느 하나에 해당하지 아니하는 자녀, 부모, 손자녀, 조부모 또는 형제자매로서 「장애인복지법」에 따른 장애인 중 고용노동부령으로 정한 장애 정도에 해당하는 사람

한편 근로자의 사망 당시 태아였던 자녀가 출생한 경우에는 출생한 때부터 장래에 향하여 근로자가 사망할 당시 그 근로자와 생계를 같이 하고 있던 유족으로 보며, 유족보상연금 수급자격자 중 유족보상연금을 받을 권리의 순위는 배우자 → 자녀 → 부모 → 손자녀 → 조부모 → 형제자매의 순서로 한다(동법 제44조).

(6) 상병보상연금

요양급여를 받는 근로자가 요양을 시작한 지 2년이 지난 날 이후에 다음의 요건에 모두 해당되는 상태가 계속되면 휴업급여 대신 상병보상연금을 그 근로자에게 지급하며, 상병보상연금은 중증요양상태등급에 따라 지급한다(동법 제66조).

- 그 부상이나 질병이 치유되지 아니한 상태일 것
- 그 부상이나 질병에 따른 중증요양상태의 정도가 대통령령으로 정하는 중증요양상태등급 기준에 해당할 것
- 요양으로 인하여 취업하지 못하였을 것

(7) 장례비

장례비는 근로자가 업무상의 사유로 사망한 경우에 지급하되, 평균임금의 120일 분에 상당하는 금액을 그 장례를 지낸 유족에게 지급한다. 다만, 장례를 지낼 유족이 없거나 그 밖에 부득이한 사유로 유족이 아닌 자가 장례를 지낸 경우에는 평균임금의 120일분에 상당하는 금액의 범위에서 실제 드는 비용을 그 장례를 지낸 자에게 지급한다. 장례비가 대통령령이 정하는 바에 따라 고용노동부장

관이 고시하는 최고 금액을 초과하거나 최저금액에 미달하면 그 최고 금액 또는 최저 금액을 각각 장례비로 한다(동법 제71조).

(8) 직업재활급여

직업재활급여에는 장해급여 또는 진폐보상연금을 받은 사람이나 장해급여를 받을 것이 명백한 사람으로서, 대통령령으로 정하는 사람 중 취업을 위하여 직업훈련이 필요한 사람에 대하여 실시하는 직업훈련에 드는 비용 및 직업훈련수당과 업무상의 재해가 발생할 당시의 사업에 복귀한 장해급여자에 대하여 사업주가 고용을 유지하거나 직장적응훈련 또는 재활운동을 실시하는 경우에 각각 지급하는 직장복귀지원금, 직장적응훈련비 및 재활운동비가 있다(동법 제72조).

(9) 장해특별급여

보험가입자의 고의 또는 과실로 발생한 업무상 재해로 인하여 근로자가 대통령령이 정하는 장해등급(14등급 가운데 제1급 내지 제3급) 또는 진폐장해등급에 해당하는 장해를 입은 경우에 수급권자가 「민법」에 의한 손해배상청구를 갈음하여 장해특별급여를 청구하면 장해급여 또는 진폐보상연금 외에 대통령령으로 정하는 장해특별급여를 지급할 수 있다. 다만, 근로자와 보험가입자 사이에 장해특별급여에 관하여 합의가 이루어진 경우에 한정한다(동법 제78조).

(10) 유족특별급여

보험가입자의 고의 또는 과실로 발생한 업무상 재해로 인하여 근로자가 사망한 경우에 수급권자가 「민법」에 의한 손해배상청구를 갈음하여 유족특별급여를 청구하면 유족급여 또는 진폐유족연금 외에 대통령령이 정하는 유족특별급여를 지급할 수 있다(동법 제79조).

3) 보험급여 지급의 제한

공단은 근로자가 다음의 어느 하나에 해당되면 보험급여의 전부 또는 일부를 지급하지 아니할 수 있다(법 제83조).

- 요양 중인 근로자가 정당한 사유 없이 요양에 관한 지시를 위반하여 부상·질병 또는 장해 상태를 악화시키거나 치유를 방해한 경우
- 장해보상연금 또는 진폐보상연금 수급권자가 장해등급 또는 진폐장해등급 재판정 전에 자해 등 고의로 장해 상태를 악화시킨 경우

4) 다른 법에 의한 보상이나 배상과의 관계

(1) 「근로기준법」과 「민법」

수급권자가 이 법에 따라 보험급여를 받았거나 받을 수 있으면 보험가입자는 동일한 사유에 대하여 「근로기준법」에 따른 재해보상 책임이 면제된다. 그리고 수급권자가 동일한 사유에 대하여 이 법에 따른 보험급여를 받으면 보험가입자는 그 금액의 한도 안에서 「민법」이나 그 밖의 법령에 따른 손해배상의 책임이 면제된다. 이 경우 장해보상연금 또는 유족보상연금을 받고 있는 자는 장해보상일시금 또는 유족보상일시금을 받은 것으로 본다. 한편, 수급권자가 동일한 사유로 「민법」이나 그 밖의 법령에 따라 이 법의 보험급여에 상당한 금품을 받으면 공단은 그 받은 금품을 대통령령으로 정하는 방법에 따라 환산한 금액의 한도 안에서 이 법에 따른 보험급여를 지급하지 아니한다. 다만, 수급권자가 지급받은 것으로 보게 되는 장해보상일시금 또는 유족보상일시금에 해당하는 연금액에 대하여는 그러하지 아니하다. 또한 요양급여를 받는 근로자가 요양을 시작한 후 3년이 지난 날 이후에 상병보상연금을 지급받고 있으면 「근로기준법」을 적용할 때 그 사용자는 3년이 지난 날 이후에는 일시보상을 지급한 것으로 본다(동법 제80조).

(2) 구상권

공단은 제3자의 행위에 따른 재해로 보험급여를 지급한 경우에는 그 급여액의 한도 안에서 급여를 받은 자의 제3자에 대한 손해배상청구권을 대위한다. 이 경우에 수급권자가 제3자로부터 동일한 사유로 이 법의 보험급여에 상당하는 손해배상을 받으면 공단은 그 배상액을 대통령령으로 정하는 방법에 따라 환산한 금액의 한도 안에서 이 법에 따른 보험급여를 지급하지 아니한다. 수급권자 및 보험가입자는 제3자의 행위로 재해가 발생하면 지체 없이 공단에 신고하여야 한다(동법 제87조).

7. 비용

1) 보험료의 부담

산업재해보상보험사업에 드는 비용을 충당하기 위해 징수하는 보험료나 그 밖의 징수금에 관하여는 「고용보험 및 산업재해보상보험의 보험료징수 등에 관한 법률」에서 정하는 바에 따른다(동법 제4조). 사업주가 부담해야 하는 산재보험료는 그 사업주가 경영하는 사업의 임금총액에 같은 종류의 사업에 적용되는 보험료율(업종별 보험료율)을 곱한 금액으로 한다(「보험료징수법」 제13조). 이때 산재보험요율은 매년 6월 30일 현재 과거 3년 동안의 임금총액에 대한 산재보험급여총액의 비율을 기초로 하여, 연금 등 산재보험급여에 드는 금액, 재해예방 및 재해근로자의 복지증진에 드는 비용 등을 고려하여 사업의 종류별로 구분하여 고용노동부령으로 정한다(「보험료징수법」 제14조).

2) 국고의 부담

국가는 회계연도마다 예산의 범위에서 보험사업의 사무 집행에 드는 비용을 일반회계에서 부담하여야 하며, 회계연도마다 예산의 범위에서 보험 사업에 드는 비용의 일부를 지원할 수 있다(동법 제3조).

3) 산업재해보상보험 및 예방기금

고용노동부장관은 보험사업, 산업재해 예방 사업에 필요한 재원을 확보하고, 보험급여에 충당하기 위하여 산업재해보상보험 및 예방기금(이하 '기금'이라 함)을 설치한다. 이 기금은 보험료, 기금운용 수익금, 적립금, 기금의 결산상 잉여금, 정부 또는 정부 아닌 자의 출연금 및 기부금, 차입금, 그 밖의 수입금을 재원으로 하여 조성한다. 정부는 산업재해 예방 사업을 수행하기 위하여 회계연도마다 기금지출예산 총액의 100분의 3의 범위에서 정부의 출연금으로 세출예산에 계상하여야 한다(동법 제95조). 기금은 다음과 같은 용도로 사용한다(동법 제96조).

- 보험급여의 지급 및 반환금의 반환
- 차입금 및 이자의 상환
- 공단에의 출연
- 「산업안전보건법」에 따른 재해예방 지원
- 재해근로자의 복지증진
- 「한국산업안전공단법」에 따른 한국산업안전공단에 대한 출연
- 「보험료징수법」 에 따른 업무를 위탁받은 자에의 출연
- 그 밖에 보험사업 및 기금의 관리와 운용

8. 수급자의 권리보호와 권리구제

1) 수급자의 권리보호

(1) 양도 · 압류 및 담보 제공 금지

근로자의 보험급여를 받을 권리는 그 퇴직으로 인하여 소멸되지 아니하고, 보험급여를 받을 권리는 양도 또는 압류하거나 담보로 제공할 수 없다. 한편, 지정된 보험급여수급계좌의 예금 중 대통령령으로 정하는 액수 이하의 금액에 관한

채권은 압류할 수 없다(동법 제88조).

(2) 시효

다음의 권리는 3년간 행사하지 아니하면 시효로 말미암아 소멸한다.

- 보험급여를 받을 권리
- 산재보험 의료기관의 권리
- 약국의 권리
- 보험가입자의 권리
- 국민건강보험공단 등의 권리

다만, 보험급여 중 장해급여, 유족급여, 장례비, 진폐보상연금 및 진폐유족연금을 받을 권리는 5년간 행사하지 아니하면 시효의 완성으로 소멸한다(동법 제112조).

2) 권리구제

(1) 심사청구

보험급여에 관한 결정에 대하여 불복하는 자는 공단에 심사청구를 할 수 있다. 심사청구는 보험급여에 관한 결정 등이 있음을 안 날부터 90일 이내에 하여야 하고, 심사 청구서를 받은 공단의 소속기관은 5일 이내에 의견서를 첨하여 공단에 보내야 한다. 한편, 보험급여에 관한 결정에 대하여는 「행정심판법」에 의한 행정심판을 제기할 수 없다(동법 제103조).

(2) 재심사청구

심사청구에 대한 결정에 불복이 있는 자는 산업재해보상보험심사위원회에 재심사청구를 할 수 있다. 재심사청구는 심사청구에 대한 결정이 있음을 안 날부터 90일 이내에 제기하여야 한다(동법 제106조).

9. 벌칙 등

이 법에서 정하는 벌칙 등은 다음과 같다(동법 제127조~제129조).

1) 3년 이하의 징역 또는 3천만원 이하의 벌금

- 공동이용하는 전산정보자료를 목적 외의 용도로 이용하거나 활용한 자
- 산재보험 의료기관이나 약국의 종사자로서 거짓이나 그 밖의 부정한 방법으로 진료비나 약제비를 지급받은 자

2) 2년 이하의 징역 또는 2천만원 이하의 벌금

- 거짓이나 그 밖의 부정한 방법으로 보험급여를 받은 자
- 거짓이나 그 밖의 부정한 방법으로 보험급여를 받도록 시키거나 도와준 자
- 근로자가 보험급여를 신청한 것을 이유로 근로자를 해고하거나 그 밖에 근로자에게 불이익한 처우를 한 사업주

3) 2년 이하의 징역 또는 1천만원 이하의 벌금

- 비밀을 누설한 자

4) 200만원 이하의 과태료

- 근로복지공단 또는 이와 비슷한 명칭을 사용한 자
- 공단이 아닌 자에게 진료비를 청구한 자

5) 100만원 이하의 과태료

- 진료계획을 정당한 사유 없이 제출하지 아니하는 자
- 질문에 답변하지 아니하거나 거짓된 답변을 하거나 검사를 거부·방해 또는 기피한 자
- 보고를 하지 아니하거나 거짓된 보고를 한 자 또는 서류나 물건의 제출 명령에 따르지 아니한 자
- 공단의 소속 직원의 질문에 답변을 거부하거나 조사를 거부·방해 또는 기피한 자

6) 양벌규정

- 법인의 대표자나 법인 또는 개인의 대리인, 사용인, 그 밖의 종업원이 그 법인 또는 개인의 업무에 관하여 위반행위를 하면 그 행위자를 벌하는 외에 그 법인 또는 개인에게도 해당 조문의 벌금형을 과(科)함. 다만, 법인 또는 개인이 그 위반행위를 방지하기 위하여 해당 업무에 관하여 상당한 주의와 감독을 게을리 하지 아니한 경우에는 그러하지 아니함

제17장 고용보험법

제1절 입법 배경 및 주요 연혁

1. 입법 배경

적극적 고용정책의 일환으로 근로자의 직업능력개발·실업예방 및 고용기회의 확대등을 도모하고, 근로자의 실업으로 인한 경제·사회적인 어려움을 해소하는 것을 주된 내용으로 하는 고용보험제도를 시행함으로써 근로자의 생활의 안정 및 경제·사회발전에 이바지하고자 1993년 12월 27일 「고용보험법」을 제정하였다. 법 제정의 주요 내용은 다음과 같다.

- 고용보험은 노동부장관이 관장하며, 고용보험사업으로 고용안정사업, 직업능력개발사업 및 실업급여를 실시함.
- 국가는 매년 고용보험사업의 관리·운영에 소요되는 비용의 전부 또는 일부를 일반회계에서 부담할 수 있도록 함.
- 고용보험법은 대통령령이 정하는 일정 규모 이상의 사업장에 적용되며, 60세 이후에 새로이 고용된 자, 시간제근로자, 공무원 및 사립학교법에 의한 교원 등을 적용대상에서 제외함.
- 경기변동 및 산업구조변화 등으로 고용조정이 불가피하게 된 사업주가 고용안정조치를 취하는 경우 노동부장관이 필요한 지원을 하는 등 고용안정사업을 실시할 수 있도록 함.
- 노동부장관이 근로자의 직업능력개발 등을 지원하고 실업자의 재취직훈련

을 실시하는 등 직업능력개발사업을 실시할 수 있도록 함.

- 이직일 이전 18월간에 12월 이상 고용되어 보험료를 납입한 근로자에 한하여 실업급여를 지급하도록 함.
- 실업급여를 지급받고자 하는 자는 2주마다 1회씩 직업안정기관에 출석하여 실업의 인정을 받도록 함.
- 피보험자인 근로자의 리직전 임금의 100분의 50에 상당하는 금액을 실업급여로 지급하도록 함.
- 실업급여는 피보험자인 근로자의 피보험기간 및 연령을 고려하여 30일 내지 210일을 한도로 하여 지급하며, 피보험자인 근로자가 직업훈련 등을 받는 기간 동안에는 지급기간을 연장할 수 있도록 함.
- 피보험자인 근로자가 정당한 사유없이 자기의 사정으로 리직한 경우에는 실업급여를 지급하지 아니하며 직업안정기관의 직업소개 또는 직업훈련 지시 등을 거부하는 경우에는 실업급여의 지급을 정지하도록 함.
- 고용안정사업 및 직업능력개발사업의 보험료는 사업주가 부담하되, 실업급여의 보험료는 사업주 및 근로자가 2분의 1씩 부담하고, 고용보험의 보험요율은 1,000분의 15의 범위 내에서 대통령령으로 정하도록 함.
- 고용보험사업에 필요한 재원에 충당하기 위하여 고용보험기금을 설치함.
- 고용보험은 1995년 7월 1일부터 시행하도록 함.

2. 주요 연혁

- 1993. 12. 27.「고용보험법」 제정(법률 제4644호).
- 2013. 1. 23. 개정(법률 제11628호) 경영사정이 어려워진 사업주가 무급휴업 또는 무급휴직 등을 실시하는 경우에는 해당 근로자에게 필요한 지원을 할 수 있도록 함.
- 2013. 3. 22. 개정(법률 제11662호) 실업급여 수급자의 금전적 부담을 최소화하기 위하여 실업급여로서 지급된 금품에 대해서는 공과금을 부과하지 못하도

록 함.

- 2013. 6. 4. 개정(법률 제11864호) 지금까지 65세 이상인 자에 대하여 고용보험 중 실업급여의 적용을 획일적으로 제외하여 왔으나, 앞으로는 65세 이후에 새롭게 고용되거나 자영업을 개시한 자만 고용보험 중 실업급여 적용을 제외함으로써 고용보험에 가입되어 있던 피보험자가 65세 이후에 이직한 경우에도 실업급여를 지급함.
- 2014. 1. 21. 개정(법률 제12323호) 다태아 임산부는 2명 이상 동시 출산, 난산, 높은 조산율 등에 따라 산후 회복에 더 많은 시간이 필요하고 육아부담 또한 일반 임산부보다 큰 점을 고려하여 다태아 임산부의 출산전후휴가를 현행 90일에서 120일로 확대하도록 「근로기준법」이 개정됨에 따라, 이에 맞추어 다태아 임산부에 대한 출산전후휴가 급여 지급기간을 조정함.
- 2015. 1. 20. 개정(법률 제13041호) 실업급여는 수급자격자가 신청하는 경우 실업급여만 입금되도록 개설한 전용계좌에 지급하고, 해당 계좌의 예금에 관한 채권 중 일정액은 압류할 수 없도록 규정함.
- 2016. 12. 27. 개정(법률 제14496호) 고령자 또는 준고령자를 대상으로 직업능력개발 훈련을 실시하는 사업주에게도 훈련비용을 우대 지원할 수 있도록 함
- 2019. 1. 15. 개정(법률 제16269호) 65세 전부터 피보험자격을 유지하던 사람이 65세 이후에 계속하여 고용된 경우는 실업급여를 적용함.
- 2019. 8. 27. 개정(법률 제16557호) 구직급여일액은 수급자격자의 기초일액에 100분의 50을 곱한 금액에서 100분의 60을 곱한 금액으로 인상하고, 최저구직급여일액은 수급자격자의 기초일액에 100분의 90을 곱한 금액에서 100분의 80을 곱한 금액으로 조정함.
- 2020. 6. 9. 개정(법률 제17429호) 예술인이 실업 상태에 있는 경우 생활 안정을 기할 수 있도록 특례를 신설하고, 예술인의 출산에 따른 경제적 부담을 덜어주기 위하여 예술인이 출산 또는 유산·사산을 이유로 노무를 제공할 수 없는 경우에 출산전후급여 등을 지급하도록 함.
- 2021. 1. 5. 개정(법률 제17859호) 특수형태근로종사자 등 노무제공자의 생활

안정과 조기 재취업 기회를 확대하기 위하여 고용보험의 피보험자격 및 구직급여 등에 관한 규정을 일정한 직종의 노무제공자에게도 적용하고, 노무제공자가 출산 또는 유산·사산으로 노무를 제공할 수 없는 경우에는 출산전후급여 등을 지급하도록 함.

- 2022. 6. 10. 개정(법률 제18920호) 출산 또는 유산·사산으로 인해 소득활동이 중단된 예술인과 노무제공자의 생활 안정을 위하여 피보험자였던 예술인과 노무제공자를 출산전후급여 등의 지급대상에 포함하여 대통령령으로 정하는 바에 따라 출산전후급여 등을 지급하도록 함.

제 2 절 법의 주요 내용

1. 법의 목적

「고용보험법」은 고용보험의 시행을 통하여 실업의 예방, 고용의 촉진 및 근로자의 직업능력의 개발과 향상을 꾀하고, 국가의 직업지도와 직업소개기능을 강화하며, 근로자가 실업한 경우에 생활에 필요한 급여를 실시하여 근로자의 생활안정과 구직활동을 촉진함으로써 경제·사회발전에 이바지하는 것을 목적으로 한다(동법 제1조).

2. 용어의 정의

이 법에서 사용하는 용어의 정의는 다음과 같다(동법 제2조).

- 피보험자: 보험에 가입되거나 가입된 것으로 보는 근로자 및 자영업자
- 이직: 피보험자와 사업주 사이의 고용관계가 끝나게 되는 것
- 실업: 근로의 의사와 능력이 있음에도 불구하고 취업하지 못한 상태에 있는 것

- 실업의 인정: 직업안정기관의 장이 수급자격자가 실업한 상태에서 적극적으로 직업을 구하기 위하여 노력하고 있다고 인정하는 것
- 보수: 소득세법에 따른 근로소득에서 대통령령으로 정하는 금품을 뺀 금액
- 일용근로자: 1개월 미만 동안 고용되는 자

3. 대상

1) 적용범위

(1) 적용대상

이 법은 근로자를 사용하는 모든 사업 또는 사업장에 적용한다. 다만, 산업별 특성 및 규모 등을 고려하여 대통령령으로 정하는 사업에 대하여는 적용하지 아니한다(동법 제8조).

(2) 적용 제외 근로자

1인 이상의 근로자가 있는 사업주와 근로자는 의무적으로 고용보험에 가입해야 하지만 다음에 해당하는 사업장과 근로자는 예외적으로 법의 적용 범위에서 제외된다.

- 농업·임업·어업 및 수렵업 중 법인이 아닌 자가 상시 4인 이하의 근로자를 사용하는 사업
- 총 공사금액이 매년 고용노동부장관이 고시하는 금액미만인 건설공사
- 가사서비스업

그리고 적용 제외 근로자는 다음과 같다(동법 제10조).

- 1개월간의 소정 근로시간이 60시간 미만인 자(1주간의 소정 근로시간이 15시간 미만인 근로자 포함. 단, 생업을 목적으로 근로를 제공하는 자 중 3월 이상 계속하여 근로를 제공하는 자 및 1개월 미만의 기간 동안 고용되는 일용근로자는 제외함)
- 「국가공무원법」과 「지방공무원법」에 따른 공무원
- 「사립학교교직원 연금법」의 적용을 받는 자
- 그 밖에 대통령령으로 정하는 자

한편, 65세 이후에 고용(65세 전부터 피보험 자격을 유지하던 사람이 65세 이후에 계속 하여 고용된 경우는 제외)되거나 자영업을 개시한 사람에게는 실업급여와 육아휴직 급여 등을 적용하지 아니한다(동법 제 10조).

(3) 외국인근로자에 대한 적용

「외국인근로자의 고용 등에 관한 법률」의 적용을 받는 외국인근로자에게는 이 법을 적용한다. 다만, 실업급여와 육아휴직 급여 등은 고용노동부령으로 정하는 바에 따른 신청이 있는 경우에만 적용한다. 이에 해당하는 외국인근로자를 제외한 외국인근로자에게는 대통령령으로 정하는 바에 따라 이 법의 전부 또는 일부를 적용한다(동법 제10조의2).

2) 보험관계의 성립 및 소멸

이 법에 따른 보험관계의 성립 및 소멸에 대하여는 「보험료징수법」으로 정하는 바에 따른다(동법 제9조).

4. 보험의 관장

고용보험의 관장은 고용노동부에서 담당하고 있으나(동법 제3조), 실제적으로 업무를 담당하는 기관은 고용노동부의 지방관서이다. 이에 따라 사업장 관리, 보험료징수, 고용보험 사무조합 업무는 근로복지공단 각 지사에서, 피보험자 신고, 실업급여 등 각종 지원 업무는 고용노동부의 고용복지플러스센터에서 담당하고 있다.

5. 급여

이 법의 목적을 이루기 위하여 고용보험사업으로 고용안정·직업능력개발사업, 실업급여, 육아휴직 급여 및 출산전후휴가 급여 등을 실시한다(동법 제4조).

1) 고용안정·직업능력개발사업

고용노동부장관은 피보험자 및 피보험자였던 사람, 그 밖에 취업할 의사를 가진 사람에 대한 실업의 예방, 취업의 촉진, 고용기회의 확대, 직업능력 개발·향상의 기회 제공 및 지원, 그 밖에 고용안정과 사업주에 대한 인력 확보를 지원하기 위하여 고용안정·직업능력개발 사업을 실시한다. 또한 이 사업을 실시할 때에는 근로자의 수, 고용안정·직업능력개발을 위하여 취한 조치 및 실적 등 대통령령으로 정하는 기준에 해당하는 기업을 우선적으로 고려하여야 한다(동법 제19조).

(1) 고용창출의 지원

고용노동부장관은 고용환경 개선, 근무형태 변경 등을 통하여 고용의 기회를 확대한 사업주에 대하여 대통령령이 정하는 바에 따라 필요한 지원을 할 수 있다(동법 제20조).

(2) 고용조정의 지원

고용노동부장관은 경기의 변동, 산업구조의 변화 등에 따른 사업 규모의 축소, 사업의 폐업 또는 전환으로 고용조정이 불가피하게 된 사업주가 근로자에 대한 휴업, 직업전환에 필요한 직업능력개발 훈련, 인력의 재배치 등을 실시하거나 그 밖에 근로자의 고용안정을 위한 조치를 하면 대통령령으로 정하는 바에 따라 그 사업주에게 필요한 지원을 할 수 있다. 이때 고용노동부장관은 이러한 고용조정으로 이직된 근로자를 고용하는 등 고용이 불안정하게 된 근로자의 고용안정을 위한 조치를 하는 사업주에게 대통령령으로 정하는 바에 따라 필요한 지원을 할 수 있고, 「고용정책 기본법」에 따른 업종에 해당하거나 지역에 있는 사업주 또는 근로자에게 우선적으로 지원할 수 있다(동법 제21조). 이를 위한 지원의 종류는 다음과 같다.

- 고용유지지원금(동법 시행령 제19조): 피보험자에 대하여 '고용유지조치'를 취하여 당해 고용유지조치 기간 동안 고용조정으로 피보험자를 이직시키지 아니하는 경우에는 지원금을 지급함
- 전직지원장려금(동법 시행령 제22조): 고용노동부령이 정하는 서비스를 제공하는 경우에는 전직지원장려금을 지급함
- 재고용장려금(동법 시행령 제23조): 고용조정으로 이직한 사람, 임신·출산 또는 육아를 이유로 이직한 여성근로자에게 재고용장려금을 지급함

(3) 지역고용의 촉진 및 고령자 고용촉진 지원

고용노동부장관은 고용기회가 뚜렷이 부족하거나 산업구조의 변화 등으로 고용사정이 급속하게 악화되고 있는 지역으로 사업을 이전하거나 그러한 지역에서 사업을 신설 또는 증설하여 그 지역의 실업예방과 재취업 촉진에 기여한 사업주, 그 밖에 그 지역의 고용기회 확대에 필요한 조치를 한 사업주에게 대통령령으로 정하는 바에 따라 필요한 지원을 할 수 있다(동법 제22조). 또한 고용노동부장관은 고령자 등 노동시장의 통상적인 조건하에서는 취업이 특히 곤란한 자의 고용을 촉진하기 위하여 고령자 등을 새로 고용하거나 이들의 고용안정에 필요한 조치를 하는 사업주 또는 사업주가 실시하는 고용안정 조치에 해당된 근로자에게

대통령령으로 정하는 바에 따라 필요한 지원을 할 수 있다(동법 제23조).

(4) 건설근로자 등의 고용안정 지원

고용노동부장관은 건설근로자 등 고용상태가 불안정한 근로자를 위하여 대통령령이 정하는 바에 따라 필요한 지원을 할 수 있다. 이때 고용노동부장관은 이러한 사업과 관련하여 사업주가 단독으로 고용안정사업을 실시하기 어려운 경우로서 대통령령으로 정하는 경우에는 사업주 단체에 대하여도 지원을 할 수 있다(동법 제24조). 이러한 지원 사업은 다음과 같다.

- 고용상태의 개선을 위한 사업
- 계속적인 고용기회의 부여 등 고용안정을 위한 사업
- 그 밖에 대통령령으로 정하는 고용안정사업

(5) 고용안정 및 취업 촉진

고용노동부장관은 피보험자 등의 고용안정 및 취업의 촉진을 위하여 지원 사업을 직접 실시하거나 이를 실시하는 자에게 필요한 비용을 지원 또는 대부할 수 있다. 이에 따른 사업의 실시와 비용의 지원·대부에 필요한 사항은 대통령령으로 정한다(동법 제25조). 이러한 지원 사업은 다음과 같다.

- 고용관리 진단 등 고용개선 지원 사업
- 피보험자 등의 창업을 촉진하기 위한 지원 사업
- 그 밖에 피보험자 등의 고용안정 및 취업을 촉진하기 위한 사업으로서 대통령령으로 정하는 사업

그리고 고용노동부장관은 피보험자 등의 고용안정·고용촉진 및 사업주의 인력 확보를 지원하기 위하여 대통령령으로 정하는 바에 따라 상담시설, 어린이집,

그 밖에 대통령령으로 정하는 고용촉진 시설을 설치·운영하는 자에게 필요한 지원을 할 수 있다(동법 제26조).

(6) 사업주에 대한 직업능력개발 훈련의 지원

고용노동부장관은 피보험자 등의 직업능력을 개발·향상시키기 위하여 대통령령이 정하는 직업능력개별훈련을 실시하는 사업주에게 대통령령이 정하는 바에 따라 그 훈련에 필요한 비용을 지원할 수 있고, 사업주가 다음의 어느 하나에 해당하는 사람에게 직업능력개발 훈련을 실시하는 경우에는 대통령령으로 정하는 바에 따라 우대 지원할 수 있다(동법 제27조).

- 「기간제 및 단시간근로자 보호 등에 관한 법률」의 기간제근로자
- 「근로기준법」의 단시간근로자
- 「파견근로자 보호 등에 관한 법률」의 파견근로자
- 일용근로자
- 「고용상 연령차별금지 및 고령자고용촉진에 관한 법률」의 고령자 또는 준고령자
- 그 밖에 대통령령으로 정하는 사람

한편, 고용노동부장관이 동법 제27조에 따라 사업주에게 비용을 지원하는 경우, 지원 금액은 「보험료징수법」 제17조에 따른 해당 연도 고용보험개산보험료(동법 제21조에 따른 징수특례사업의 경우에는 전년도 납부보험료) 중 고용안정·직업능력개발 사업의 보험료에 대통령령으로 정하는 비율을 곱한 금액으로 하되, 그 한도는 대통령령으로 정한다(동법 제28조). 이러한 훈련은 「근로자직업능력개발법」 제24조에 따라 훈련과정의 인정을 받은 훈련과정으로서 다음의 어느 하나에 해당하는 훈련 등을 말한다(동법 시행령 제41조).

- 피보험자를 대상으로 실시하는 직업능력개발 훈련
- 피보험자가 아닌 자로서 해당 사업주에게 고용된 자를 대상으로 실시하는 직업능력개발 훈련
- 해당 사업이나 그 사업과 관련되는 사업에서 고용하려는 자를 대상으로 실시하는 직업능력개발 훈련
- 직업안정기관에 구직등록한 자를 대상으로 실시하는 직업능력개발 훈련

(7) 피보험자 등에 대한 직업능력개발 지원

고용노동부장관은 피보험자등이 직업능력개발훈련을 받거나 기타 직업능력의 개발·향상을 위하여 노력하는 경우에는 대통령령이 정하는 바에 따라 필요한 비용을 지원할 수 있다. 또한 고용노동부장관은 필요하다고 인정하면 대통령령으로 정하는 바에 따라 피보험자 등의 취업을 촉진하기 위한 직업능력개발 훈련을 실시할 수 있다(동법 제29조).

(8) 직업능력개발 훈련 시설에 대한 지원

고용노동부장관은 피보험자등의 직업능력 개발·향상을 위하여 필요하다고 인정하면 대통령령이 정하는 바에 따라 직업능력개발 훈련 시설의 설치 및 장비 구입에 필요한 비용의 대부, 그 밖에 고용노동부장관이 정하는 직업능력개발 훈련 시설의 설치 및 장비 구입·운영에 필요한 비용을 지원할 수 있다(동법 제30조).

(9) 직업능력개발의 촉진

고용노동부장관은 피보험자 등의 직업능력의 개발·향상을 촉진하기 위하여 다음의 사업을 실시하거나 이를 실시하는 자에게 그 사업의 실시에 필요한 비용을 지원할 수 있다(동법 제31조).

- 직업능력개발 사업에 대한 기술지원 및 평가 사업
- 자격검정 사업 및 「숙련기술장려법」에 따른 숙련기술 장려 사업
- 그 밖에 대통령령으로 정하는 사업

고용노동부장관은 직업능력 개발·향상과 인력의 원활한 수급을 위하여 필요하다고 인정하면 대통령령으로 정하는 바에 따라 고용노동부장관이 정하는 직종에 대한 직업능력개발 훈련 사업을 위탁하여 실시할 수 있다(동법 제31조).

(10) 건설근로자 등의 직업능력개발 지원

고용노동부장관은 건설근로자 등 고용상태가 불안정한 근로자를 위하여 직업능력개발·향상을 위한 사업으로 대통령령으로 정하는 사업을 실시하는 사업주에게 그 사업의 실시에 필요한 비용을 지원할 수 있다. 이와 관련하여 고용노동부장관은 사업주가 단독으로 직업능력개발 사업을 실시하기 어려운 경우로서 대통령령으로 정하는 경우에는 사업주 단체에 대하여도 지원할 수 있다(동법 제32조).

(11) 고용정보의 제공 및 고용 지원 기반의 구축

고용노동부장관은 사업주 및 피보험자 등에 대한 구인·구직·훈련 등 고용정보의 제공, 직업·훈련 상담 등 직업지도, 직업소개, 고용안정·직업능력개발에 관한 기반의 구축 및 그에 필요한 전문 인력의 배치 등의 사업을 할 수 있다(동법 제33조).

(12) 지방자치단체 등에 대한 지원

고용노동부장관은 지방자치단체 또는 대통령령이 정하는 비영리법인·단체가 그 지역에서 피보험자 등의 고용안정·고용촉진 및 직업능력개발을 위한 사업을 실시하는 경우에는 대통령령으로 정하는 바에 따라 필요한 지원을 할 수 있다(동법 제34조).

2) 실업급여

실업급여는 구직급여와 취업촉진수당으로 구분하고, 취업촉진수당의 종류는 조기재취업수당, 직업능력개발 수당, 광역 구직활동비, 이주비가 있다(동법 제37조).

(1) 구직급여

① 수급요건

구직급여는 이직한 피보험자가 다음의 요건을 모두 갖춘 경우에 지급한다. 피보험자가 이직한 경우로서 이직한 이전 18월간 피보험단위기간에서 통산하여 180일 이상일 것, 근로의 의사와 능력이 있음에도 불구하고 취업하지 못한 경우, 이직사유가 수급자격의 제한사유에 해당하지 아니할 것, 그리고 구직노력을 적극적으로 할 경우이여만 한다(동법 제40조).

② 급여기간

구직급여의 수급자격과 관련된 이직일의 다음날부터 기산하여 12월 내에 소정급여일수를 한도로 하여 지급한다(동법 제48조).

③ 실업의 신고

구직급여를 받고자 하는 자는 이직 후 지체없이 직업안정기관에 출석하여 구직신청, 수급자격의 인정 신청과 함께 실업의 신고를 해야 한다(동법 제42조).

④ 수급자격의 인정

직업안정기관의 장에게 신청하여 수급요건을 갖추었다는 사실을 인정받아야 한다(동법 제43조).

⑤ 급여수준

급여의 수준은 소정의 평균임금, 통상임금, 기준임금, 최저기초일액 등으로 나뉜다(동법 제45조).

⑥ 급여연장지급

필요한 경우 직업안정기관의 장과 고용노동부장관은 다음과 같이 구직급여를 연장 지급할 수 있다(동법 제51~53조).

- 훈련연장급여: 직업안정기관의 장은 직업능력개발훈련 등을 받도록 지시한 경우에는 당해 직업능력개발훈련 등을 받는 기간 중 실업의 인정을 받는 날에 대하여는 소정급여 일수를 초과하여 구직급여를 연장 지급
- 개별연장급여: 취업이 특히 곤란하고 생활이 어려운 수급자격자로서 그가 실업의 인정을 받는 날에 대하여 소정급여일수를 초과하여 구직급여를 연장 지급
- 특별연장급여: 대통령령이 정하는 사유가 발생한 경우에는 60일의 범위 내에서 수급자격자가 실업의 인정을 받는 날에 대하여 소정급여일수를 초과하여 구직급여를 연장 지급

(2) 취업촉진 수당

① 조기재취업 수당

수급자격자가 안정된 직업에 재취업하는 경우로서 대통령령이 정하는 기준에 해당하거나 영리목적사업을 영위하는 경우 지급한다(동법 제64조).

② 직업능력개발 수당

수급자격자가 직업안정기관의 장이 지시한 직업능력개발 훈련 등을 받는 경우에는 그 직업능력개발 훈련 등을 받는 기간에 대하여 지급한다(동법 제65조).

③ 광역 구직활동비

수급자격자가 직업안정기관의 소개에 따라 광범위한 지역에 걸쳐 구직 활동을 하는 경우로서 대통령령이 정하는 기준에 따라 직업안정기관의 장이 필요하다고

인정하면 지급할 수 있다(동법 제66조).

④ 이주비

수급자격자가 취업하거나 직업안정기관의 장이 지시한 직업능력개발 훈련 등을 받기 위해 그 주거를 이주하는 경우로서, 대통령령이 정하는 기준에 따라 직업안정기관의 장이 필요하다고 인정하는 경우 지급할 수 있다(동법 제67조).

⑤ 취업촉진 수당의 지급 제한

거짓이나 그 밖의 부정한 방법으로 실업급여를 받았거나 받으려한 자에게는 그 급여를 받은 날 또는 받으려 한 날부터의 취업촉진 수당을 지급하지 않는다. 다만, 그 급여와 관련된 이직 이후에 새로 수급자격을 취득하면 그 새로운 수급자격에 따른 취업촉진 수당은 그러하지 아니하다. 한편, 거짓이나 그 밖의 부정한 방법이 신고의무의 불이행 또는 거짓의 신고 등 대통령령으로 정하는 사유에 해당하면 취업촉진 수당의 지급을 제한하지 아니한다. 다만, 2회 이상의 위반행위를 한 경우에는 위의 내용에 따른다. 그리고 거짓이나 그 밖의 부정한 방법으로 실업급여를 지급받았거나 받으려 한 자가 위의 내용에 따라 취업촉진 수당을 지급받을 수 없게 되어 조기재취업 수당을 지급받지 못하게 된 경우에도 제64조 제4항을 적용할 때는 그 지급받을 수 없게 된 조기재취업 수당을 지급받은 것으로 본다(동법 제68조).

3) 육아휴직급여

고용노동부장관은 「남녀고용평등과 일·가정 양립 지원에 관한 법률」 제19조에 따른 육아휴직을 30일(「근로기준법」 제74조에 따른 출산전후휴가기간과 중복되는 기간은 제외) 이상 부여받은 피보험자 중 다음의 요건을 모두 갖춘 피보험자에게 육아휴직 급여를 지급한다(동법 제70조).

- 육아휴직을 시작한 날 이전에 피보험 단위기간이 통산하여 180일 이상일 것
- 같은 자녀에 대하여 피보험자인 배우자가 30일 이상의 육아휴직을 부여받지 아니하거나 「남녀고용평등과 일・가정 양립 지원에 관한 법률」 제19조의2에 따른 육아기 근로단축을 30일 이상 실시하지 아니하고 있을 것

4) 출산전후휴가 급여

고용노동부장관은 「남녀고용평등과 일・가정 양립 지원에 관한 법률」 제18조에 따라 피보험자가 「근로기준법」 제74조에 따른 출산전후휴가 또는 유산・사산휴가를 받은 경우로서 다음의 요건을 모두 갖춘 경우에 출산전후휴가 급여를 지급한다(동법 제75조).

- 휴가가 끝난 날 이전에 피보험 단위기간이 통산하여 180일 이상일 것
- 휴가를 시작한 날[동법 제19조에 따라 근로자의 수 등이 대통령령으로 정하는 기준에 해당하는 기업이 아닌 경우는 휴가 시작 후 60일(한 번에 둘 이상의 자녀를 임신한 경우에는 75일) 이후 1개월부터 휴가가 끝난 날 이후 12개월 이내에 신청할 것. 다만, 그 기간에 대통령령으로 정하는 사유로 출산전후휴가 급여 등을 신청할 수 없었던 사람은 그 사유가 끝난 후 30일 이내에 신청하여야 함

이 급여의 지급은 대통령령이 정하는 기준에 해당하는 기업이 아닌 경우 휴가 기간 중 60일(한 번에 둘 이상의 자녀를 임신한 경우에는 75일)을 초과한 일수(30일을 한도로 하되, 한 번에 둘 이상의 자녀를 임신한 경우에는 45일을 한도로 함)로 한정하며, 출산전후휴가 급여 등의 지급 금액은 대통령령으로 정하는 바에 따라 그 상한액과 하한액을 정할 수 있다(동법 제76조).

5) 자영업자인 피보험자에 대한 실업급여 적용의 특례

자영업자인 피보험자의 실업급여의 종류는 구직급여와 취업촉진 수당이 있다. 다만, 연장급여와 조기재취업 수당은 제외한다(동법 제62조의2).

(1) 구직급여의 수급요건

구직급여는 폐업한 자영업자인 피보험자가 다음의 요건을 모두 갖춘 경우에 지급한다(동법 제69조의3).

- 폐업일 이전 24개월간 자영업자인 피보험자로서 갖춘 피보험 단위기간이 통산(通算)하여 1년 이상일 것
- 근로의 의사와 능력이 있음에도 불구하고 취업을 하지 못한 상태에 있을 것
- 법령을 위반하여 허가 취소를 받거나 영업 정지를 받아 폐업한 경우, 방화 등 피보험자 본인의 중대한 귀책사유로서 고용노동부령으로 정하는 사유로 폐업한 경우, 전직 또는 자영업을 다시하기 위하여 폐업한 경우 등의 수급자격의 제한 사유에 해당하지 아니할 것
- 재취업을 위한 노력을 적극적으로 할 것

(2) 기초일액

자영업자인 피보험자이었던 수급자격자에 대한 기초일액은 피보험기간이 3년 이상인 경우 마지막 폐업일 이전 3년의 피보험기간 동안, 3년 미만인 경우 수급자격과 관련된 그 피보험기간 동안 본인이 납부한 보험료의 산정기초가 되는 「보험료징수법」에 따라 고시된 보수액을 전부 합산한 후에 그 기간의 총 일수로 나눈 금액으로 한다. 다만, 그 기초일액이 최저기초일액에 미치지 못하는 경우에는 최저기초일액에 따른 금액으로 하며, 기초일액이 대통령령으로 정하는 금액을 초과한 경우에는 대통령령으로 정하는 금액으로 한다(동법 제69조의4).

(3) 구직급여일액

자영업자인 피보험자로서 폐업한 수급자격자에 대한 구직급여일액은 그 수급자격자의 기초일액에 100분의 50을 곱한 금액으로 한다(동법 제69조의5).

(4) 소정급여일수

자영업자인 피보험자로서 폐업한 수급자격자에 대한 소정급여일수는 고용보험법에 따른 대기기간이 끝난 다음날부터 계산하기 시작하여 피보험기간에 따라 고용보험법에서 정한 일수가 되는 날까지로 한다(동법 제69조의6).

(5) 실업급여의 지급제한

고용노동부장관은 보험료를 체납한 사람에게는 고용노동부령으로 정하는 바에 따라 이 장에 따른 실업급여를 지급하지 아니할 수 있다(동법 제69조의8).

6. 비용

1) 보험료의 부담

이 법에 따른 보험사업에 드는 비용을 충당하기 위하여 징수하는 보험료와 그 밖의 징수금에 대하여는 「보험료징수법」이 정하는 바에 따른다(동법 제6조).

(1) 보험료의 산정

고용보험가입자인 근로자가 부담하여야 하는 고용보험료는 자기의 임금총액에 실업급여의 보험료율의 2분의 1을 곱한 금액으로 한다. 만약 근로자가 64세가 된 때에는 그 날이 속한 달부터 고용보험료를 징수하지 아니한다. 그리고 사업주가 부담하여야 하는 고용보험료는 그 사업에 종사하는 고용보험가입자인 근로자의 임금총액에 고용안정·직업능력개발 사업의 보험요율을 곱한 금액 및 실업급여의 보험료율의 2분의 1을 곱한 금액을 합한 금액으로 한다(「보험료징수법」 제13조).

한편, 「보험료징수법」 제13조에 따라 징수된 고용안정·직업능력개발사업의 보험료 및 실업급여의 보험료는 각각 그 사업에 드는 비용에 충당한다. 다만, 실업급여의 보험료는 육아휴직 급여 및 출산전후휴가급여 등에 드는 비용에 충당할 수 있다(동법 제6조).

(2) 보험료율

보험수지와 동향과 경제상황 등을 고려하여 1000분의 30의 범위 내에서 고용안정·직업능력개발사업의 보험료율 및 실업급여의 보험료율을 구분하여 대통령령으로 정한다.

(3) 개산보험료와 확정보험료

① 개산보험료

당해 보험연도에 그 사업에 종사할 보험사업별 피보험자인 근로자가 지급받을 임금의 총액의 추정액에 해당보험사업별 보험료율을 곱하여 산정한 금액을 말한다.

② 확정보험료

당해 사업에 종사한 보험사업별 피보험지인 근로자를 실제로 지급받은 임금의 총액에 보험사업별 보험료율을 각각 곱하여 산정한 금액을 말한다.

2) 국고의 부담

국가는 매년 보험사업에 드는 비용의 일부를 일반회계에서 부담할 수 있으며, 매년 예산의 범위에서 보험사업의 관리·운영에 드는 비용을 부담할 수 있다(동법 제5조).

3) 고용보험기금

고용노동부장관은 보험사업에 필요한 재원에 충당하기 위하여 고용보험기금을 설치하고, 기금은 보험료와 이 법에 따른 징수금·적립금·기금운용 수익금과 그 밖의 수입으로 조성한다(동법 제78조). 출연금의 지급기준, 사용 및 관리에 관하여 필요한 사항은 대통령령이 정하고 있어 출연금에 대하여 법률적 근거를 두고 있다(동법 제80조). 또한 고용노동부장관은 매년 기금운용 계획을 세워 고용보험위원회 및 국무회의의 심의를 거쳐 대통령의 승인을 받고, 매년 기금의 운용결과에 대하여 고용보험위원회의 심의를 거쳐 공표하여야 한다(동법 제81조).

7. 수급자의 권리보호와 권리구제

1) 수급자의 권리보호

(1) 압류금지

실업급여를 받을 권리는 양도 또는 압류하거나 담보로 제공할 수 없다(동법 제38조).

(2) 불이익 처우 금지

사업주는 근로자가 피보험 자격의 취득 또는 상실에 관한 확인의 청구를 한 것을 이유로 그 근로자에게 해고나 그 밖의 불이익한 처우를 하여서는 아니 된다(동법 제 105조).

(3) 시효

지원금·실업급여·육아휴직 급여 또는 출산전후휴가 급여 등을 지급받거나 그 반환을 받을 권리는 3년간 행사하지 아니하면 시효로 인하여 소멸한다(동법

제107조). 확정보험료의 소멸시효는 다음 보험연도의 첫날(보험연도 중에 보험관계가 소멸한 사업에 있어서는 보험관계가 소멸한 날)부터 진행한다(「보험료징수법」 제43조).

2) 권리구제

(1) 심사 및 재심사

심사의 청구는 확인 또는 처분이 있음을 안 날부터 90일 이내에, 재심사의 청구는 심사청에 대한 결정이 있음을 안 날부터 90일 이내에 각각 제기하여야 한다(동법 제87조).

(2) 고용보험심사관

심사의 청구는 원처분 등을 행한 직업안정기관을 거쳐 당해 직업안정기관의 관할구역을 관할하는 심사관에게 한다. 직업안정기관은 심사청구서를 받은 날부터 5일 이내에 의견서를 첨부하여 이를 관할심사관에게 송부하여야 한다(동법 제89조).

(3) 고용보험심사위원회

피보험 자격의 취득·상실에 대한 확인, 실업급여 및 육아휴직 급여·출산전후휴가 급여에 관한 처분에 대한 이의를 재심사하기 위하여 고용노동부에 고용보험심사위원회를 둔다. 심사위원회는 근로자를 대표하는 자 및 사용자를 대표하는 자 각 1명 이상을 포함한 15명 이내의 위원으로 구성한다. 위원 중 2명은 상임위원으로 하며, 상임위원은 정당에 가입하거나 정치에 관여하여서는 아니된다(동법 제99조).

8. 벌칙 등

이 법에서 정하는 벌칙 등은 다음과 같다(동법 제116조~제118조).

1) 5년 이하의 징역 또는 5천만원 이하의 벌금

- 사업주와 공모하여 거짓이나 그 밖의 부정한 방법으로 고용안정·직업능력 개발사업의 지원금 또는 실업급여, 육아휴직 급여, 육아기 근로시간 단축 급여 및 출산전후휴가 급여, 예술인인 피보험자와 노무제공자인 피보험자에 대한 구직급여 및 출산전후급여를 받은 자와 공모한 사업주

2) 3년 이하의 징역 또는 3천만원 이하의 벌금

- 피보험자격 확인과 관련하여 근로자를 해고하거나 그 밖에 근로자에게 불이익한 처우를 한 사업주
- 거짓이나 그 밖의 부정한 방법으로 실업급여, 육아휴직 급여, 육아기 근로시간 단축 급여 및 출산전후휴가 급여, 예술인인 피보험자와 노무제공자인 피보험자에 대한 구직급여 및 출산전후급여를 받은 자

3) 300만원 이하의 과태료

- 당해 사업에 고용된 근로자의 피보험 자격의 취득 및 상실 등에 관한 사항을 신고를 하지 아니하거나 거짓으로 신고한 자
- 이직확인서를 발급하여 주지 아니하거나 거짓으로 작성하여 신고한 자
- 이직확인서를 제출하지 아니하거나 거짓으로 작성하여 제출한 자
- 요구에 따르지 아니하여 보고를 하지 아니하거나 거짓으로 보고한 자, 같은 요구에 따르지 아니하여 문서를 제출하지 아니하거나 거짓으로 문서를 제출한 자 또는 출석하지 아니한 자

- 요구에 따르지 아니하여 증명서를 내주지 아니한 자
- 보험자의 자격 확인, 부정수급의 조사 등과 관련하여 질문에 답변하지 아니하거나 거짓으로 진술한 자 또는 조사를 거부·방해하거나 기피한 자
- 보험자의 자격 확인, 부정수급의 조사 등과 관련하여 자료 또는 정보의 제공 요청에 따르지 아니한 자
- 노무제공자의 피보험자격의 신고와 관련된 자료 또는 징보를 보관하지 아니한 자

4) 100만원 이하의 과태료

- 피보험자의 자격 확인, 부정수급의 조사 등과 관련하여 보고를 하지 아니하거나 거짓으로 보고한 자, 문서를 제출하지 아니하거나 거짓으로 적은 문서를 제출한 자 또는 출석하지 아니한 자
- 보험자의 자격 확인, 부정수급의 조사 등과 관련하여 질문에 답변하지 아니하거나 거짓으로 진술한 자 또는 검사를 거부·방해하거나 기피한 자
- 심사 또는 재심사의 청구를 받아야 하는 심사관 및 심사위원회의 질문에 답변하지 아니하거나 거짓으로 진술한 자 또는 검사를 거부·방해하거나 기피한 자

5) 양벌규정

- 법인의 대표자나 법인 또는 개인의 대리인, 사용인, 그 밖의 종업원이 그 법인 또는 개인의 업무에 관하여 동법 제116조의 위반행위를 하면 그 행위자를 벌하는 외에 그 법인 또는 개인에게도 해당 조문의 벌금형을 과(科)한다. 다만, 법인 또는 개인이 그 위반행위를 방지하기 위하여 해당 업무에 관하여 상당한 주의와 감독을 게을리 하지 아니한 경우에는 그러하지 아니함

제18장 노인장기요양보험법

제1절 입법 배경 및 주요 연혁

1. 입법 배경

우리나라 인구의 고령화가 세계에서 유례가 없을 정도로 빠르게 진행됨에 따라 치매·중풍 등 일상생활이 어려운 노인들의 수도 날로 증가하고 있으나, 핵가족화·여성의 사회참여 증가 등으로 장기요양이 필요한 노인을 가정에서 돌보는 것이 어렵고 그 가정의 비용부담이 과중하여 노인장기요양 문제는 우리 사회가 시급히 해결해야 할 심각한 사회적 문제로 대두되고 있는 실정이므로, 노인의 간병·장기요양 문제를 사회적 연대원리에 따라 정부와 사회가 공동으로 해결하는 노인장기요양보험제도를 도입하여 노인의 노후생활 안정을 도모하고 그 가족의 부양부담을 덜어줌으로써 국민의 삶의 질을 향상하고자 2007년 4월 27일 「노인장기요양보험법」을 제정하였다. 법 제정의 주요 내용은 다음과 같다.

- 장기요양급여에 관한 국가정책방향: 국가는 장기요양기본계획을 수립·시행함에 있어서 노인뿐만 아니라 장애인 등 일상생활을 혼자서 수행하기 어려운 모든 국민이 장기요양급여, 신체활동지원서비스 등을 제공받을 수 있도록 노력하고 나아가 이들의 생활안정과 자립을 지원할 수 있는 시책을 강구하도록 함.
- 장기요양보험료의 산정·징수 등: 장기요양사업의 재원마련을 위하여 노인장기요양보험제도를 시행할 필요가 있음. 노인장기요양보험의 가입자는 국

민건강보험의 가입자로 하고, 장기요양보험료는 국민건강보험료액에 장기요양보험료율을 곱하여 산정하며, 국민건강보험공단은 장기요양보험료를 국민건강보험료와 구분하여 통합 징수하되, 장기요양보험료와 국민건강보험료를 각각의 독립회계로 관리하도록 함. 노인장기요양보험의 가입자, 장기요양보험료의 산정 및 징수절차를 명확히 하고 국민건강보험의 부과시스템을 활용함으로써 법 집행의 예측가능성과 업무의 효율성을 제고할 것으로 기대됨.

- 장기요양인정의 신청자격: 장기요양급여를 받기 위한 신청자격을 정할 필요가 있음. 장기요양인정을 신청할 수 있는 자는 장기요양보험가입자 또는 그 피부양자, 「의료급여법」에 따른 수급권자 중 65세 이상의 노인 또는 65세 미만의 자로서 치매・뇌혈관성질환 등 대통령령으로 정하는 노인성 질병을 가진 자로 함. 장기요양급여를 필요로 하는 노인 및 노인성질병을 가진 국민에게 장기요양급여가 제공되도록 함으로써 노인장기요양제도의 실효성을 확보할 수 있을 것으로 기대됨.
- 장기요양급여의 종류: 수급자가 받을 수 있는 장기요양급여의 종류를 구체적으로 정할 필요가 있음. 장기요양급여의 종류를 재가급여, 시설급여 및 특별현금급여로 구분하고, 재가급여는 수급자의 가정 등에서 장기요양하는 재가급여를 방문요양, 방문목욕, 주・야간보호 등으로 세분하며, 시설급여는 수급인을 노인의료복지시설 등에 입소시켜 장기요양하는 것으로, 특별현금급여는 수급인에게 특별한 사유가 있는 경우에 현금 등을 지급하는 것으로 함. 장기요양급여의 종류를 구분하고 급여를 선택하여 이용하게 함으로써 장기요양급여 대상자의 상태와 가족상황 등에 따른 적절하고 효과적인 서비스 제공체계를 구축함.
- 장기요양기관의 지정 등: 수급자에게 장기요양급여를 제공하는 장기요양기관의 설치・운영 등에 관한 사항을 정할 필요가 있음. 장기요양기관을 설치・운영하고자 하는 자는 장기요양에 필요한 시설 및 인력을 갖추어 시장・군수・구청장으로부터 지정을 받도록 하고, 장기요양기관이 시설이나 인력을 변경하거나 휴・폐업하는 경우에는 신고하도록 하며, 장기요양기관

이 관련 법령을 위반한 경우에는 그 지정을 취소할 수 있도록 함. 재가급여 중 어느 하나 이상에 해당하는 장기요양급여를 실시하고자 하는 자는 시설 및 인력을 갖추어 재가장기요양기관을 설치하고 시장·군수·구청장에게 이를 신고하도록 하며, 재가장기요양기관의 설치를 신고한 재가장기요양기관은 장기요양기관으로 봄. 장기요양기관의 설치·운영과 지정취소에 관한 사항을 정하여 장기요양기관이 투명하게 운영될 수 있도록 함으로써 장기요양급여가 원활하게 이루어질 수 있도록 함.

- 장기요양급여비용의 본인일부부담: 장기요양급여를 받은 자가 그 비용의 일부를 부담하는 것에 관하여 정할 필요가 있음. 수급자는 재가장기요양급여비용의 100분의 15, 시설장기요양급여비용의 100분의 20을 부담하되, 국민기초생활보장 수급권자는 이를 부담하지 아니하고, 의료급여수급권자 등은 본인일부부담금의 100분의 50을 감경하도록 함. 수급자가 장기요양급여비용의 일부를 부담하도록 함으로써 장기요양급여 이용의 효율성을 제고하고, 부담능력에 따라 본인일부부담금을 차등화 함으로써 이들 부양가족의 경제적 부담을 경감할 수 있을 것으로 기대됨.
- 장기요양위원회 설치 등: 보건복지부장관 소속하에 장기요양위원회를 두고, 근로자단체, 사용자단체, 시민단체, 노인단체, 농어업인단체, 자영자단체 및 장기요양기관 또는 의료계 등의 대표자 등을 중심으로 16인 이상 22인 이하의 위원으로 구성하며, 장기요양보험료율 등을 심의하도록 함. 장기요양사업의 중요사항을 결정하는 장기요양위원회에 이해관계자 및 전문지식을 가진 자를 참여시킴으로써 민주적인 의사결정과 정책결정의 책임성을 확보할 수 있을 것으로 기대됨.
- 관리운영기관: 장기요양사업을 효율적으로 실시하기 위하여 장기요양사업을 관리·운영하고 평가할 기관을 정할 필요가 있음. 국민건강보험공단은 장기요양보험가입자 및 그 피부양자와 의료급여수급권자의 자격관리, 장기요양보험료의 부과·징수, 장기요양인정 신청인에 대한 조사, 장기요양등급판정위원회의 운영 및 장기요양등급 판정 등의 업무를 관장하도록 함. 국민건강

보험공단의 전산망과 전국조직 등 기존 인프라를 활용하여 관리운영의 효율을 기할 수 있도록 함.

- 장기요양등급판정위원회의 설치 등: 장기요양인정 및 장기요양등급 판정 등을 심의하기 위하여 국민건강보험공단에 장기요양등급판정위원회를 둠. 장기요양등급판정위원회의 위원은 15인으로 구성하고, 위원 중에서 시장·군수·구청장이 추천한 위원은 7인, 의사 또는 한의사가 1인 이상 각각 포함되도록 함.
- 국가와 지방자치단체의 부담: 장기요양사업비용에 대한 국가와 지방자치단체의 부담액에 관하여 정할 필요가 있음. 국가는 매년 예산의 범위 안에서 당해 연도 장기요양보험료 예상수입액의 100분의 20에 상당하는 금액을 국고에서 국민건강보험공단에 지원하도록 하고, 국가와 지방자치단체는 의료급여수급권자의 장기요양급여비용, 의사소견서 발급비용, 방문간호지시서 발급비용 중 국민건강보험공단이 부담하는 비용 및 관리운영비의 전액을 대통령령으로 정하는 바에 따라 부담하도록 함. 치매·중풍 등으로 인하여 장기요양이 필요한 노인 등의 복지증진에 대한 국가와 지방자치단체의 책임을 명확히 하고 그 부양가족의 부담을 덜어줄 수 있을 것으로 기대됨.

2. 주요 연혁

- 2007. 4. 27. 「노인장기요양보험법」 제정(법률 제8403호)
- 2013. 8. 13. 개정(법률 제12067호) 장기요양기관의 운영 질서를 확립하고 장기요양기관에 대한 관리를 강화하기 위하여 장기요양기관 등이 본인일부부담금을 면제·할인하는 행위 등을 금지하고, 장기요양기관이 거짓으로 급여비용을 청구한 경우에 위반사실 등을 공표할 수 있도록 하며, 행정제재처분의 효과가 양수인, 합병 후의 법인 또는 폐업 후 같은 장소에서 장기요양기관을 운영하는 직계혈족 등에게 승계되도록 하는 한편, 그 밖에 현행 제도의 운영상 나타난 일부 미비점을 개선·보완하도록 함.

- 2015. 12. 29. 개정(법률 제13647호) 장기요양기관의 휴업·폐업 또는 지정취소·폐쇄 등의 경우 서비스 중단에 따른 수급자의 불편이 있으므로, 장기요양기관 휴·폐업 등의 경우에 수급자 권익보호조치를 하도록 의무화하며, 장기요양기관이 전국적으로는 어느 정도 확충되어 있지만 농어촌이나 도서벽지 등 취약지역에는 충분한 장기요양기관 확보가 어려워 지역 간 서비스 편차가 발생하고 있으므로 공단의 장기요양기관 설치 시 노인인구 및 지역특성 등을 감안한 지역 간 불균형 해소를 고려하도록 하고, 장기요양기관의 투명한 운영을 위해 장기요양기관 설치자의 결격사유를 신설하는 등 장기요양기관의 개설·운영에 대한 요건을 강화함.
- 2016. 5. 29. 개정(법률 제14215호) 장기요양기관의 투명한 회계운영을 위해 장기요양기관 재무·회계기준을 마련하되 사회복지시설인 장기요양기관의 경우는「사회복지사업법」에 따른 재무·회계기준을 따르도록 하고, 국가 및 지방자치단체의 책무로 장기요양요원의 처우개선 및 복지증진을 위해 노력하도록 규정하고 장기요양기본계획에 장기요양요원 처우에 관한 사항을 포함하도록 하며, 장기요양사업의 실태파악을 위해 3년 마다 실태조사를 실시하도록 하는 한편, 장기요양기관이 지급받은 장기요양급여비용 중 일부를 장기요양요원의 인건비로 지출하도록 하고, 지방자치단체가 장기요양요원의 권리보호를 위한 장기요양요원지원센터를 설치·운영할 수 있도록 하는 등 장기요양기관의 투명한 운영 및 장기요양요원의 권익보호를 도모하고자 함.
- 2016. 12. 2. 개정(법률 제14321호) 특별현금급여수급계좌의 예금에 관한 채권은 압류할 수 없도록 하는 등 법적 근거를 마련하여 노인과 그 가족의 생활안정을 도모하고자 함.
- 2018. 3. 27. 개정(법률 제12067호) 본인일부부담금을 60%의 범위 내에서 보건복지부장관이 정하는 바에 따라 차등하여 감경할 수 있도록 함으로써 치매국가책임제 시행에 따라 장기요양보험의 본인일부부담금 경감혜택을 확대함.
- 2018. 12. 11. 개정(법률 제15881호) 표준장기요양이용계획서의 실효성을 강화

하고, 급여외행위 제공·제공요구 금지 및 위반 시 제재 규정을 마련하며, 장기요양기관 지정제 단일화 및 지정제 실효성을 강화하고자 함. 아울러 장기요양기관 지정 유효기간 설정 및 지정 갱신제를 도입하고, 장기요양요원의 보호 규정을 마련하며, 장기요양 권리구제 용어를 정비함.

- 2019. 4. 23. 개정(법률 제16369호) 장기요양인정 신청 등에 대한 대리를 할 수 있는 자에 「치매관리법」에 따른 치매안심센터의 장을 추가하고, 장기요양기관의 장이 기관 폐업 또는 지정취소 등의 경우 수행하여야 할 권익보호조치를 하지 않은 경우 1년 이하의 징역 또는 1천만원 이하의 벌금에 처하도록 함.
- 2021. 7. 27. 개정(법률 제18328호) 재가 및 시설 급여비용뿐만 아니라 특별현금급여의 산정도 함께 규정하고 그 산정 주기를 명시함으로써 노인장기요양보험제도의 안정성을 확보하고자 함.
- 2021. 12. 21. 개정(법률 제18610호) 장기요양기관을 운영하는 자는 폐쇄회로 텔레비전을 설치·운영하도록 하고, 영상정보의 보관·관리 및 열람의무를 규정하며, 그 의무위반에 따른 벌칙 근거를 마련함. 아울러 장기요양보험급여에 관한 본인부담금 수준을 수급자의 장기요양등급, 장기요양급여의 종류 및 수준 등에 따라 차등하여 정할 수 있도록 하고, 의료기관에서 거짓이나 부정한 방법으로 의사소견서·방문간호지시서를 발급하여 그 발급비용을 받은 경우 부당이득에 대해 징수할 수 있도록 근거를 마련함.

제 2 절 법의 주요 내용

1. 법의 목적

「노인장기요양보험법」은 고령이나 노인성 질병 등의 사유로 일상생활을 혼자서 수행하기 어려운 노인 등에게 제공하는 신체활동 또는 가사활동 지원 등의 장기요양급여에 관한 사항을 규정하여 노후의 건강증진 및 생활안정을 도모하고 그 가족의 부담을 덜어줌으로써 국민의 삶의 질을 향상하도록 함을 목적으로 한다(동법 제1조).

2. 용어의 정의

이 법에서 사용하는 용어의 정의는 다음과 같다(동법 제2조).

- 노인 등: 65세 이상의 노인 또는 65세 미만의 자로서 치매・뇌혈관성질환 등 대통령령으로 정하는 노인성 질병을 가진 자
- 장기요양급여: 6개월 이상 동안 혼자서 일상생활을 수행하기 어렵다고 인정되는 자에게 신체활동・가사활동의 지원 또는 간병 등의 서비스나 이에 갈음하여 지급하는 현금 등
- 장기요양사업: 장기요양보험료, 국가 및 지방자치단체의 부담금 등을 재원으로 하여 노인 등에게 장기요양급여를 제공하는 사업
- 장기요양기관: 이 법에 따라 지정을 받은 장기요양급여를 제공하는 기관
- 장기요양요원: 장기요양기관에 소속되어 노인 등의 신체활동 또는 가사활동 지원 등의 업무를 수행하는 자

3. 국가 및 지방자치단체의 책무와 장기요양기본계획

1) 국가 및 지방자치단체의 책무

국가 및 지방자치단체는 노인이 일상생활을 혼자서 수행할 수 있는 온전한 심신상태를 유지하는 데 필요한 사업(이하 "노인성질환예방사업"이라 함)을 실시하여야 하고, 국가는 노인성질환예방사업을 수행하는 지방자치단체 또는 「국민건강보험법」에 따른 국민건강보험공단에 대하여 이에 소요되는 비용을 지원할 수 있다. 한편, 국가 및 지방자치단체는 노인인구 및 지역특성 등을 고려하여 장기요

양급여가 원활하게 제공될 수 있도록 적정한 수의 장기요양기관을 확충하고 장기요양기관의 설립을 지원하여야 한다. 또한, 국가 및 지방자치단체는 장기요양급여가 원활히 제공될 수 있도록 공단에 필요한 행정적 또는 재정적 지원을 할 수 있고, 지역의 특성에 맞는 장기요양사업의 표준을 개발·보급할 수 있다(동법 제4조).

2) 장기요양기본계획

보건복지부장관은 노인 등에 대한 장기요양급여를 원활하게 제공하기 위하여 5년 단위로 다음의 사항이 포함된 장기요양기본계획을 수립·시행하여야 한다(동법 제6조).

- 연도별 장기요양급여 대상인원 및 재원 조달 계획
- 연도별 장기요양기관 및 장기요양전문인력 관리 방안
- 장기요양요원의 처우에 관한 사항
- 그 밖에 노인 등의 장기요양에 관한 사항으로서 대통령령으로 정하는 사항

한편, 국가는 장기요양기본계획을 수립·시행함에 있어서 노인뿐만 아니라 장애인 등 일상생활을 혼자서 수행하기 어려운 모든 국민이 장기요양급여, 신체활동지원서비스 등을 제공받을 수 있도록 노력하고 나아가 이들의 생활안정과 자립을 지원할 수 있는 시책을 강구하여야 한다(동법 제5조).

4. 장기요양인정

1) 장기요양인정의 신청 및 조사

장기요양인정을 신청할 수 있는 자는 노인 등으로서 장기요양보험가입자 또는 그 피부양자이거나 의료급여 수급권자이어야 한다(동법 제12조). 장기요양인정을

신청하는 자는 공단에 보건복지부령으로 정하는 바에 따라 장기요양인정신청서에 의사 또는 한의사가 발급하는 소견서를 첨부하여 제출하여야 한다. 그럼에도 불구하고 거동이 현저하게 불편하거나 도서・벽지 지역에 거주하여 의료기관을 방문하기 어려운 자 등 대통령령으로 정하는 자는 의사소견서를 제출하지 아니할 수 있다(동법 제13조). 공단은 신청서를 접수할 때 보건복지부령으로 정하는 바에 따라 소속 직원으로 하여금 신청인의 심신상태, 신청인에게 필요한 장기요양급여의 종류 및 내용, 그 밖에 장기요양에 관하여 필요한 사항 등을 조사하게 하여야 한다. 다만, 지리적 사정 등으로 직접 조사하기 어려운 경우 또는 조사에 필요하다고 인정하는 경우 특별자치시・특별자치도・시・군・구(자치구를 말함. 이하 같음)에 대하여 조사를 의뢰하거나 공동으로 조사할 것을 요청할 수 있다. 조사를 하는 자는 조사일시, 장소 및 조사를 담당하는 자의 인적사항 등을 미리 신청인에게 통보하여야 한다. 공단 또는 조사를 의뢰받은 특별자치시・특별자치도・시・군・구는 조사를 완료한 때 조사결과서를 작성하여야 한다. 조사를 의뢰받은 특별자치시・특별자치도・시・군・구는 지체 없이 공단에 조사결과서를 송부하여야 한다(동법 제14조).

2) 장기요양인정의 유효기간, 갱신, 변경 등

장기요양인정의 유효기간은 최소 1년 이상으로서 대통령령으로 정한다(동법 제19조). 수급자는 장기요양인정의 유효기간이 만료된 후 장기요양급여를 계속하여 받고자 하는 경우 공단에 장기요양인정의 갱신을 신청하여야 하며, 장기요양인정의 갱신 신청은 유효기간이 만료되기 전 30일까지 이를 완료하여야 한다(동법 제20조). 장기요양급여를 받고 있는 수급자는 장기요양등급, 장기요양급여의 종류 또는 내용을 변경하여 장기요양급여를 받고자 하는 경우 공단에 변경신청을 하여야 한다(동법 제21조). 장기요양급여를 받고자 하는 자 또는 수급자가 신체적・정신적인 사유로 이 법에 따른 장기요양인정의 신청, 장기요양인정의 갱신신청 또는 장기요양등급의 변경신청 등을 직접 수행할 수 없을 때 본인의 가족이나 친족, 그 밖의 이해관계인은 이를 대리할 수 있다. 「사회보장급여의 이용·제공 및 수급권자 발굴에 관한 법률」에 따른 사회복지전담공무원, 「치매관리법」에 따른 치매안심센터의 장(장기요양급여를 받고자 하는 사람 또는 수급자가 같은 법에 따른 치매환자인 경우로 한정)은 관할 지역 안에 거주하는 사람 중 장기요양급여를 받고자 하는 사람 또는 수급자가 장기요양인정신청 등을 직접 수행할 수 없을 때 본인 또는 가족의 동의를 받아 그 신청을 대리할 수 있다. 그럼에도 불구하고 장기요양급여를 받고자 하는 자 또는 수급자가 장기요양인정신청 등을 할 수 없는 경우 특별자치시장·특별자치도지사·시장·군수·구청장이 지정하는 자는 이를 대리할 수 있다(동법 제22조).

3) 장기요양등급판정위원회

장기요양인정 및 장기요양등급 판정 등을 심의하기 위하여 공단에 장기요양등급판정위원회를 두며, 등급판정위원회는 특별자치시·특별자치도·시·군·구 단위로 설치한다. 다만, 인구 수 등을 고려하여 하나의 특별자치시·특별자치도·시·군·구특에 2 이상의 등급판정위원회를 설치하거나 2 이상의 특별자치시·특별자치도·시·군·구를 통합하여 하나의 등급판정위원회를 설치할 수 있다. 등급판정위원회는 위원장 1인을 포함하여 15인의 위원으로 구성한다. 등급판정위원회 위원은 「의료법」에 따른 의료인, 「사회복지사업법」에 따른 사회복지사, 특별자치시·특별자치도·시·군·구 소속 공무원, 그 밖에 법학 또는 장기요양에 관한 학식과 경험이 풍부한 자 중에서 공단 이사장이 위촉한다. 이 경우 특별자치시장·특별자치도지사·시장·군수·구청장이 추천한 위원은 7인, 의사 또는 한의사가 1인 이상 각각 포함되어야 한다. 등급판정위원회 위원의 임기는 3년으로 하되, 공무원인 위원의 임기는 재임기간으로 한다(동법 제52조).

5. 급여

1) 장기요양급여 제공의 기본원칙

장기요양급여는 노인 등이 자신의 의사와 능력에 따라 최대한 자립적으로 일상생활을 수행할 수 있도록 제공하여야 하고, 노인 등의 심신상태·생활환경과 노인 등 및 그 가족의 욕구·선택을 종합적으로 고려하여 필요한 범위 안에서 이를 적정하게 제공하여야 한다. 한편, 노인 등이 가족과 함께 생활하면서 가정에서 장기요양을 받는 재가급여를 우선적으로 제공하여야 하고, 노인 등의 심신상태나 건강 등이 악화되지 아니하도록 의료서비스와 연계하여 이를 제공하여야 한다(동법 제3조).

2) 장기요양급여의 종류

장기요양급여의 종류는 크게 재가급여, 시설급여, 특별현금급여로 구분된다(동법 제23조).

(1) 재가급여

① 방문요양

장기요양요원이 수급자의 가정 등을 방문하여 신체활동 및 가사활동 등을 지원하는 장기요양급여

② 방문목욕

장기요양요원이 목욕설비를 갖춘 장비를 이용하여 수급자의 가정 등을 방문하여 목욕을 제공하는 장기요양급여

③ 방문간호

장기요양요원인 간호사 등이 의사, 한의사 또는 치과의사의 지시서에 따라 수급자의 가정 등을 방문하여 간호, 진료의 보조, 요양에 관한 상담 또는 구강위생 등을 제공하는 장기요양급여

④ 주 · 야간보호

수급자를 하루 중 일정한 시간 동안 장기요양기관에 보호하여 신체활동 지원 및 심신기능의 유지 · 향상을 위한 교육 · 훈련 등을 제공하는 장기요양급여

⑤ 단기보호

수급자를 보건복지부령으로 정하는 범위 안에서 일정 기간 동안 장기요양기관에 보호하여 신체활동 지원 및 심신기능의 유지 · 향상을 위한 교육 · 훈련 등을 제공하는 장기요양급여

⑥ 기타재가급여

수급자의 일상생활 · 신체활동 지원 및 인지기능의 유지 · 향상에 필요한 용구를 제공하거나 가정을 방문하여 재활에 관한 지원 등을 제공하는 장기요양급여로서 대통령령으로 정하는 것

(2) 시설급여

장기요양기관에 입소한 수급자에게 신체활동 지원 및 심신기능의 유지 · 향상을 위한 교육 · 훈련 등을 제공하는 장기요양급여

(3) 특별현금급여

① 가족요양비

공단은 다음의 어느 하나에 해당하는 수급자가 가족 등으로부터 방문요양에

상당한 장기요양급여를 받은 때 대통령령으로 정하는 기준에 따라 당해 수급자에게 가족요양비를 지급할 수 있다(동법 제24조).

- 도서・벽지 등 장기요양기관이 현저히 부족한 지역으로서 보건복지부장관이 정하여 고시하는 지역에 거주하는 자
- 천재지변이나 그 밖에 이와 유사한 사유로 인하여 장기요양기관이 제공하는 장기요양급여를 이용하기가 어렵다고 보건복지부장관이 인정하는 자
- 신체・정신 또는 성격 등 대통령령으로 정하는 사유로 인하여 가족 등으로부터 장기요양을 받아야 하는 자

② 특례요양비

공단은 수급자가 장기요양기관이 아닌 노인요양시설 등의 기관 또는 시설에서 재가급여 또는 시설급여에 상당한 장기요양급여를 받은 경우 대통령령으로 정하는 기준에 따라 당해 장기요양급여비용의 일부를 당해 수급자에게 특례요양비로 지급할 수 있다(동법 제25조).

③ 요양병원간병비

공단은 수급자가 요양병원에 입원한 때 대통령령으로 정하는 기준에 따라 장기요양에 사용되는 비용의 일부를 요양병원간병비로 지급할 수 있다(동법 제26조).

3) 장기요양급여의 제공

수급자는 장기요양인정서와 개인별 장기요양이용계획서가 도달한 날부터 장기요양급여를 받을 수 있고, 이에도 불구하고 수급자는 돌볼 가족이 없는 경우 등 대통령령으로 정하는 사유(주거를 같이하는 가족이 미성년자 또는 65세 이상의 노인 외에는 없는 경우)가 있는 경우 신청서를 제출한 날부터 장기요양인정서가 도달하는 날까지의 기간 중에도 장기요양급여를 받을 수 있다. 한편, 수급자는 장기요양급여를 받으려면 장기요양기관에 장기요양인정서와 개인별 장기요양이용

계획서를 제시하여야 한다. 다만, 수급자가 장기요양인정서 및 개인별 장기요양이용계획서를 제시하지 못하는 경우 장기요양기관은 공단에 전화나 인터넷 등을 통하여 그 자격 등을 확인할 수 있다. 또한, 장기요양기관은 수급자가 제시한 장기요양인정서와 개인별 장기요양이용계획서를 바탕으로 장기요양급여 제공계획서를 작성하고 수급자의 동의를 받아 그 내용을 공단에 통보하여야 하고, 장기요양급여 인정 범위와 절차, 장기요양급여 제공계획서 작성 절차에 관한 구체적인 사항 등은 대통령령으로 정한다(동법 제27조). 아울러 장기요양급여는 월 한도액 범위 안에서 제공하며, 월 한도액은 장기요양등급 및 장기요양급여의 종류 등을 고려하여 산정한다(동법 제28조).

4) 급여외 행위의 제공 금지

수급자 또는 장기요양기관은 장기요양급여를 제공받거나 제공할 경우 '수급자의 가족만을 위한 행위, 수급자 또는 그 가족의 생업을 지원하는 행위, 그 밖에 수급자의 일상생활에 지장이 없는 행위'를 요구하거나 제공하여서는 아니 된다(동법 제28조의2).

5) 장기요양급여의 제한

공단은 장기요양급여를 받고 있는 자가 정당한 사유 없이 장기요양인정에 관한 사항에 따른 조사나 자료의 제출에 따른 요구에 응하지 아니하거나 답변을 거절한 경우 장기요양급여의 전부 또는 일부를 제공하지 아니하게 할 수 있다. 공단은 장기요양급여를 받고 있거나 받을 수 있는 자가 장기요양기관이 거짓이나 그 밖의 부정한 방법으로 장기요양급여비용을 받는 데에 가담한 경우 장기요양급여를 중단하거나 1년의 범위에서 장기요양급여의 횟수 또는 제공 기간을 제한할 수 있다(동법 제29조).

6) 재가급여 및 시설급여 비용

장기요양기관은 수급자에게 재가급여 또는 시설급여를 제공한 경우 공단에 장기요양급여비용을 청구하여야 한다. 공단은 장기요양기관으로부터 재가 또는 시설 급여비용의 청구를 받은 경우 이를 심사하여 그 내용을 장기요양기관에 통보하여야 하며, 장기요양에 사용된 비용 중 공단부담금(재가 및 시설급여비용 중 본인부담금을 공제한 금액을 말함)을 해당 장기요양기관에 지급하여야 한다(동법 제38조).

한편, 보건복지부장관은 매년 급여 종류 및 장기요양등급 등에 따라 장기요양위원회의 심의를 거쳐 재가 및 시설 급여비용과 특별현금급여의 지급금액을 정하여 고시한다(동법 제39조). 장기요양급여(특별현금급여 제외)를 받는 자는 대통령령으로 정하는 바에 따라 비용의 일부를 본인이 부담한다. 이 경우 장기요양급여를 받는 수급자의 장기요양등급, 이용하는 장기요양급여의 종류 및 수준 등에 따라 본인부담의 수준을 달리 정할 수 있다(동법 제40조). 재가급여비용은 해당 장기요양급여비용의 100분의 15, 시설급여는 해당 장기요양급여비용의 100분의 20을 수급자가 부담한다(동법 시행령 제15조의8). 그러나 「국민기초생활보장법」에 의한 의료급여수급자는 본인부담금을 부담하지 아니 한다.

다음의 장기요양 급여는 수급자 본인이 전부 부담한다.

- 이 법의 규정에 따른 급여의 범위 및 대상자에 포함되지 아니하는 장기요양급여
- 장기요양인정서에 기재된 장기요양 급여의 종류 및 내용과 다르게 선택하여 장기요양급여를 받은 경우 그 차액
- 장기요양급여의 월 한도액을 초과하는 장기요양급여

또한, 다음 어느 하나에 해당하는 자에 대해서는 본인부담금의 100분의 60의 범위에서 보건복지부장관이 정하는 바에 따라 차등하여 감경할 수 있다.

- 「의료급여법」에 따른 수급권자(「국민기초생활보장법」에 따른 의료급여수급자 제외)
- 소득 · 재산 등이 보건복지부장관이 정하여 고시하는 일정 금액 이하인 자(다만, 도서 · 벽지 · 농어촌 등의 지역에 거주하는 자에 대하여 따로 금액을 정할 수 있음)
- 천재지변 등 보건복지부령으로 정하는 사유로 인하여 생계가 곤란한 자(동법 제40조)

6. 보험료의 징수 및 산정

1) 보험료징수

장기요양보험사업은 보건복지부장관이 관장하고, 보험자는 국민건강보험공단(이하 '공단'이라 함)으로 하며, 가입자 국민건강보험 가입자로 한다(동법 제7조). 공단은 장기요양사업에 사용되는 비용을 충당하기 위하여 장기요양보험료를 징수하고, 장기요양보험료는 건강보험료와 통합하여 징수한다. 이 경우 공단은 장기요양보험료와 건강보험료를 구분하여 고지해야 하고, 통합 징수한 장기요양보험료와 건강보험료를 각각의 독립회계로 관리하여야 한다(동법 제8조).

2) 보험료의 산정

장기요양보험료는 「국민건강보험법」에 따라 산정한 보험료액에서 경감 또는 면제되는 비용을 공제한 금액에 장기요양보험료율을 곱하여 산정한 금액으로 하며, 장기요양보험료율은 장기요양위원회의 심의를 거쳐 대통령령으로 정한다(동법 제9조). 한편 공단은 「장애인복지법」에 따른 장애인 또는 이와 유사한 자로서 대통령령으로 정하는 자가 장기요양보험가입자 또는 그 피부양자인 경우 수급자로 결정되지 못한 때 대통령령으로 정하는 바에 따라 장기요양보험료의 전부 또는 일부를 감면할 수 있다(동법 제10조).

7. 관리운영기관

1) 국민건강보험공단

장기요양사업의 관리운영기관은 국민건강보험공단으로 하며, 공단은 다음의 업무를 관장한다(동법 제48조).

- 장기요양보험가입자 및 그 피부양자와 의료급여수급권자의 자격관리
- 장기요양보험료의 부과·징수
- 신청인에 대한 조사
- 등급판정위원회의 운영 및 장기요양등급 판정
- 장기요양인정서의 작성 및 표준장기요양이용계획서의 제공
- 장기요양급여의 관리 및 평가
- 수급자 및 그 가족에 대한 정보제공·안내·상담 등 장기요양급여 관련 이용지원에 관한 사항
- 재가 및 시설 급여비용의 심사 및 지급과 특별현금급여의 지급
- 장기요양급여 제공내용 확인
- 장기요양사업에 관한 조사·연구 및 홍보
- 노인성질환예방사업
- 이 법에 따른 부당이득금의 부과·징수 등
- 장기요양급여의 제공기준을 개발하고 장기요양급여비용의 적정성을 검토하기 위한 장기요양기관의 설치 및 운영
- 그 밖에 장기요양사업과 관련하여 보건복지부장관이 위탁한 업무

2) 장기요양위원회

장기요양위원회는 장기요양보험료율, 가족요양비, 특례요양비 및 요양병원간병비의 지급기준, 재가 및 시설급여비용, 그 밖에 대통령령으로 정하는 주요 사항

등을 심의하기 위하여 보건복지부장관 소속으로 둔다(동법 제45조). 장기요양위원회는 위원장 1인, 부위원장 1인을 포함한 16인 이상 22인 이하의 위원으로 구성하고, 위원장은 보건복지부차관이 되며, 부위원장은 위원 중에서 위원장이 지명한다. 위원장이 아닌 위원은 다음에 해당하는 자 중에서 보건복지부장관이 임명 또는 위촉한 자로 하고, 다음에 해당하는 자를 각각 동수로 구성하여야 한다.

- 근로자단체, 사용자단체, 시민단체(「비영리민간단체 지원법」에 따른 비영리민간단체를 말함), 노인단체, 농어업인단체 또는 자영자단체를 대표하는 자
- 장기요양기관 또는 의료계를 대표하는 자
- 대통령령으로 정하는 관계 중앙행정기관의 고위공무원단 소속 공무원, 장기요양에 관한 학계 또는 연구계를 대표하는 자, 공단 이사장이 추천하는 자

장기요양위원회 위원의 임기는 3년으로 한다. 다만, 공무원인 위원의 임기는 재임기간으로 한다(동법 제46조).

8. 장기요양기관

1) 장기요양기관의 지정

재가급여 또는 시설급여를 제공하는 장기요양기관을 운영하려는 자는 보건복지부령으로 정하는 장기요양에 필요한 시설 및 인력을 갖추어 소재지를 관할 구역으로 하는 특별자치시장·특별자치도지사·시장·군수·구청장으로부터 지정을 받아야 한다. 특별자치시장·특별자치도지사·시장·군수·구청장이 지정을 하려는 경우 다음의 사항을 검토하여 장기요양기관을 지정하여야 한다. 이 경우 특별자치시장·특별자치도지사·시장·군수·구청장은 공단에 관련 자료의 제출을 요청하거나 그 의견을 들을 수 있다.

- 장기요양기관을 운영하려는 자의 장기요양급여 제공 이력
- 장기요양기관을 운영하려는 자 및 그 기관에 종사하려는 자가 장기요양기관의 운영과 관련된 법에 따라 받은 행정처분의 내용
- 장기요양기관의 운영 계획
- 해당 지역의 노인인구 수 및 장기요양급여 수요 등 지역 특성
- 특별자치시장·특별자치도지사·시장·군수·구청장이 장기요양기관으로 지정하는 데 필요하다고 인정하여 정하는 사항

한편, 특별자치시장·특별자치도지사·시장·군수·구청장장은 장기요양기관을 지정한 때 지체 없이 지정 명세를 공단에 통보하여야 하고, 재가급여를 제공하는 장기요양기관 중 의료기관이 아닌 자가 설치·운영하는 장기요양기관이 방문간호를 제공하는 경우에는 방문간호의 관리책임자로서 간호사를 두며, 장기요양기관의 지정 절차와 그 밖에 필요한 사항은 보건복지부령으로 정한다(동법 제31조).

2) 결격사유

다음의 어느 하나에 해당하는 자는 장기요양기관으로 지정받을 수 없다(동법 제32조의2).

- 미성년자, 피성년후견인 또는 피한정후견인
- 정신질환자(다만, 전문의가 장기요양기관 설립·운영 업무에 종사하는 것이 적합하다고 인정하는 사람은 그러하지 아니함)
- 마약류에 중독된 사람
- 파산선고를 받고 복권되지 아니한 사람
- 금고 이상의 실형을 선고받고 그 집행이 종료(집행이 종료된 것으로 보는 경우를 포함되거나 집행이 면제된 날부터 5년이 경과되지 아니한 사람)

- 금고 이상의 형의 집행유예를 선고받고 그 유예기간 중에 있는 사람
- 대표자가 위의 규정 중 어느 하나에 해당하는 법인

3) 장기요양기관 지정의 유효기간 및 갱신

장기요양기관 지정의 유효기간은 지정을 받은 날부터 6년으로 하고(동법 제32조의3), 장기요양기관의 장은 지정의 유효기간이 끝난 후에도 계속하여 그 지정을 유지하려는 경우에는 소재지를 관할구역으로 하는 특별자치시장・특별자치도지사・시장・군수・구청장에게 지정 유효기간이 끝나기 90일 전까지 갱신을 신청하여야 한다(동법 제32조의3, 제32조의4).

4) 장기요양기관 정보의 안내

장기요양기관은 수급자가 장기요양급여를 쉽게 선택하도록 하고 장기요양기관이 제공하는 급여의 질을 보장하기 위하여 장기요양기관별 급여의 내용・시설・인력 등 현황자료 등을 공단이 운영하는 인터넷 홈페이지에 게시하여야 한다(동법 제34조).

5) 장기요양기관 지정 취소와 업무 정지

특별자치시장・특별자치도지사・시장・군수・구청장은 장기요양기관이 다음 중 어느 하나에 해당하는 경우 그 지정을 취소하거나 6개월 범위에서 업무정지를 명할 수 있다(동법 제37조).

- 거짓이나 그 밖의 부정한 방법으로 지정을 받은 경우(반드시 취소하여야 함)
- 급여 외 행위를 제공한 경우(다만, 장기요양기관의 장이 그 위반행위를 방지하기 위하여 해당 업무에 관하여 상당한 주의와 감독을 게을리 하지 아니한 경우는 제외)
- 장기요양에 필요한 시설 및 인력 지정기준에 적합하지 아니한 경우

- 장기요양기관 지정의 결격사유 중 어느 하나에 해당하게 된 경우(반드시 취소하여야 함). 다만, 대표자가 결격사유에 해당하게 된 법인의 경우 3개월 이내에 그 대표자를 변경하는 때에는 그러하지 아니함
- 수급자로부터 장기요양급여신청을 받은 때 장기요양급여를 거부한 경우
- 본인일부부담금을 면제하거나 감경하는 행위를 한 경우
- 수급자를 소개·알선 또는 유인하는 행위 및 이를 조장하는 행위를 한 경우
- 장기요양요원에게 급여외 행위의 제공을 요구하는 행위나 수급자가 부담하여야 할 본인부담금의 전부 또는 일부를 부담하도록 요구하는 행위를 한 경우
- 폐업 또는 휴업 선고를 하지 아니하고 1년 이상 장기요양급여를 제공하지 아니한 경우(반드시 취소하여야 함)
- 시정명령을 이행하지 아니하거나 회계부정 행위가 있는 경우
- 정당한 사유 없이 장기요양급여의 관리·평가에 따른 평가를 거부·방해 또는 기피하는 경우
- 거짓이나 그 밖의 부정한 방법으로 재가 및 시설 급여비용을 청구한 경우
- 장기요양급여에 관련된 자료제출 명령에 따르지 아니하거나 거짓으로 자료제출을 한 경우나 질문 또는 검사를 거부·방해 또는 기피하거나 거짓으로 답변한 경우
- 장기요양기관의 종사자 등이 '수급자의 신체에 폭행을 가하거나 상해를 입히는 행위, 수급자에게 성적수치심을 주는 성폭행·성희롱 등의 행위, 자신의 보호·감독을 받는 수급자를 유기하거나 의식주를 포함한 기본적 보호 및 치료를 소홀히 하는 방임행위, 수급자를 위하여 증여 또는 급여된 금품을 그 목적 외의용도에 사용하는 행위, 폭언·협박·위협 등으로 수급자의 정신건강에 해를 끼치는 정서적 학대행위'를 한 경우. 다만, 장기요양기관의 장이 그 행위를 방지하기 위하여 해당 업무에 관하여 상당한 주의와 감독을 게을리하지 아니한 경우는 제외함
- 업무정지기간 중에 장기요양급여를 제공한 경우(반드시 취소하여야 함)

• 「부가가치세법」에 따른 사업자등록 또는 「소득세법」에 따른 사업자등록이나 고유번호가 말소된 경우(반드시 취소하여야 함) 특별자치시장·특별자치도지사·시장·군수·구청장은 지정을 취소하거나 업무정지명령을 한 경우에는 지체 없이 그 내용을 공단에 통보하고, 보건복지부령으로 정하는 바에 따라 보건복지부장관에게 통보한다. 이 경우 시장·군수·구청장은 관할 특별시장·광역시장 또는 도지사를 거쳐 보건복지부장관에게 통보하여야 한다.

한편, 특별자치시장·특별자치도지사·시장·군수·구청장은 장기요양기관이 지정취소 또는 업무정지되는 경우에는 해당 장기요양기관을 이용하는 수급자를 다른 장기요양기관으로 옮기도록 하는 등 수급자의 권익을 보호하기 위하여 적극적으로 노력하여야 한다(동법 제37조).

6) 장기요양기관의 의무

장기요양기관은 수급자로부터 장기요양급여신청을 받은 때 장기요양급여의 제공을 거부하여서는 아니 된다. 다만 입소정원에 여유가 없는 경우 등 정당한 사유가 있는 경우는 그러하지 아니하다. 장기요양기관은 장기요양급여의 제공기준 절차 및 방법 등에 따라 장기요양급여를 제공하여야 한다. 장기요양기관의 장은 장기요양급여를 제공한 수급자에게 장기요양급여비용에 대한 명세서를 교부하여야 하고 장기요양급여 제공에 관한 자료를 기록·관리하여야 한다. 장기요양기관은 면제받거나 감경받는 금액 외에 영리를 목적으로 수급자가 부담하는 재가 및 시설 급여비용을 면제하거나 감경하는 행위를 하여서는 아니 된다. 아울러 누구든지 영리를 목적으로 금전, 물품, 노무, 향응, 그 밖의 이익을 제공하거나 제공할 것을 약속하는 방법으로 수급자를 장기요양기관에 소개, 알선 또는 유인하는 행위 및 이를 조장하는 행위를 하여서는 아니 된다(동법 제35조).

7) 장기요양기관의 폐업 등 신고

장기요양기관의 장은 폐업하거나 휴업하고자 하는 경우 폐업이나 휴업 예정일 전 30일까지 특별자치시장・특별자치도지사・시장・군수・구청장에게 신고하여야 한다. 신고를 받은 특별자치시장・특별자치도지사・시장・군수・구청장은 지체 없이 신고 명세를 공단에 통보하여야 한다. 특별자치시장・특별자치도지사・시장・군수・구청장은 장기요양기관의 장이 유효기간이 끝나기 30일 전까지 지정 갱신 신청을 하지 아니하는 경우 그 사실을 공단에 통보하여야 한다. 특별자치시장・특별자치도지사・시장・군수・구청장은 폐업 또는 휴업 신고를 접수한 경우 또는 장기요양기관의 장이 유효기간이 끝나기 30일 전까지 지정 갱신 신청을 하지 아니한 경우 장기요양기관의 장이 수급자의 권익을 보호하기 위한 조치를 취하였는지의 여부를 확인하고, 인근지역에 대체 장기요양기관이 없는 경우 등 장기요양급여에 중대한 차질이 우려되는 때에는 장기요양기관의 폐업・휴업 철회 또는 지정 갱신 신청을 권고하거나 그 밖의 다른 조치를 강구하여야 한다. 특별자치시장・특별자치도지사・시장・군수・구청장은 노인의료복지시설 등에 대하여 사업정지 또는 폐지 명령을 하는 경우 지체 없이 공단에 그 내용을 통보하여야 한다. 장기요양기관의 장은 폐업・휴업 신고를 할 때 또는 장기요양기관의 지정 갱신을 하지 아니하여 유효기간이 만료될 때 보건복지부령으로 정하는 바에 따라 장기요양급여 제공 자료를 공단으로 이관하여야 한다. 다만 휴업 신고를 하는 장기요양기관의 장이 휴업 예정일 전까지 공단의 허가를 받은 경우에는 장기요양급여 제공 자료를 직접 보관할 수 있다(동법 제36조).

8) 과징금의 부과

특별자치시장・특별자치도지사・시장・군수・구청장은 지정취소나 업무정지에 해당하는 행위를 이유로 업무정지명령을 하여야 하는 경우로서 그 업무정지가 해당 장기요양기관을 이용하는 수급자에게 심한 불편을 줄 우려가 있는 등 보건복지부장관이 정하는 특별한 사유가 있다고 인정되는 경우에는 업무정지명령을 갈음하여 2억원 이하의 과징금을 부과할 수 있다. 다만 장기요양기관의 종사자 등이 수급자의 신체에 폭행을 가하거나 상해를 입히는 행위, 수급자에게 성적 수치심을 주는 성폭행·성희롱 등의 행위, 자신의 보호 감독을 받는 수급자를 유기하거나 의식주를 포함한 기본적 보호 및 치료를 소홀히 하는 방임행위, 수급자를 위하여 증여 또는 급여된 금품을 그 목적 외의 용도에 사용하는 행위, 폭언·협박·위협 등으로 수급자의 정신건강에 해를 끼치는 정서적 학대행위를 한 경우에는 그러하지 아니하다.

특별자치시장·특별자치도지사·시장·군수·구청장은 거짓이나 그 밖의 부정한 방법으로 재가 및 시설 급여비용을 청구한 행위를 이유로 업무정지 명령을 하여야 하는 경우로서 그 업무정지가 해당 장기요양기관을 이용하는 수급자에게 심한 불편을 줄 우려가 있는 등 보건복지부장관이 정하는 특별한 사유가 있다고 인정되는 경우에는 업무정지명령을 갈음하여 거짓이나 그 밖의 부정한 방법으로 청구한 금액의 5배 이하의 금액을 과징금으로 부과할 수 있다. 특별자치시장·특별자치도지사·시장·군수·구청장은 과징금을 내야 할 자가 납부기한까지 내지 아니한 경우에는 지방세 체납처분의 예에 따라 징수한다(동법 제37조의2).

9. 수급자의 권리보호와 권리구제

1) 수급자의 권리보호

장기요양급여를 받을 권리는 양도 또는 압류하거나 담보로 제공할 수 없고, 특별현금급여수급계좌의 예금에 관한 채권은 압류할 수 없다(동법 제66조).

2) 권리구제

(1) 심사청구

장기요양인정·장기요양등급·장기요양급여·부당이득·장기요양급여비용 또는 장기요양보험료 등에 관한 공단의 처분에 이의가 있는 자는 공단에 심사청구를 할 수 있으며 심사청구는 처분이 있음을 안 날부터 90일 이내에 문서(전자문서 포함)로 하여야 한다(동법 제55조).

(2) 재심사청구

심사청구에 대한 결정에 불복하는 자는 결정통지를 받은 날부터 90일 이내에 장기요양재심사위원회(이하 "재심사위원회"라 한다)에 재심사를 청구할 수 있다. 재심사위원회는 보건복지부장관 소속으로 두고 위원장 1인을 포함한 20인 이내의 위원으로 구성한다(동법 제56조).

(3) 행정소송

공단의 처분에 이의가 있는 자와 심사청구 또는 재심사청구에 대한 결정에 불복하는 자는 행정소송법으로 정하는 바에 따라 행정소송을 제기할 수 있다(동법 제57조).

9. 벌칙

이 법에서 정하는 벌칙은 다음과 같다(동법 제67~제69조).

(1) 3년 이하의 징역 또는 3천만 원 이하의 벌금

- 거짓이나 그 밖의 부정한 방법으로 장기요양급여비용을 청구한 자
- 폐쇄회로 텔레비전의 설치 목적과 다른 목적으로 폐쇄회로 텔레비전을 임의로 조작하거나 다른 곳을 비추는 행위를 한 자
- 녹음기능을 사용하거나 보건복지부령으로 정하는 저장장치 이외의 장치 또는 기기에 영상정보를 저장한 자

(2) 2년 이하의 징역 또는 2천만 원 이하의 벌금

- 지정받지 아니하고 장기요양기관을 설치 운영하거나 거짓이나 그 밖의 부정한 방법으로 지정받은 자
- 안전성 확보에 필요한 조치를 하지 아니하여 영상정보를 분실·도난·유출·변조 또는 훼손당한 자
- 본인일부부담금을 면제 또는 감경하는 행위를 한 자
- 수급자를 소개 알선 또는 유인하는 행위를 하거나 이를 조장한 자
- 업무수행 중 알게 된 비밀을 누설한 자

(3) 1년 이하의 징역 또는 1천만 원 이하의 벌금

- 정당한 사유 없이 장기요양급여의 제공을 거부한 자
- 거짓이나 그 밖의 부정한 방법으로 장기요양급여를 받거나 다른 사람으로 하여금 장기요양급여를 받게 한 자
- 정당한 사유 없이 권익보호조치를 하지 아니한 사람
- 수급자가 부담한 비용을 정산하지 아니한 자

(4) 1천만원 이하의 과태료

- 자료제출 명령에 따르지 아니하거나 거짓으로 자료제출을 한 장기요양기관 또는 의료기관이나 질문 또는 검사를 거부·방해 또는 기피하거나 거짓으로 답변한 장기요양기관 또는 의료기관

(5) 500만원 이하의 과태료

- 변경지정을 받지 아니하거나 변경신고를 하지 아니한 자 또는 거짓이나 그 밖의 부정한 방법으로 변경지정을 받거나 변경신고한 자
- 장기요양기관에 관한 정보를 게시하지 아니하거나 거짓으로 게시한 자

- 수급자에게 장기요양급여비용에 대한 명세서를 교부하지 아니하거나 거짓으로 교부한 자
- 장기요양급여 제공 자료를 기록 관리하지 아니하거나 거짓으로 작성한 사람
- 장기요양요원에게 급여외 행위의 제공을 요구하는 행위를 하거나 수급자가 부담하여야 할 본인부담금의 전부 또는 일부를 부담하도록 요구하는 행위를 한 자
- 폐업 휴업 신고 또는 자료이관을 하지 아니하거나 거짓이나 그 밖의 부정한 방법으로 신고한 자
- 행정제재처분을 받았거나 그 절차가 진행 중인 사실을 양수인 등에게 지체 없이 알리지 아니한 자
- 거짓이나 그 밖의 부정한 방법으로 수급자에게 장기요양급여비용을 부담하게 한 자
- 보고 또는 자료제출 요구 명령에 따르지 아니하거나 거짓으로 보고 또는 자료제출을 한 자나 질문 또는 검사를 거부·방해 또는 기피하거나 거짓으로 답변한 자
- 거짓이나 그 밖의 부정한 방법으로 장기요양급여비용 청구에 가담한 사람
- 노인장기요양보험 또는 이와 유사한 용어를 사용한 자

(6) 300만원 이하의 과태료

- 폐쇄회로 텔레비전을 설치하지 아니하거나 설치·관리의무를 위반한 자
- 폐쇄회로 텔레비전의 열람 요청에 응하지 아니한 자

제19장 노인복지법

제1절 입법 배경 및 주요 연혁

1. 입법 배경

의약기술의 발달과 문화생활의 향상으로 평균수명이 연장되어 노인인구의 절대수가 크게 증가하는 한편 산업화, 도시화, 핵가족화의 진전에 따라 노인문제가 점차 큰 사회문제로 대두되고 있음에 대처하여 우리 사회의 전통적 가족제도에 연유하고 있는 경로효친의 미풍량속을 유지·발전시켜 나아가는 한편 노인을 위한 건강보호와 시설의 제공 등 노인복지시책을 효과적으로 추진함으로써 노인의 안락한 생활을 북돋우어 주며 나아가 사회복지의 증진에 기여하고자 1981년 6월 5일 「노인복지법」을 제정하였다. 법 제정의 주요 내용은 다음과 같다.

- 국가 또는 지방자치단체는 매년 5월에 경로주간을 설정하여 경로효친의 사상을 앙양하도록 함.
- 노인의 복지를 위한 상담 및 지도업무를 담당하게 하기 위하여 시·군·구에 노인복지상담원을 둘 수 있도록 함.
- 보건사회부장관, 서울특별시장·직할시장·도지사 또는 시장·군수(福祉實施機關)는 65세 이상의 노인으로서 신체·정신·환경·경제적 이유로 거택에서 보호받기가 곤란한 자를 노인복지시설에 입소시키거나 입소를 위탁하도록 함.
- 복지시설기관은 65세 이상의 노인에 대하여 건강진단 또는 보건교육을 실시

할 수 있도록 함.

- 65세 이상의 노인에 대하여는 국가 또는 지방자치단체의 수송시설 기타 공공시설 및 민간서비스사업의 이용료를 무료로 하거나 할인 우대할 수 있도록 함.
- 노인복지시설을 양로시설·노인요양시설·유료양로시설 및 노인복지센터 등으로 구분하고 양로시설 및 노인요양시설은 무료와 실비시설로 구분함.
- 국가 또는 지방자치단체는 노인복지시설을 설치할 수 있도록 하고 사회복지법인 기타 비영리법인은 도지사의 허가를 받아 노인복지시설을 설치할 수 있도록 함.
- 국가 또는 지방자치단체는 노인복지시설에 대하여 그 설치 또는 운영에 필요한 비용을 보조할 수 있도록 함.

2. 주요 연혁

- 1981. 6. 5.「노인복지법」 제정(법률 제3453호)
- 2013. 8. 13. 개정(법률 제12066호) 노인주거복지시설, 노인의료복지시설, 노인여가복지시설 및 재가노인복지시설에 대한 업무정지 기간 상한을 1개월로 명시함.
- 2013. 6. 4. 개정(법률 제11854호) 노인에게 일자리를 제공하는 노인일자리지원기관은 사회복지사업을 수행하고 있으므로 노인복지시설의 한 종류로 규정하여 사회복지시설로 인정받을 수 있는 법적 근거를 마련함.
- 2015. 1. 28. 개정(법률 제13102호) 노인실태조사를 위하여 관계 기관·법인·단체·시설의 장에게 필요한 자료제출 또는 의견진술을 요청할 수 있는 근거규정을 신설하고, 60세 이상의 노인과 그 배우자로 한정되어 있는 노인복지주택 입소자의 범위를 입소자격 노인이 부양을 책임지고 있는 19세 미만의 자녀·손자녀로 확대함. 아울러 노인복지주택 중 분양형 관련 조항을 삭제하고, 노인의 신체에 대한 상해행위에 대해서 양벌규정이 적용되도록 함.

- 2015. 12. 29. 개정(법률 제13646호) 노인학대사례가 꾸준히 증가하고 있어서 노인학대의 예방 및 방지를 위한 법적·제도적 장치를 강화할 필요가 있으므로, 노인학대관련범죄 전력자의 취업제한 등 노인학대 관련 규제 및 처벌을 강화하고, 노인복지시설이 휴지·폐지하거나 사업정지·폐지명령을 받는 경우 이로 인한 서비스의 중단으로 이용자들의 불편이 있으므로, 노인복지시설 휴지·폐지 또는 사업정지·폐지의 경우 이용자 권익보호조치를 하도록 의무화함.
- 2016. 12. 2. 개정(법률 제14320호) 금지행위 규정에 정서적 학대행위를 추가하고, 노인의 연령기준을 65세 이상으로 명시하며, 징역형 대비 적정 벌금액의 일반기준인 '징역형 1년당 벌금형 1천만원'의 비율에 따라 벌금형의 금액을 조정하고자 함.
- 2017. 3. 14. 개정(법률 제14596호) 노인학대행위자에게 노인학대관련 심리치료 등의 권고가 있는 경우 이를 성실히 이행하도록 하고, 학대피해노인 전용쉼터의 설치 및 업무 위탁에 필요한 비용 지원의 근거를 마련하여 노인학대를 예방하고 학대피해노인을 보호하고자 함.
- 2017. 10. 24. 개정(법률 제14922호) 노인 학대를 예방하고 노인 인권을 제고할 수 있도록 대통령령으로 정하는 노인복지시설의 설치·운영자 및 종사자, 이용자에 대하여 인권교육을 실시하도록 하고, 국가 또는 지방자치단체의 독거노인 지원 사업과 노인성 질환에 대한 의료지원 사업에 대하여 비용을 지원할 수 있도록 근거를 명시하며, 노인복지주택 입소자격자가 부양하는 가족의 주거 안정을 도모하기 위하여 입소자격자 사망 등의 경우 보건복지부령으로 정하는 기간 내에서 퇴소하도록 하는 등 현행 제도의 운영 상 나타난 일부 미비점을 개선·보완함.
- 2018. 3. 13. 개정(법률 제11854호) 노인의 일자리 보급을 확대하기 위하여 국가, 지방자치단체, 그 밖의 공공단체 중 대통령령으로 정하는 기관은 소관 공공시설에 청소, 주차관리 및 매표 등의 사업을 위탁하는 경우에는 65세 이상 노인을 100분의 20 이상 채용한 사업체를 우대할 수 있도록 하고, 관련

민원의 투명하고 신속한 처리와 일선 행정기관의 적극행정을 유도하기 위하여, 노인주거복지시설·노인의료복지시설·노인여가복지시설·재가노인복지시설 설치의 신고·변경신고 및 폐지·휴지 신고가 수리가 필요한 신고임을 명시하며, 노인 학대행위를 발견할 개연성이 높은 국민건강보험공단의 요양직 직원 등을 노인학대 신고의무자로 추가하는 등 현행 제도의 운영 상 나타난 일부 미비점을 개선·보완함.

- 2018. 12. 11. 개정(법률 제15880호) 법원이 노인학대관련범죄로 형 등을 선고할 때 그 판결과 동시에 최대 10년 범위의 취업제한명령을 선고하도록 하여 헌법재판소 위헌결정의 취지를 반영함.
- 2019. 4. 30. 개정(법률 제16403호) 요양보호사교육기관을 설치·운영하는 자가 교육 이수 관련 서류를 거짓으로 작성한 경우, 노인주거복지시설 등과 노인여가복지시설 등을 설치·운영하는 자 또는 그 종사자가 입소자나 이용자를 학대한 경우에 대한 행정처분의 근거를 법률에 명확히 규정함.
- 2019. 12. 3. 개정(법률 제16735호) 시·도지사는 요양보호사 자격증 발급 신청일을 기준으로 결격사유에 해당하는 사람에 대해서는 자격증을 교부하지 못하도록 함으로써 요양보호사 결격사유 판단 기준일을 명확히 하는 한편, 보건복지부장관 등의 복지실시기관과 노인주거복지시설 등의 노인복지시설을 설치한 자 또는 편의를 제공한 자가 신용카드, 직불카드 또는 선불카드에 의한 결제로 복지조치에 필요한 비용 등을 납부받을 수 있도록 함으로써 이용자의 편의를 제고함.
- 2020. 12. 29. 개정(법률 제17776호) 노인보호전문기관의 교육·상담 및 사후관리를 기피, 방해하는 경우 300만원 이하의 과태료를 부과할 수 있도록 함으로써 노인학대의 재발을 방지하는 한편, 노인복지시설에서 무연고 사망자가 발생하는 경우 500만원 이하의 잔여재산에 대하여는 그 처리 절차를 간소화하는 등 현행 제도의 운영상 나타난 일부 미비점을 개선·보완함.
- 2023. 5. 2. 개정(법률 제19399호) 보건복지부장관은 노인의 인권보호 및 노인학대 예방에 관한 정확한 정보의 제공 등을 위하여 관계 중앙행정기관의 장

과 협의하여 언론의 노인학대보도에 대한 권고기준을 수립하도록 하고, 방송·신문·잡지 및 인터넷신문 등 언론에 대하여 노인학대보도에 대한 권고기준을 준수하도록 협조를 요청할 수 있는 근거를 마련하는 등 현행 제도의 운영상 나타난 일부 미비점을 개선·보완함.

- 2023. 6. 13. 개정(법률 제19449호) 노인학대 관련 범죄자의 취업제한 대상기관에 장애인활동지원기관, 독거노인종합지원센터 등을 주가하고, 노인학대 관련 범죄자의 취업제한 위반 여부에 대한 점검 결과를 공개하도록 하는 등 현행 제도의 운영상 나타난 일부 미비점을 개선·보완함.
- 2023. 8. 17. 개정(법률 제19647호) 국가와 지방자치단체는 노인 관련 정책이 노인복지에 미치는 영향을 분석·평가하고, 그 결과를 노인 관련 정책의 수립·시행에 반영하도록 함.

제 2 절 법의 주요 내용

1. 법의 목적 및 기본이념

1) 목적

「노인복지법」은 노인의 질환을 사전예방 또는 조기발견하고 질환상태에 따른 적절한 치료·요양으로 심신의 건강을 유지하고 노후의 생활안정을 위하여 필요한 조치를 강구함으로써 노인의 보건복지 증진에 기여함을 목적으로 한다(동법 제1조).

2) 기본이념

이 법의 기본이념은 다음과 같다(동법 제2조).

- 노인은 후손의 양육과 국가 및 사회의 발전에 기여하여 온 자로서 존경받으며 건전하고 안정된 생활을 보장받는다.
- 노인은 그 능력에 따라 적당한 일에 종사하고 사회적 활동에 참여할 기회를 보장받는다.
- 노인은 노령에 따르는 심신의 변화를 지각하여 항상 심신의 건강을 유지하고 그 지식과 경험을 활용하여 사회발전에 기여하도록 노력하여야 한다.

2. 용어의 정의

이 법에서 사용하는 용어의 정의는 다음과 같다(동법 제1조의2).

- 부양의무자: 배우자(사실상의 혼인관계에 있는 자 포함)와 직계비속 및 그 배우자(사실상의 혼인관계에 있는 자 포함)
- 보호자: 부양의무자 또는 업무・고용 등의 관계로 사실상 노인을 보호하는 자
- 치매: 「치매관리법」에 따른 치매
- 노인학대: 노인에 대하여 신체적・정신적・정서적・성적 폭력 및 경제적 착취 또는 가혹행위를 하거나 유기 또는 방임을 하는 것

3. 보건・복지조치

1) 노인사회참여 지원

국가 또는 지방자치단체는 노인의 사회참여 확대를 위하여 노인의 지역봉사 활동기회를 넓히고, 노인에게 적합한 직종의 개발과 그 보급을 위한 시책을 강구하며 근로능력 있는 노인에게 일할 기회를 우선적으로 제공하도록 노력하여야 한다. 국가 또는 지방자치단체는 노인의 지역봉사 이를 위하여 노인지역봉사기관, 노인취업알선기관 등 노인복지관계기관에 대하여 필요한 지원을 할 수 있다

(동법 제23조).

2) 노인일자리전담기관의 설치 · 운영

국가 또는 지방자치단체는 노인일자리전담기관을 설치 · 운영하거나 그 운영의 전부 또는 일부를 법인 · 단체 등에 위탁할 수 있다(동법 제23조의2). 국가, 지방자치단체 및 그 밖의 공공단체는 노인일자리지원기관에서 생산한 물품의 우선구매에 필요한 조치를 마련하여야 한다(동법 제23조의3).

- 노인인력개발기관: 노인일자리개발 · 보급사업, 조사사업, 교육 · 홍보 및 협력사업, 프로그램인증 · 평가사업 등을 지원하는 기관
- 노인일자리지원기관: 지역사회 등에서 노인일자리의 개발 · 지원, 창업 · 육성 및 노인에 의한 재화의 생산 · 판매 등을 직접 담당하는 기관
- 노인취업알선기관: 노인에게 취업 상담 및 정보를 제공하거나 노인일자리를 알선하는 기관

3) 지역봉사지도원 위촉 및 업무

국가 또는 지방자치단체는 사회적 신망과 경험이 있는 노인으로서 지역봉사를 희망하는 경우에는 이를 지역봉사지도원으로 위촉할 수 있다. 지역봉사지도원의 업무는 국가 또는 지방자치단체가 행하는 업무 중 민원인에 대한 상담 및 조언, 도로의 교통정리, 주 · 정차단속의 보조, 자연보호 및 환경침해 행위단속의 보조와 청소년 선도, 충효사상, 전통의례 등 전통문화의 전수교육, 문화재의 보호 및 안내, 노인에 대한 교통안전 및 교통사고예방 교육, 기타 대통령령이 정하는 업무 등이다(동법 제24조).

4) 생업 지원

국가, 지방자치단체, 그 밖의 공공단체 중 대통령령으로 정하는 기관은 소관 공공시설에 식료품·사무용품·신문 등 일상생활용품의 판매를 위한 매점이나 자동판매기의 설치를 허가 또는 위탁할 때에는 65세 이상 노인의 신청이 있는 경우 이를 우선적으로 반영하여야 한다. 국가, 지방자치단체, 그 밖의 공공단체 중 대통령령으로 정하는 기관은 소관 공공시설에 청소, 주차관리, 매표 등의 사업을 위탁하는 경우에는 65세 이상 노인을 100분의 20 이상 채용한 사업체를 우선적으로 고려할 수 있다(동법 제25조).

5) 경로우대

국가 또는 지방자치단체는 65세 이상의 자에 대하여 대통령령이 정하는 바에 의하여 국가 또는 지방자치단체의 수송시설 및 고궁·능원·박물관·공원 등의 공공시설을 무료로 또는 그 이용요금을 할인하여 이용하게 할 수 있다. 국가 또는 지방자치단체는 노인의 일상생활에 관련되는 사업을 경영하는 자에게 65세 이상의 자에 대하여 그 이용요금을 할인하여 주도록 권유할 수 있으며, 노인에게 이용요금을 할인해 주는 자에 대하여 적절한 지원을 할 수 있다(동법 제26조).

6) 건강진단

국가 또는 지방자치단체는 대통령령이 정하는 바에 의하여 65세 이상의 자에 대하여 건강진단과 보건교육을 실시하도록 되어 있는데, 현재는 2년에 1회 이상 국·공립병원, 보건소 또는 보건복지부령이 정하는 건강진단기관에서 건강진단을 실시한다(동법 제27조 및 시행령 제20조).

7) 홀로 사는 노인에 대한 지원

국가 또는 지방자치단체는 홀로 사는 노인에 대하여 방문요양서비스 등의 서비스와 안전 확인 등의 보호조치를 취하여야 한다(동법 제27조의2). 보건복지부장관은 홀로 사는 노인에 대한 돌봄과 관련된 다음의 사업을 수행하기 위하여 독거노인종합지원센터를 설치·운영할 수 있다(동법 제27조의3).

- 홀로 사는 노인에 대한 정책 연구 및 프로그램의 개발
- 홀로 사는 노인에 대한 현황조사 및 관리
- 홀로 사는 노인 돌봄사업 종사자에 대한 교육
- 홀로 사는 노인에 대한 돌봄사업의 홍보, 교육교재 개발 및 보급
- 홀로 사는 노인에 대한 돌봄사업의 수행기관 지원 및 평가
- 관련 기관 협력체계의 구축 및 교류
- 홀로 사는 노인에 대한 기부문화 조성을 위한 기부금품의 모집, 접수 및 배부
- 그 밖에 홀로 사는 노인의 돌봄을 위하여 보건복지부장관이 위탁하는 업무

8) 상담·입소 등의 조치

보건복지부장관, 특별시장·광역시장·특별자치시장·도지사·특별자치도지사, 시장·군수·구청장은 노인에 대한 복지를 도모하기 위하여 필요하다고 인정한 때에는 다음의 조치를 하여야 한다(동법 제28조).

- 65세 이상의 자 또는 그를 보호하고 있는 자를 관계공무원 또는 노인복지상담원으로 하여금 상담·지도하게 하는 것
- 65세 이상의 자로서 신체적·정신적·경제적 이유 또는 환경상의 이유로 거택에서 보호를 받기가 곤란한 자를 노인주거복지시설 또는 재가노인복지시설에 입소시키거나 입소를 위탁하는 것
- 65세 이상의 자로서 신체 또는 정신상 현저한 결함으로 인하여 항상 보호를

필요로 하고, 경제적 이유로 거택에서 보호받기가 곤란한 자를 노인의료복지시설에 입소시키거나 입소를 위탁하는 것

보건복지부장관, 시・도지사 또는 시장・군수・구청장(이하 "복지실시기관"이라 함)은 65세 미만의 자에 대하여도 그 노쇠현상이 현저하여 특별히 보호할 필요가 있다고 인정할 때에는 상담・입소 등의 조치를 할 수 있다. 복지실시기관은 입소조치된 자가 사망한 경우에 그 자에 대한 장례를 행할 자가 없을 때에는 그 장례를 행하거나 해당 시설의 장으로 하여금 그 장례를 행하게 할 수 있다.

9) 노인재활요양사업

국가 또는 지방자치단체는 신체적・정신적으로 재활요양을 필요로 하는 노인을 위한 재활요양사업을 실시할 수 있다. 이를 위해 복지시설기관은 보건소 또는 노인복지시설에 대하여 노인건강증진 및 노인성질환예방 등 노인재활요양에 필요한 전문인력 및 장비를 지원할 수 있으며, 노인재활요양을 위한 프로그램을 개발・보급하여야 한다(동법 제30조 및 시행규칙 제13조).

4. 노인복지시설의 설치와 운영

노인복지시설의 종류는 노인주거복지시설, 노인의료복지시설, 노인여가복지시설, 재가노인복지시설, 노인보호전문기관, 노인일자리지원기관, 학대피해노인전용쉼터가 있다(동법 제31조).

1) 노인복지시설의 설치

(1) 노인주거복지시설

노인주거복지시설은 다음의 시설로 한다(동법 제32조).

- 양로시설: 노인을 입소시켜 급식과 그 밖에 일상생활에 필요한 편의를 제공함을 목적으로 하는 시설
- 노인공동생활가정: 노인들에게 가정과 같은 주거여건과 급식, 그 밖에 일상생활에 필요한 편의를 제공함을 목적으로 하는 시설
- 노인복지주택: 노인에게 주거시설을 분양 또는 임대하여 주거의 편의·생활지도·상담 및 안전관리 등 일상생활에 필요한 편의를 제공함을 목적으로 하는 시설

(2) 노인의료복지시설

노인의료복지시설 다음의 시설로 한다(동법 제34조).

- 노인요양시설: 치매·중풍 등 노인성질환 등으로 심신에 상당한 장애가 발생하여 도움을 필요로 하는 노인을 입소시켜 급식·요양과 그 밖에 일상생활에 필요한 편의를 제공함을 목적으로 하는 시설
- 노인요양공동생활가정: 치매·중풍 등 노인성질환 등으로 심신에 상당한 장애가 발생하여 도움을 필요로 하는 노인에게 가정과 같은 주거여건과 급식·요양, 그 밖에 일상생활에 필요한 편의를 제공함을 목적으로 하는 시설

(3) 노인여가복지시설

노인여가복지시설은 다음의 시설로 한다(동법 제36조).

- 노인복지관: 노인의 교양·취미생활 및 사회참여활동 등에 대한 각종 정보와 서비스를 제공하고, 건강증진 및 질병예방과 소득보장·재가복지, 그 밖에 노인의 복지증진에 필요한 서비스를 제공함을 목적으로 하는 시설
- 경로당: 지역노인들이 자율적으로 친목도모·취미활동·공동작업장 운영 및 각종 정보교환과 기타 여가활동을 할 수 있도록 하는 장소를 제공함을 목적

으로 하는 시설

- 노인교실: 노인들에 대하여 사회활동 참여욕구를 충족시키기 위하여 건전한 취미활동 · 노인건강유지 · 소득보장 기타 일상생활과 관련한 학습프로그램을 제공함을 목적으로 하는 시설

(4) 재가노인복지시설

재가노인복지시설은 다음의 어느 하나 이상의 서비스를 제공하는 것을 목적으로 하는 시설을 말한다(동법 제38조).

- 방문요양서비스: 가정에서 일상생활을 영위하고 있는 노인(재가노인)으로서 신체적 · 정신적 장애로 어려움을 겪고 있는 노인에게 필요한 각종 편의를 제공하여 지역사회 안에서 건전하고 안정된 노후를 영위하도록 하는 서비스
- 주 · 야간보호서비스: 부득이한 사유로 가족의 보호를 받을 수 없는 심신이 허약한 노인과 장애노인을 주간 또는 야간 동안 보호시설에 입소시켜 필요한 각종 편의를 제공하여 이들의 생활안정과 심신기능의 유지 · 향상을 도모하고, 그 가족의 신체적 · 정신적 부담을 덜어 주기 위한 서비스
- 단기보호서비스: 부득이한 사유로 가족의 보호를 받을 수 없어 일시적으로 보호가 필요한 심신이 허약한 노인과 장애노인을 보호시설에 단기간 입소시켜 보호함으로써 노인 및 노인가정의 복지증진을 도모하기 위한 서비스
- 방문 목욕서비스: 목욕 장비를 갖추고 재가노인을 방문하여 목욕을 제공하는 서비스
- 그 밖의 서비스: 그 밖에 재가노인에게 제공하는 서비스로서 보건복지부령이 정하는 서비스

2) 요양보호사

노인복지시설의 설치 · 운영자는 보건복지부령으로 정하는 바에 따라 노인 등

의 신체활동 또는 가사활동 지원 등의 업무를 전문적으로 수행하는 요양보호사를 두어야 한다. 요양보호사가 되려는 사람은 요양보호사를 교육하는 기관에서 교육과정을 마치고 시·도지사가 실시하는 요양보호사 자격시험에 합격하여야 한다. 시·도지사는 요양보호사 자격시험에 합격한 사람에게 요양보호사 자격증을 교부하여야 한다.

자격증을 교부받은 사람은 다른 사람에게 그 자격증을 빌려주어서는 아니 되고, 누구든지 그 자격증을 빌려서는 아니 되며, 이와 관련한 금지된 행위를 알선하여서는 아니 된다(동법 제39조의2). 요양보호사의 결격사유는 다음과 같다(동법 제39조의13).

- 정신질환자. 다만, 전문의가 요양보호사로서 적합하다고 인정하는 사람은 그러하지 아니함
- 마약·대마 또는 향정신성의약품 중독자
- 피성년후견인
- 금고 이상의 형을 선고받고 그 형의 집행이 종료되지 아니하였거나 그 집행을 받지 아니하기로 확정되지 아니한 사람
- 법원의 판결에 따라 자격이 정지 또는 상실된 사람
- 요양보호사의 자격이 취소된 날부터 1년이 경과되지 아니한 사람

3) 노인복지시설의 의무

(1) 변경, 폐지 등

노인주거복지시설을 설치한 자 또는 노인의료복지시설을 설치한 자가 그 설치신고사항 중 보건복지부령이 정하는 사항을 변경하거나 그 시설을 폐지 또는 휴지하고자 할 때에는 대통령령이 정하는 바에 의하여 시장·군수·구청장에게 미리 신고하여야 한다. 노인여가복지시설을 설치한 자 또는 재가노인복지시설을

설치한 자가 그 설치신고사항 중 보건복지부령이 정하는 사항을 변경하거나 그 시설을 폐지 또는 휴지하고자 할 때에는 대통령령이 정하는 바에 의하여 시장·군수·구청장에게 미리 신고하여야 한다(동법 제40조).

(2) 수탁의무

양로시설, 노인공동생활가정 및 노인복지주택, 노인요양시설 및 노인요양공동생활가정 또는 재가노인복지시설을 설치·운영하는 자가 복지실시기관으로부터 노인의 입소·장례를 위탁받은 정당한 이유 없이 이를 거부할 수 없다(동법 제41조).

4) 노인복지시설의 감독

복지실시기관 노인복지시설 또는 요양보호사교육기관을 설치·운영하는 자로 하여금 해당 시설 또는 사업에 관하여 필요한 보고를 하게 하거나 관계 공무원으로 하여금 해당 시설 또는 사업의 운영상황을 조사하게 하거나 장부, 그 밖의 관계 서류를 검사하게 할 수 있다(동법 제42조).

5) 사업의 정지

시·도지사 또는 시장·군수·구청장은 노인주거복지시설, 노인의료복지시설 또는 노인일자리기관, 노인여가복지시설 또는 재가노인복지시설이 다음 중 어느 하나에 해당하는 때에는 1개월의 범위에서 사업의 정지 또는 폐지를 명할 수 있다(동법 제43조).

- 시설 등에 관한 기준이 미달하게 된 때
- 입소보호조치 대상자의 수탁을 거부한 때(재가노인복지시설의 경우에 한함)
- 정당한 이유 없이 감독에 필요한 보고를 하지 아니하거나 허위로 한 때, 또는 조사·검사를 거부·방해하거나 기피한 때

- 비용수납규정을 위반한 때
- 해당 시설이나 기관을 설치·운영하는 자 또는 그 종사자가 입소자나 이용자를 학대한 때

6) 비용

노인일자리전담기관의 설치·운영 또는 위탁에 소요되는 비용, 건강진단 등과 상담·입소 등의 조치에 소요되는 비용, 노인복지시설의 설치·운영에 소요되는 비용은 대통령령이 정하는 바에 의하여 국가 또는 지방자치단체가 부담한다(동법 제45조). 복지조치에 필요한 비용을 부담한 복지실시기관은 해당 노인 또는 그 부양의무자로부터 대통령령으로 정하는 바에 따라 그 부담한 비용의 전부 또는 일부를 수납하거나 청구할 수 있다(동법 제46조). 국가 또는 지방자치단체는 대통령령이 정하는 바에 의하여 노인복지시설의 설치·운영에 필요한 비용을 보조할 수 있다(동법 제47조).

5. 노인학대

1) 긴급전화 및 노인학대 신고의무와 절차

국가 및 지방자치단체는 노인학대를 예방하고 수시로 신고를 받을 수 있도록 긴급전화를 설치하여야 한다(동법 제39조의4). 또한 누구든지 노인학대를 알게 된 때에는 노인보호전문기관 또는 수사기관에 신고할 수 있다. 특히 다음에 해당되는 자는 그 직무상 65세 이상의 사람에 대한 학대를 알게 된 때에는 즉시 노인보호전문기관 또는 수사기관에 신고하여야 하며, 신고인의 신분은 보장되어야 하며 그 의사에 반하여 신분이 노출되어서는 아니 된다(동법 제39조의6).

- 의료기관에서 의료업을 행하는 의료인 및 의료기관의 장
- 노인복지시설의 장 및 그 종사자 및 노인복지상담원

- 장애인복지시설에서 장애노인에 대한 상담 · 치료 · 훈련 또는 요양업무를 수행하는 사람
- 가정폭력 관련 상담소 및 가정폭력피해자 보호시설의 장과 그 종사자
- 사회복지전담공무원 및 사회복지관, 부랑인 및 노숙인보호를 위한 시설의 장과 그 종사자
- 노인장기요양기관 및 재가장기요양기관의 장과 그 종사자
- 119구급대의 구급대원
- 건강가정지원센터의 장과 그 종사자
- 다문화가족지원센터의 장과 그 종사자
- 성폭력피해상담소 및 성폭력피해자보호시설의 장과 그 종사자
- 응급구조사
- 의료기사
- 국민건강보험공단 소속 요양직 직원
- 지역보건의료기관의 장과 종사자
- 노인복지시설 설치 및 관리 업무 담당 공무원
- 사회복지시설에서 노인을 직접 대면하는 업무에 복무하는 사회복무요원

2) 노인보호전문기관

국가는 지역 간의 연계체계를 구축하고 노인학대를 예방하기 위하여 중앙노인보호전문기관을 설치 · 운영하여야 하며, 학대받는 노인의 발견 · 보호 · 치료 등을 신히 처리하고 노인학대를 예방하기 위하여 지역노인보호전문기관을 특별시 · 광역시 · 도 · 특별자치도에 둔다(동법 제39조의 5). 중앙노인보호 전문기관과 지역노인보호전문기관의 업무는 다음과 같다

(1) 중앙노인보호 전문기관

- 노인인권보호 관련 정책제안

- 노인인권보호를 위한 연구 및 프로그램의 개발
- 노인학대 예방의 홍보, 교육자료의 제작 및 보급
- 노인보호전문사업 관련 실적 취합, 관리 및 대외자료 제공
- 지역노인보호전문기관의 관리 및 업무지원
- 지역노인보호전문기관 상담원의 심화교육
- 관련 기관 협력체계의 구축 및 교류
- 노인학대 분쟁사례 조정을 위한 중앙노인학대사례판정위원회 운영
- 그 밖에 노인의 보호를 위하여 대통령령으로 정하는 사항

(2) 지역노인보호 전문기관

- 노인학대 신고전화의 운영 및 사례접수
- 노인학대 의심사례에 대한 현장조사
- 피해노인 및 노인학대자에 대한 상담
- 피해노인가족 관련자와 관련 기관에 대한 상담
- 상담 및 서비스제공에 따른 기록과 보관
- 일반인을 대상으로 한 노인학대 예방교육
- 노인학대행위자를 대상으로 한 재발방지 교육
- 노인학대사례 판정을 위한 지역노인학대사례판정위원회 운영 및 자체사례회의 운영
- 그 밖에 노인의 보호를 위하여 보건복지부령으로 정하는 사항

3) 금지행위

누구든지 65세 이상의 사람에 대하여 다음에 해당하는 행위를 하여서는 아니 된다(동법 제39조의9).

- 노인의 신체에 폭행을 가하거나 상해를 입히는 행위

- 노인에게 성적 수치심을 주는 성폭행·성희롱 등의 행위
- 자신의 보호·감독을 받는 노인을 유기하거나 의식주를 포함한 기본적 보호 및 치료를 소홀히 하는 방임행위
- 노인에게 구걸을 하게 하거나 노인을 이용하여 구걸하는 행위
- 노인을 위하여 증여 또는 급여된 금품을 그 목적 외의 용도에 사용하는 행위
- 폭언, 협박, 위협 등으로 노인의 정신건강에 해를 끼치는 정서적 학대행위

4) 실종노인에 관한 신고의무

누구든지 정당한 사유 없이 사고 또는 치매 등의 사유로 인하여 보호자로부터 이탈된 노인(이하 "실종노인"이라 함)을 경찰관서 또는 지방자치단체의 장에게 신고하지 아니하고 보호하여서는 아니 된다. 그리고 보건복지부장관은 실종노인의 발생예방, 조속한 발견과 복귀를 위하여 실종노인과 관련된 조사 및 연구, 실종노인의 데이터베이스 구축·운영, 그 밖에 실종노인의 보호 및 지원에 필요한 사항의 업무를 수행하여야 한다. 이 경우 보건복지부장관은 노인복지 관련 법인이나 단체에 그 업무의 전부 또는 일부를 위탁할 수 있다(동법 제39조의10).

5) 노인 관련 기관의 취업제한

법원은 노인학대 관련 범죄로 형 또는 치료감호를 선고하는 경우에는 판결로 그 형 또는 치료감호의 전부 또는 일부의 집행을 종료하거나 집행이 유예·면제된 날(벌금형을 선고받은 경우에는 그 형이 확정된 날을 말함)부터 일정기간(이하 "취업제한기간"이라 함) 동안 노인 관련 시설 또는 기관을 운영하거나 노인 관련 기관에 취업 또는 사실상 노무를 제공할 수 없도록 하는 "취업제한명령"을 판결과 동시에 선고하여야 한다. 다만, 재범의 위험성이 현저히 낮은 경우, 그 밖에 취업을 제한하여서는 아니 되는 특별한 사정이 있다고 판단하는 경우에는 그러하지 아니하다. 노인 관련 시설 또는 기관은 다음과 같다(동법 제39조의17).

- 노인복지시설
- 장기요양기관
- 긴급전화센터, 가정폭력 관련 상담소 및 가정폭력피해자 보호시설
- 건강가정지원센터
- 다문화가족지원센터
- 성폭력피해상담소 및 성폭력피해자보호시설 및 성폭력피해자통합지원센터
- 의료기관
- 장애인복지시설
- 정신건강복지센터 및 정신건강증진시설

취업제한기간은 10년을 초과하지 못한다. 취업제한명령을 선고하려는 경우에는 정신건강의학과 의사, 심리학자, 사회복지학자, 노인학대 관련 전문가, 그 밖의 관련 전문가로부터 취업제한명령 대상자의 재범 위험성 등에 관한 의견을 들을 수 있다. 노인 관련 기관의 장은 그 기관에 취업 중이거나 사실상 노무를 제공 중인 사람 또는 취업하려 하거나 사실상 노무를 제공하려는 사람(이하 "취업자 등"이라 함)에 대하여 노인학대 관련 범죄 경력을 확인하여야 하며, 이 경우 본인의 동의를 받아 관계 기관의 장에게 노인학대 관련 범죄 경력 조회를 요청하여야 한다. 다만, 취업자 등이 노인학대 관련 범죄 경력 조회 회신서를 노인 관련 기관의 장에게 직접 제출한 경우에는 노인학대 관련 범죄 경력 조회를 한 것으로 본다. 관할행정기관의 장은 취업제한명령을 선고받은 사람이 노인 관련 기관을 운영하거나 노인 관련 기관에 취업 또는 사실상 노무를 제공하고 있는지를 직접 또는 관계 기관 조회 등의 방법으로 연 1회 이상 점검·확인하고 그 결과를 관계 중앙행정기관의 장에게 제출하여야 한다.

6. 수급자의 권리보호 및 권리구제

노인 또는 그 부양의무자는 「노인복지법」에 따른 복지조치에 대하여 이의가

있을 때에는 해당 복지실시기관에 이의를 신청할 수 있다. 이의신청은 해당 복지조치가 있음을 안 날부터 90일 이내에 문서로 하여야 한다. 다만, 정당한 사유로 인하여 그 기간 이내에 이의신청을 할 수 없었음을 증명한 때에는 그 사유가 소멸한 날부터 60일 이내에 이의신청을 할 수 있다. 이의신청을 받은 복지실시기관은 그 신청을 받은 날부터 30일 이내에 이를 심사·결정하여 청구인에게 통보하여야 한다. 심사·결정에 이의가 있는 자는 그 통보를 받은 날부터 90일 이내에 행정심판을 제기할 수 있다(동법 제50조).

7. 벌칙 등

이 법에서 정하는 벌칙 등은 다음과 같다(동법 제55조~제61조의 2).

1) 7년 이하의 징역 또는 7천만원 이하의 벌금

- 노인의 신체에 상해를 입히는 행위를 한 자

2) 5년 이하의 징역 또는 5천만원 이하의 벌금

- 업무를 수행 중인 노인보호전문기관의 직원에 대하여 폭행 또는 협박하거나 위계 또는 위력으로써 그 업무를 방해한 자
- 노인의 신체에 폭행을 가하거나, 성적 수치심을 주는 성폭행·성희롱 등의 행위, 노인을 방임하는 행위, 노인에게 구걸을 하게 하거나 노인을 이용하여 구걸하는 행위를 한 자
- 단체 또는 다중의 위력을 보이거나 위험한 물건을 휴대하고 노인보호전문기관의 직원을 상해에 이르게 한 때에는 3년 이상의 유기징역에 처한다. 사망에 이르게 한 때에는 무기 또는 5년 이상의 징역에 처함

3) 3년 이하의 징역 또는 3천만 원 이하의 벌금

- 폭언, 협박, 위협 등으로 노인의 정신건강에 해를 끼치는 정서적 학대행위를 한 자
- 실종노인에 관한 신고의무를 위반하여 정당한 사유 없이 신고하지 아니하고 실종노인을 보호한 자
- 실종노인의 발견을 위하여 관계 공무원의 출입 또는 조사를 위계 또는 위력을 행사하여 거부하거나 방해한 자

4) 2년 이하의 징역

- 노인복지주택을 설치하거나 설치하려는 자는 노인복지주택을 입소자격자에게 임대하여야 하는데, 이를 위반하여 입소자격자 아닌 자에게 노인복지주택을 임대한 자는 2년 이하의 징역에 처하거나 위법하게 임대한 세대의 수에 1천만원을 곱한 금액 이하의 벌금에 처함

5) 1년 이하의 징역 또는 1천만 원 이하의 벌금

- 신고를 하지 아니하고 양로시설, 노인공동생활가정, 노인복지주택, 노인요양시설 또는 노인요양공동생활가정을 설치하거나 운영한 자

6) 1년 이하의 징역 또는 1천만 원 이하의 벌금

- 신고를 하지 아니하고 양로시설 · 노인공동생활가정 · 노인복지주택 · 노인요양시설 · 노인요양공동생활가정 · 노인여가복지시설 또는 재가노인복지시설을 설치하거나 운영한 자
- 노인복지주택을 임차한 자가 해당 노인주거시설을 입소자격자가 아닌 자에게 다시 임대한 자

- 보건복지부령으로 정하는 기준에 따른 지정을 받지 아니하고 요양보호사교육기관을 설치하거나 운영한 자
- 신고인의 신분 보호 및 신원 노출 금지 의무를 위반한 자
- 시설 이용자의 권익보호조치를 하지 아니한 자

7) 50만원 이하의 벌금

- 양로시설, 노인공동생활가정 및 노인복지주택, 노인요양시설 및 노인요양공동생활가정 또는 재가노인복지시설을 설치·운영하는 자가 복지실시기관으로부터 노인의 입소·장례를 위탁받은 때에 정당한 이유 없이 이를 거부하여 수탁을 거부한 자

8) 가중처벌

- 상습적으로 노인복지시설 종사자가 노인의 신체에 상해를 입히는 행위, 노인의 신체에 폭행을 가하거나 노인에게 구걸을 하게 하거나 노인을 이용하여 구걸하는 행위, 노인을 위하여 증여 또는 급여된 금품을 그 목적 외의 용도에 사용하는 행위 등의 죄를 범한 경우 그 죄에서 정한 형의 2분의 1까지 가중함

9) 양벌규정

- 법인의 대표자나 법인 또는 개인의 대리인·사용인 기타 종업원이 그 법인 또는 개인의 업무에 관하여 각 벌칙에 해당하는 위반행위를 한 때에는 행위자를 벌하는 외에 그 법인 또는 개인에 대하여도 각각 해당하는 벌금형을 과한다. 다만, 법인 또는 개인이 그 위반행위를 방지하기 위하여 해당 업무에 관하여 상당한 주의와 감독을 게을리 하지 아니한 경우에는 그러하지 아니함

10) 과태료

(1) 500만 원 이하의 과태료

- 보고 또는 자료제출을 하지 아니하거나 거짓으로 보고하거나 거짓 자료를 제출한 자 또는 정당한 사유 없이 관계 공무원의 출입 또는 조사·질문을 거부·기피·방해하거나 거짓의 답변을 한 자

(2) 300만 원 이하의 과태료

- 의료인, 노인복지시설의 장 및 종사자, 노인복지상담원 및 사회복지전담공무원 등이 직무 수행 중에 알게 된 노인학대를 신고하지 아니한 경우

(3) 200만 원 이하의 과태료

- 노인복지시설의 장 또는 종사자로서 업무 중 실종노인을 알게 된 때 신상카드를 제출하지 아니한 자
- 신고하지 아니하고 노인복지시설을 폐지 또는 휴지한 자
- 노인학대 현장에 출동한 자에 대하여 현장조사를 거부하거나 업무를 방해한 자

제20장 아동복지법

제1절 입법 배경 및 주요 연혁

1. 입법 배경

종전의 「아동복리법」은 구호적 성격의 복지제공에 중점을 두고 있어 그동안의 경제·사회의 발전에 따라 발생한 사회적 복지요구에 부응하지 못하고 있으므로 요보호아동뿐만 아니라 일반아동을 포함한 전체아동의 복지를 보장하고 특히 유아기에 있어서의 기본적 인격·특성과 능력개발을 조장하기 위한 여건을 조성할 수 있도록 하고자 1981년 4월 13일 「아동복리법」에서 「아동복지법」으로 전부 개정하였다. 전부개정의 주요 내용은 다음과 같다.

- 법의 제명을 「아동복지법」으로 개칭함.
- 보호대상범위를 요구호아동 위주로 되어 있던 것을 전체아동으로 확대함.
- 아동의 보호·육성책임을 국가·지방자치단체 및 보호자가 공동으로 지도록 함.
- 5월 5일 어린이날에 대한 법적 근거를 마련함.
- 임시직이었던 아동복지지도원을 별정직으로 하여 전문직확보가 용이하도록 함.
- 새마을부녀회직영 어린이집 등 무료탁아시설은 법인 이외의 자도 신고만으로 그 시설을 설치·운영할 수 있도록 함.
- 아동복지시설에는 일정한 자격을 가진 아동복지시설종사자를 두도록 함.

- 아동보호비용 징수권자의 범위에 아동복지시설의 장을 추가하고 그 비용의 징수는 도지사의 승인을 얻도록 함.
- 아동복지증진을 위하여 아동복지시설을 설치한 법인에 대하여 국·공유재산을 무상대여할 수 있도록 함.

2. 주요 연혁

- 1961. 12. 30. 「아동복리법」 제정(법률 제912호)
- 1981. 4. 13. 개정(법률 제3438호) 기존의 법이 구호적 성격의 복지제공에 중점을 두고 있어 그동안의 경제·사회의 발전에 따라 발생한 사회적 복지요구에 부응하지 못하고 있으므로 요보호아동뿐만 아니라 일반아동을 포함한 전체아동의 복지를 보장하고 특히, 유아기에 있어서의 기본적 인격 특성과 능력개발을 조장하기 위한 여건을 조성하려고 법의 전부를 개정.
- 2014. 1. 28. 개정(법률 제12361호) 아동학대에 대한 강력한 대처 및 예방을 위하여 제정된 「아동학대범죄의 처벌 등에 관한 특례법」에 따라 관련 조문을 정비하고, 아동학대 관련 범죄전력자가 아동관련기관에 취업하는 것을 10년 동안 제한하는 등 아동학대의 예방 및 피해자 지원에 관한 내용을 정함으로써 아동들이 행복하고 안전하게 자라나게 하려 함.
- 2015. 3. 27. 개정(법률 제13259호) 아동학대 사건이 발생한 경우 피해아동의 가족 구성원 파악을 통한 사후조치를 실효성 있게 하도록 아동보호전문기관의 장의 신분조회 등 조치의 범위에 가족관계등록부의 증명서를 포함하고, 아동학대를 1차적으로 발견할 수 있는 사람인 아동학대 신고의무자에 대한 신고의무 고지 및 교육을 강화하며, 아동에 대한 체벌 등의 금지를 명시함.
- 2016. 3. 22. 개정(법률 제12361호) 아동복지시설을 폐업·휴업하려는 경우 및 감독기관이 아동복지시설에 사업의 정지나 시설의 폐쇄를 명하는 경우 해당 아동복지시설 이용자를 다른 시설로 옮기도록 하는 등의 시설 이용자의 권익 보호 조치를 법률로 규정하고, 원칙적으로 아동이 원가정에서 성장하도

록 지원하는 등 아동보호서비스의 원칙을 명시하고 보호대상아동에 대한 사전 조사·상담 등 보호조치에 필요한 구체적인 내용을 정하여 보호대상아동에 대한 보호조치를 강화하고 아동의 복리를 증진하며, 지방자치단체의 장에게만 보호대상아동의 귀가 조치 권한을 부여함으로써 보호대상아동 부모의 압력 행사로부터 아동복지시설의 장을 보호하는 한편 보호대상아동에게 안전하고 건강한 성장발달 환경을 제공하고, 피해아동의 보호자인 아동학대행위자의 협조를 의무화함으로써 아동보호전문기관이 피해아동의 가족 기능 회복을 위한 업무를 실효적으로 수행할 수 있도록 하며, 아동의 심리안정을 도모하고 2차 피해를 방지하기 위해 아동보호전문기관 내 진술녹화실을 설치하여 운영하고, 학대피해아동쉼터에 대한 법적 근거를 마련하며, 아동보호전문기관을 아동복지시설에 포함함으로써 여타 사회복지시설처럼 운영·회계에 대한 정부의 관리·감독을 강화하고, 실태조사에 대한 근거규정을 정비함.

- 2017. 9. 19. 개정(법률 제14887호) 지방자치단체의 아동정책 수립 및 보호대상아동의 보호조치 등에 관한 사항을 심의하는 아동복지심의위원회를 활성화함으로써 아동에 대한 체계적이고 적절한 보호를 하기 위하여 아동복지심의위원회의 구성 및 운영 현황을 연 1회 보건복지부장관에게 보고하도록 하고, 아동을 대상으로 교육 및 보호 등을 수행하는 기관임에도 불구하고 아동학대 관련 범죄전력자의 취업제한 대상기관에서 제외되어 있는 학습부진아 교육 실시기관, 소년원 및 소년분류심사원을 포함하여 아동보호의 사각지대를 해소하고 아동학대를 적극 예방함.
- 2017. 10. 24. 개정(법률 제14925호) 아동학대 신고의무자가 아동학대 발견 및 대응 방법을 숙지할 수 있도록 모든 신고의무자에 대하여 소속 기관 및 시설의 장이 교육을 실시하도록 하고, 아동학대 예방에 대한 사회의 인식 제고를 위하여 국가기관, 공공기관 등에서 매년 아동학대 예방교육을 실시하도록 하는 한편, 학생에 대한 학대의 조기 발견과 신속한 보호조치를 위하여 기관 간 연계 체계 구축 및 정보 공유를 하도록 하고, 학대피해아동에 대한

법률상담 지원 및 아동학대 전담의료기관 지정 근거를 마련하여 학대피해아동에 대한 지원을 강화함.

- 2018. 12. 11. 개정(법률 제15889호)헌법재판소의 위헌결정 취지를 반영하여 법원이 아동학대관련범죄로 형 등을 선고할 때 최장 10년의 기간 범위 내에서 아동관련기관에의 취업제한 명령을 선고하는 등의 조치를 마련함으로써 위헌성을 해소하고, 이러한 취업제한 명령을 선고받은 자의 아동관련기관 취업 여부 연 1회 이상 점검・확인 대상에 아동관련기관 운영자도 법률에 포함하고자 함.
- 2019. 1. 15. 개정(법률 제12361호) 아동권리보장원을 설립하여 보호가 필요한 아동이 발견되어 보호종료 이후까지 이어지는 전 과정을 총괄적, 체계적으로 지원하도록 함.
- 2020. 4. 7. 개정(법률 제17206호) 시・도지사 또는 시장・군수・구청장이 아동학대전담공무원을 두고 아동학대 조사업무 등을 수행하게 하며, 조사 후에는 피해아동보호계획을 수립하도록 하는 등 아동학대 조사체계를 공공 중심으로 개편하여 조사의 내실을 기하고 아동보호를 강화하는 한편, 아동학대 관련 범죄로 형 또는 치료감호를 선고받은 자의 취업제한대상기관을 추가하고, 아동학대 예방 등을 위한 홍보영상 송출범위를 확대하는 등 현행 제도의 운영상 나타난 일부 미비점을 개선・보완함.
- 2020. 12. 29. 개정(법률 제17784호) 학대 고위험군 아동을 예측하는 시스템인 'e아동행복지원시스템'의 구축 근거를 마련하고, 학대 고위험군 아동 정보를 토대로 하여 보건복지부장관 및 시장・군수・구청장으로 하여금 양육환경 조사, 복지서비스 제공, 수사기관 또는 아동보호전문기관과의 연계 등의 조치를 실시하도록 하며, 보건복지부・교육부・지방자치단체 등 관계 부처 간 학대 고위험군 아동에 대한 정보공유를 강화하도록 함.
- 2021. 12. 21. 개정(법률 제18619호) 시의성 있는 아동복지정책의 수립을 위하여 아동종합실태조사의 주기를 5년에서 3년으로 변경하고, 보호대상아동의 의사를 존중하여 본인의 의사에 따라 보호기간을 최대 24세까지로 연장할

수 있도록 하되, 24세가 도래하기 전이라도 본인의 의사에 따라 보호조치를 종료할 수 있도록 함.

- 2023. 7. 18. 개정(법률 제19554호) 시・도지사 및 시장・군수・구청장이 지역별 아동 수, 아동학대 발생건수, 아동의 성별 등을 고려하여 학대피해아동쉼터를 설치・운영할 수 있도록 하고, 학대피해아동쉼터를 아동복지시설의 종류로 규정함.
- 2023. 8. 8. 개정(법률 제19605호) 아동의 안전과 보호강화를 위하여 유치원・어린이・다함께돌봄센터 및 지역아동센터의 장도 필요한 경우 아동정보시스템상의 피해아동, 그 가족 및 아동학대행위자에 관한 정보를 보건복지부장관에게 요청할 수 있도록 하는 한편, 자립지원이 필요한 아동의 범위를 대통령령에서 법률로 상향하고, 18세에 달하기 전에 보호조치가 종료되거나 해당 시설을 퇴소한 사람으로서 보건복지부장관이 자립지원이 필요하다고 인정한 사람도 자립지원 대상자에 포함하도록 하는 등 현행 제도의 운영상 나타난 일부 미비점을 개선・보완함.

제2절 법의 주요 내용

1. 법의 목적 및 기본 이념

1) 목적

「아동복지법」은 아동이 건강하게 출생하여 행복하고 안전하게 자랄 수 있도록 아동의 복지를 보장하는 것을 목적으로 한다(동법 제1조).

2) 기본이념

이 법의 기본 이념은 다음과 같다(동법 제3조).

- 아동은 자신 또는 부모의 성별, 연령, 종교, 사회적 신분, 재산, 장애유무, 출생지역 등에 따른 어떠한 종류의 차별도 받지 않고 자라나야 함.
- 아동은 완전하고 조화로운 인격발달을 위하여 안정된 가정환경에서 행복하게 자라나야 함.
- 아동에 관한 모든 활동에 있어서 아동의 이익이 최우선적으로 고려되어야 함.
- 아동은 아동의 권리보장과 복지증진을 위하여 이 법에 따른 보호와 지원을 받을 권리를 가짐.

2. 용어의 정의

이 법에서 사용하는 용어의 정의는 다음과 같다(동법 제3조).

- 아동: 18세 미만인 사람
- 아동복지: 아동이 행복한 삶을 누릴 수 있는 기본적인 여건을 조성하고 조화롭게 성장·발달할 수 있도록 하기 위한 경제적·사회적·정서적 지원
- 보호자: 친권자, 후견인, 아동을 보호·양육·교육하거나 그러한 의무가 있는 자 또는 업무·고용 등의 관계로 사실상 아동을 보호·감독하는 자
- 보호대상아동: 보호자가 없거나 보호자로부터 이탈된 아동 또는 보호자가 아동을 학대하는 경우 등 그 보호자가 아동을 양육하기에 적당하지 아니하거나 양육할 능력이 없는 경우의 아동
- 지원대상아동: 아동이 조화롭고 건강하게 성장하는 데에 필요한 기초적인 조건이 갖추어지지 아니하여 사회적·경제적·정서적 지원이 필요한 아동

- 가정위탁: 보호대상아동의 보호를 위하여 성범죄, 가정폭력, 아동학대, 정신질환 등의 전력이 없는 보건복지부령으로 정하는 기준에 적합한 가정에 보호대상아동을 일정 기간 위탁하는 것
- 아동학대: 보호자를 포함한 성인이 아동의 건강 또는 복지를 해치거나 정상적 발달을 저해할 수 있는 신체적·정신적·성적 폭력이나 가혹행위를 하는 것과 아동의 보호자가 아동을 유기하거나 방임하는 것
- 아동학대관련범죄: 「아동학대범죄의 처벌 등에 관한 특례법」에 따른 아동학대범죄 또는 아동에 대한 「형법」 제2편 제24장 살인의 죄 중 제250조부터 제255조까지의 죄 중 하나에 해당하는 죄
- 피해아동: 아동학대로 인하여 피해를 입은 아동
- 아동복지전담기관: 아동보호전문기관과 가정위탁지원센터
- 아동복지시설: 동법 제50조에 따라 설치된 시설
- 아동복지시설 종사자: 아동복지시설에서 아동의 상담·지도·치료·양육, 그 밖에 아동의 복지에 관한 업무를 담당하는 사람

3. 책임 주체

1) 국가와 지방자치단체

이 법에서는 아동의 복지증진 및 보호에 대한 책임 주체로서 국가와 지방자치단체의 책무를 다음과 같이 규정하고 있다(동법 제4조).

- 국가와 지방자치단체는 아동의 안전·건강 및 복지 증진을 위하여 아동과 그 보호자 및 가정을 지원하기 위한 정책을 수립·시행하여야 한다.
- 국가와 지방자치단체는 보호대상아동 및 지원대상아동의 권익을 증진하기 위한 정책을 수립·시행하여야 한다.
- 국가와 지방자치단체는 아동이 태어난 가정에서 성장할 수 있도록 지원하

고, 아동이 태어난 가정에서 성장할 수 없을 때에는 가정과 유사한 환경에서 성장할 수 있도록 조치하며, 아동을 가정에서 분리하여 보호할 경우에는 신속히 가정으로 복귀할 수 있도록 지원하여야 한다.

- 국가와 지방자치단체는 장애아동의 권익을 보호하기 위하여 필요한 시책을 강구하여야 한다.
- 국가와 지방자치단체는 아동이 자신 또는 부모의 성별, 연령, 종교, 사회적 신분, 재산, 장애 유무, 출생지역 또는 인종 등에 따른 어떠한 종류의 차별도 받지 아니하도록 필요한 시책을 강구하여야 한다.
- 국가와 지방자치단체는 「아동의 권리에 관한 협약」에서 규정한 아동의 권리 및 복지 증진 등을 위하여 필요한 시책을 수립·시행하고, 이에 필요한 교육과 홍보를 하여야 한다.
- 국가와 지방자치단체는 아동의 보호자가 아동을 행복하고 안전하게 양육하기 위하여 필요한 교육을 지원하여야 한다.

2) 보호자 등의 책무

보호자와 국민의 책무를 다음과 같이 규정하고 있다(동법 제5조).

- 아동의 보호자는 아동을 가정에서 그의 성장시기에 맞추어 건강하고 안전하게 양육하여야 한다.
- 아동의 보호자는 아동에게 신체적 고통이나 폭언 등의 정신적 고통을 가하여서는 아니 된다.
- 모든 국민은 아동의 권익과 안전을 존중하여야 하며, 아동을 건강하게 양육하여야 한다.

4. 아동복지정책의 수립 및 시행

1) 아동정책 기본계획

보건복지부장관은 아동정책의 효율적인 추진을 위하여 5년마다 아동정책 기본계획을 수립하여야 하며, 기본 계획은 다음의 사항을 포함하여야 한다.

- 이전의 기본 계획에 관한 분석·평가
- 아동정책에 관한 기본 방향 및 추진목표
- 주요 추진과제 및 추진방법
- 재원조달방안
- 그 밖에 아동정책을 시행하기 위하여 특히 필요하다고 인정되는 사항

보건복지부장관은 기본 계획을 수립할 때에는 미리 관계 중앙행정기관의 장과 협의하여야 하며, 기본 계획은 아동정책조정위원회의 심의를 거쳐 확정한다. 이 경우 보건복지부장관은 확정된 기본 계획을 관계 중앙행정기관의 장 및 특별시장·광역시장·도지사·특별자치도지사에게 알려야 한다(동법 제7조).

2) 아동권리보장원의 설립 및 운영

보건복지부장관은 아동정책에 대한 종합적인 수행과 아동복지 관련 사업의 효과적인 추진을 위하여 필요한 정책의 수립을 지원하고 사업평가 등의 업무를 수행할 수 있도록 아동권리보장원을 설립하여야 하며, 보장원은 다음의 업무를 수행한다(동법 제10조의2).

- 아동정책 수립을 위한 자료 개발 및 정책 분석
- 기본 계획 수립 및 시행계획 평가 지원
- 아동정책조정위원회 운영 지원

- 아동정책영향평가 지원
- 아동보호서비스에 대한 기술지원
- 아동학대의 예방과 방지를 위한 업무
- 가정위탁사업 활성화 등을 위한 업무
- 지역 아동복지사업 및 아동복지시설의 원활한 운영을 위한 지원
- 「입양특례법」에 따른 국내입양 활성화 및 입양 사후관리를 위한 업무
- 아동 관련 조사 및 통계 구축
- 아동 관련 교육 및 홍보
- 아동 관련 해외정책 조사 및 사례분석
- 그 밖에 이 법 또는 다른 법령에 따라 보건복지부장관, 국가 또는 지방자치 단체로부터 위탁받은 업무

3) 아동종합 실태조사

보건복지부장관은 3년마다 아동의 양육 및 생활환경, 언어 및 인지발달, 정서적 · 신체적 건강, 아동안전, 아동학대 등 아동의 종합실태를 조사하여 그 결과를 공표하고, 이를 기본 계획과 시행계획에 반영하여야 한다. 다만, 보건복지부장관은 필요한 경우 보건복지부령으로 정하는 바에 따라 분야별 실태조사를 할 수 있다(동법 제11조).

5. 아동에 대한 보호서비스

1) 보호조치

시 · 도지사 또는 시장 · 군수 · 구청장은 그 관할 구역에서 보호대상아동을 발견하거나 보호자의 의뢰를 받은 때에는 아동의 최상의 이익을 위하여 대통령령으로 정하는 바에 따라 다음에 해당하는 보호조치를 하여야 한다(동법 제15조).

- 전담공무원 또는 아동위원에게 보호대상아동 또는 그 보호자에 대한 상담·지도를 수행하게 하는 것
- 보호자 또는 대리양육을 원하는 연고자에 대하여 그 가정에서 아동을 보호·양육할 수 있도록 필요한 조치를 하는 것
- 아동의 보호를 희망하는 사람에게 가정위탁하는 것
- 보호대상아동을 그 보호조치에 적합한 아동복지시설에 입소시키는 것
- 약물 및 알코올 중독, 정서·행동·발달 장애, 성폭력·아동학대 피해 등으로 특수한 치료나 요양 등의 보호를 필요로 하는 아동을 전문치료기관 또는 요양소에 입원 또는 입소시키는 것
- 「입양특례법」에 따른 입양과 관련하여 필요한 조치를 하는 것

시·도지사 또는 시장·군수·구청장은 보호조치를 하려는 경우 보호대상아동의 개별 보호·관리 계획을 세워 보호하여야 하며, 그 계획을 수립할 때 해당 보호대상아동의 보호자를 참여시킬 수 있다. 시·도지사 또는 시장·군수·구청장은 보호조치를 함에 있어서 해당 보호대상아동의 의사를 존중하여야 하며, 보호자가 있을 때에는 그 의견을 들어야 한다. 다만, 아동의 보호자가 아동학대행위자인 경우에는 그러하지 아니하다(동법 제15조).

2) 보호대상아동의 퇴소조치 및 사후관리

보호조치 중인 보호아동대상의 연령이 18세에 달하였거나, 보호 목적이 달성되었다고 인정되면 시·도지사, 시장·군수·구청장 또는 아동복지시설의 장은 그 보호 중인 아동의 보호조치를 종료하거나 해당 시설에서 퇴소시켜야 한다(동법 제16조).

시·도지사 또는 시장·군수·구청장은 전담공무원 등 관계 공무원 및 민간전문인력으로 하여금 보호조치의 종료로 가정으로 복귀한 보호대상아동의 가정을 방문하여 해당 아동의 복지 증진을 위하여 필요한 지도·관리를 제공하게 하여

야 하며(동법 제16조의2), 또한 연령이 18세에 달한 보호대상아동이 보호조치를 연장할 의사가 있는 경우에는 그 보호기간을 해당 아동이 25세에 달할 때까지로 연장하여야 한다(동법 제16조의3).

3) 금지행위

누구든지 다음 중 어느 하나에 해당하는 행위를 하여서는 아니 된다(동법 제17조).

- 아동을 매매하는 행위
- 아동에게 음란한 행위를 시키거나 이를 매개하는 행위 또는 아동에게 성적 수치심을 주는 성희롱 등의 성적 학대행위
- 아동의 신체적 손상을 주거나 신체의 건강 및 발달을 해치는 신체적 학대행위
- 아동의 정신건강 및 발달에 해를 끼치는 정서적 학대행위
- 자신의 보호·감독을 받는 아동을 유기하거나 의식주를 포함한 기본적 보호·양육·치료 및 교육을 소홀히 하는 방임행위
- 장애를 가진 아동을 공중에 관람시키는 행위
- 아동에게 구걸을 시키거나 아동을 이용하여 구걸하는 행위
- 공중의 오락 또는 흥행을 목적으로 아동의 건강 또는 안전에 유해한 곡예를 시키는 행위 또는 이를 위하여 아동을 제3자에게 인도하는 행위
- 정당한 권한을 가진 알선기관 외의 자가 아동의 양육을 알선하고 금품을 취득하거나 금품을 요구 또는 약속하는 행위
- 아동을 위하여 증여 또는 급여된 금품을 그 목적 외의 용도로 사용하는 행위

6. 아동학대의 예방 및 방지

1) 아동학대의 예방과 방지 의무

국가와 지방자치단체는 아동학대의 예방과 방지를 위하여 다음의 조치를 취하여야 한다(동법 제22조).

- 아동학대의 예방과 방지를 위한 각종 정책의 수립 및 시행
- 아동학대의 예방과 방지를 위한 연구·교육·홍보 및 아동학대 실태조사
- 아동학대에 관한 신고체제의 구축·운영
- 피해아동의 보호와 치료 및 피해아동의 가정에 대한 지원
- 그 밖에 대통령령으로 정하는 아동학대의 예방과 방지를 위한 사항

보장원의 장은 아동학대 예방 업무를 수행하기 위하여 필요한 경우 국가아동학대정보시스템의 아동학대 관련 정보 또는 자료를 활용할 수 있다. 지방자치단체는 아동학대를 예방하고 수시로 신고를 받을 수 있도록 긴급전화를 설치하여야 하며, 보장원은 아동학대예방사업의 활성화 등을 위하여 다음의 업무를 수행한다(동법 제22조).

- 아동보호전문기관에 대한 지원
- 아동학대예방사업과 관련된 연구 및 자료 발간
- 효율적인 아동학대예방사업을 위한 연계체계 구축
- 아동학대예방사업을 위한 프로그램 개발 및 평가
- 아동보호전문기관 및 학대피해아동쉼터 직원 직무교육, 아동학대예방 관련 교육 및 홍보
- 아동보호전문기관 전산시스템 구축 및 운영
- 그 밖에 대통령령으로 정하는 아동학대예방사업과 관련된 업무

2) 아동학대 등의 통보

사법경찰관리는 아동 사망 및 상해사건, 가정폭력 사건 등에 관한 직무를 행하는 경우 아동학대가 있었다고 의심할 만한 사유가 있는 때에는 보장원 또는 아동보호전문기관에 그 사실을 통보하여야 한다. 사법경찰관 또는 보호관찰관은 「아동학대범죄의 처벌 등에 관한 특례법」 제14조 제1항에 따라 임시조치의 청구를 신청하였을 때에는 보장원 또는 아동보호전문기관에 그 사실을 통보하여야 한다. 통보를 받은 보장원 또는 아동보호전문기관은 피해아동 보호조치 등 필요한 조치를 하여야 한다(동법 제27조의2).

3) 아동학대정보시스템

보건복지부장관은 아동학대 관련 정보를 공유하고 아동학대를 예방하기 위하여 대통령령으로 정하는 바에 따라 아동학대정보시스템을 구축·운영하여야 한다. 보건복지부장관은 피해아동, 그 가족 및 학대행위자에 관한 정보와 아동학대 예방사업에 관한 정보를 아동학대정보시스템에 입력·관리하여야 한다. 이 경우 보건복지부장관은 관계 중앙행정기관의 장, 시·도지사, 시장·군수·구청장, 아동보호전문기관 등에 필요한 자료를 요청할 수 있다. 해당하는 자는 아동의 보호 및 아동학대 발생 방지를 위하여 필요한 경우 국가아동학대정보시스템상의 피해아동, 그 가족 및 아동학대행위자에 관한 정보를 보건복지부장관에게 요청할 수 있다. 시·도지사 및 시장·군수·구청장, 판사, 검사 및 경찰관서의 장, 학교의 장, 아동학대 전담의료기관의 장, 아동복지시설의 장, 입양기관의 장 등에 해당하는 자는 아동의 보호 및 아동학대 발생 방지를 위하여 필요한 경우 국가아동학대정보시스템상의 피해아동, 그 가족 및 아동학대행위자에 관한 정보를 보건복지부장관에게 요청할 수 있다. 이 경우 대통령령으로 정하는 바에 따라 목적과 필요한 정보의 범위를 구체적으로 기재하여야 한다. 보건복지부장관은 중앙아동보호전문기관에게 아동학대정보시스템 운영을 위탁할 수 있다(동법 제28조의2).

4) 피해아동 및 그 가족 등에 대한 지원

보장원의 장 또는 아동보호전문기관의 장은 아동의 안전 확보와 재학대 방지, 건전한 가정기능의 유지 등을 위하여 피해아동 및 보호자를 포함한 피해아동의 가족에게 상담, 교육 및 의료적・심리적 치료 등의 필요한 지원을 제공하여야 한다. 보호자를 포함한 피해아동의 가족은 보장원 또는 아동보호전문기관이 제1항에 따라 제공하는 지원에 성실하게 참여하여야 한다. 보장원의 장 또는 아동보호전문기관의장은 지원 여부의 결정 및 지원의 제공 등 모든 과정에서 피해아동의 이익을 최우선으로 고려하여야 한다. 국가와 지방자치단체는 보건복지부령으로 정하는 일정 소득 이하의 피해아동 및 보호자를 포함한 피해아동의 가족이 상담 및 교육 또는 의료적・심리적 치료 등을 받은 경우에는 예산의 범위에서 여비 등 실비(實費)를 지급할 수 있다. 국가와 지방자치단체는 학교에 재학 중인 피해아동 및 피해아동의 가족이 주소지 외의 지역에서 취학할 필요가 있을 때에는 그 취학이 원활하게 이루어질 수 있도록 지원하여야 한다(동법 제29조).

5) 아동학대행위자에 대한 상담・교육 등의 권고

보장원의 장 또는 아동보호전문기관의 장은 아동학대행위자에 대하여 상담・교육 및 심리적 치료 등 필요한 지원을 받을 것을 권고할 수 있다. 이 경우 아동학대행위자는 정당한 사유가 없으면 상담・교육 및 심리적 치료 등에 성실히 참여하여야 한다(동법 제29조의2).

6) 아동 관련 기관의 취업제한 등

법원은 아동학대 관련 범죄로 형 또는 치료감호를 선고하는 경우에는 판결로 그 형 또는 치료감호의 전부 또는 일부의 집행을 종료하거나 집행이 유예・면제된 동안 아동 관련 기관을 운영하거나 아동 관련 기관에 취업 또는 사실상 노무를 제공할 수 없도록 하는 명령을 아동학대 관련 범죄 사건의 판결과 동시에 선고하여야 한다.

다만, 재범의 위험성이 현저히 낮은 경우나 그 밖에 취업을 제한하여서는 아니 되는 특별한 사정이 있다고 판단하는 경우에는 그러하지 아니하다(동법 제29조의3). 보건복지부장관 또는 관계 중앙행정기관의 장은 아동학대 관련 범죄로 취업제한명령을 선고받은 자가 아동 관련 기관 취업제한을 위반하여 아동 관련 기관을 운영하거나 아동 관련 기관에 취업 또는 사실상 노무를 제공하고 있는지를 직접 또는 관계 기관 조회 등의 방법으로 연 1회 이상 점검・확인하여야 한다(동법 제29조의4).

7. 아동에 대한 지원서비스

1) 아동 안전 및 건강지원

국가는 대통령령으로 정하는 바에 따라 아동복지시설과 아동용품에 대한 안전기준을 정하고 아동용품을 제작・설치・관리하는 자에게 이를 준수하도록 하여야 한다(동법 제30조). 아동복지시설의 장, 어린이집의 원장, 유치원의 원장 및 학교의 장은 교육대상 아동의 연령을 고려하여 대통령령으로 정하는 바에 따라 매년 성폭력 및 아동학대 예방, 실종・유괴의 예방과 방지, 약물의 오남용 예방, 재난대비 안전, 교통안전 관한 교육계획을 수립하여 교육을 실시하여야 한다(동법 제31조). 국가와 지방자치단체는 실종 및 유괴 등 아동에 대한 범죄의 예방을 위하여 순찰활동 및 아동지도 업무 등을 수행하는 아동안전 보호인력을 배치・활용할 수 있다. 순찰활동 및 아동지도 업무 등을 수행하는 아동안전 보호인력은 그 권한을 표시하는 증표를 지니고 이를 관계인에게 내보여야 한다. 국가와 지방자치단체는 아동안전 보호인력으로 배치하고자 하는 사람에 대하여 본인의 동의를 받아 범죄경력을 확인하여야 한다(동법 제33조).

2) 취약계층 아동 통합서비스지원 및 자립지원 등

국가와 지방자치단체는 아동의 건강한 성장과 발달을 도모하기 위하여 대통령령으로 정하는 바에 따라 아동의 성장 및 복지 여건이 취약한 가정을 선정하여 그 가정의 지원대상아동과 가족을 대상으로 보건, 복지, 보호, 교육, 치료 등을 종합적으로 지원하는 통합서비스를 실시한다. 보건복지부장관은 통합서비스지원 사업의 운영지원에 관한 업무를 법인, 단체 등에 위탁할 수 있다(동법 제37조). 또한 국가와 지방자치단체는 보호대상의 위탁보호 종료 또는 아동복지시설 퇴소 이후의 자립을 지원하기 위하여 자립에 필요한 주거·생활·교육·취업 등의 지원, 자립에 필요한 자립정착금 및 자립수당 지급, 자산형성지원, 자립에 관한 실태조사 및 연구, 사후관리체계 구축 및 운영 등을 시행하여야 한다(동법 제38조).

보건복지부장관은 보호대상아동의 위탁보호 종료 또는 아동복지시설 퇴소 이후의 자립지원, 생활 및 정서적·신체적 건강 등에 대한 실태조사를 3년마다 실시하여야 한다(동법 제38조의2). 한편 보장원의 장, 가정위탁지원센터의 장 및 아동복지시설의 장은 보호하고 있는 15세 이상의 아동을 대상으로 매년 개별 아동에 대한 자립지원계획을 수립하고, 그 계획을 수행하는 종사자를 대상으로 자립지원에 관한 교육을 실시하여야 한다(동법 제39조).

3) 아동복지시설

국가 또는 지방자치단체는 아동복지시설을 설치할 수 있고, 국가 또는 지방자치단체 외의 자는 관할 시장·군수·구청장에게 신고하고 아동복지시설을 설치할 수 있다(동법 제50조). 아동복지시설의 종류는 다음과 같다(동법 제52조).

- 아동양육시설: 보호대상아동을 입소시켜 보호, 양육 및 취업훈련, 자립지원 서비스 등을 제공하는 것을 목적으로 하는 시설
- 아동일시보호시설: 보호대상아동을 일시보호하고 아동에 대한 향후의 양육 대책수립 및 보호조치를 행하는 것을 목적으로 하는 시설

- 아동보호치료시설: 불량행위를 하거나 불량행위를 할 우려가 있는 아동으로서 보호자가 없거나 친권자나 후견인이 입소를 신청한 아동 또는 가정법원, 지방법원소년부지원에서 보호 위탁된 19세 미만 사람을 입소시켜 치료와 선도를 통하여 건전한 사회인으로 육성하는 것을 목적으로 하는 시설과 정서적·행동적 장애로 인하여 어려움을 겪고 있는 아동 또는 학대로 인하여 부모로부터 일시 격리되어 치료받을 필요가 있는 아동을 보호·치료하는 시설
- 공동생활가정: 보호대상아동에게 가정과 같은 주거여건과 보호, 양육, 자립지원 서비스를 제공하는 것을 목적으로 하는 시설
- 자립지원시설: 아동복지시설에서 퇴소한 사람에게 취업준비기간 또는 취업 후 일정기간 보호함으로써 자립을 지원하는 것을 목적으로 하는 시설
- 아동상담소: 아동과 그 가족의 문제에 관한 상담, 치료, 예방 및 연구 등을 목적으로 하는 시설
- 아동전용시설: 어린이공원, 어린이놀이터, 아동회관, 체육·연극·영화·과학실험전시실, 아동휴게숙박시설, 야영장 등 아동에게 건전한 놀이·오락, 그 밖의 각종 편의를 제공하여 심신의 건강유지와 복지증진에 필요한 서비스를 제공하는 것을 목적으로 하는 시설
- 지역아동센터: 지역사회 아동의 보호·교육, 건전한 놀이와 오락의 제공, 보호자와 지역사회의 연계 등 아동의 건전육성을 위하여 종합적인 아동복지서비스를 제공하는 시설
- 아동보호전문기관: 학대받은 아동의 발견, 보호, 치료에 대한 신속처리 및 아동학대 예방을 담당하는 기관
- 가정위탁지원센터: 가정위탁사업의 홍보 및 가정위탁을 하고자 하는 가정의 발굴, 가정위탁 대상 아동에 대한 상담, 위탁가정의 사례관리 등 가정위탁사업 전반을 관리하는 기관
- 아동권리보장원: 아동정책에 대한 종합적인 수행과 아동복지 관련 사업의 효과적인 추진을 위하여 필요한 정책의 수립을 지원하고 사업평가 등의 업무를 수행하는 기관

- 자립지원전담기관: 보호대상아동의 위탁보호 종료 또는 아동복지시설 퇴소 이후의 자립을 지원하는 것을 목적으로 하는 기관

4) 아동복지시설의 사업

아동복지시설은 각 시설 고유의 목적 사업을 해치지 아니하고 각 시설별 설치 기준 및 운영기준을 충족하는 경우 다음의 사업을 추가로 실시할 수 있다(동법 제52조).

- 아동가정지원사업: 지역사회아동의 건전한 발달을 위하여 아동, 가정, 지역 주민에게 상담, 조언 및 정보를 제공하여 주는 사업
- 아동주간보호사업: 부득이한 사유로 가정에서 낮 동안 보호를 받을 수 없는 아동을 대상으로 개별적인 보호와 교육을 통하여 아동의 건전한 성장을 도모하는 사업
- 아동전문상담사업: 학교부적응아동 등을 대상으로 올바른 인격형성을 위한 상담, 치료 및 학교폭력예방을 실시하는 사업
- 학대아동보호사업: 학대아동의 발견, 보호, 치료 및 아동학대의 예방 등을 전문적으로 실시하는 사업
- 공동생활가정사업: 보호대상아동에게 가정과 같은 주거여건과 보호를 제공하는 것을 목적으로 하는 사업
- 방과 후 아동지도사업: 저소득층 아동을 대상으로 방과 후 개별적인 보호와 교육을 통하여 건전한 인격형성을 목적으로 하는 사업

8. 아동복지 전달체계 및 위원회

1) 아동정책조정위원회

아동의 권리증진과 건강한 출생 및 성장을 위하여 종합적인 아동정책을 수립

하고 관계 부처의 의견을 조정하며 그 정책의 이행을 감독하고 평가하기 위하여 국무총리 소속으로 아동정책조정위원회를 둔다. 위원회는 위원장을 포함한 25명 이내의 위원으로 구성하되, 위원장은 국무총리가 되고 위원은 기획재정부장관·교육부장관·법무부장관·행정안전부장관·문화체육관광부장관·산업통상자원부장관·보건복지부장관·고용노동부장관·여성가족부장관과 아동 관련 단체의 장이나 아동에 대한 학식과 경험이 풍부한 사람 중 위원장이 위촉하는 15명 이내로 구성 된다(동법 제10조).

2) 아동복지심의위원회

시·도지사, 시장·군수·구청장은 아동정책 시행계획 수립 및 시행, 보호 및 퇴소 조치, 친권, 아동의 후견인, 지원대상 선정 등에 관한 사항 사항을 심의하기 위하여 그 소속으로 아동복지심의위원회를 각각 둔다. 시·도지사, 시장·군수·구청장은 대통령령으로 정하는 바에 따라 심의위원회의 구성 및 운영현황에 관한 사항을 연 1회 보건복지부장관에게 보고하여야 한다(동법 제12조).

3) 아동복지전담공무원

아동복지에 관한 업무를 담당하기 위하여 특별시·광역시·도·특별자치도 및 시·군·구에 각각 아동복지전담공무원을 둘 수 있다. 전담공무원은 아동에 대한 상담 및 보호조치, 가정환경에 대한 조사, 아동복지시설에 대한 지도·감독, 아동범죄 예방을 위한 현장 확인 및 지도·감독 등 지역 단위에서 아동의 복지증진을 위한 업무를 수행한다. 또한 전담공무원의 업무를 지원하기 위하여 보건복지부령으로 정하는 바에 따라 민간전문인력을 둘 수 있다(동법 제13조).

4) 아동위원

아동위원은 시·군·구에 두고, 그 관할 구역의 아동에 대하여 항상 그 생활상태 및 가정환경을 상세히 파악하고 아동복지에 필요한 원조와 지도를 행하며 전담공무원 및 관계 행정기관과 협력하여야 한다. 아동위원은 그 업무를 원활한 수행을 위하여 적절한 교육을 받을 수 있으며, 아동위원은 명예직으로 하되, 아동위원에 대하여는 수당을 지급할 수 있다(동법 제14조).

5) 아동보호전문기관

지방자치단체는 학대받은 아동의 치료, 아동학대의 재발 방지 등 사례관리 및 아동학대예방을 담당하는 아동보호전문기관을 시·도 및 시·군·구에 1개소 이상 두어야 한다. 다만, 시·도지사는 관할 구역의 아동 수 및 지리적 요건을 고려하여 조례로 정하는 바에 따라 둘 이상의 시·군·구를 통합하여 하나의 아동보호전문기관을 설치·운영할 수 있다(동법 제45조). 보건복지부장관은 아동보호전문기관의 업무 실적에 따라 3년마다 평가를 실시하여야 한다(동법 제47조). 아동보호전문기관의 업무는 다음과 같다(동법 제46조).

- 피해아동, 피해아동의 가족 및 아동학대행위자를 위한 상담·치료 및 교육
- 아동학대예방 교육 및 홍보
- 피해아동 가정의 사후관리

6) 가정위탁지원센터

지방자치단체는 보호대상아동에 대한 가정위탁사업을 활성화하기 위하여 시·도 및 시·군·구에 가정위탁지원센터를 둔다. 다만, 시·도지사는 조례로 정하는 바에 따라 둘 이상의 시·군·구를 통합하여 하나의 가정위탁지원센터를 설치·운영할 수 있다. 시·도지사 및 시장·군수·구청장은 가정위탁지원을 목적으로 하는 비영리법인을 지정하여 가정위탁지원센터의 운영을 위탁할 수 있다(동법 제48조). 가정위탁지원센터의 업무는 다음과 같다(동법 제49조).

- 가정위탁사업의 홍보 및 가정위탁을 하고자 하는 가정의 발굴
- 가정위탁을 하고자 하는 가정에 대한 조사 및 가정위탁 대상 아동에 대한 상담
- 가정위탁을 하고자 하는 사람과 위탁가정 부모에 대한 교육
- 위탁가정의 사례관리
- 친부모 가정으로의 복귀 지원
- 가정위탁 아동의 자립계획 및 사례 관리
- 관할 구역 내 가정위탁 관련 정보 제공
- 그 밖에 대통령령으로 정하는 가정위탁과 관련된 업무

9. 수급자의 권리보호와 벌칙 등

1) 수급자의 권리보호

이 법에 따라 지급된 금품과 이를 받을 권리는 압류하지 못한다(동법 제64조).

2) 벌칙 등

이 법에서 정하는 벌칙은 다음과 같고(동법 제71조), 상습적으로 죄를 범한 자는 그 죄에 정한 형의 1/2까지 가중한다(동법 제72조).

(1) 10년 이하의 징역

- 아동을 매매하는 행위

(2) 10년 이하의 징역 또는 1억원 이하의 벌금

- 아동에게 음란한 행위를 시키거나 이를 매개하는 행위 또는 아동에게 성적

수치심을 주는 성희롱 등의 성적 학대행위

(3) 5년 이하의 징역 또는 5천만원 이하의 벌금

- 아동의 신체에 손상을 주거나 신체의 건강 및 발달을 해치는 신체적 학대행위
- 아동의 정신건강 및 발달에 해를 끼치는 정서적 학대행위
- 자신의 보호·감독을 받는 아동을 유기하거나 의식주를 포함한 기본적 보호·양육·치료 및 교육을 소홀히 하는 방임행위
- 장애를 가진 아동을 공중에 관람시키는 행위
- 아동에게 구걸을 시키거나 아동을 이용하여 구걸하는 행위

(4) 3년 이하의 징역 또는 3천만원 이하의 벌금

- 정당한 권한을 가진 알선기관 외의 자가 아동의 양육을 알선하고 금품을 취득하거나 금품을 요구 또는 약속하는 행위
- 아동을 위하여 증여 또는 급여된 금품을 그 목적 외의 용도로 사용하는 행위
- 아동복지업무에 종사하였거나 종사하는 자가 그 직무상 알게 된 비밀을 누설하거나 직무상 목적 외의 용도로 이용하는 행위

(5) 1년 이하의 징역 또는 1천만원 이하의 벌금

- 공중의 오락 또는 흥행을 목적으로 아동의 건강 또는 안전에 유해한 곡예를 시키는 행위 또는 이를 위하여 아동을 제3자에게 인도하는 행위
- 아동복지시설이 폐업 또는 휴업하는 경우, 정당한 사유 없이 다른 아동복지시설로 옮기는 권익보호조치를 하지 아니한 사람
- 국가아동학대정보시스템의 피해아동 관련 정보를 요청 목적 외로 사용하거나 다른 사람에게 제공 또는 누설한 사람
- 사례전문위원회에 참석한 사람은 업무상 알게 된 비밀을 누설하거나 이를

이용하여 부당한 이익을 취한 사람

- 신고를 하지 아니하고 아동복지시설을 설치한 자
- 거짓으로 서류를 작성하여 아동복지시설 전문인력의 자격을 인정받은 자
- 사업의 정지, 위탁의 취소 또는 시설의 폐쇄명령을 받고도 그 시설을 운영하거나 사업을 한 자
- 관계 공무원이나 전담공무원의 조사를 거부·방해 또는 기피하거나 질문에 대하여 답변을 거부·기피 또는 거짓 답변을 하거나, 아동에게 답변을 거부·기피 또는 거짓 답변을 하게 하거나 그 답변을 방해한 자

(6) 1천만원 이하의 과태료

- '피해아동 응급조치에 대한 거부금지'를 위반하여 피해아동의 인수를 거부한 아동학대 관련 보호시설의 장
- 아동학대 관련 범죄전력자 해임요구를 정당한 사유 없이 거부하거나 1개월 이내에 이행하지 아니한 아동 관련 기관의 장

(7) 500만원 이하의 과태료

- 아동 관련 기관의 장이 직원 채용 시 아동학대 관련 범죄 전력을 확인하지 아니하는 경우

(8) 300만원 이하의 과태료

- 아동학대 신고의무자에 대한 신고의무 교육을 실시하지 아니한 자
- 정당한 사유 없이 아동학대 재발 방지 등을 위한 업무수행을 거부하거나 방해한 자
- 보장원의 장 또는 아동보호전문기관의 장이 제공하는 지원에 정당한 사유 없이 참여하지 아니한 피해아동의 가족

- 정당한 사유 없이 상담 · 교육 · 심리적 치료 등에 참여하지 아니한 아동학대행위자
- 아동복지 시설의 장, 어린이집 원장 및 학교장이 아동의 안전에 대한 교육을 실시하지 아니한 경우
- 아동복지시설의 휴업 · 폐업 또는 운영 재개 신고를 하지 아니한 자
- 아동복지시설의 유사명칭 사용금지를 위반하여 아동복지시설이라는 명칭을 사용한 자

제21장 장애인복지법

제1절 입법 배경 및 주요 연혁

1. 입법 배경

장애인들이 자립자활할 수 있도록 필요한 법적 지원을 개선하고자 1989년 12월 30일 「심신장애자복지법」에서 「장애인복지법」으로 전부 개정하였다. 전부개정의 주요 내용은 다음과 같다.

- "심신장애자"라는 용어를 "장애인"으로 변경하고, 이에 따라 이 법의 제명을 "장애인복지법"으로 함.
- 장애인복지에 관한 사항을 심의·건의하기 위하여 보건사회부에 장애인복지위원회를 설치함.
- 장애인등록제를 신설함.
- 국가 또는 지방자치단체는 장애인의 의료비 및 자녀교육비를 지급할 수 있도록 함.
- 국가 또는 지방자치단체는 방송국에 청각장애자를 위한 수화 또는 자막의 방영을 요청할 수 있도록 함.
- 장애인의 체육진흥을 위하여 한국장애인복지체육회를 설립함.

2. 주요 연혁

- 1981. 6. 5. 「심신장애자복지법」 제정(법률 제3452호)
- 1999. 2. 8. 개정(법률 제5931호) 장애인의 인간 존엄과 완전한 사회참여와 평등을 기반으로 하는 사회통합을 기본이념으로 장애인의 사회참여 및 인권의 확대를 주창하고 장애인 중심의 복지체계 구현을 위해 장애인복지서비스를 확충하며 생애의 주기에 따른 복지서비스를 제공할 수 있도록 그 체계를 개편하고, 장애인의 정보접근권, 장애인보조견, 장애유형에 따른 재활서비스 제공, 장애인생산품의 구매, 재활보조기구의 개발・보급 등 장애인의 새로운 복지수요에 대응하며, 이에 필요한 장애인복지 정책의 효율적 수행을 위해 「장애인복지법」을 전면 개정.
- 2013. 7. 30. 개정(법률 제11977호) 현행법상 장애인생산품 인증제를 실시하고 있으나 장애인생산품 인증 기준을 충족시키지 못하거나 인증 표시를 거짓으로 사용하는 경우에 대한 금지규정이 없어 이를 명시하고, 거짓 인증표시에 대한 벌칙규정을 신설하며, 현재 시행규칙에 규정되어 있는 인증취소 관련 규정을 법률로 상향하여 규정하고, 장애인복지단체의 재정적 부담을 경감하기 위하여 장애인복지단체에 국유・공유 재산을 무상으로 대부 또는 사용・수익할 수 있도록 하는 법적 근거를 명확히 하려고 함.
- 2015. 6. 22. 개정(법률 제13366호) 국가와 지방자치단체는 등록 장애인에게 필요한 서비스가 적시에 제공될 수 있도록 복지서비스에 관한 장애인 지원 사업을 실시하도록 하고, 장애인에 대한 금지행위의 유형을 추가하고, 금지행위 위반자에 대한 벌칙규정을 마련함.
- 2015. 12. 29. 개정(법률 제13663호) 장애 정도에 관한 정밀심사를 의뢰받은 공공기관이 「장애인복지법」의 장애 정도에 관한 심사를 위해 장애인 본인의 동의를 얻어 해당 의료기관에 필요한 진료기록 등의 열람 및 사본 교부를 요청하는 경우 해당 의료기관이 이에 응할 수 있도록 하고, 이에 따른 수수료 등의 비용은 국가 등이 지원할 수 있도록 하고, 특별자치시장・특별자치

도지사·시장·군수·구청장은 장애인 등록 과정에서 장애등급이 변동·상실 장애인 등에게 장애등급의 변동·상실에 따른 지원의 변화에 대한 정보와 재활 및 자립에 필요한 각종 정보를 제공하도록 함.

- 2016. 5. 29. 개정(법률 제14222호) 수급자가 신청하는 경우에는 이 법에 따라 장애인에게 지급되는 금전이 입금되는 수급자 명의의 지정된 계좌로 금전을 입금하도록 하고, 해당 수급계좌의 예금에 관한 채권은 압류할 수 없도록 규정함으로써 압류 방지의 실효성을 확보하고 장애인의 생계 보호를 강화하고자 함.
- 2017. 2. 8. 개정(법률 제14562호) 장애인 등록 제도의 체계적 관리를 위하여 장애인이 장애인 등록 기준에 맞지 아니하게 된 경우 등에는 장애인 등록을 취소하도록 하고, 장애수당의 적정성을 도모하기 위하여 장애수당 신청인의 장애 정도에 대하여 심사할 수 있도록 하며, 장애인학대로 피해를 입은 장애인의 임시보호 및 사회복귀 지원을 위하여 피해장애인 쉼터의 설치·운영 근거를 마련하도록 하며, 법정형을 '징역 1년당 벌금형 1천만원'의 기준으로 정비하는 등 현행 제도의 운영상 나타난 일부 미비점을 개선·보완함.
- 2017. 9. 19. 개정(법률 제14892호) 장애인은 이동성의 제약, 편의시설의 부족, 경제적 사정 등의 이유로 비장애인에 비하여 관광활동에 많은 제약이 있으므로 국가와 지방자치단체가 장애인의 관광활동과 관련한 시설·설비 및 그 밖의 환경을 정비하는 등 관광활동의 지원을 위해 노력하도록 규정하고, 이 법에서 인용하고 있는 다른 법률이 폐지된 것을 반영하여 관련 조문을 정비함으로써 법 적용상 혼란을 없애도록 함.
- 2017. 12. 19. 개정(법률 제15270호) 장애등급제 개편에 따라 '장애 등급'을 '장애 정도'로 변경하고 맞춤형 서비스 제공을 위한 서비스 지원 종합조사 실시 근거를 마련하도록 하며, 자립생활지원과 관련한 국가와 지방자치단체의 책무 대상을 중증장애인에서 장애인으로 확대하고, 복지사각지대 해소를 위하여 장애인에 대한 방문상담과 사례관리 수행 근거를 마련함.
- 2018. 6. 12. 개정(법률 제15646호) 한국장애인개발원의 설립근거와 사업 범위

를 법률에 직접 규정하여 안정적으로 사업이 수행될 수 있도록 함.

- 2018. 12. 11. 개정(법률 제15904호) 헌법재판소 위헌결정의 취지를 반영하여 법원이 성범죄로 형 등을 선고할 때 최장 10년의 범위 내에서 장애인복지시설에의 취업제한명령을 선고하도록 하는 등의 조치를 통해 위헌 규정을 보완함.
- 2019. 12. 3. 개정(법률 제16733호) 장애인에 대한 인식개선 교육이 충실하게 수행될 수 있도록 인식개선 교육에 대한 사후관리를 강화하고, 장애인에 대한 인식개선 교육을 체계화하고 교육의 질을 높이기 위하여 인식개선교육기관 지정·위탁 제도를 도입하는 한편, 장애인학대가 의심되는 경우 피해장애인에 대한 보호조치를 강화하는 등 현행 제도의 운영상 나타난 일부 미비점을 개선·보완함.
- 2020. 12. 29. 개정(법률 제17791호) 장애인학대관련범죄의 정의를 신설하고, 취업제한명령 대상자를 성범죄자에서 장애인학대관련범죄자 및 성범죄자로 확대하도록 하며, 취업제한명령 적용 대상 기관을 확대함.
- 2021. 6. 8. 개정(법률 제18220호) 장애인정책종합계획에 장애인의 안전관리에 관한 사항을 추가함으로써 재난이나 각종 사고로부터 장애인의 안전을 확보할 수 있는 생활환경을 조성함.
- 2021. 7. 27. 개정(법률 제18333호) 장애 정도에 관한 정밀심사를 실시하는 공공기관이 관련 기관에 심사에 필요한 자료를 요청할 수 있도록 규정하고, 해당 기관에 제공되는 자료에 대한 사용료, 수수료 등을 면제할 수 있도록 법적 근거를 마련함.
- 2021. 8. 17. 개정(법률 제18417호) 보건복지부장관이 장애인권익옹호기관의 성과를 평가할 수 있도록 하고, 장애인학대행위자가 의무적으로 상담·교육 등에 참여하도록 함으로써 장애인권익옹호기관의 업무를 개선하고, 장애인학대를 예방하도록 함.
- 2023. 3. 28. 개정(법률 제19303호) 장애인학대현장에 출동한 자가 학대 피해장애인에 대한 인도를 할 수 있는 기관의 범위에 가정폭력피해자 보호시설, 학

대피해아동쉼터 등을 추가함.

- 2023. 8. 8. 개정(법률 제19609호) 국가와 지방자치단체가 장애인에게 성 관련 상담 서비스를 제공하거나 그 업무를 전문성이 있는 기관·단체에 위탁할 수 있도록 하고, 장애인 거주시설 운영자가 이용자를 대상으로 성교육을 실시할 수 있도록 근거를 마련하며, 보건복지부장관이 장애인학대정보시스템을 구축·운영하도록 하고, 장애인학대정보시스템의 운영을 중앙장애인권익옹호기관에 위탁할 수 있도록 하며, 장애인권익옹호기관의 장이 장애인학대정보시스템을 통하여 신분조회 등의 조치나 관련 자료의 제공을 요청할 수 있도록 하는 한편, 보건복지부장관이 수어통역에 관한 정책·제도의 조사 및 관련 시설의 운영지침 수립 등 업무를 수행하기 위하여 중앙수어통역센터를 문화체육관광부장관과 협의하여 설치·운영할 수 있도록 하는 등 현행 제도의 운영상 나타난 일부 미비점을 개선·보완함.

제 2 절 법의 주요 내용

1. 법의 목적 및 기본 이념

1) 목적

「장애인복지법」은 장애인의 인간다운 삶과 권리보장을 위한 국가와 지방자치단체 등의 책임을 명백히 하고, 장애발생 예방과 장애인의 의료·교육·직업재활·생활환경개선 등에 관한 사업을 정하여 장애인복지대책을 종합적으로 추진하며, 장애인의 자립생활·보호 및 수당지급 등에 관하여 필요한 사항을 정하여 장애인의 생활안정에 기여하는 등 장애인의 복지와 사회활동 참여증진을 통하여 사회통합에 이바지함을 목적으로 한다(동법 제1조).

2) 기본 이념

장애인복지의 기본 이념은 장애인의 완전한 사회 참여와 평등을 통한 사회통합을 이루는 데 있다(동법 제3조). 장애인은 인간으로서의 존엄과 가치를 존중받고 그에 걸맞는 대우를 받으며, 국가 · 사회의 구성원으로서 정치 · 경제 · 사회 · 문화, 그 밖의 모든 분야의 활동에 참여할 권리가 있다. 또한 장애인은 장애인 관련 정책에 우선적으로 참여할 권리가 있다(동법 제4조). 그리고 국가 및 지방자치단체는 장애인 정책의 결정과 그 실시에 있어서 장애인 및 장애인 부모, 배우자, 그 밖에 장애인을 보호하는 자의 의견을 수렴하여야 한다. 이 경우 당사자의 의견 수렴을 위한 참여를 보장하여야 한다(동법 제5조).

2. 용어의 정의

이 법에서 사용하는 용어의 정의는 다음과 같다(동법 제2조).

- 장애인: 신체적 · 정신적 장애로 오랫동안 일상생활이나 사회생활에서 상당한 제약을 받는 자
- 신체적 장애: 주요 외부 신체 기능의 장애, 내부기관의 장애 등
- 정신적 장애: 발달장애 또는 정신 질환으로 발생하는 장애
- 장애인학대: 장애인에 대하여 신체적 · 정신적 · 정서적 · 언어적 폭력이나 가혹행위, 경제적 착취, 유기 또는 방임을 하는 것

3. 책임 주체

1) 국가 및 지방자치단체의 책임

(1) 기본 책임

국가와 지방자치단체는 장애 발생을 예방하고, 장애의 조기발견에 대한 국민의 관심을 높이며, 장애인의 자립을 지원하고, 보호가 필요한 장애인을 보호하여 장애인의 복지를 향상시킬 책임을 진다. 또한 국가와 지방자치단체는 여성 장애인의 권익을 보호하기 위하여 필요한 정책을 강구하여야 하고, 장애인복지정책을 장애인과 그 보호자에게 적극적으로 홍보하여야 하며, 국민이 장애인에 대하여 올바르게 이해하도록 하는 데에 필요한 정책을 강구하여야 한다(동법 제9조).

(2) 중증장애인의 보호

국가와 지방자치단체는 장애의 정도가 심하여 자립하기가 매우 곤란한 장애인(중증장애인)에 대하여 필요한 보호 등을 평생 받을 수 있도록 알맞은 정책을 강구하여야 한다(동법 제6조).

(3) 여성장애인의 권익보호

국가와 지방자치단체는 여성장애인의 권익을 보호하고 사회참여를 확대하기 위하여 기초학습과 직업교육 등 필요한 시책을 강구하여야 한다(동법 제7조).

2) 국민의 책임

모든 국민은 장애 발생의 예방과 장애의 조기 발견을 위하여 노력하여야 하며, 장애인의 인격을 존중하고 사회통합의 이념에 기초하여 장애인의 복지향상에 협력하여야 한다(동법 제10조).

4. 기본정책 강구

1) 장애발생 예방

국가와 지방자치단체는 장애의 발생 원인과 그 예방에 관한 조사연구를 촉진하여야 하며, 모자보건사업의 강화, 장애의 원인이 되는 질병의 조기 발견과 조기 치료, 그 밖에 필요한 정책을 강구하여야 하고, 교통사고·산업재해·약물중독 및 환경오염 등에 의한 장애발생을 예방하기 위하여 필요한 조치를 강구하여야 한다(동법 제17조).

2) 의료와 재활치료

국가와 지방자치단체는 장애인이 생활기능을 익히거나 되찾을 수 있도록 필요한 기능치료와 심리치료 등 재활의료를 제공하고 장애인의 장애를 보완할 수 있는 장애인보조기구를 제공하는 등 필요한 정책을 강구하여야 한다(동법 제18조).

3) 교육

국가와 지방자치단체는 사회통합의 이념에 따라 장애인이 연령·능력·장애의 종류 및 정도에 따라 충분히 교육받을 수 있도록 교육 내용과 방법을 개선하는 등 필요한 정책을 강구하여야 하며, 장애인의 교육에 관한 조사·연구를 촉진하여야 하고, 장애인에게 전문 진로교육을 실시하는 제도를 강구하여야 한다. 또한 각 급 학교의 장은 교육을 필요로 하는 장애인이 그 학교에 입학하려는 경우 장애를 이유로 입학 지원을 거부하거나 입학시험 합격자의 입학을 거부하는 등의 불리한 조치를 하여서는 아니 된다. 아울러 모든 교육기관은 교육 대상인 장애인의 입학 및 수학 등에 편리하도록 장애의 종류와 정도에 맞추어 시설을 정비하거나 그 밖에 필요한 조치를 강구하여야 한다(동법 제20조).

4) 직업

국가와 지방자치단체는 장애인이 적성과 능력에 맞는 직업에 종사할 수 있도록 직업지도, 직업능력평가, 직업 적응훈련, 직업훈련, 취업 알선, 고용 및 취업 후 지도 등 필요한 정책을 강구하여야 하며, 장애인 직업재활훈련이 원활히 이루어질 수 있도록 장애인에게 적합한 직종과 재활사업에 관한 조사·연구를 촉진하여야 한다(동법 제21조).

5) 정보에의 접근

국가와 지방자치단체는 장애인이 원활하게 정보에 접근하고 자신의 의사를 표시할 수 있도록 전기통신·방송시설 등을 개선하기 위하여 노력하여야 한다. 또한 국가와 지방자치단체는 방송국의 장 등 민간 사업자에게 뉴스와 국가적 주요사항의 중계 등 대통령령으로 정하는 방송 프로그램에 청각장애인을 위한 수화 또는 폐쇄자막과 시각장애인을 위한 화면해설 또는 자막해설 등을 방영하도록 요청할 수 있으며, 국가적인 행사, 그 밖의 교육·집회 등 대통령령으로 정하는 행사를 개최할 경우에 청각장애인을 위한 수화통역 및 시각장애인을 위한 점자 또는 점자·음성변환용 코드가 삽입된 자료 등을 요청할 수 있다. 아울러 요청받은 방송국의 장 등 민간 사업자 및 민간 행사 주최자는 정당한 이유가 없으면 그 요청에 따라야 한다. 한편 국가와 지방자치단체는 시각장애인이 정보에 쉽게 접근할 수 있도록 점자도서와 음성도서 등을 보급하기 위하여 노력하여야 하고, 국가와 지방자치단체는 장애인의 특성을 고려하여 정보통신망 및 정보통신기기의 접근·이용에 필요한 지원 및 도구의 개발·보급 등 필요한 시책을 강구하여야 한다(동법 제22조).

6) 편의시설 설치

국가와 지방자치단체는 장애인이 공공시설 및 교통수단 등을 안전하고 편리하게 이용할 수 있도록 편의시설의 설치와 운영에 관하여 필요한 시책을 강구하여야 하고, 공공시설 등 이용편의를 위하여 수화통역·안내보조 등 인적서비스 제공에 관하여 필요한 시책을 강구하여야 한다(동법 제23조). 아울러 국가와 지방자치단체는 장애인이 선거권을 행사하는 데에 불편함이 없도록 편의시설·설비를 설치하고, 선거권 행사에 관하여 홍보하며, 선거용 보조기구 개발·보급 등의 필요한 조치를 강구하여야 한다(동법 제26조).

7) 안전대책 강구

국가와 지방자치단체는 추락사고 등 장애로 인하여 일어날 수 있는 안전사고와 비상재해 등에 대비하여 시각·청각 장애인과 이동이 불편한 장애인을 위하여 피난용 통로를 확보하고, 점자·음성·문자 안내판을 설치하며, 긴급 통보체계를 마련하는 등 장애인의 특성을 배려한 안전대책 등 필요한 조치를 강구하여야 한다(동법 제24조).

8) 주택 보급

국가와 지방자치단체는 공공주택 등 주택을 건설할 경우에는 장애인에게 장애정도를 고려하여 우선 분양 또는 임대할 수 있도록 노력하여야 하며, 주택의 구입자금·임차자금 또는 개·보수비용의 지원 등 장애인의 일상생활에 적합한 주택의 보급·개선에 필요한 시책을 강구하여야 한다(동법 제27조).

9) 문화환경의 정비 등

국가와 지방자치단체는 장애인의 문화생활과 체육활동을 늘리기 위하여 관련 시설 및 설비, 그 밖의 환경을 정비하고 문화생활과 체육활동 등을 지원하도록 노력하여야 한다(동법 제28조).

10) 복지 연구 등의 진흥

국가와 지방자치단체는 장애인복지의 종합적이고 체계적인 조사·연구·평가 및 장애인 체육활동 등 장애인정책개발 등을 위하여 필요한 정책을 강구하여야 하며(동법 제29조).

11) 경제적 부담의 경감

국가와 지방자치단체, 「공공기관의 운영에 관한 법률」에 따른 공공기관, 「지방공기업법」에 따른 지방공사 또는 지방공단은 장애인과 장애인을 부양하는 자의 경제적 부담을 줄이고, 장애인의 자립을 촉진하기 위하여 세제상의 조치, 공공시설 이용료 감면, 그 밖에 필요한 정책을 강구하여야 한다. 또한 국가와 지방자치단체, 공공기관, 지방공사 또는 지방공단이 운영하는 운송사업자는 장애인과 장애인을 부양하는 자의 경제적 부담을 줄이고 장애인의 자립을 돕기 위하여 장애인과 장애인을 보호하기 위하여 동행하는 자의 운임 등을 감면하는 정책을 강구하여야 한다(동법 제30조).

5. 전달체계

1) 장애인정책조정위원회

장애인 종합정책을 수립하고 관계 부처 간의 의견을 조정하며 그 정책의 이행을 감독·평가하기 위하여 국무총리 소속하에 장애인정책조정위원회를 두며 다음의 사항들을 심의·조정한다(동법 제11조).

- 장애인복지정책의 기본방향에 관한 사항
- 장애인복지 향상을 위한 제도개선과 예산지원에 관한 사항
- 중요한 특수교육정책의 조정에 관한 사항

- 장애인 고용촉진정책의 중요한 조정에 관한 사항
- 장애인 이동보장 정책조정에 관한 사항
- 장애인정책 추진과 관련한 재원조달에 관한 사항
- 장애인복지에 관한 관련 부처의 협조에 관한 사항
- 그 밖에 장애인복지와 관련하여 대통령령으로 정하는 사항

2) 장애인복지상담원

장애인 복지 향상을 위한 상담 및 지원 업무를 맡기기 위하여 시・군・구에 장애인복지상담원을 두고, 장애인복지상담원은 그 업무를 할 때 개인의 인격을 존중하여야 한다(동법 제33조).

3) 장애인복지단체협의회 등 단체의 보호・육성

장애인복지단체의 활동지원과 장애인의 복지증진을 위하여 장애인복지단체협의회를 설립할 수 있다. 이 협의회는 「사회복지사업법」에 의한 사회복지법인으로 한다(동법 제64조). 그리고 국가와 지방자치단체는 장애인의 복지를 향상하고 자립을 돕기 위하여 장애인복지단체를 보호・육성하도록 노력해야 하고, 예산의 범위 안에서 이 단체의 사업 또는 활동이나 그 시설에 필요한 경비의 전부 또는 일부를 보조할 수 있다(동법 제63조).

4) 장애인복지 전문인력 양성 등

국가와 지방자치단체 그 밖의 공공단체는 의지・보조기 기사, 언어재활사, 수화통역사, 점역・교정사 등 장애인복지 전문인력, 그 밖에 장애인복지에 관한 업무에 종사하는 자를 양성・훈련하는 데에 노력하여야 한다(동법 제71조).

6. 복지시책

1) 장애실태조사

보건복지부장관은 장애인 복지정책의 수립에 필요한 기초 자료로 활용하기 위하여 3년마다 장애실태조사를 실시하여야 하며, 장애실태조사의 방법과 내용 등에 관하여 필요한 사항은 대통령령으로 정한다(동법 제31조).

2) 장애인 등록

장애인, 그 법정대리인 또는 대통령령으로 정하는 보호자는 장애 상태와 그 밖에 보건복지부령이 정하는 사항을 특별자치시장·특별자치도지사·시장·군수 또는 구청장에게 등록하여야 하며, 등록을 신청한 장애인이 장애인의 정의에 따른 기준에 맞으면 장애인 등록증을 내주어야 한다. 특별자치시장·특별자치도지사·시장·군수·구청장은 등록증을 받은 장애인의 장애 상태의 변화에 따른 장애 정도 조정을 위하여 장애 진단을 받게 하는 등 장애인이나 법정대리인 등에게 필요한 조치를 할 수 있다. 장애인의 장애 인정과 장애 정도 사정(査定)에 관한 업무를 담당하게 하기 위하여 보건복지부에 장애판정위원회를 둘 수 있다. 등록증은 양도하거나 대여하지 못하며, 등록증과 비슷한 명칭이나 표시를 사용하여서는 아니 된다. 특별자치시장·특별자치도지사·시장·군수·구청장은 장애인 등록 및 장애 상태의 변화에 따른 장애 정도를 조정함에 있어 장애인의 장애 인정과 장애 정도 사정이 적정한지를 확인하기 위하여 필요한 경우 대통령령으로 정하는 「공공기관의 운영에 관한 법률」에 따른 공공기관에 장애 정도에 관한 정밀심사를 의뢰할 수 있다(동법 제32조).

3) 장애인 등록 취소

특별자치시장·특별자치도지사·시장·군수·구청장은 제32조 제1항에 따라 등록증을 받은 사람이 다음의 어느 하나에 해당하는 경우에는 장애인 등록을 취소하여야 한다(동법 제32조의3).

- 사망한 경우
- 장애인의 정의에 따른 기준에 맞지 아니하게 된 경우
- 정당한 사유 없이 보건복지부령으로 정하는 기간 동안 장애인 등록에 따른 장애 진단명령 등 필요한 조치를 따르지 아니한 경우
- 장애인 등록 취소를 신청하는 경우

4) 장애 유형 · 장애 정도별 재활 및 자립지원 서비스 제공

국가와 지방자치단체는 장애인의 일상생활을 편리하게 하고 사회활동 참여를 높이기 위하여 장애 유형·장애 정도별로 재활 및 자립지원 서비스를 제공하는 등 필요한 정책을 강구하여야 하며, 예산의 범위 안에서 지원할 수 있다(동법 제35조).

5) 고용 촉진

국가와 지방자치단체는 직접 경영하는 사업에 능력과 적성이 맞는 장애인을 고용하도록 노력하여야 하며, 장애인에게 적합한 사업을 경영하는 자에게 장애인의 능력과 적성에 따라 장애인을 고용하도록 권유할 수 있다(동법 제46조).

6) 장애인 관련 수당

(1) 장애수당

국가와 지방자치단체는 장애인의 장애 정도와 경제적 수준을 고려하여 장애로 인한 추가적 비용을 보전(補塡)하게 하기 위하여 장애수당을 지급할 수 있다. 다

만, 「국민기초생활 보장법」에 따른 생계급여를 받는 장애인에게는 장애수당을 반드시 지급하여야 한다. 국가와 지방자치단체는 제1항에 따라 장애수당을 지급하려는 경우에는 장애수당을 받으려는 사람의 장애 정도에 대하여 심사할 수 있다. 국가와 지방자치단체는 장애수당을 지급받으려는 사람이 제3항에 따른 장애 정도의 심사를 거부·방해 또는 기피하는 경우에는 제1항에도 불구하고 장애수당을 지급하지 아니할 수 있다. 장애수당의 시급 대상·기순·방법 및 제3항에 따른 심사 대상·절차·방법 등에 관하여 필요한 사항은 대통령령으로 정한다(동법 제49조).

(2) 장애아동수당과 보호수당

국가와 지방자치단체는 장애아동에게 보호자의 경제적 생활수준 및 장애아동의 장애 정도를 고려하여 장애로 인한 추가적 비용을 보전하게 하기 위하여 장애아동수당을 지급할 수 있으며, 장애인을 보호하는 보호자에게 그의 경제적 수준과 장애인의 장애 정도를 고려하여 장애로 인한 추가적 비용을 보전하게 하기 위하여 보호수당을 지급할 수 있다. 장애아동수당과 보호수당의 지급 대상·기준 및 방법 등에 관하여 필요한 사항은 대통령령으로 정한다(동법 제50조).

7) 기타 복지 조치

(1) 장애인사용자동차 등에 대한 지원

국가와 지방자치단체, 그 밖의 공공단체는 장애인이 이동수단인 자동차 등을 편리하게 사용할 수 있도록 하고 경제적 부담을 줄여 주기 위하여 조세감면 등 필요한 지원정책을 강구하여야 한다. 시장·군수·구청장은 장애인이 이용하는 자동차 등을 지원하는 데에 편리하도록 장애인이 사용하는 자동차 등임을 알아볼 수 있는 표지(장애인사용자동차 등 표지)를 발급하여야 한다. 장애인사용자 등 표지는 대여하거나 보건복지부령이 정하는 자 이외의 자에게 양도하는 등 부당한 방법으로 사용하여서는 아니 되며, 이와 비슷한 표지·명칭 등을 사용하여서는 아니 된다(동법 제39조).

(2) 장애인 보조견의 훈련·보급지원 등

국가와 지방자치단체는 장애인의 복지증진을 위하여 장애인을 보조할 장애인 보조견의 훈련·보급을 지원하는 방안을 강구하여야 한다. 보건복지부장관은 장애인 보조견에 대하여 장애인 보조견표지(이하 "보조견표지"라 함)를 발급할 수 있다. 누구든지 보조견표지를 붙인 장애인 보조견을 동반한 장애인이 대중교통수단을 이용하거나 공공장소, 숙박시설 및 식품접객업소 등 여러 사람이 다니거나 모이는 곳에 출입하려는 때에는 정당한 사유 없이 거부하여서는 아니 된다(동법 제40조).

(3) 공공시설의 우선 이용

국가와 지방자치단체, 그 밖의 공공단체는 장애인의 자립을 지원하는 데에 필요하다고 인정되면 그 공공시설의 일부를 장애인이 우선 이용하게 할 수 있다(동법 제47조).

(4) 자금의 대여 등

국가와 지방자치단체는 장애인이 사업을 시작하거나 필요한 지식과 기능을 익히는 것 등을 지원하기 위하여 대통령령이 정하는 바에 따라 자금을 대여할 수 있다(동법 제41조).

(5) 생업 지원

국가와 지방자치단체, 그 밖의 공공단체는 소관 공공시설 안에 식료품·사무용품·신문 등 일상생활용품을 판매하는 매점이나 자동판매기의 설치를 허가 또는 위탁할 때에는 장애인이 신청하면 우선적으로 반영하도록 노력하여야 한다. 그리고 시장·군수 또는 구청장은 장애인이 「담배사업법」에 따라 담배소매인으로 지정받기 위하여 신청하면 그 장애인을 우선적으로 지정하도록 노력하여야 한다. 또한 장애인이 우편법령에 따라 국내 우표류 판매업 계약신청을 하면 우편관서는 그 장애인이 우선적으로 계약할 수 있도록 노력하여야 한다. 위와 같은 허가·위탁 또는 지정 등을 받은 자는 특별한 사유가 없으면 직접 그 사업을 하여야 한다. 한편 허가권자는 매점·자동판매기 설치를 허가하기 위하여 설치 장소와 판매할 물건의 종류 등을 조사하고 그 결과를 장애인에게 알리는 조치를 강구하여야 한다(동법 제42조).

(6) 자립훈련비의 지급

장애인복지실시기관은 장애인복지시설에 주거편의, 상담, 치료, 훈련 등을 받도록 하거나 위탁한 장애인에 대하여 그 시설에서 훈련을 효과적으로 받는 데 필요하다고 인정되면 자립훈련비를 지급할 수 있으며, 특별한 사정이 있으면 훈련비 지급을 대신하여 물건을 지급할 수 있다(동법 제43조).

(7) 생산품의 구매

국가, 지방자치단체 및 그 밖의 공공단체는 장애인복지시설과 장애인복지단체에서 생산한 물품의 우선 구매에 필요한 조치를 마련하여야 한다(동법 제44조).

(8) 국·공유재산의 우선 매각 또는 유·무상 임대

국가와 지방자치단체는 이 법에 따른 장애인복지시설을 설치하거나 장애인복지단체가 장애인복지사업과 관련한 시설을 설치하는 데에 필요할 경우 국유재산 또는 공유재산을 우선 매각할 수 있고 유상 또는 무상으로 대부하거나 사용·수익하게 할 수 있다. 그리고 국가와 지방자치단체는 국가나 지방자치단체로부터 토지와 시설을 매수·임차하거나 대부받은 자가 그 매수·임차 또는 대부한 날부터 2년 이내에 장애인복지시설을 설치하지 아니하거나 장애인복지단체의 장애인복지사업 관련 시설을 설치하지 아니할 때에는 토지와 시설을 환수하거나 임차계약을 취소할 수 있다(동법 제48조).

7. 자립생활 지원

1) 자립생활 지원

국가와 지방자치단체는 장애인의 자기결정에 의한 자립생활을 위하여 활동지원사의 파견 등 활동보조서비스 또는 장애인보조기구의 제공, 그 밖의 각종 편의 및 정보제공 등 필요한 시책을 강구하여야 한다(동법 제53조). 국가와 지방자치단체는 장애인의 자립생활을 실현하기 위하여 장애인자립생활지원센터를 통하여 필요한 각종 지원서비스를 제공한다(동법 제54조).

2) 재활 및 자립생활의 연구

국가와 지방자치단체는 장애인 재활 및 자립생활에 대하여 종합적이고 체계적인 조사·연구·평가하기 위하여 전문 연구기관에서 장애예방·의료·교육 및 직업재활 등에 관한 연구 과제를 선정하여 의뢰할 수 있으며, 연구과제를 수행하는데 들어가는 비용을 예산의 범위 안에서 보조할 수 있다(동법 제52조).

3) 활동지원급여의 지원

국가와 지방자치단체는 장애인이 일상생활 또는 사회생활을 원활히 할 수 있도록 활동지원급여를 지원할 수 있다. 국가 및 지방자치단체는 임신 등으로 인하여 이동이 불편한 여성장애인에게 임신 및 출산과 관련한 진료 등을 위하여 경제적 부담능력 등을 감안하여 활동지원사의 파견 등 활동보조서비스를 지원할 수 있다(동법 제55조).

8. 복지시설

국가와 지방자치단체는 장애인이 장애인복지시설의 이용을 통하여 기능회복과 사회적 향상을 도모할 수 있도록 필요한 정책을 강구하여야 하고, 장애인복지시설을 이용하는 장애인의 인권을 보호하기 위하여 필요한 정책을 마련하고 관련 프로그램을 실시할 수 있는 기반을 조성하여야 한다. 그리고 장애인복지실시기관은 장애인복지시설에 대한 장애인의 선택권을 최대한 보장하여야 하며, 장애인의 선택권을 보장하기 위하여 장애인복지시설을 이용하려는 장애인에게 시설의 선택에 필요한 정보를 충분히 제공하여야 한다. 장애인복지시설의 선택에 필요한 정보 제공과 서비스 제공 시에는 장애인의 성별·연령 및 장애의 유형과 정도를 고려하여야 한다(동법 제57조).

1) 장애인복지시설의 종류

장애인복지시설의 종류는 다음과 같다(동법 제58조).

- 장애인 거주시설: 거주공간을 활용하여 일반가정에서 생활하기 어려운 장애인에게 일정 기간 동안 거주·요양·지원 등의 서비스를 제공하는 동시에 지역사회생활을 지원하는 시설
- 장애인 지역사회재활시설: 장애인을 전문적으로 상담·치료·훈련하거나 장애인의 일상생활, 여가활동 및 사회참여활동 등을 지원하는 시설
- 장애인 직업재활시설: 일반 작업환경에서는 일하기 어려운 장애인이 특별히 준비된 작업환경에서 직업훈련을 받거나 직업생활을 할 수 있도록 하는 시설
- 장애인 의료재활시설: 장애인을 입원 또는 통원하게 하여 상담, 진단·판정, 치료 등 의료재활서비스를 제공하는 시설

- 그 밖에 대통령령으로 정하는 시설

2) 장애인복지시설의 설치

국가와 지방자치단체는 장애인복지시설을 설치할 수 있다. 이 외의 자가 장애인복지시설을 설치·운영하고자 할 때에는 시설 소재지 관할 시장·군수·구청장에게 신고하여야 하며, 신고한 사항 중 보건복지부령이 정하는 중요한 사항을 변경할 때에도 같다. 다만, 폐쇄명령(동법 제62조)을 받고 1년이 지나지 아니한 자는 시설의 설치·운영신고를 할 수 없다. 시장·군수·구청장은 신고 또는 변경신고를 받은 경우 그 내용을 검토하여 이 법에 적합하면 신고 또는 변경신고를 수리하여야 한다. 장애인거주시설의 정원은 30명을 초과할 수 없다. 다만, 특수한 서비스를 위하여 일정 규모 이상이 필요한 시설 등 대통령령으로 정하는 경우에는 그러하지 아니하다. 의료재활시설의 설치는 「의료법」에 따르며, 장애인복지시설의 시설기준, 신고, 변경신고 및 이용 등에 관하여 필요한 사항은 보건복지부령으로 정한다(동법 제59조).

3) 금지행위

이 법에서 규정하고 있는 금지행위는 다음과 같다(동법 제59조의 9).

- 장애인에게 성적 수치심을 주는 성희롱·성폭력 등의 행위
- 장애인의 신체에 폭행을 가하거나 상해를 입히는 행위
- 장애인을 폭행, 협박, 감금, 그 밖에 정신상 또는 신체상의 자유를 부당하게 구속하는 수단으로써 장애인의 자유의사에 어긋나는 노동을 강요하는 행위
- 자신의 보호·감독을 받는 장애인을 유기하거나 의식주를 포함한 기본적 보호 및 치료를 소홀히 하는 방임행위
- 장애인에게 구걸을 하게 하거나 장애인을 이용하여 구걸하는 행위
- 장애인을 체포 또는 감금하는 행위

- 장애인의 정신건강 및 발달에 해를 끼치는 정서적 학대행위
- 장애인을 위하여 증여 또는 급여된 금품을 그 목적 외의 용도에 사용하는 행위
- 공중의 오락 또는 흥행을 목적으로 장애인의 건강 또는 안전에 유해한 곡예를 시키는 행위

4) 장애인 학대 및 장애인대상 성범죄 신고의무

다음에 해당하는 사람은 그 직무상 장애인학대 및 장애인 대상 성범죄를 알게 된 경우에는 지체 없이 장애인권익옹호기관 또는 수사기관에 신고하여야 한다(동법 제59조의 4).

- 사회복지전담공무원 및 사회복지시설의 장과 그 종사자
- 서비스 지원 종합조사를 하는 자와 활동지원인력 및 활동지원기관의 장과 그 종사자
- 의료인 및 의료기관의 장
- 의료기사
- 응급구조사
- 119구급대의 대원
- 정신건강복지센터, 정신의료기관, 정신요양시설 및 정신재활시설의 장과 그 종사자
- 어린이집의 원장 등 보육교직원
- 유치원 교직원 및 강사 등
- 초중고등학교의 장과 그 종사자
- 학원의 운영자 · 강사 · 직원 및 교습소의 교습자 · 직원
- 성폭력피해상담소, 성폭력피해자보호시설 및 성폭력피해자통합지원센터의 장과 그 종사자

- 성매매피해자 지원시설의 장과 그 종사자 및 성매매피해상담소의 장과 그 종사자
- 가정폭력 관련 상담소의 장과 그 종사자 및 가정폭력피해자 보호시설의 장과 그 종사자
- 건강가정지원센터의 장과 그 종사자
- 다문화가족지원센터의 장과 그 종사자
- 아동권리보장원 및 가정위탁지원센터의 장과 그 종사자
- 한부모가족복지시설의 장과 그 종사자
- 청소년시설의 장과 그 종사자 및 청소년단체의 장과 그 종사자
- 청소년 보호·재활센터의 장과 그 종사자
- 장기요양요원 및 장기요양인정 신청의 조사를 하는 자
- 장애인평생교육시설의 장과 그 종사자

9. 비용

1) 비용부담

의료비, 자녀교육비, 자립훈련비, 장애수당, 장애아동수당, 장애인보조기구의 교부, 장애보조기구업체에 대한 지원의 규정에 의한 조치와 장애인복지시설의 설치·운영에 소요되는 비용은 예산의 범위 안에서 대통령령이 정하는 바에 따라 장애인복지실시기관이 부담하게 할 수 있다(동법 제79조).

2) 비용 수납

국공립병원, 보건소, 보건지소 기타 의료기관에 의뢰하여 의료 및 보건지도를 받게 하는 조치에 필요한 비용을 부담한 장애인복지실시기관은 해당 장애인 또는 그 부양의무자로부터 대통령령이 정하는 바에 따라 장애인복지실시기관이 부담한 비용의 전부 또는 일부를 수납할 수 있다(동법 제80조).

3) 비용 보조

국가와 지방자치단체는 대통령령으로 정하는 바에 따라 장애인복지시설의 설치·운영에 필요한 비용의 전부 또는 일부를 보조할 수 있다(동법 제81조).

4) 조세의 감면

「장애인복지법」에 의하여 지급되는 금품 및 장애인복지시설 및 장애인복지단체에서 장애인이 제작한 물품에는 「조세특례제한법」과 「지방세법」, 그 밖의 조세 관계법령이 정하는 바에 따라 조세를 감면한다(동법 제83조).

10. 수급자의 권리구제 및 벌칙 등

1) 수급자의 권리구제

장애인이나 법정대리인 등은 이 법에 따른 복지조치에 이의가 있으면 해당 장애인복지실시기관에 이의신청을 할 수 있다. 이의신청은 복지조치가 있음을 안 날부터 90일 이내에 문서로 하여야 한다. 다만, 정당한 사유로 인하여 그 기간 이내에 이의신청을 할 수 없었음을 증명한 때에는 그 사유가 소멸한 날부터 60일 이내에 이의신청을 할 수 있다. 장애인복지실시기관은 이의신청을 받은 때에는 30일 이내에 심사·결정하여 신청인에게 통보하여야 한다. 심사·결정에 이의가 있는 자는 「행정심판법」에 따라 행정심판을 제기할 수 있다(동법 제84조).

2) 벌칙 등

이 법에서 정하는 벌칙 등은 다음과 같다(동법 제86~89조).

(1) 10년 이하의 징역 또는 1억원 이하의 벌금

- 장애인에게 성적 수치심을 주는 성희롱·성폭력 등의 행위를 한 사람

(2) 7년 이하의 징역 또는 7천만 원 이하의 벌금

- 장애인의 신체에 폭행을 가하거나 상해를 입히는 행위를 한 사람
- 장애인을 폭행, 협박, 감금, 그 밖에 정신상 또는 신체상의 자유를 부당하게 구속하는 수단으로써 장애인의 자유의사에 어긋나는 노동을 강요하는 행위를 한 사람

(3) 5년 이하 징역이나 5천만 원 이하의 벌금

- 업무를 수행하면서 취득한 금융정보 등을 이 법에서 정한 목적 외의 다른 용도로 사용하거나 다른 사람 또는 기관에 제공하거나 누설한 사람
- 장애인학대현장에 출동하여 업무를 수행 중인 장애인권익옹호기관의 직원에 대하여 폭행 또는 협박하거나 위계 또는 위력으로써 그 업무를 방해한 사람
- 장애인의 신체에 폭행을 가하거나 상해를 입히는 행위
- 장애인을 폭행, 협박, 감금, 그 밖에 정신상 또는 신체상의 자유를 부당하게 구속하는 수단으로써 장애인의 자유의사에 어긋나는 노동을 강요하는 행위
- 자신의 보호·감독을 받는 장애인을 유기하거나 의식주를 포함한 기본적 보호 및 치료를 소홀히 하는 방임행위
- 장애인에게 구걸을 하게 하거나 장애인을 이용하여 구걸하는 행위
- 장애인을 체포 또는 감금하는 행위
- 장애인의 정신건강 및 발달에 해를 끼치는 정서적 학대행위

(4) 3년 이하 징역이나 3천만 원 이하의 벌금

- 장애인학대범죄신고인에 대한 보호조치를 위반하여 신고자의 인적사항 또는 신고자임을 미루어 알 수 있는 사실을 다른 사람에게 알려주거나 공개 또는 보도한 사람
- 장애인을 위하여 증여 또는 급여된 금품을 그 목적 외의 용도에 사용하는 행위를 한 사람
- 비밀 누설 등의 금지를 위반하여 업무 수행 중 알게 된 정보 또는 비밀 등을 이 법에서 정한 목적 외에 다른 용도로 사용하거나 다른 사람 또는 기관에 제공 또는 누설한 사람

(5) 2년 이하 징역이나 2천만 원 이하의 벌금

- 장애인학대 및 장애인 대상 성범죄 신고인에게 장애인학대범죄 신고 등을 이유로 파면, 해임, 해고, 그 밖에 이에 준하는 신분상실의 조치에 해당하는 불이익조치를 한 자

(6) 1년 이하 징역이나 1천만 원 이하의 벌금

- 장애인학대 및 장애인 대상 성범죄 신고인에게 장애인학대범죄 신고 등을 이유로 다음과 같은 불이익조치를 한 자
- 징계, 정직, 감봉, 강등, 승진 제한, 그 밖에 이에 준하는 부당한 인사조치
- 전보, 전근, 직무 미부여, 직무 재배치, 그 밖에 이에 준하는 인사조치
- 성과평가 또는 동료평가 등을 통한 임금, 상여금 등의 차별적 지급
- 교육·훈련 등 자기계발 기회의 박탈 및 예산·인력 등에 대한 업무상 제한, 그 밖에 이에 준하는 근무 조건의 차별적 조치
- 요주의 대상자 명단의 작성·공개, 집단 따돌림 및 폭행·폭언, 그 밖에 이에 준하는 정신적·신체적 위해 행위

- 직무에 대한 부당한 감사, 조사 및 그 결과의 공표
- 공중의 오락 또는 흥행을 목적으로 장애인의 건강 또는 안전에 유해한 곡예를 시키는 행위를 한 사람
- 장애인을 이용하여 부당한 영리행위를 한 자
- 장애인 등록증을 양도 또는 대여하거나 양도 또는 대여를 받은 자 및 유사한 명칭 또는 표시를 사용한 자
- 신고 또는 변경신고를 하지 아니하고 장애인복지시설을 설치·운영한 자
- 장애인복지시설 이용자의 권익 보호조치를 위반한 시설 운영자
- 정당한 사유 없이 장애인복지실시기관시설에 관한 보고를 하지 아니하거나 거짓의 보고를 한 자, 자료를 제출하지 아니하거나 거짓 자료를 제출한 자, 조사·검사·질문을 거부·방해 또는 기피한 자
- 시설의 개선, 사업의 정지, 폐쇄 등에 따른 명령 등을 받고 이행하지 아니한 자
- 의지·보조기 기사를 두지 아니하고 의지·보조기 제조업을 한 자
- 의지·보조기 제조업자가 업소의 폐쇄 명령을 받은 후 6개월이 지나지 아니하였음에도 불구하고 같은 장소에서 같은 제조업을 한 자
- 의지·보조기 제조업소 폐쇄 명령을 받고도 영업을 한 자

(7) 500만 원 이하의 벌금

- 장애를 이유로 입학 지원을 거부하거나 입학시험 합격자의 입학을 거부하는 등의 불리한 조치를 장애인의 입학 지원을 거부하거나 입학시험 합격자의 입학을 거부하는 등 불리한 조치를 한 자
- 타인에게 의지·보조기 기사자격증을 대여한 자

(8) 1천만 원 이하의 과태료

- 장애인복지시설의 운영자가 취업제한명령 위반에 따른 해임요구를 정당한 사유 없이 거부하거나 1개월 이내에 이행하지 아니하는 경우

- 정당한 사유 없이 학대받은 장애인의 인수를 거부한 자

(9) 500만 원 이하의 과태료

- 장애인관련기관의 운영자가 취업자 등에 대하여 장애인학대관련범죄 등 경력을 확인하지 아니한 경우

(10) 300만 원 이하의 과태료

- 정당한 사유 없이 등록증 반환 명령을 따르지 아니한 사람
- 장애인사용자동차 등 표지를 대여하거나 보건복지부령으로 정하는 자 외의 자에게 양도한 자 또는 부당하게 사용하거나 이와 비슷한 표지·명칭 등을 사용한 자
- 보조견표지를 붙인 장애인 보조견을 동반한 장애인, 장애인 보조견 훈련자 또는 장애인 보조견 훈련 관련 자원봉사자의 출입을 정당한 사유 없이 거부한 자
- 직무상 장애인학대 및 장애인 대상 성범죄의 발생사실을 알고도 장애인권익옹호기관 또는 수사기관에 신고하지 아니한 사람
- 장애인학대 현장조사를 거부·기피하거나 업무를 방해한 자
- 장애인복지시설 운영 개시 의무를 위반한 자
- 장애인복지시설의 운영 중단·재운영·시설폐지 등의 신고의무를 위반한 자
- 의지·보조기 제조업소의 개설 또는 변경 사실을 통보하지 아니한 자
- 의사의 처방에 의하지 아니하고 의지·보조기를 제조하거나 개조한 의지·보조기 제조업자

(11) 양벌규정

- 법인의 대표자나 법인 또는 개인의 대리인, 사용인 그 밖의 종업원이 그 법

인 또는 개인의 업무에 관하여 벌칙에 해당하는 위반행위를 하면 그 행위자를 벌할 뿐만 아니라 그 법인에도 해당 조문의 벌금형을 과함. 다만, 법인 또는 개인이 그 위반행위를 방지하기 위하여 해당 업무에 관하여 상당한 주의와 감독을 게을리 하지 아니한 경우에는 그러하지 아니함

제22장 기타 사회서비스법

제 1 절 정신건강 증진 및 정신질환자 복지서비스 지원에 관한 법률(약칭: 정신건강복지법)

1. 법의 목적과 기본이념

1) 목적

「정신건강증진 및 정신질환자 복지서비스 지원에 관한 법률」은 정신질환의 예방·치료, 정신질환자의 재활·복지·권리보장과 정신건강 친화적인 환경 조성에 필요한 사항을 규정함으로써 국민의 정신건강증진 및 정신질환자의 인간다운 삶을 영위하는 데 이바지함을 목적으로 한다(동법 제1조).

2) 기본이념

- 모든 국민은 정신질환으로부터 보호받을 권리를 가진다.
- 모든 정신질환자는 인간으로서의 존엄과 가치를 보장받고, 최적의 치료를 받을 권리를 가진다.
- 모든 정신질환자는 정신질환이 있다는 이유로 부당한 차별대우를 받지 아니한다.
- 미성년자인 정신질환자는 특별히 치료, 보호 및 교육을 받을 권리를 가진다.
- 정신질환자에 대해서는 입원 또는 입소(이하 "입원 등"이라 함)가 최소화되도

록 지역 사회 중심의 치료가 우선적으로 고려되어야 하며, 정신건강증진시설에 자신의 의지에 따른 입원 또는 입소(이하 "자의입원 등"이라 함)가 권장되어야 한다.

- 정신건강증진시설에 입원 등을 하고 있는 모든 사람은 가능한 한 자유로운 환경을 누릴 권리와 다른 사람들과 자유로이 의견교환을 할 수 있는 권리를 가진다.
- 정신질환자는 원칙적으로 자신의 신체와 재산에 관한 사항에 대하여 스스로 판단하고 결정할 권리를 가진다. 특히 주거지, 의료행위에 대한 동의나 거부, 타인과의 교류, 복지서비스의 이용 여부와 복지서비스 종류의 선택 등을 스스로 결정할 수 있도록 자기결정권을 존중받는다.
- 정신질환자는 자신에게 법률적·사실적 영향을 미치는 사안에 대하여 스스로 이해하여 자신의 자유로운 의사를 표현할 수 있도록 필요한 도움을 받을 권리를 가진다.
- 정신질환자는 자신과 관련된 정책의 결정과정에 참여할 권리를 가진다.

2. 용어의 정의

이 법에서 사용하는 용어의 정의는 다음과 같다(동법 제3조).

- 정신질환자: 망상, 환각, 사고(思考)나 기분의 장애 등으로 인하여 독립적으로 일상생활을 영위하는 데 중대한 제약이 있는 사람
- 정신건강증진사업: 정신건강 관련 교육·상담, 정신질환의 예방·치료, 정신질환자의 재활, 정신건강에 영향을 미치는 사회복지·교육·주거·근로 환경의 개선 등을 통하여 국민의 정신건강을 증진시키는 사업
- 정신건강복지센터: 정신건강증진시설, 「사회복지사업법」에 따른 사회복지시설(사회복지시설), 학교 및 사업장과 연계체계를 구축하여 지역사회에서의 정신건강증진사업 및 정신질환자 복지서비스 지원사업(정신건강증진사업 등)을

하는 국가 또는 지방자치단체가 설치

- 운영하는 기관이나 국가 또는 지방자치단체로부터 위탁받아 정신건강증진 사업 등을 수행하는 기관 또는 단체
- 정신건강증진시설: 정신의료기관, 정신요양시설 및 정신재활시설
- 정신의료기관: 「의료법」에 따른 정신병원, 「의료법」에 따른 의료기관 중 정신건강의학과로서 정신의료기관의 기준에 적합하게 설치된 기관, 「의료법」에 따른 병원급 의료기관에 설치된 정신건강의학과로서 정신의료기관의 기준에 적합한 기관
- 정신요양시설: 정신질환자를 입소시켜 요양 서비스를 제공하는 시설
- 정신재활시설: 정신질환자 또는 정신건강상 문제가 있는 사람 중 대통령령으로 정하는 사람(정신질환자 등)의 사회적응을 위한 각종 훈련과 생활지도를 하는 시설

3. 정신건강증진정책의 추진 등

1) 국가계획의 수립 및 실태조사

보건복지부장관은 관계 행정기관의 장과 협의하여 5년마다 정신건강증진 및 정신질환자 복지서비스 지원에 관한 국가의 기본 계획(이하 "국가계획"이라 함)을 수립하여야 한다(동법 제7조). 보건복지부장관은 5년마다 실태조사를 하여야 한다. 다만, 정신건강증진 정책을 수립하는 데 필요한 경우 수시로 실태조사를 할 수 있다(동법 제10조).

2) 정신건강복지센터

보건복지부장관은 필요한 지역에서의 정신건강증진사업 등의 제공 및 연계 사업을 전문적으로 수행하게 하기 위하여 정신건강복지센터를 설치・운영할 수 있다. 시・도지사는 관할 구역에 광역정신건강복지센터를 설치・운영할 수 있고,

시장・군수・구청장은 관할 구역의 「지역보건법」에 따른 보건소에 기초정신건강복지센터를 설치・운영할 수 있다. 보건복지부장관, 시・도지사 및 시장・군수・구청장은 정신건강상담용 긴급전화를 설치・운영하여야 한다(동법 제15조).

3) 국가트라우마센터

보건복지부장관은 재난이나 그 밖의 사고로 정신적 충격을 받은 트라우마 환자의 심리적 안정과 사회 적응을 지원하기 위하여 국가트라우마센터를 설치・운영할 수 있다(동법 제15조의2).

4) 중독관리통합지원센터

보건복지부장관 또는 지방자치단체의 장은 알코올, 마약, 도박, 인터넷 등의 중독 문제와 관련한 종합적인 지원사업을 수행하기 위하여 중독관리통합지원센터를 설치・운영할 수 있다(동법 제15조의3).

5) 정신건강전문요원

보건복지부장관은 정신건강 분야에 관한 전문지식과 기술을 갖추고 보건복지부령으로 정하는 수련기관에서 수련을 받은 사람에게 정신건강전문요원의 자격을 줄 수 있으며, 정신건강전문요원은 그 전문분야에 따라 정신건강임상심리사, 정신건강간호사, 정신건강사회복지사 및 정신건강작업치료사로 구분한다(동법 제17조). 정신건강전문요원의 결격사유는 다음과 같다(동법 제18조).

- 피성년후견인
- 「정신건강복지법」이나 「농어촌 등 보건의료를 위한 특별조치법」, 「마약류 관리에 관한 법률」, 「모자보건법」, 「보건범죄 단속에 관한 특별조치법」, 「사회보장급여의 이용・제공 및 수급권자 발굴에 관한 법률」, 「사회복지사업법」,

「시체 해부 및 보존 등에 관한 법률」, 「약사법」, 「응급의료에 관한 법률」, 「의료기사 등에 관한 법률」, 「의료법」, 「지역보건법」, 「혈액관리법」, 「후천성면역결핍증 예방법」 등 관계 법령을 위반하여 금고 이상의 형을 선고받고 그 집행이 끝나지 아니하거나 집행을 받지 아니하기로 확정되지 아니한 사람

- 성폭력범죄 또는 아동·청소년대상 성범죄를 저질러 금고 이상의 형 또는 치료감호를 선고받고 그 집행이 끝나지 아니하거나 집행을 받지 아니하기로 확정되지 아니한 사람

4. 정신건강증진시설의 개설·설치 및 운영 등

1) 국·공립정신병원

국가와 지방자치단체는 국립 또는 공립의 정신의료기관으로서 정신병원을 설치·운영하여야 하고, 그 병원이 지역적으로 균형 있게 분포되도록 하여야 하며, 정신질환자가 지역사회 중심으로 관리되도록 하여야 한다(동법 제21조). 정신의료기관의 개설은 「의료법」에 따른다. 정신의료기관의 시설·장비의 기준과 의료인 등 종사자수·자격에 관하여 필요한 사항은 정신의료기관의 규모 등을 고려하여 보건복지부령으로 따로 정한다(동법 제19조). 보건복지부장관은 보건복지부령으로 정하는 바에 따라 공립 정신병원에 대한 운영평가를 실시하여야 하며, 지방자치단체의 장은 공립 정신병원 운영의 전문성과 효율성을 제고하기 위하여 필요한 경우에는 보건복지부령으로 정하는 법인·단체 또는 개인에게 그 운영을 위탁할 수 있다. 공립 정신병원 운영의 위탁기간은 그 위탁을 받은 날부터 5년으로 하며, 지방자치단체의 장은 운영평가 결과를 고려하여 5년 단위로 위탁계약을 갱신할 수 있다(동법 제21조2).

2) 정신요양시설

국가와 지방자치단체는 정신요양시설을 설치·운영할 수 있다. 「사회복지사업법」에 따른 사회복지법인과 그 밖의 비영리법인이 정신요양시설을 설치·운영하려는 경우에는 해당 정신요양시설 소재지 관할 특별자치시장·특별자치도지사·시장·군수·구청장의 허가를 받아야 한다(동법 제22조). 특별자치시장·특별자치도지사·시장·군수·구청장은 정신요양시설이 다음 어느 하나에 해당하는 경우에는 1년의 범위에서 기간을 정하여 시정명령을 할 수 있다(동법 제25조).

- 허가받은 사항을 변경 신고하지 아니하거나 변경허가를 받지 아니한 경우
- 설치기준, 수용인원, 종사자의 수·자격 또는 이용·운영에 관한 사항을 위반한 경우
- 정신질환자를 퇴소 또는 임시 퇴소를 시키지 아니한 경우
- 퇴원 등 또는 임시 퇴원 등 명령, 처우개선을 위하여 필요한 조치 명령, 3개월 이내 재심사, 다른 정신의료기관 등으로의 이송, 자의입원 등 또는 동의입원 등으로의 전환, 외래치료 명령 또는 퇴원명령, 처우개선을 위하여 필요한 조치를 하도록 하는 명령에 따르지 아니한 경우
- 정당한 사유 없이 보고를 하지 아니하거나 거짓으로 보고를 하는 경우, 관계 서류를 제출하지 아니하거나 거짓의 서류를 제출하는 경우 또는 관계 공무원의 검사를 거부·방해 또는 기피하는 경우나 관계 공무원과 정신건강심의위원회 위원의 심사를 거부·방해 또는 기피한 경우
- 정신건강의학과전문의의 대면 진단에 의하지 아니하고 정신질환자를 입소시키거나 입소 기간을 연장한 경우

3) 정신재활시설

국가 또는 지방자치단체는 정신재활시설을 설치·운영할 수 있다. 국가나 지방자치단체 외의 자가 정신재활시설을 설치·운영하려면 해당 정신재활시설 소

재지 관할 특별자치시장·특별자치도지사·시장·군수·구청장에게 신고하여야 한다. 국가 또는 지방자치단체는 필요한 경우 정신재활시설을 사회복지법인 또는 비영리법인에 위탁하여 운영할 수 있다(동법 제26조). 정신재활시설은 생활시설(정신질환자 등이 생활할 수 있도록 주로 의식주 서비스를 제공하는 시설)과 재활훈련시설(정신질환자 등이 지역사회에서 직업활동과 사회생활을 할 수 있도록 주로 상담·교육·취업·여가·문화·사회참여 등 각종 재활활동을 지원하는 시설) 등으로 구분한다(동법 제27조).

5. 복지서비스의 제공

국가와 지방자치단체는 정신질환자가 정신질환에도 불구하고 잠재적인 능력을 최대한 계발할 수 있도록 복지서비스의 개발(동법 제33조), 고용 및 직업재활지원(동법 제34조), 평생교육 지원(동법 제35조), 문화·예술·여가·체육활동 등의 지원(동법 제36조), 지역사회 거주·치료·재활 등 통합 지원(동법 제37조) 등의 노력을 강구해야 한다.

6. 보호 및 치료

1) 보호의무자

정신질환자의 「민법」에 따른 후견인 또는 부양의무자는 정신질환자의 보호의무자가 된다. 다만, 다음에 해당하는 사람은 보호의무자가 될 수 없다(동법 제39조).

- 피성년후견인 및 피한정후견인
- 파산선고를 받고 복권되지 아니한 사람
- 해당 정신질환자를 상대로 한 소송이 계속 중인 사람 또는 소송한 사실이 있었던 사람과 그 배우자
- 미성년자

- 행방불명자
- 그 밖에 보건복지부령으로 정하는 부득이한 사유로 보호의무자로서의 의무를 이행할 수 없는 사람

2) 입원

(1) 자의입원

정신질환자나 그 밖에 정신건강상 문제가 있는 사람은 보건복지부령으로 정하는 입원 등 신청서를 정신의료기관 등의 장에게 제출함으로써 그 정신의료기관 등에 자의입원 등을 할 수 있다. 정신의료기관 등의 장은 자의입원 등을 한 사람이 퇴원 등을 신청한 경우에는 지체 없이 퇴원 등을 시켜야 한다. 정신의료기관 등의 장은 자의입원 등을 한 사람에 대하여 입원 등을 한 날부터 2개월마다 퇴원 등을 할 의사가 있는지를 확인하여야 한다(동법 제41조).

(2) 동의입원

정신질환자는 보호의무자의 동의를 받아 보건복지부령으로 정하는 입원 등 신청서를 정신의료기관 등의 장에게 제출함으로써 그 정신의료기관 등에 입원 등을 할 수 있다. 정신의료기관 등의 장은 입원 등을 한 정신질환자가 퇴원 등을 신청한 경우에는 지체 없이 퇴원 등을 시켜야 한다. 다만, 정신질환자가 보호의무자의 동의를 받지 아니한 경우에는 정신건강의학과전문의 진단 결과 환자의 치료와 보호 필요성이 있다고 인정되는 경우에 한정하여 정신의료기관 등의 장은 퇴원 등의 신청을 받은 때부터 72시간까지 퇴원 등을 거부할 수 있으며 이 경우, 지체 없이 환자 및 보호의무자에게 그 거부 사유 및 퇴원 등의 심사를 청구할 수 있음을 서면 또는 전자문서로 통지하여야 한다. 정신의료기관 등의 장은 입원 등을 한 정신질환자에 대하여 입원 등을 한 날부터 2개월마다 퇴원 등을 할 의사가 있는지를 확인하여야 한다(동법 제42조).

(3) 보호의무자에 의한 입원

정신의료기관 등의 장은 정신질환자의 보호의무자 2명 이상(보호의무자가 1명만 있는 경우에는 1명으로 함)이 신청한 경우로서 정신건강의학과전문의가 입원 등이 필요하다고 진단한 경우에만 해당 정신질환자를 입원 등을 시킬 수 있다. 정신의료기관 등의 장은 진단 결과 해당 정신질환자에 대하여 계속 입원 등이 필요하다는 서로 다른 정신의료기관 등에 소속된 2명 이상의 정신건강의학과전문의(국립·공립의 정신의료기관 등 또는 보건복지부장관이 지정하는 정신의료기관 등에 소속된 정신건강의학과전문의가 1명 이상 포함)의 일치된 소견이 있는 경우에만 해당 정신질환자에 대하여 치료를 위한 입원 등을 하게 할 수 있다. 입원 등의 기간은 최초로 입원 등을 한 날부터 3개월 이내로 한다. 다만, 3개월 이후의 1차 입원 등의 기간 연장은 3개월 이내, 그 이후 입원 등 기간은 6개월 이내로 연장할 수 있다. 정신의료기관 등의 장은 입원 등 기간의 연장을 할 수 있으며, 이 경우 연장할 때마다 관할 특별자치시장·특별자치도지사·시장·군수·구청장에게 대통령령으로 정하는 기간 이내에 그 연장에 대한 심사를 청구하여야 한다(동법 제43조).

(4) 특별자치시장·특별자치도지사·시장·군수·구청장에 의한 입원

경찰관은 정신질환으로 자신의 건강 또는 안전이나 다른 사람에게 해를 끼칠 위험이 있다고 의심되는 사람을 발견한 경우 정신건강의학과전문의 또는 정신건강전문요원에게 그 사람에 대한 진단과 보호의 신청을 요청할 수 있다. 정신건강의학과전문의 또는 정신건강전문요원은 정신질환으로 자신의 건강 또는 안전이나 다른 사람에게 해를 끼칠 위험이 있다고 의심되는 사람을 발견하였을 때에는 특별자치시장·특별자치도지사·시장·군수·구청장에게 대통령령으로 정하는 바에 따라 그 사람에 대한 진단과 보호를 신청할 수 있다. 정신건강의학과전문의가 정신질환자로 의심되는 사람에 대하여 자신의 건강 또는 안전이나 다른 사람에게 해를 끼칠 위험이 있어 그 증상의 정확한 진단이 필요하다고 인정한 경우에 특별자치시장·특별자치도지사·시장·군수·구청장은 그 사람을 보건복지부장관이나 지방자치단체의 장이 지정한 정신의료기관에 2주의 범위에서 기간을 정하여 입원하게 할 수 있다(동법 제44조).

(5) 응급입원

정신질환자로 추정되는 사람으로서 자신의 건강 또는 안전이나 다른 사람에게 해를 끼칠 위험이 큰 사람을 발견한 사람은 그 상황이 매우 급박하여 규정에 따른 입원 등을 시킬 시간적 여유가 없을 때에는 의사와 경찰관의 동의를 받아 정신의료기관에 그 사람에 대한 응급입원을 의뢰할 수 있다(동법 제50조).

제 2 절 영유아보육법

1. 법의 목적 및 보육 이념

1) 목적

「영유아보육법」은 영유아의 심신을 보호하고 건전하게 교육하여 건강한 사회 구성원으로 육성함과 아울러 보호자의 경제적·사회적 활동이 원활하게 이루어지도록 함으로써 영유아 및 가정의 복지 증진에 이바지함을 목적으로 한다(동법 제1조).

2) 보육 이념

보육은 영유아의 이익을 최우선적으로 고려하여 제공되어야 하고, 영유아가 안전하고 쾌적한 환경에서 건강하게 성장할 수 있도록 하여야 한다. 영유아는 자신이나 보호자의 성, 연령, 종교, 사회적 신분, 재산, 장애, 인종 및 출생지역 등에 따른 어떠한 종류의 차별도 받지 아니하고 보육되어야 한다(동법 제3조).

2. 용어의 정의 및 책임 주체

1) 용어의 정의

이 법에서 사용하는 용어의 정의는 다음과 같다(동법 제2조).

- 영유아: 7세 이하의 취학 전 아동
- 보육: 영유아를 건강하고 안전하게 보호·양육하고 영유아의 발달 특성에 맞는 교육을 제공하는 어린이집 및 가정양육 지원에 관한 사회복지서비스
- 어린이집: 보호자의 위탁을 받아 영유아를 보육하는 기관
- 보호자: 친권자·후견인, 그 밖의 자로서 영유아를 사실상 보호하고 있는 자
- 보육교직원: 어린이집 영유아의 보육, 건강관리 및 보호자와의 상담, 그 밖에 어린이집의 관리·운영 등의 업무를 담당하는 자로서 어린이집의 원장 및 보육교사와 그 밖의 직원

2) 책임 주체

모든 국민은 영유아를 건전하게 보육할 책임을 지고, 국가와 지방자치단체는 보호자와 더불어 영유아를 건전하게 보육할 책임을 지며, 이에 필요한 재원을 안정적으로 확보하도록 노력하여야 한다. 아울러 특별자치도지사·시장·군수·구청장은 영유아의 보육을 위한 적절한 어린이집을 확보하여야 한다(동법 제4조).

3. 전달체계

1) 보육정책위원회

보육에 관한 각종 정책·사업·보육지도 및 어린이집 평가에 관한 사항 등을 심의하기 위하여 보건복지부에 중앙보육정책위원회를, 특별시·광역시·특별자

치도·도 및 시·군·구에 지방보육정책위원회를 둔다. 다만, 지방보육정책위원회는 그 기능을 담당하기에 적합한 다른 위원회가 있고 그 위원회의 위원이 자격을 갖춘 경우에는 시·도 또는 시·군·구의 조례로 정하는 바에 따라 그 위원회가 지방보육정책위원회의 기능을 대신할 수 있다(동법 제6조).

2) 육아종합지원센터

영유아에게 시간제보육 서비스를 제공하거나 보육에 관한 정보의 수집·제공 및 상담을 위하여 보건복지부장관은 중앙육아종합지원센터를, 특별시장·광역시장··특별자치시장·도지사·특별자치도지사 및 시장·군수·구청장은 지방육아종합지원센터를 설치·운영하여야 한다. 이 경우 필요하다고 인정하는 경우에는 영아·장애아 보육 등에 관한 육아종합지원센터를 별도로 설치·운영할 수 있다(동법 제7조).

3) 한국보육진흥원

보육서비스의 질 향상을 도모하고 보육정책을 체계적으로 지원하기 위하여 한국보육진흥원(이하 '진흥원'이라 함을 설립한다. 진흥원은 다음의 업무를 수행한다. 동법 제8조).

- 어린이집 평가척도 개발
- 보육사업에 관한 교육·훈련 및 홍보
- 영유아 보육프로그램 및 교재·교구 개발
- 보육교직원 연수프로그램 개발 및 교재 개발
- 이 법에 따라 보건복지부장관으로부터 위탁받은 업무
- 그 밖에 보육정책과 관련하여 보건복지부장관이 필요하다고 인정하는 업무

4) 보육 실태 조사

보건복지부장관은 이 법의 적절한 시행을 위하여 보육 실태 조사를 3년마다 실시하고 그 결과를 공표하여야 한다. 보육 실태 조사를 위하여 어린이집 설치·운영자와 관계 기관·법인·단체의 장에게 필요한 자료의 제출 또는 의견의 진술을 요청할 수 있다. 이 경우 요청을 받은 자는 정당한 사유가 없으면 이에 협조하여야 한다. 보육 실태 조사의 방법과 내용 등에 관한 사항은 보건복지부령으로 정한다(동법 제9조).

4. 어린이집의 설치

1) 어린이집의 종류

이 법에 따른 어린이집의 종류는 다음과 같다(동법 제10조).

- 국공립어린이집: 국가나 지방자치단체가 설치·운영하는 어린이집
- 사회복지법인어린이집: 「사회복지사업법」에 따른 사회복지법인이 설치·운영하는 어린이집으로서 대통령령으로 정하는 어린이집
- 법인·단체등어린이집: 각종 법인(사회복지법인을 제외한 비영리법인)이나 단체 등이 설치·운영하는 어린이집으로서 대통령령으로 정하는 어린이집
- 직장어린이집: 사업주가 사업장의 근로자를 위하여 설치·운영하는 어린이집(국가나 지방자치단체의 장이 소속 공무원 및 국가나 지방자치단체의 장과 근로계약을 체결한 자로서 공무원이 아닌 자를 위하여 설치·운영하는 어린이집을 포함)
- 가정어린이집: 개인이 가정이나 그에 준하는 곳에 설치·운영하는 어린이집
- 협동어린이집: 보호자 또는 보호자와 보육교직원이 조합(영리를 목적으로 하지 아니하는 조합에 한정)을 결성하여 설치·운영하는 어린이집
- 민간어린이집: 위에 해당하지 아니하는 어린이집

5. 어린이집의 설치 및 기준

1) 국공립어린이집의 설치

국가나 지방자치단체는 국공립어린이집을 설치·운영하여야 하며, 이 경우 국공립어린이집은 보육계획에 따라 도시 저소득주민 밀집 주거지역 및 농어촌지역 등 취약지역, 산업단지 지역에 최우선적으로 설치하여야 한다. 국가나 지방자치단체는 공동주택에 설치되어야 하는 어린이집을 국공립어린이집으로 운영하여야 한다(동법 제12조).

2) 국공립어린이집 외의 어린이집 및 직장어린이집의 설치

국공립어린이집 외의 어린이집을 설치·운영하고자 하는 자는 특별자치도지사·시장·군수·구청장의 인가를 받아야 한다(동법 제13조). 직장어린이집의 경우 대통령령으로 정하는 일정 규모 이상의 사업장의 사업주는 직장어린이집을 설치하여야 한다. 다만, 사업장의 사업주가 직장어린이집을 단독으로 설치할 수 없을 때에는 사업주 공동으로 직장어린이집을 설치·운영하거나, 지역의 어린이집과 위탁계약을 맺어 근로자 자녀의 보육을 지원하여야 한다(동법 제14조). 어린이집을 설치·운영하려는 자는 보건복지부령으로 정하는 설치기준을 갖추어야 한다(동법 제15조).

3) 결격사유

다음 중 어느 하나에 해당하는 자는 어린이집을 설치·운영할 수 없다(동법 제16조).

- 미성년자·피성년후견인 또는 피한정후견인
- 정신질환자

- 마약류에 중독된 자
- 파산선고를 받고 복권되지 아니한 자
- 금고 이상의 실형을 선고받고 그 집행이 종료되거나 집행이 면제된 날부터 5년(아동에 대한 금지행위를 위한 경우에는 20년)이 경과되지 아니한 자
- 금고 이상의 형의 집행유예를 선고받고 그 유예기간 중에 있는 사람
- 어린이집의 폐쇄명령을 받고 5년이 경과되지 아니한 자
- 300만원 이상의 벌금형이 확정된 날부터 2년이 지나지 아니한 사람 또는 아동학대 관련 범죄로 벌금형이 확정된 날부터 10년이 지나지 아니한 사람
- 아동학대 방지를 위한 교육명령을 이행하지 아니한 자

4) 보육교직원

(1) 배치

어린이집은 보육교직원을 두어야 한다. 보육시간을 구분하여 운영하는 어린이집은 보육시간별로 보육교사를 배치할 수 있으며, 어린이집에는 보육교사의 업무 부담을 경감할 수 있도록 보조교사 등을 둔다. 휴가 또는 보수교육 등으로 보육교사의 업무에 공백이 생기는 경우에는 이를 대체할 수 있는 대체교사를 배치한다(동법 제17조).

(2) 책무

보육교직원은 영유아를 보육함에 있어 영유아에게 신체적 고통이나 고성·폭언 등의 정신적 고통을 가하여서는 아니 되고, 업무를 수행함에 있어 영유아의 생명·안전보호 및 위험방지를 위하여 주의의무를 다하여야 한다(동법 제18조의2).

(3) 결격사유

다음 중 어느 하나에 해당하는 자는 어린이집에 근무할 수 없다(동법 제20조).

- 어린이집 설치·운영 결격사유 중 어느 하나에 해당하는 자
- 자격정지 중인 자
- 자격이 취소된 후 같은 조 제2항에 따른 자격 재교부 기한이 경과되지 아니한 자

(4) 어린이집의 원장 또는 보육교사의 자격

이 법에서 정하는 어린이집 원장 또는 보육교사의 자격은 다음과 같다(동법 제21조).

- 어린이집의 원장은 대통령령이 정하는 자격을 가진 자로 보건복지부장관이 검정·수여하는 자격증을 받은 자이어야 하며, 보육교사는 다음의 어느 하나에 해당하는 자로서 보건복지부장관이 검정·수여하는 자격을 받은 자여야 한다.
- 「고등교육법」 제2조에 따른 학교에서 보건복지부령으로 정하는 보육 관련 교과목과 학점을 이수하고 전문학사학위 이상을 취득한 사람
- 법령에 따라 「고등교육법」 제2조에 따른 학교를 졸업한 사람과 같은 수준 이상의 학력이 있다고 인정된 사람으로서 보건복지부령으로 정하는 보육 관련 교과목과 학점을 이수하고 전문학사학위 이상을 취득한 사람
- 고등학교 또는 이와 같은 수준 이상의 학교를 졸업한 자로서 시·도지사가 지정한 교육훈련시설에서 소정의 교육과정을 이수한 사람

6. 어린이집의 운영

1) 운영기준

어린이집을 설치·운영하는 자는 보건복지부령이 정하는 운영기준에 따라 어린이집을 운영하여야 한다. 국가 또는 지방자치단체는 국공립어린이집을 법인·

단체 또는 개인에게 위탁하여 운영할 수 있다. 또한 직장어린이집을 설치한 사업주는 이를 법인·단체 또는 개인에게 위탁하여 운영할 수 있다(동법 제24조).

2) 보육시간의 구분

어린이집은 보육시간을 기본 보육(어린이집을 이용하는 모든 영유아에게 필수적으로 제공되는 과정으로, 보건복지부령으로 정하는 시간 이하의 보육)과 연장보육(기본 보육을 초과하여 보호자의 욕구 등에 따라 제공되는 보육)으로 구분하여 운영할 수 있다(동법 제24조의2).

3) 어린이집운영위원회

어린이집의 원장은 어린이집 운영의 자율성과 투명성을 높이고 지역사회와 연계를 강화하여 지역 실정과 특성에 맞는 보육을 실시할 수 있도록 하기 위하여 어린이집에 어린이집운영위원회를 설치·운영할 수 있다. 어린이집운영회는 그 어린이집의 원장, 보육교사 대표, 학부모 대표 및 지역사회 인사로 구성해야 하며, 이 경우 학부모 대표가 2분의 1 이상이 되도록 구성하여야 한다. 어린이집의 원장은 어린이집운영위원회의 위원 정수를 5명 이상 15명 이내의 범위에서 어린이집의 규모 등을 고려하여 대통령령으로 정한다. 이 경우 학부모 대표는 영유아 연령 등을 최대한 대표할 수 있도록 구성하여야 한다(동법 제25조).

4) 취약보육의 우선 실시

국가나 지방자치단체, 사회복지법인, 그 밖의 비영리법인이 설치한 어린이집과 대통령령이 정하는 어린이집의 원장은 영아·장애아·다문화가족의 아동에 대한 보육(취약보육)을 우선적으로 실시하여야 한다(동법 제26조).

5) 시간제보육 서비스

국가 또는 지방자치단체는 무상보육 지원을 받지 아니한 영유아에 대하여 필요한 경우 시간제보육 서비스를 지원할 수 있다. 이 경우 시간제보육 서비스의 종류, 지원대상, 지원방법, 그 밖에 시간제보육 서비스의 제공에 필요한 사항은 보건복지부령으로 정한다. 특별자치시장·특별자치도지사·시장·군수·구청장은 육아종합지원센터, 어린이집, 그 밖에 시간제보육 서비스의 제공이 가능한 시설로서 보건복지부령으로 정하는 시설을 시간제보육 서비스를 제공하는 기관(일시보육서비스지정기관)으로 지정할 수 있다(동법 제26조의2).

6) 이용대상

어린이집의 이용대상은 보육이 필요한 영유아를 원칙으로 한다. 다만, 필요한 경우 어린이집의 장은 만 12세까지 연장하여 보육할 수 있다(동법 제27조).

7) 보육의 우선 제공

국가나 지방자치단체, 사회복지법인, 그 밖의 비영리법인이 설치한 어린이집과 대통령령으로 정하는 어린이집의 장은 다음 각호의 어느 하나에 해당하는 자가 우선적으로 어린이집을 이용할 수 있도록 하여야 한다. 또한 사업주는 사업장 근로자의 자녀가 우선적으로 직장어린이집을 이용할 수 있도록 하여야 한다(동법 제28조).

- 「국민기초생활 보장법」에 따른 수급자
- 「한부모가족지원법」에 의한 보호대상자의 자녀
- 「국민기초생활 보장법」에 의한 차상위계층의 자녀
- 「장애인복지법」에 의한 장애인 중 보건복지부령이 정하는 장애 정도에 해당하는 자의 자녀

- 「다문화가족지원법」 제2조 제1호에 따른 다문화가족의 자녀
- 국가유공자 중 전몰군경, 상이자로서 보건복지부령으로 정하는 자, 순직 군경 및 공무원, 특별공로 순직자 등 순직자의 자녀
- 제1형 당뇨를 가진 경우로서 의학적 조치가 용이하고 일상생활이 가능하여 보육에 지장이 없는 영유아
- 그 밖에 소득수준 및 보육수요 등을 고려하여 보건복지부령이 정하는 자의 자녀

8) 보육과정

보육과정은 영유아의 신체·정서·언어·사회성 및 인지적 발달을 도모할 수 있는 내용을 포함하여야 한다. 보건복지부장관은 표준보육과정을 개발·보급하여야 하며 필요하면 그 내용을 검토하여 수정·보완하여야 한다. 또한 어린이집의 원장은 표준보육과정에 따라 영유아를 보육하도록 노력하여야 하며, 보호자의 동의를 받아 일정 연령 이상의 영유아에게 보건복지부령으로 정하는 특정한 시간대에 한정하여 보육과정 외에 어린이집 내외에서 이루어지는 특별활동프로그램을 실시할 수 있다. 이 경우 어린이집의 원장은 특별활동에 참여하지 아니하는 영유아를 위하여 특별활동을 대체할 수 있는 프로그램을 함께 마련하여야 한다(동법 제29조).

9) 어린이집 생활기록

어린이집의 장은 영유아 생활지도 및 초등학교 교육과의 연계 지도에 활용할 수 있도록 영유아의 발달상황 등을 종합적으로 관찰·평가하여 보건복지부장관이 정하는 기준에 따라 생활기록부를 작성·관리하여야 한다(동법 제29조의2).

10) 어린이집 평가

보건복지부장관은 보육서비스의 질적 수준을 향상시키기 위하여 어린이집 설

치·운영자의 신청에 따라 어린이집의 보육환경, 보육과정 운영 및 보육인력의 전문성 및 이용자 만족도 등을 평가하여 어린이집에 대한 평가인증을 실시할 수 있다(동법 제30조).

제 3 절 한부모가족지원법

1. 법의 목적

「한부모가족지원법」은 한부모가족이 건강하고 문화적인 생활을 영위할 수 있도록 함으로써 한부모가족의 생활 안정과 복지 증진에 이바지함을 목적으로 한다(동법 제1조).

2. 용어의 정의

이 법에서 사용하는 용어의 정의는 다음과 같다(동법 제4조).

- "모" 또는 "부": 배우자와 사별 또는 이혼하거나 배우자로부터 유기(遺棄)된 자, 정신이나 신체의 장애로 장기간 노동능력을 상실한 배우자를 가진 자, 교정시설·치료감호시설에 입소한 배우자 또는 병역복무 중인 배우자를 가진 사람, 미혼자에 해당하는 자로서 아동인 자녀를 양육하는 자
- 청소년 한부모: 24세 이하의 모 또는 부
- 한부모가족: 모자가족 또는 부자가족
- 모자가족: 모가 세대주(세대주가 아니더라도 세대원(世代員)을 사실상 부양하는 자 포함)인 가족
- 부자가족: 부가 세대주(세대주가 아니더라도 세대원을 사실상 부양하는 자 포함)인 가족을 말한다.

- 아동: 18세 미만(취학 중인 경우에는 22세 미만을 말하되, 「병역법」에 따른 병역의무를 이행하고 취학 중인 경우에는 병역의무를 이행한 기간을 가산한 연령 미만을 말함)의 자
- 지원기관: 이 법에 따른 지원을 행하는 국가나 지방자치단체
- 한부모가족복지단체: 한부모가족의 복지 증진을 목적으로 설립된 기관이나 단체

3. 책임 주체

1) 국가 등의 책임

국가와 지방자치단체의 책임은 다음과 같다(동법 제2조).

- 국가와 지방자치단체는 한부모가족의 복지를 증진할 책임을 진다.
- 국가와 지방자치단체는 한부모가족의 권익과 자립을 지원하기 위한 여건을 조성하고 이를 위한 시책을 수립·시행하여야 한다.
- 국가와 지방자치단체는 한부모가족에 대한 사회적 편견과 차별을 예방하고, 사회구성원이 한부모가족을 이해하고 존중할 수 있도록 교육 및 홍보 등 필요한 조치를 하여야 한다.
- 교육부장관과 특별시·광역시·특별자치시·도·특별자치도의 교육감은 한부모가족에 대한 이해를 돕는 교육을 실시하기 위한 시책을 수립·시행하여야 한다.
- 국가와 지방자치단체는 청소년 한부모가족의 자립을 위하여 노력하여야 한다.
- 모든 국민은 한부모가족의 복지 증진에 협력하여야 한다.

2) 한부모가족의 권리와 책임

한부모가족의 권리와 책임은 다음과 같다(동법 제3조).

- 한부모가족의 모 또는 부는 임신과 출산 및 양육을 사유로 합리적인 이유 없이 교육·고용 등에서 차별을 받지 아니한다.
- 한부모가족의 모 또는 부와 아동은 한부모가족 관련 정책결정과정에 참여할 권리가 있다.
- 한부모가족의 모 또는 부와 아동은 그가 가지고 있는 자산과 노동능력 등을 최대한으로 활용하여 자립과 생활 향상을 위하여 노력하여야 한다.

4. 지원대상자

이 법에서 정하는 모 또는 부, 청소년한부모가족, 모자가족, 부자가족, 아동으로서 이들 중 아동의 연령을 초과하는 자녀가 있는 한부모가족의 경우 그 자녀를 제외한 나머지 가족구성원을 지원대상자로 한다(동법 제5조). 출산 후 해당 아동을 양육하지 아니하는 미혼모가 미혼모자가족복지시설을 이용할 때에는 이 법에 따른 지원대상자가 된다(동법 제5조의2).

다음 중 어느 하나에 해당하는 아동과 그 아동을 양육하는 조부 또는 조모는 이 법에 따른 지원대상자가 된다(동법 제5조의2).

- 부모가 사망하거나 생사가 분명하지 아니한 아동
- 부모가 정신 또는 신체의 장애·질병으로 장기간 노동능력을 상실한 아동
- 부모의 장기복역 등으로 부양을 받을 수 없는 아동
- 부모가 이혼하거나 유기하여 부양을 받을 수 없는 아동
- 위의 규정된 자에 준하는 자로서 여성가족부령으로 정하는 아동
- 국내에 체류하고 있는 외국인 중 대한민국 국적의 아동을 양육하고 있는 모 또는 부로서 대통령령으로 정하는 사람이 제5조에 해당하면 이 법에 따른 지원대상자가 됨

5. 복지의 내용과 실시

1) 지원대상자의 조사

특별자치시장·특별자치도지사·시장·군수·구청장(자치구의 구청장을 말함)은 매년 1회 이상 관할구역 지원대상자의 가족상황, 생활실태 등을 조사하여야 한다(동법 제10조).

2) 복지급여의 신청

지원대상자 또는 그 친족이나 그 밖의 이해관계인은 제12조에 따른 복지급여를 관할 특별자치시장·특별자치도지사·시장·군수·구청장에게 신청할 수 있다(동법 제11조).

3) 복지급여의 내용

국가나 지방자치단체는 생계비, 아동교육지원비, 아동양육비, 그 밖에 대통령령이 정하는 비용의 복지급여를 실시하여야 한다. 이 법에 따른 지원대상자가 「국민기초생활 보장법」 등 다른 법령에 따라 지원을 받고 있는 경우에는 그 범위에서 이 법에 따른 급여를 하지 아니한다. 다만, 제1항 제4호의 아동양육비는 지급할 수 있다. 아동양육비를 지급할 때에 미혼모나 미혼부가 5세 이하의 아동을 양육하거나 청소년 한부모가 아동을 양육하면 예산의 범위에서 추가적인 복지급여를 실시하여야 한다. 이 경우 모 또는 부의 직계존속이 5세 이하의 아동을 양육하는 경우에도 또한 같다. 아울러 국가나 지방자치단체는 예산의 범위에서 직업훈련비와 훈련기간 중 생계비를 추가적으로 지급할 수 있다(동법 제12조).

4) 복지자금의 대여

국가나 지방자치단체는 한부모가족의 생활안정과 자립을 촉진하기 위하여 사업에 필요한 자금, 아동교육비, 의료비, 주택자금, 그 밖에 대통령령으로 정하는 한부모가족의 복지를 위하여 필요한 자금 중 어느 하나의 자금을 대여할 수 있다(동법 제13조).

5) 고용의 촉진 및 연계

국가 또는 지방자치단체는 한부모가족의 모 또는 부와 아동의 직업능력을 개발하기 위하여 능력 및 적성 등을 고려한 직업능력개발 훈련을 실시하여야 한다(동법 제14조). 국가 및 지방자치단체는 한부모가족의 모 또는 부와 아동의 취업기회를 확대하기 위하여 한부모가족 관련 시설 및 기관과 직업안정기관 간 효율적인 연계를 도모하여야 한다(동법 제14조의2).

6) 청소년 한부모 및 미혼모 등의 지원

국가나 지방자치단체는 청소년 한부모가 학업을 할 수 있도록 청소년 한부모의 선택에 따라 해당하는 지원을 할 수 있다(동법 제17조의2). 국가나 지방자치단체는 청소년 한부모가 주거마련 등 자립에 필요한 자산을 형성할 수 있도록 재정적인 지원을 할 수 있다(동법 제17조의4). 국가와 지방자치단체는 청소년 한부모의 건강증진을 위하여 건강진단을 실시할 수 있다(동법 제17조의5). 국가와 지방자치단체는 미혼모 또는 미혼부와 그 자녀가 건강하게 생활할 수 있도록 산전(産前)·분만·산후(産後)관리, 질병의 예방·상담·치료, 영양·건강에 관한 교육 등 건강관리를 위한 지원을 할 수 있다. 또한, 국가와 지방자치단체는 출산지원시설에 입소한 미혼모 등의 신청이 있는 경우에는 미혼모 등 본인 및 함께 생활하는 자녀에 대한 의료비를 추가적으로 지원할 수 있다(동법 제17조의6). 국가와 지방자치단체는 아동·청소년 보육·교육을 실시함에 있어서 한부모가족 구성원인 아동·청소년을 차별하여서는 아니 된다(동법 제17조의7).

6. 한부모가족 복지시설

한부모가족 복지시설의 종류는 다음과 같다(동법 제19조).

- 출산지원시설: 다음에 해당하는 자의 임신·출산 및 그 출산 아동(3세 미만 한정)의 양육을 위하여 주거 등을 지원하는 시설(배우사와 사별 또는 이혼하거나 배우자로부터 유기(遺棄)된 자, 정신이나 신체의 장애로 장기간 노동능력을 상실한 배우자를 가진 자, 교정시설·치료감호시설에 입소한 배우자 또는 병역복무 중인 배우자를 가진 사람, 미혼자에 해당하는 자로서 아동인 자녀를 양육하는 모, 혼인 관계에 있지 아니한 자로서 출산 전 임신부, 혼인 관계에 있지 아니한 자로서 출산 후 해당 아동을 양육하지 아니하는 모)
- 양육지원시설: 6세 미만 자녀를 동반한 한부모가족에게 자녀를 양육할 수 있도록 주거 등을 지원하는 시설
- 생활지원시설: 18세 미만(취학 중인 경우에는 22세 미만을 말하되, 「병역법」에 따른 병역의무를 이행하고 취학 중인 경우에는 병역의무를 이행한 기간을 가산한 연령 미만을 말함) 자녀를 동반한 한부모가족에게 자립을 준비할 수 있도록 주거 등을 지원하는 시설
- 일시지원시설: 배우자(사실혼 관계에 있는 사람 포함)가 있으나 배우자의 물리적·정신적 학대로 아동의 건전한 양육이나 모 또는 부의 건강에 지장을 초래할 우려가 있을 경우 일시적 또는 일정 기간 동안 모와 아동, 부와 아동, 모 또는 부에게 주거 등을 지원하는 시설
- 한부모가족복지상담소: 한부모가족에 대한 위기·자립 상담 또는 문제해결 지원 등을 목적으로 하는 시설

제 4 절 다문화가족지원법

1. 법의 목적과 용어의 정의

1) 목적

「다문화가족지원법」은 다문화가족 구성원이 안정적인 가족생활을 영위할 수 있도록 함으로써 이들의 삶의 질 향상과 사회통합에 이바지함을 목적으로 한다(동법 제1조).

2) 용어의 정의

이 법에서 사용하는 용어의 정의는 다음과 같다(동법 제2조).

- 다문화 가족: 결혼이민자와 「국적법」에 따른 출생, 인지, 귀화를 통해 대한민국 국적을 취득한 자로 이루어진 가족과 「국적법」에 따른 인지, 귀화를 통해 대한민국 국적을 취득한 자와 「국적법」에 따른 출생, 인지, 귀화를 통해 대한민국 국적을 취득한 자로 이루어진 가족
- 결혼이민자 등: 다문화가족의 구성원으로서 결혼이민자 또는 귀화허가를 받은 자
- 아동·청소년: 24세 이하인 사람

2. 국가와 지방자치단체의 책무

1) 다문화가족에 대한 이해증진

국가와 지방자치단체는 다문화가족에 대한 사회적 차별 및 편견을 예방하고 사회구성원이 문화적 다양성을 인정하고 존중할 수 있도록 다문화 이해교육과

홍보 등 필요한 조치를 하여야 한다(동법 제5조).

2) 다문화가족 지원업무 관련 공무원의 교육

국가와 지방자치단체는 다문화가족 지원 관련 업무에 종사하는 공무원의 다문화가족에 대한 이해증진과 전문성 향상을 위하여 교육을 실시할 수 있다(동법 제13조).

3) 민간단체 등의 지원

국가와 지방자치단체는 다문화가족 지원 사업을 수행하는 단체나 개인에 대하여필요한 비용의 전부 또는 일부를 보조하거나 그 업무수행에 필요한 행정적 지원을 할 수 있다. 또한 국가와 지방자치단체는 결혼이민자 등이 상부상조하기 위한 단체의 구성·운영 등을 지원할 수 있다(동법 제16조).

4) 다문화가족 지원을 위한 기본 계획의 수립

여성가족부장관은 다문화가족 지원을 위하여 5년마다 다문화가족정책에 관한 기본 계획을 수립하여야 하며 기본 계획에는 다음 각호의 사항을 포함하여야 한다(동법 제3조의2).

- 다문화가족 지원 정책의 기본 방향
- 다문화가족 지원을 위한 분야별 발전 시책과 평가에 관한 사항
- 다문화가족 지원을 위한 제도개선에 관한 사항
- 다문화가족 지원을 위한 재원 확보 및 배분에 관한 사항
- 그 밖에 다문화가족 지원을 위하여 필요한 사항

5) 다문화가족정책위원회의 설치

다문화가족의 삶의 질 향상과 사회통합에 관한 중요 사항을 심의조정하기 위하여 국무총리 소속으로 다문화가족정책위원회를 둔다. 정책위원회는 위원장 1명을 포함한 20명 이내의 위원으로 구성하고, 위원장은 국무총리가 되며, 다음 각호의 사항을 심의·조정한다(동법 제3조의4).

- 다문화가족정책에 관한 기본 계획의 수립 및 추진에 관한 사항
- 다문화가족정책의 시행계획의 수립
- 추진실적 점검 및 평가에 관한 사항
- 다문화가족과 관련된 각종 조사, 연구 및 정책의 분석평가에 관한 사항
- 각종 다문화가족 지원 관련 사업의 조정 및 협력에 관한 사항
- 다문화가족정책과 관련된 국가 간 협력에 관한 사항
- 그 밖에 다문화가족의 사회통합에 관한 중요 사항으로 위원장이 필요하다고 인정하는 사항

6) 실태조사

여성가족부장관은 다문화가족의 현황 및 실태를 파악하고 다문화가족 지원을 위한 정책수립에 활용하기 위하여 3년마다 다문화가족에 대한 실태조사를 실시하고 그 결과를 공표하여야 한다. 여성가족부장관은 실태조사를 실시함에 있어서 외국인정책 관련 사항에 대하여는 법무부장관과 다문화가족 구성원인 아동·청소년의 교육현황 및 아동·청소년의 다문화가족에 대한 인식 등에 관한 사항에 대하여는 교육부장관과 협의를 거쳐 실시한다(동법 제4조).

3. 보호 및 지원 서비스

국가와 지방자치단체는 다문화가족에 대하여 다음의 보호 및 지원을 할 수 있

다. 이러한 지원은 대한민국 국민과 사실혼관계에서 출생한 자녀를 양육하고 있는 다문화가족 구성원에 대하여 준용한다.

1) 다문화가족에 대한 이해 증진

이 법에서는 다문화가족에 대한 이해 증진을 다음과 같이 정하고 있다(동법 제5조).

- 국가와 지방자치단체는 다문화가족에 대한 사회적 차별 및 편견을 예방하고 사회구성원이 문화적 다양성을 인정하고 존중할 수 있도록 다문화 이해교육을 실시하고 홍보 등 필요한 조치를 하여야 한다. 여성가족부장관은 홍보영상을 제작하여 방송사업자에게 배포하여야 하며, 이 경우에 비상업적 공익광고 편성비율의 범위에서 다문화가족에 대한 이해 증진 홍보영상을 채널별로 송출하도록 요청할 수 있다.
- 교육부장관과 특별시·광역시·특별자치시·도·특별자치도의 교육감은 학교에서 다문화가족에 대한 이해를 돕는 교육을 실시하기 위한 시책을 수립·시행하여야 한다. 또한, 교육부장관과 특별시·광역시·특별자치시·도·특별자치도의 교육감은 학교의 교원에 대하여 대통령령으로 정하는 바에 따라 다문화 이해교육 관련 연수를 실시하여야 한다.

2) 생활정보 제공 및 교육 지원

결혼이민자 등이 대한민국에서 생활하는 데 필요한 기본적 정보를 제공하고, 사회적응교육과 직업교육·훈련 등을 받을 수 있도록 필요한 지원을 할 수 있다. 국가와 지방자치단체는 교육을 실시함에 있어 거주지 및 가정환경 등으로 인하여 서비스에서 소외되는 결혼이민자 등과 배우자 및 그 가족구성원이 없도록 방문교육이나 원격교육 등 다양한 방법으로 교육을 지원하고, 교재와 강사 등의 전문성을 강화하기 위한 시책을 수립·시행하여야 한다(동법 제6조).

3) 평등한 가족관계의 유지를 위한 조치

다문화가족이 민주적이고 양성평등한 가족관계를 누릴 수 있도록 가족상담, 부부교육, 부모교육, 가족생활교육 등을 추진하여야 한다. 이 경우 문화의 차이 등을 고려한 전문적인 서비스가 제공될 수 있도록 노력하여야 한다(동법 제7조).

4) 가족폭력 피해자에 대한 보호 · 지원

다문화가족 내 가정폭력을 방지하기 위하여 노력하여야 하며, 가정폭력의 피해를 입은 결혼이민자 등에 대한 보호 및 지원을 위하여 외국어 통역서비스를 갖춘 가정폭력 상담소 및 보호시설의 설치를 확대하도록 노력하여야 한다. 결혼이민자 등이 가정폭력으로 혼인관계를 종료하는 경우 의사소통의 어려움과 법률체계 등에 관한 정보의 부족 등으로 불리한 입장에 놓이지 아니하도록 의견진술 및 사실 확인 등에 있어서 언어통역, 법률상담 및 행정지원 등 필요한 서비스를 제공할 수 있다(동법 제8조).

5) 아동 보육과 교육 지원

다문화가족 구성원인 아동이 학교생활에 신속히 적응할 수 있도록 교육지원대책을 마련하여야 하고, 특별시 · 광역시 · 도 · 특별자치도의 교육감은 다문화가족 구성원인 아동에 대하여 학과 외 또는 방과 후 교육프로그램 등을 지원할 수 있다. 아동의 초등학교 취학 전 보육 및 교육 지원을 위하여 노력하고, 그 아동의 언어발달을 위하여 한국어교육을 위한 교재지원 및 학습지원 등 언어능력 제고를 위하여 필요한 지원을 할 수 있다(동법 제10조).

6) 다국어에 의한 서비스 제공

결혼이민자 등의 의사소통의 어려움을 해소하고 서비스 접근성을 제고하기 위하여 다국어에 의한 서비스 제공이 이루어지도록 노력하여야 한다(동법 제11조).

4. 다문화가족지원센터의 설치 · 운영

여성가족부장관은 다문화가족 지원 정책의 시행을 위하여 필요한 경우에는 다문화가족 지원에 필요한 전문인력과 시설을 갖춘 법인이나 단체를 다문화가족지원센터로 지정할 수 있다. 지원센터는 다음 각호의 업무를 수행한다(동법 제12조).

- 다문화가족을 위한 교육 · 상담 등 지원사업의 실시
- 결혼이민자 등에 대한 한국어교육
- 다문화가족 지원서비스 정보제공 및 홍보
- 다문화가족 지원 관련 기관 · 단체와의 서비스 연계
- 일자리에 관한 정보제공 및 일자리의 알선
- 다문화가족을 위한 통번역 지원사업
- 다문화가족 내 가정폭력 방지 및 피해자 연계 지원
- 그 밖에 다문화가족 지원을 위하여 필요한 사업

제 5 절 가정폭력방지 및 피해자보호 등에 관한 법률 (약칭: 가정폭력방지법)

1. 법의 목적과 용어의 정의

1) 목적

「가정폭력방지 및 피해자보호 등에 관한 법률」은 가정폭력을 예방하고 가정폭력의 피해자를 보호 · 지원하는 것을 목적으로 한다(동법 제1조).

2) 용어의 정의

이 법에서 정하는 용어의 정의는 다음과 같다(동법 제2조).

- 가정폭력: 가족구성원 사이의 신체적, 정신적 또는 재산상 피해를 수반하는 행위
- 가정폭력행위자: 가정폭력범죄를 범한 사람 및 가정구성원인 공범
- 피해자: 가정폭력으로 인하여 직접적으로 피해를 입은 자
- 아동: 18세 미만인 자

2. 국가 등의 책무 등

1) 국가와 지방자치단체의 책무

국가와 지방자치단체는 가정폭력의 예방·방지와 피해자의 보호·지원을 위하여 다음의 조치를 취하여야 한다.

- 가정폭력 신고체계의 구축 및 운영
- 가정폭력의 예방과 방지를 위한 조사·연구·교육 및 홍보
- 피해자를 보호·지원하기 위한 시설의 설치·운영
- 임대주택의 우선 입주권 부여, 직업훈련 등 자립·자활을 위한 지원서비스 제공
- 법률구조 및 그 밖에 피해자에 대한 지원서비스 제공
- 피해자의 보호와 지원을 원활히 하기 위한 관련 기관 간의 협력 체계 구축 및 운영
- 가정폭력의 예방·방지와 피해자의 보호·지원을 위한 관계 법령의 정비와 각종 정책의 수립·시행 및 평가
- 피해자와 긴급전화센터, 가정폭력 관련 상담소, 가정폭력피해자 보호시설의

상담원 등 종사자의 신변보호를 위한 안전대책 마련
- 가정폭력 피해의 특성을 고려한 피해자 신변노출 방지 및 보호·지원체계 구축

국가와 지방자치단체는 책무를 다하기 위하여 이에 따르는 예산상의 조치를 취하여야 한다. 특별시·광역시·도·특별자치도 및 시·군·구에 가정폭력의 예방·방지 및 피해자의 보호·지원을 담당할 기구와 공무원을 두어야 한다. 국가와 지방자치단체는 설치·운영하는 가정폭력 관련 상담소와 가정폭력피해자 보호시설에 대하여 경비(經費)를 보조하는 등 이를 육성·지원하여야 한다(동법 제4조).

2) 가정폭력 실태조사

여성가족부장관은 3년마다 가정폭력에 대한 실태조사를 실시하여 그 결과를 발표하고, 이를 가정폭력을 예방하기 위한 정책수립의 기초자료로 활용하여야 한다(동법 제4조의2).

3) 가정폭력 예방교육의 실시

국가기관, 지방자치단체 및 「초·중등교육법」에 따른 각급 학교의 장, 그 밖에 대통령령으로 정하는 공공단체의 장은 가정폭력의 예방과 방지를 위하여 필요한 교육을 실시하고, 그 결과를 여성가족부장관에게 제출하여야 한다(동법 제4조의3).

3. 가정폭력방지 및 피해자보호 관련 기관 및 시설

1) 긴급전화센터

여성가족부장관 또는 시·도지사는 다음의 업무 등을 수행하기 위하여 긴급전

화센터를 설치·운영하여야 한다. 이 경우 외국어 서비스를 제공하는 긴급전화센터를 따로 설치·운영할 수 있다(동법 제4조의6).

- 피해자의 신고접수 및 상담
- 관련 기관·시설과의 연계
- 피해자에 대한 긴급한 구조의 지원
- 경찰관서 등으로부터 인도받은 피해자 및 피해자가 동반한 가정구성원의 임시 보호

2) 가정폭력 관련 상담소

국가나 지방자치단체는 가정폭력 관련 상담소를 설치·운영할 수 있다(동법 제5조). 상담소의 업무는 다음과 같다(동법 제6조).

- 가정폭력을 신고받거나 이에 관한 상담에 응하는 일
- 가정폭력을 신고하거나 이에 관한 상담을 요청한 사람과 그 가족에 대한 상담
- 가정폭력으로 정상적인 가정생활과 사회생활이 어렵거나 그 밖에 긴급히 보호를 필요로 하는 피해자 등을 임시로 보호하거나 의료기관 또는 가정폭력 피해자 보호시설로 인도(引渡)하는 일
- 행위자에 대한 고발 등 법률적 사항에 관하여 자문하기 위한 대한변호사협회 또는 지방변호사회 및 「법률구조법」에 따른 법률 구조법인 등에 대한 필요한 협조와 지원의 요청
- 경찰관서 등으로부터 인도받은 피해자 등의 임시보호
- 가정폭력의 예방과 방지에 관한 교육 및 홍보
- 그 밖에 가정폭력과 그 피해에 관한 조사·연구

3) 가정폭력피해자 보호시설

국가나 지방자치단체는 가정폭력피해자 보호시설을 설치·운영할 수 있다(동법 제7조). 보호시설의 종류는 다음과 같다(동법 제7조의2).

- 단기보호시설: 피해자 등을 6개월의 범위에서 보호하는 시설
- 장기보호시설: 피해자 등에 대하여 2년의 범위에서 자립을 위한 주거편의(住居便宜) 등을 제공하는 시설
- 외국인보호시설: 배우자가 대한민국 국민인 외국인 피해자 등을 2년의 범위에서 보호하는 시설
- 장애인보호시설: 「장애인복지법」의 적용을 받는 장애인인 피해자 등을 2년의 범위에서 보호하는 시설

보호시설은 피해자 등에 대하여 다음 각호의 업무를 행한다(동법 제8조).

- 숙식의 제공
- 심리적 안정과 사회적응을 위한 상담 및 치료
- 질병치료와 건강관리(입소 후 1개월 이내의 건강검진 포함)를 위한 의료기관에의 인도 등 의료지원
- 수사·재판과정에 필요한 지원 및 서비스 연계
- 법률구조기관 등에 필요한 협조와 지원의 요청
- 자립자활교육의 실시와 취업정보의 제공
- 다른 법률에 따라 보호시설에 위탁된 사항
- 그 밖에 피해자 등의 보호를 위하여 필요한 일

제 6 절 성폭력방지 및 피해자보호 등에 관한 법률 (약칭: 성폭력방지법)

1. 법의 목적과 용어의 정의

1) 목적

「성폭력방지 및 피해자보호 등에 관한 법률」은 성폭력을 예방하고 성폭력피해자를 보호·지원함으로써 인권증진에 이바지함을 목적으로 한다(동법 제1조).

2) 용어의 정의

이 법에서 사용하는 용어의 정의는 다음과 같다(동법 제2조).

- 성폭력: 성폭력범죄에 해당하는 행위
- 성폭력행위자: 성폭력범죄를 범한 사람
- 성폭력피해자: 성폭력으로 직접적 피해를 입은 사람

2. 국가와 지방자치단체의 책무 등

1) 국가와 지방자치단체의 책무

「국가와 지방자치단체는 성폭력을 방지하고 성폭력피해자를 보호·지원하기 위하여 다음 각호의 조치를 하여야 한다.

- 성폭력 신고체계의 구축·운영
- 성폭력 예방을 위한 조사·연구, 교육 및 홍보
- 피해자를 보호·지원하기 위한 시설의 설치·운영

- 피해자에 대한 주거지원, 직업훈련 및 법률구조 등 사회복귀 지원
- 피해자에 대한 보호 · 지원을 원활히 하기 위한 관련 기관 간 협력체계의 구축 · 운영
- 성폭력 예방을 위한 유해환경 개선
- 피해자 보호 · 지원을 위한 관계 법령의 정비와 각종 정책의 수립 · 시행 및 평가

국가와 지방자치단체는 책무를 다하기 위하여 이에 따른 예산상의 조치를 하여야 한다(동법 제3조).

2) 성폭력 실태조사

「여성가족부장관은 성폭력의 실태를 파악하고 성폭력 방지에 관한 정책을 수립하기 위하여 3년마다 성폭력 실태조사를 하고 그 결과를 발표하여야 한다(동법 제4조).

3) 성폭력 예방교육

국가기관 및 지방자치단체의 장, 유치원의 장, 어린이집의 원장, 각급 학교의 장, 그 밖에 대통령령으로 정하는 공공단체의 장은 대통령령으로 정하는 바에 따라 성교육 및 성폭력 예방교육 실시, 기관 내 피해자 보호와 피해 예방을 위한 자체 예방지침 마련, 사건발생 시 재발방지대책 수립 · 시행 등 필요한 조치를 하고, 그 결과를 여성가족부장관에게 제출하여야 한다(동법 제5조).

3. 성폭력피해자보호 지원 등

1) 피해자 등에 대한 취학 및 취업 지원

국가와 지방자치단체는 피해자나 피해자의 가족구성원이 「초 · 중등교육법」에 따른 각급 학교의 학생인 경우 주소지 외의 지역에서 취학(입학, 재입학, 전학 및

편입학 포함)할 필요가 있을 때에는 그 취학이 원활히 이루어지도록 지원하여야 한다. 이 경우 취학을 지원하는 관계자는 피해자 등의 사생활이 침해되지 아니하도록 유의하여야 한다. 또한 국가와 지방자치단체는 피해자를 보호하는 자에 대한 직업훈련 및 취업을 알선할 수 있다(동법 제7조).

2) 피해자에 대한 법률상담 등

국가는 피해자에 대하여 법률상담과 소송대리(訴訟代理) 등의 지원을 할 수 있다. 여성가족부장관은 「법률구조법」에 따른 대한법률구조공단 또는 대통령령으로 정하는 그 밖의 기관에 법률상담 등을 요청할 수 있다. 법률상담 등에 드는 비용은 대통령령으로 정하는 바에 따라 국가가 부담할 수 있다(동법 제7조의2).

4. 성폭력피해자보호 관련 기관 및 시설

1) 성폭력피해상담소

국가 또는 지방자치단체는 성폭력피해상담소를 설치·운영할 수 있다(동법 제10조). 상담소는 다음의 업무를 한다(동법 제11조).

- 성폭력피해의 신고접수와 이에 관한 상담
- 성폭력피해로 인하여 정상적인 가정생활 또는 사회생활이 곤란하거나 그 밖의 사정으로 긴급히 보호할 필요가 있는 사람과 성폭력피해자보호시설 등의 연계
- 피해자 등의 질병치료와 건강관리를 위하여 의료기관에 인도하는 등 의료지원
- 피해자에 대한 수사기관의 조사와 법원의 증인신문(證人訊問) 등에의 동행
- 성폭력행위자에 대한 고소와 피해배상청구 등 사법처리 절차에 관하여 「법률구조법」에 따른 대한법률구조공단 등 관계 기관에 필요한 협조 및 지원

요청
- 성폭력 예방을 위한 홍보 및 교육
- 그 밖에 성폭력 및 성폭력피해에 관한 조사·연구

2) 성폭력피해자보호시설

국가 또는 지방자치단체는 성폭력피해자보호시설을 설치·운영할 수 있다. 「사회복지사업법」에 따른 사회복지법인이나 그 밖의 비영리법인은 특별자치시장·특별자치도지사 또는 시장·군수·구청장의 인가를 받아 보호시설을 설치·운영할 수 있다. 보호시설의 종류는 다음과 같다(동법 제12조).

- 일반보호시설
- 장애인보호시설: 「장애인차별금지 및 권리구제 등에 관한 법률」에 따른 장애인 피해자 대상
- 특별지원 보호시설: 「성폭력범죄의 처벌 등에 관한 특례법」에 따른 피해자로서 19세 미만의 피해자 대상
- 외국인보호시설: 외국인 피해자 대상(다만, 「가정폭력방지 및 피해자보호 등에 관한 법률」에 따른 외국인보호시설과 통합하여 운영할 수 있음)
- 자립지원 공동생활시설: 보호시설을 퇴소한 사람 대상
- 장애인 자립지원 공동생활시설: 장애인 보호시설을 퇴소한 사람 대상

3) 성폭력피해자보호시설의 업무

성폭력피해자보호시설은 피해자 등의 보호 및 숙식 제공, 피해자 등의 심리적 안정과 사회 적응을 위한 상담 및 치료, 자립·자활 교육의 실시와 취업정보의 제공, 다른 법률에 따라 보호시설에 위탁된 업무, 그 밖에 피해자 등을 보호하기 위하여 필요한 업무를 한다(동법 제13조).

4) 성폭력피해자보호시설의 입소기간

보호시설의 종류별 입소기간은 다음 각호와 같다(동법 제16조).

- 일반보호시설: 1년 이내(1년 6개월의 범위에서 한 차례 연장 가능)
- 장애인보호시설: 2년 이내(피해회복에 소요되는 기간까지 연장 가능)
- 특별지원 보호시설: 19세가 될 때까지(2년의 범위에서 한 차례 연장 가능)
- 외국인보호시설: 1년 이내(피해회복에 소요되는 기간까지 연장 가능)
- 자립지원 공동생활시설: 2년 이내(2년의 범위에서 한 차례 연장 가능)
- 장애인 자립지원 공동생활시설: 2년 이내(2년의 범위에서 한 차례 연장 가능)

5) 성폭력피해자통합지원센터

국가와 지방자치단체는 성폭력 피해상담, 치료, 기관에 법률상담 등 연계, 수사지원, 그 밖에 피해구제를 위한 지원업무를 종합적으로 수행하기 위하여 성폭력피해자통합지원센터를 설치·운영할 수 있다(동법 제18조).

6) 상담원 등의 자격기준

다음의 어느 하나에 해당하는 사람은 상담소, 보호시설 및 통합지원센터의 장, 상담원 또는 그 밖의 종사자가 될 수 없다(동법 제19조).

- 미성년자, 피성년후견인 또는 피한정후견인
- 금고 이상의 형을 선고받고 그 집행이 끝나거나(집행이 끝난 것으로 보는 경우 포함)되지 아니하였거나 그 집행이 면제되지 아니한 사람
- 금고 이상의 형의 집행유예를 선고받고 그 유예기간 중에 있는 사람
- 「성폭력범죄의 처벌 등에 관한 특례법」의 죄 또는 「아동·청소년의 성보호에 관한 법률」의 죄를 범하여 형 또는 치료감호를 선고받고 그 형 또는 치료

감호의 전부 또는 일부의 집행이 끝나거나 집행이 유예·면제된 날부터 10년이 지나지 아니한 사람

7) 성폭력 전담의료기관의 지정

여성가족부장관, 특별자치시장·특별자치도지사 또는 시장·군수·구청장은 국립·공립병원, 보건소 또는 민간의료시설을 피해자 등의 치료를 위한 전담의료기관으로 지정할 수 있다. 지정된 전담의료기관은 피해자 본인·가족·친지나 긴급전화센터, 상담소, 보호시설 또는 통합지원센터의 장 등이 요청하면 피해자 등에 대하여 보건 상담 및 지도, 치료, 그 밖에 대통령령으로 정하는 신체적·정신적 치료의 의료 지원을 하여야 한다(동법 제27조).

제 7 절 자원봉사기본법

1. 법의 목적과 용어의 정의

1) 목적

「자원봉사활동기본법」은 자원봉사활동에 관한 기본적인 사항을 규정함으로써 자원봉사활동을 진흥하고 행복한 공동체 건설에 이바지함을 목적으로 한다(동법 제1조).

2) 용어의 정의

이 법에서 사용하는 용어의 정의는 다음과 같다(동법 제3조).

- 자원봉사활동: 개인 또는 단체가 지역사회·국가 및 인류사회를 위하여 대

가 없이 자발적으로 시간과 노력을 제공하는 행위

- 자원봉사자: 자원봉사활동을 하는 사람
- 자원봉사단체: 자원봉사활동
- 자원봉사센터: 자원봉사활동의 개발·연계·협력 등의 사업을 수행하기 위하여 법령과 조례에 따라 설치된 기관·법인·단체 등

2. 국가와 지방자치단체의 책무 등

1) 국가와 지방자치단체의 책무

국가와 지방자치단체는 자원봉사활동의 진흥에 관한 시책을 마련하여 국민의 자원봉사활동을 권장하고 지원하여야 한다(동법 제4조).

2) 정책의 기본 방향

자원봉사활동의 진흥을 위한 정책은 다음의 사항을 기본 방향으로 하여야 한다(동법 제2조).

- 자원봉사활동은 국민의 협동적인 참여 능력을 높일 수 있는 방향으로 추진하여야 한다.
- 자원봉사활동은 무보수성, 자발성, 공익성, 비영리성, 비정파성, 비종파성의 원칙 아래 수행될 수 있도록 하여야 한다.
- 모든 국민은 나이, 성별, 장애, 지역, 학력 등 사회적 배경에 관계없이 누구든지 자원봉사활동에 참여할 수 있도록 하여야 한다.
- 자원봉사활동의 진흥을 위한 정책은 민·관 협력의 기본 정신을 바탕으로 하여 추진하여야 한다.

3) 자원봉사진흥

자원봉사활동에 관한 주요 정책을 심의하기 위하여 국무총리 소속으로 관계 중앙행정기관 및 민간 전문가로 구성된 자원봉사진흥위원회를 둔다(동법 제8조). 행정안전부장관은 관계 중앙행정기관의 장과 협의하여 자원봉사활동의 진흥을 위한 국가기본계획을 5년마다 수립하여야 한다(동법 제9조).

3. 자원봉사활동

1) 자원봉사활동의 범위

이 법의 적용을 받는 자원봉사활동의 범위는 다음과 같다(동법 제7조).

- 사회복지 및 보건 증진에 관한 활동
- 지역사회 개발·발전에 관한 활동
- 환경보전 및 자연보호에 관한 활동
- 사회적 취약계층의 권익 증진 및 청소년의 육성·보호에 관한 활동
- 교육 및 상담에 관한 활동
- 인권 옹호 및 평화 구현에 관한 활동
- 범죄 예방 및 선도에 관한 활동
- 교통질서 및 기초질서 계도에 관한 활동
- 재난 관리 및 재해 구호에 관한 활동
- 문화·관광·예술 및 체육 진흥에 관한 활동
- 부패 방지 및 소비자 보호에 관한 활동
- 공명선거에 관한 활동
- 국제협력 및 국외봉사활동
- 공공행정 분야의 사무 지원에 관한 활동
- 그 밖에 공익사업의 수행 또는 주민복리의 증진에 필요한 활동

2) 자원봉사센터의 설치 및 운영

국가기관 및 지방자치단체는 자원봉사센터를 설치할 수 있다. 이 경우 자원봉사센터를 법인으로 하여 운영하거나 비영리 법인에 위탁하여 운영하여야 한다. 그럼에도 불구하고 자원봉사활동을 효율적으로 추진하기 위하여 필요하다고 인정할 경우에는 국가기관 및 지방자치단체가 운영할 수 있다. 국가는 자원봉사센터의 설치·운영이 활성화될 수 있도록 적극 노력하여야 하며, 지방자치단체는 자원봉사센터의 운영에 필요한 경비를 지원할 수 있다(동법 제19조).

제 8 절 사회복지공동모금회법

1. 법의 목적과 용어의 정의

1) 목적

「사회복지공동모금회법」은 사회복지공동모금회의 공동모금을 통하여 국민이 사회복지를 이해하고 참여하도록 함과 아울러 국민의 자발적인 성금으로 조성된 재원을 효율적이고 공정하게 관리·운용함으로써 사회복지 증진에 이바지한다(동법 제1조).

2) 용어의 정의

이 법에서 사용하는 용어의 정의는 다음과 같다(동법 제2조).

- 사회복지사업: 「사회복지사업법」에서 규정하고 있는 사회복지사업
- 사회복지공동모금: 사회복지사업이나 그 밖의 사회복지활동 지원에 필요한 재원을 조성하기 위하여 이 법에 따라 기부금품을 모집하는 것

2. 기본 원칙과 보조금 등

1) 기본 원칙

기부하는 자의 의사에 반하여 기부금품을 모집하여서는 아니 된다. 조성된 재원은 지역·단체·대상자 및 사업별로 복지수요가 공정하게 충족되도록 배분하여야 하고, 목적 및 용도에 맞도록 공정하게 관리·운용하여야 한다. 공동모금재원의 배분은 객관적인 기준에 따라 효율적으로 이루어지도록 하고, 그 결과를 공개하여야 한다(동법 제3조).

2) 보조금 등

국가나 지방자치단체는 모금회에 기부금품 모집에 필요한 비용과 모금회의 관리·운영에 필요한 비용을 보조할 수 있다. 보조금은 그 목적 외의 용도에 사용할 수 없으며, 국가나 지방자치단체는 모금회가 사업목적 외의 용도에 보조금을 사용하였을 때, 거짓이나 그 밖의 부정한 방법으로 보조금을 받았을 때, 이 법 또는 이 법에 따른 명령을 위반하였을 때에는 이미 지급한 보조금의 전부 또는 일부의 반환을 명할 수 있다(동법 제33조).

3. 사회복지공동모금회사업

1) 설립

사회복지공동모금사업을 관장하도록 하기 위하여 사회복지공동모금회(이하 '모금회'라고 함)를 두고, 「사회복지사업법」의 사회복지법인으로 한다. 모금회는 정관을 작성하여 보건복지부장관의 인가를 받아 등기함으로써 설립된다(동법 제4조).

2) 주요 사업

모금회는 사회복지공동모금사업, 공동모금재원의 배분, 공동모금재원의 운용 및 관리, 사회복지공동모금에 관한 조사·연구·홍보 및 교육·훈련, 사회복지공동모금지회의 운영, 사회복지공동모금과 관련된 국제교류 및 협력증진사업, 다른 기부금품 모집자와의 협력사업, 그 밖에 모금회의 목적 달성에 필요한 사업을 수행한다(동법 제5조).

3) 임원

모금회에는 회장 1명, 부회장 3명, 이사(회장·부회장 및 사무총장 포함) 15명 이상 20명 이하, 감사 2명의 임원을 둔다. 임원의 임기는 3년으로 하며, 한 차례만 연임할 수 있다(동법 제7조).

4) 분과실행위원회

모금회의 기획·홍보·모금·배분 업무에 관한 사항을 심의하기 위하여 해당 분야의 전문가와 시민대표 등으로 구성되는 기획분과실행위원회, 홍보분과실행위원회, 모금분과실행위원회 및 배분분과실행위원회 등 분과실행위원회를 둔다.

4. 재원과 배분

1) 재원

모금회의 사업에 필요한 경비는 사회복지공동모금에 의한 기부금품, 법인이나 단체가 출연하는 현금·물품 또는 그 밖의 재산, 「복권 및 복권기금법」에 따라 배분받은 복권수익금, 그 밖의 수입금으로 재원을 조성한다(동법 제17조).

2) 기부금품의 모집

모금회는 사회복지사업이나 그 밖의 사회복지활동을 지원하기 위하여 연중 기부금품을 모집·접수할 수 있다. 모금회는 기부금품을 모집·접수한 경우 기부금품 접수 사실을 장부에 기록하고, 그 기부자에게 영수증을 내주어야 한다. 다만, 기부자가 성명을 밝히지 아니한 경우 등 기부자를 알 수 없는 경우에는 모금회에 영수증을 보관하여야 한다. 사회복지공동모금회는 영수증에 기부금품의 금액과 그 금액에 대하여 세금혜택이 있다는 문구를 적고 일련번호를 표시하여야 하고, 모금회는 효율적인 모금을 위하여 기간을 정하여 집중모금을 할 수 있다. 집중모금을 하려면 그 모집일부터 15일 전에 그 내용을 보건복지부장관에게 보고하여야 하며, 그 모집을 종료하였을 때에는 모집종료일부터 1개월 이내에 그 결과를 보건복지부장관에게 보고하여야 한다(동법 제18조).

3) 복권의 발행

모금회는 사회복지사업이나 그 밖의 사회복지활동 등을 지원하기 위한 재원을 조성하기 위하여 복권을 발행할 수 있다. 복권을 발행하려면 그 종류·조건·금액 및 방법 등에 관하여 미리 보건복지부장관의 승인을 받아야 한다. 복권의 당첨금을 받을 권리는 그 지급일부터 3개월간 행사하지 아니하면 소멸시효가 완성되며, 소멸시효가 완성된 당첨금은 공동모금재원에 귀속된다(동법 제18조의2).

4) 모금창구의 지정

모금회는 기부금품의 접수를 효율적이고 공정하게 하기 위하여 언론기관을 모금창구로 지정하고, 지정된 언론기관의 명의로 모금계좌를 개설할 수 있다(동법 제19조).

5) 배분기준

모금회는 매년 8월 31일까지 공동모금재원의 배분대상, 배분한도액, 배분신청기간 및 배분신청서 제출 장소, 배분심사기준, 배분재원의 과부족(過不足)시 조정방법, 배분신청 시 제출할 서류, 그 밖에 공동모금재원의 배분에 필요한 사항을 다음 회계연도의 공동모금재원 배분기준을 정하여 공고하여야 한다(동법 제20조).

6) 배분사업의 평가

모금회(지회 포함)는 매년 공동모금재원의 배분결과를 평가하고 그 평가결과를 이사회에 보고하여야 한다(동법 제23조의2).

7) 배분결과의 공고 등

모금회 각 회계연도의 공동모금재원 배분을 종료한 날부터 3개월 이내에 전국적으로 배포되는 1개 이상의 일간신문에 그 배분결과를 공고하여야 하고, 공고 외에 다양한 방법과 매체를 통하여 그 배분결과를 알려야 한다(동법 제24조).

참고문헌

강용기, 『현대지방자치론』, 대영문화사, 2008.

곽윤직, 『민법총칙』, 박영사, 2002.

곽효문, 『사회복지법제론』, 제일법규, 2001.

구병삭, 『신헌법원론』, 박영사, 1996.

권영성, 『헌법학원론』, 법문사, 2007.

김기원, 『사회복지법제론』, 나눔의집 출판사, 2009.

김동희, 『행정법II』, 박영사, 2004.

김만두, 『사회복지법제론』, 홍익제, 1991.

김성호・황아란, 『조례제정권 범위확대에 관한 연구』, 한국지방행정연구원, 1999.

김유성, 『한국사회보장법론』, 법문사, 1992.

김철수, 『헌법학신론』, 박영사, 2006.

노병호, "사회보장수급권에 관한 고찰",『고황법학』, 2:351-378, 1997.

박봉국, 『지방의회과정론』, 박영사, 2006.

박석돈, 『사회복지서비스법』, 삼영사, 2007.

박차상・정상양・전용득・김옥희, 『한국사회복지법 강의』, 학지사, 2007.

배기효 외, 『한국 사회복지법제론』, 한올출판사, 2003.

보건복지가족부, 「2009년도 한부모가족지원사업 안내」, 2009.

성낙인, 『헌법학』, 법문사, 2007.

신섭중 외, 『사회복지법제』, 대학출판사, 2001.

신수식, 『사회보장론』, 박영사, 1992.

신영아, "긴급복지지원법 제정과정에 관한 연구", 성균관대학교 석사학위논문, 2007.

유재민, "노인복지법 개정 관련 판례연구-노인복지법 판례중심으로", 한서대학교 석사학위논문, 2008.

유지태, 『행정법신론』, 박영사, 2001.

윤찬영, 『사회복지법제론』, 나남출판사, 2001.

이기우・하승수, 『지방자치법』, 대영문화사, 2007.

이배근, "아동의 권리에 관한 국제협약", 『한국아동복지학』, 7:1, 1998.

이인재 외, 『사회보장론』, 나남출판사, 2008.
이중엽, 『사회복지법제론』, 유풍출판사, 2008.
이헌석, "사회보장수급권과 사회보장청구권", 『공법연구』, 26:1, 1998.
장동일, 『한국사회복지법의 이해』, 학문사, 2001.
전광석, 『한국사회보장법론』, 법문사, 2002.
조원탁 · 김형수 · 이형하 · 조준, 『한국복지법제론』, 양서원, 2009.
조흥식 · 김진수 · 홍경준, 『산업복지론』, 나남출판, 2005.
최창호, 『지방자치의 이해』, 삼영사, 2007.
한병호, "인간다운 생존의 헌법적 보장에 관한 연구-구체적 권리로서의 현실가능성을 중심으로-", 서울대학교 박사학위논문, 1993.
허영, 『한국헌법론』, 박영사, 2007.
현외성, 『한국사회복지법제론』, 양서원, 2008.
홍성방, 『헌법학』, 현암사, 2007.
황인옥 외, 『현대사회복지법제론』, 나눔의집 출판사, 2003.

찾아보기

인명

내용

『ㄱ』

『 ㅇ 』

『 ㅈ 』

지은이소개

신창식(辛昌植) csshin@dju.kr

숭실대학교 사회사업학과 졸업(학사)
숭실대학교 대학원 사회사업학과 졸업(석사)
영국 The University of Nottingham 대학원 사회복지학과 졸업(박사)
현재 대전대학교 사회복지학과 교수

저서 및 논문

지역사회정신보건정책 및 서비스(도서출판 다운샘, 2007)
사회복지학개론(공동체, 2007)
현대사회문제와 사회복지(학지사, 2010) 외 저서 및 논문 다수

사회복지법제와 실천

2024년 2월 20일 1판 1쇄 인쇄
2024년 2월 25일 1판 1쇄 발행

지은이와 협의하에 인지생략

지은이 : 신 창 식
펴낸이 : 한 정 주
펴낸곳 : 교육과학사

경기도 파주시 광인사길 71
전화 (031)955-6956~8/팩스 (031)955-6037
Home-page: www.kyoyookbook.co.kr
E-mail: kyoyookbook@daum.net, kyoyook@chol.com
등록: 1970년 5월 18일 제2-73호

낙장 · 파본은 교환해 드립니다.
Printed in Korea.

정가 29,000 원
ISBN 978-89-254-1865-0